HERDEIROS DE ARISTÓTELES

RICHARD E. RUBENSTEIN

HERDEIROS DE ARISTÓTELES

Como cristãos, muçulmanos e judeus redescobriram o saber da Antiguidade e iluminaram a Idade Média

Tradução de
VERA RIBEIRO

Rocco

Título original
ARISTOTLE'S CHILDREN
How Christians, Muslims, and Jews Rediscovered Ancient
Wisdom and Illuminated the Dark Ages

ilustrações
David Toohey

Direitos para a língua portuguesa reservados
com exclusividade para o Brasil à
EDITORA ROCCO LTDA.
Avenida Presidente Wilson, 231 – 8º andar
20030-021 – Rio de Janeiro – RJ
Tel.: (21) 3525-2000 – Fax: (21) 3525-2001
rocco@rocco.com.br
www.rocco.com.br

Printed in Brazil/Impresso no Brasil

preparação de originais
FELIPE ANTUNES DE OLIVEIRA

CIP-Brasil. Catalogação-na-fonte.
Sindicato Nacional dos Editores de Livros, RJ.

R83h Rubenstein, Richard E.
Herdeiros de Aristóteles: como cristãos, muçulmanos e judeus redescobriram o saber da Antiguidade e iluminaram a Idade Média / Richard E. Rubenstein; tradução de Vera Ribeiro; ilustrações de David Toohey. – Rio de Janeiro: Rocco, 2005.
il.;

Tradução de: Aristotle's children: How Christians, Muslims, and Jews rediscovered ancient wisdom and illuminated the Dark Ages
Inclui bibliografia
ISBN 85-325-1871-0

1. Aristóteles – Influência. 2. Escolástica. 3. Fé e razão – Cristianismo – História das doutrinas. I. Título.

CDD–189.4
05-2483 CDU–141.31

Para Susan

"O amor nos convoca às coisas deste mundo."

Sumário

Prefácio

Desde o começo, *Herdeiros de Aristóteles* foi uma sucessão de surpresas. Mapeia-se um livro de antemão, é claro, como quando se planeja qualquer outra viagem. Mas há livros que levam o autor por direções imprevistas — jornadas em cujo término o viajante fita, de olhos arregalados, uma paisagem que não se assemelha a nada encontrável num guia turístico.

Deparei pela primeira vez com a história da Revolução Aristotélica ao pesquisar as causas dos conflitos religiosos. No século XII, fiquei sabendo, clérigos cristãos que trabalhavam na Espanha antes muçulmana redescobriram o grosso dos escritos de Aristóteles, que haviam se perdido para o Ocidente por quase mil anos. Nenhuma descoberta intelectual, antes ou depois dessa, teve um impacto que se assemelhasse ao desse achado notável. Traduzidos para o latim por equipes multiculturais de estudiosos e distribuídos pelas novas universidades da Europa, os documentos recuperados desencadearam uma luta de cem anos, que alterou para sempre a maneira de pensarmos na natureza, na sociedade e até em Deus.

Esses fatos foram em si mesmos a primeira surpresa. O que mais me assombrou foi quão pouco se sabia deles, considerando seu alto nível de interesse dramático e sua grande importância histórica. A Revolução Aristotélica transformou o pensamento ocidental e fez nossa cultura enveredar por um caminho de investigação científica que ela tem trilhado desde a Idade Média. O confronto entre a fé e a razão, que transformou as universidades medievais em campos de batalha ideológicos, continua até hoje em sociedades do mundo inteiro. Dificilmente se poderia imaginar uma história mais pertinente para os leitores modernos e, no entanto, fora de um pequeno círculo de especialistas acadêmicos, poucas pessoas parecem ter algum conhecimento dela. Esse foi um enigma cuja solução me escapou até eu haver escrito a maior parte do livro.

Uma das pistas foi o crescente desconforto que senti ao me aprofundar mais na pesquisa sobre a vida nas universidades medievais e a reação da Igreja ao desafio aristotélico. O material histórico parecia contradizer boa parte do que me ensinaram a crer a respeito de como o mundo moderno emergiu do atraso medieval. Eu sabia — ou pensava saber — que a alta Idade Média na Europa fora uma era de fé religiosa apaixonada, cruzadas sangrentas, terror inquisitorial e um feroz dogmatismo doutrinário. Sabia — ou pensava saber — que Aristóteles era o Pai da Ciência, um pensador que achava que a razão humana, e não a tradição, a revelação ou os sentimentos, poderia desvendar verdades objetivas sobre o universo. Naturalmente, ao se juntarem esses extremos voláteis, eu esperava ver uma explosão. A Revolução Aristotélica sem dúvida seria um drama, como Galileu contra a Inquisição ou Charles Darwin contra os criacionistas: uma versão anterior da moderna peça moralista em que a intrépida Razão sofre nas mãos da maléfica Superstição, antes de triunfar no ensolarado alvorecer da Ciência.

Ledo engano! O relato que me descobri fazendo era muito mais complexo e interessante do que esse cenário batido. Sim, o pensamento científico do Ocidente *de fato* começou na explosão intelectual que se seguiu à redescoberta dos escritos de Aristóteles. Mas os cristãos europeus *não* se dividiram nos campos "racionalista" e "fundamentalista", como eu havia esperado. De um modo que violava todas as minhas preconcepções modernas, a principal força da mudança transformadora no pensamento ocidental foi a liderança da Igreja Católica — a mesma liderança que também estava realizando cruzadas antimuçulmanas e queimando hereges cristãos na fogueira.

Em vez de escolher entre o novo saber e a antiga religião, os papas e estudiosos da alta Idade Média tentaram modernizar a Igreja, conciliando a fé e a razão. Essa tarefa hercúlea gerou um dos debates mais ricos e minuciosos da história ocidental — uma batalha de pensadores inovadores cujas discussões abrangiam um vasto espectro de questões controvertidas, desde a natureza do conhecimento científico e das estruturas básicas da mente e da matéria até a esperança de imortalidade, o problema do mal, as fontes do valor moral e os critérios fundamentais para se levar uma vida correta. Conhecer os grandes escolásticos e reviver seus debates tempestuosos revelaram-se uma experiência inesperadamente comovedora e absorvente — a tal ponto que meus amigos e alunos afirmaram que eu havia "desaparecido" na Idade Média. Mas não se tratou, de fato, de uma fuga do presente, uma vez que as preocupações desses pensadores medievais têm forte ressonância com as nossas.

A Revolução Aristotélica ocorreu durante um período de crescimento econômico, expansão política e despertar cultural sem precedentes na Europa: uma era turbulenta, criativa e perigosa, que alguns chamam de "Renascença medieval". Naquela época, como agora, as pessoas tinham um grande anseio de completude e sentido, num mundo que se tornara repentinamente menor e mais desconhecido. Elas eram consumidas pelo desejo de *compreender* e pela necessidade de fazer com que sua vida na Terra servisse para alguma coisa. Talvez seja por isso que personagens memoráveis, como Pedro Abelardo e Roger Bacon, Tomás de Aquino, Guilherme de Occam e Mestre Eckhardt, parecem tocar-nos tão diretamente ao falarem de assuntos de interesse comum. Como nós, eles vivenciavam um tipo inquietante de "globalização". Sua grande paixão era integrar a compreensão que tinham de como as coisas eram e como deveriam ser. Sua missão, como aristotélicos e cristãos, era introduzir ordem intelectual e moral num mundo em transformação.

No século XIV, apesar desses esforços, a fé e a razão já se encaminhavam para a separação conflituosa que tem caracterizado suas relações desde então. O que nossa história demonstra, entretanto, é que essa situação não é eterna. A civilização a que chamamos moderna, com sua cisão entre as culturas do coração e da mente, sua santificação do poder, sua "privatização" da religião e sua mercantilização dos valores, emergiu de um passado muito diferente e está em processo evolutivo para um futuro muito diferente. No final do processo de redação, ocorreu-me que isso poderia explicar a indiferença que praticamente apagou a Revolução Aristotélica de nossa memória histórica. Essas lacunas comumente resultam da negligência semiconsciente reservada aos relatos que contrariam as idéias geralmente aceitas de quem somos como pessoas, e de como nos tornamos assim. Muito embora se relacionem com eventos ocorridos há muito, muito tempo, essas histórias antitéticas ainda têm uma capacidade inquietante de "perturbar a ordem".

O mesmo se dá com a história aqui narrada. Ao reviver a Revolução Aristotélica, compreendemos que *não somos* apenas herdeiros de Copérnico e Galileu, Adam Smith e Thomas Jefferson, mas também herdeiros de Aristóteles: herdeiros de uma tradição medieval que parece mais intrigante e inspiradora à medida que as deficiências da modernidade se tornam mais claras. É evidente que a maioria de nós não voltaria à Idade Média, se pudesse. Poucas pessoas de hoje abraçariam os pressupostos e conclusões dos escolásticos medievais. Mas a busca de sentido dos aristotélicos é também a nossa, e temos muito a aprender com sua visão de uma ciência impregnada de ética e uma religião sem medo da razão. Nesse capítulo pouco conhecido, mas formador de nossa história, podemos detectar indícios de um futuro global mais humano e integrado.

Herdeiros de Aristóteles

Prólogo

O portão estelar medieval

Poucas histórias são mais atraentes do que os relatos sobre antigos conhecimentos, perdidos desde longa data e, tempos depois, espantosamente encontrados. Na versão clássica, o descobridor, sem desconfiar de nada, desenterra tábuas escondidas ao escavar um campo, tropeça em vasos de argila numa caverna, ou encontra no sótão uma lamparina ou uma arca empoeiradas. Trastes sem valor, com certeza. À beira de se desfazer deles, porém, o descobridor hesita. Que sinais e símbolos esquisitos serão aqueles, gravados no metal, inscritos na pedra ou registrados a tinta em rolos de pergaminho endurecido? Talvez aquela velharia bolorenta tenha algum valor, afinal. O inocente descobridor não faz idéia, é claro, de que aquelas marcas enigmáticas encarnam as vozes de um mundo desaparecido. Alguém mais instruído terá que reconhecer a relíquia pelo que ela é: um tesouro intelectual muito mais valioso do que ouro ou pedras preciosas. Uma fonte de sabedoria e poder antigos. Sim — um talismã poderoso, capaz de evocar o passado, alterar o presente e revelar o caminho para o futuro.

A história que estou prestes a contar não tem a forma clássica dessas historinhas — há muitos descobridores, não apenas um, e também muitas descobertas —, mas, em certos aspectos, é mais maravilhosa que a da lâmpada de Aladim ou a da busca da perdida Arca da Aliança. Com toda certeza, trata-se de uma história, não de um conto de fadas. Mas não é o tipo de história a que os habitantes de uma era científica estão acostumados.

Poderia um depósito há muito esquecido esconder um tesouro de antigos conhecimentos — um *corpus* tão poderoso e avançado de saber que sua recuperação revolucionasse nosso pensamento e transformasse nossa vida? Do ponto de vista da ciência moderna, essa idéia é pura fantasia. Entendemos que o saber científico é cumulativo e que cada geração se fundamenta no trabalho de seus predecessores. Sabemos muito mais sobre o universo do que sabiam nossos avós, e o conhecimento deles superava em muito o de seus ancestrais. Ao voltarmos os olhos para o passado, vemos uma lei de rendimentos intelectuais decrescentes — uma regressão no saber que, projetada para um ou dois milênios atrás, deixa pouca margem para os "segredos dos antigos". Além disso, os documentos antigos que de fato descobrimos, como os Manuscritos do Mar Morto e os Evangelhos gnósticos, não contêm verdades revolucionárias. Por mais fascinantes que sejam, não ameaçam derrubar nossa visão de mundo, transformar nossa ciência ou fornecer-nos novos modelos de organização social ou política. Exceto na ficção científica, não esperaríamos que antigos escritos revelassem um método prático de viagens através do tempo, o segredo da eterna juventude, ou sequer a cura para o resfriado comum.

É claro que não, visto que o conhecimento científico "rigoroso" é cumulativo. O que poderíamos esperar encontrar em manuscritos antigos é um saber não cumulativo, um conhecimento "impreciso" que envolva questões de fé, ética, sabedoria popular e filosofia pessoal. Quando se trata de decidir como viver e morrer, muita gente considera inspiradores os relatos e ditos da Bíblia, do Bhagavad Gita, do Alcorão e de outros livros sagrados, embora não haja a menor certeza de como (ou mesmo se) seria possível provar suas verdades. "Vaidade das vaidades, tudo é vaidade." "Ama teu próximo como a ti mesmo." "Deus ajuda quem ajuda a si mesmo." Hoje em dia, as pessoas chamam esses pensamentos de "sabedoria", embora os próprios antigos jamais pensassem em separar o conhecimento ético, religioso ou filosófico do conhecimento do universo em geral.[1] Mas fomos ensinados a fazer exatamente essa separação. A cisão entre conhecimento e sabedoria, entre as verdades comprováveis e aparentemente objetivas da ciência e as verdades intuitivas e subjetivas da religião e da filosofia pessoal, constitui um marco do que é hoje chamado de perspectiva moderna. A sabedoria antiga é ótima em seu lugar, diz o evangelho modernista, mas, quando se trata de entender como o *Homo sapiens* e o restante do universo se estruturam, como evoluíram e como funcionam, não encontramos muito desse tipo de saber antes da Idade da Razão.

No entanto, a idéia do saber perdido atormenta até a consciência cética de uma era científica. Banida do discurso respeitável, ela ressurge sob a forma de lendas e contos populares sobre os segredos das pirâmides, as carruagens dos deuses e ruínas poderosas, que protegem seus tesouros contra investigadores impuros. Uma das versões mais vívidas desse mito é a narrada por Arthur C. Clarke, escritor de ficção científica, que Stanley Kubrick levou às telas em seu clássico filme *2001: Uma Odisséia no Espaço*. Nesse filme, cientistas modernos descobrem um artefato antigo — um monólito negro — enterrado na Lua. Acabam compreendendo que esse misterioso objeto é um legado de um povo antigo, uma dádiva plantada na *Luna*, éons atrás, por representantes de uma espécie interestelar avançada. Embora a descoberta do objeto pareça acidental, os visitantes astrais que o enterraram certificaram-se de que os seres humanos só viessem a encontrá-lo quando estivessem preparados para apreciá-lo e usá-lo, isto é, prontos para dar o passo seguinte em sua evolução social. De antiguidade inimaginável (Clarke conjectura que um monólito semelhante teria estimulado a transformação original dos hominídeos em homens), sua verdadeira função é a de um "portão estelar": um portal para o futuro interplanetário.

Nossa história, como eu disse, não é fantasia nem ficção científica, mas a descoberta que ela descreve é muito mais parecida com o monólito de Arthur Clarke do que com os Manuscritos do Mar Morto. Era uma vez, no Ocidente — na Espanha, para sermos exatos —, uma coleção de documentos mantida nas trevas por mais de mil anos, que foi trazida à luz, e os efeitos dessa descoberta foram verdadeiramente revolucionários. Os livros de Aristóteles foram o portão estelar medieval dos cristãos. Para os europeus da alta Idade Média, o dramático reaparecimento da obra perdida do filósofo grego foi um evento tão sem precedentes, de impacto tão imenso, que se revelou milagroso ou diabólico, dependendo do ponto de vista de cada um. O saber contido nesses manuscritos era tanto "rigoroso" quanto "impreciso", e de uma abrangência notável. Cerca de três mil páginas de material, abarcando todo o espectro do saber, desde a biologia e a física até a lógica, a psicologia, a ética e a ciência política, pareceram constituir uma dádiva de uma civilização superior.

Ou, talvez eu deva dizer, de duas civilizações superiores. Isso porque os livros de Aristóteles não foram descobertos em grego e guardados em potes de argila, mas escritos em árabe e abrigados nas bibliotecas das grandes universidades de Bagdá, Cairo, Toledo e Córdoba. Depois da queda do Império Romano e do colapso da ordem na Europa, os textos de Aristóteles e de outros cientistas gregos tornaram-se propriedade intelectual da próspera e esclarecida civilização árabe que governava o grande crescente meridional, estendendo-se da Pérsia até a Espanha. Como resultado, quando os europeus ocidentais traduziram essa obra para o latim, com a ajuda de estudiosos muçulmanos e judeus, traduziram também a obra de seus principais intérpretes islâmicos e judaicos — filósofos de categoria internacional, como Avicena, Averroes e Moisés Maimônides. O resultado foi deslumbrante. Foi como se alguém encontrasse, preservados num antigo recipiente, não só os livros de um antigo Einstein, mas interpretações, aplicações e atualizações do material, feitas pelo próprio Einstein e por outros físicos modernos. Graças a esses comentários, a obra de Aristóteles surgiu numa forma imediatamente utilizável — e sumamente controvertida. Para os cristãos medievais, a leitura desses livros pela primeira vez foi como encontrar uma receita de viagens interestelares ou a cura da AIDS gravada num antigo papiro. Era o tipo de conhecimento perfeitamente capaz de derrubar uma visão de mundo existente, revolucionar a ciência e oferecer a seus leitores novos modelos de organização humana.

Por essa razão, o reaparecimento das idéias aristotélicas na Europa teve um efeito transformador totalmente diverso do de qualquer descoberta posterior. Ele não causou diretamente as mudanças de grande alcance que ocorreram na sociedade européia da baixa Idade Média: os aumentos da produção e comércio de alimentos, o desenvolvimento de cidades, a disseminação do conhecimento e o crescimento de movimentos religiosos populares. A utilidade dos métodos e conceitos de Aristóteles (como a do portão estelar de Clarke) dependia da obtenção de um certo nível de progresso técnico e econômico, do desenvolvimento de um certo impulso cultural por parte da sociedade receptora. Dado esse impulso, entretanto, as descobertas tiveram o efeito de uma atiradeira, acelerando o ritmo e aprofundando a qualidade da investigação científica e filosófica. No Ocidente latino, a obra recuperada de Aristóteles foi a chave de novos desdobramentos que viriam a transformar a Europa, fazendo-a passar de região remota e provinciana para o próprio cerne de uma civilização global expansiva.

Imagine: mais de quatro séculos antes de Francis Bacon e René Descartes proclamarem a Revolução Científica, uma visão reconhecivelmente moderna — racionalista, terrena, humanista e empírica — desencadeou uma guerra cultural por toda a Europa Ocidental, questionando as crenças religiosas e sociais tradicionais que havia em seu núcleo. A luta entre a fé e a razão não começou, como muitas vezes se costuma supor, com o questionamento copernicano da cosmologia centrada na Terra ou com o julgamento de Galileu pela Inquisição, mas com a controvérsia em torno das idéias de Aristóteles, durante os séculos XII e XIII.[2] Faz décadas que os especialistas em história medieval compreendem que o despertar do Ocidente começou durante essa "Renascença medieval". Muitos acreditam que o conflito entre os cristãos em torno da aceitação ou rejeição da ciência aristotélica marcou um momento decisivo — talvez *o* momento decisivo — na história intelectual do Ocidente.[3] Mas essa compreensão não se tornou parte de nossa "história" cultural geralmente aceita. Ao contrário, continuamos a contar a história da era moderna como se ela houvesse começado com o Renascimento quinhentista e com cientistas como Copérnico, Galileu e Isaac Newton.

Por quê? Uma das razões envolve o mito da autenticidade cultural: a idéia, comum a muitas culturas, de que uma dada civilização se desenvolveu sozinha, a partir de suas fontes originais, em vez de ser tomada de empréstimo de pessoas de fora ou imposta por elas. A "nossa" cultura é autenticamente autóctone, insistem os partidários de todas as nações, enquanto a "deles" é meramente derivativa ou imitativa. Para os que anseiam por estabelecer a superioridade da cultura ocidental em relação a todas as outras tradições, a história da primeira revolução intelectual da Europa é um certo embaraço. Não só a principal transmissora dessas idéias avançadas foi uma civilização não européia, como foi também a civilização que os cristãos consideraram sua nêmesis durante muito tempo: o império muçulmano, que ocupou a Terra Santa, dominou as rotas marítimas do Mediterrâneo e desafiou militarmente a Europa durante quase mil anos. Pior ainda: como descobriram os cruzados, essa cultura "infiel" era claramente mais avançada, em aspectos significativos, do que a do Ocidente latino. Não só os árabes e judeus haviam adquirido a filosofia e a ciência natural de Aristóteles, como haviam absorvido a matemática de Euclides, a astronomia e a óptica de Ptolomeu, os princípios de engenharia de Arquimedes, a ciência médica de Hipócrates e Galeno e outros tesouros clássicos. Além de traduzirem essas obras, eles as haviam interpretado, aplicado e aprimorado, bem como lhes tinham acrescentado novas ciências de sua própria lavra, como a química, a álgebra e a história.[4] Não surpreende que os árabes vissem os cruzados como invasores bárbaros, ou que os europeus olhassem para o mundo islâmico com aquela mescla peculiar de medo e admiração, ódio e inveja que os povos mais pobres e menos "civilizados" comumente sentem pelos que são mais prósperos e refinados do que eles.

Os chauvinistas culturais talvez julguem desconcertante lembrar que a Europa dependeu de estudiosos muçulmanos e judaicos para recuperar sua herança clássica. Mas, para muitos modernistas, uma fonte ainda mais aguda de embaraço é o papel preponderante desempenhado nesse drama da descoberta pela Igreja Católica Romana. Atualmente, tendemos a pensar na ciência e na religião ortodoxa como intrínseca e perpetuamente em conflito. Uma de nossas histórias favoritas é "Galileu contra a Inquisição" — uma peça moralista em que o corajoso e imaginativo homem da razão enfrenta seus perseguidores dogmáticos, vestidos de hábitos negros. No entanto, as universidades dirigidas pela Igreja na Idade Média opunham-se com veemência a esse tipo de obscurantismo ignorante. Como o próprio Galileu reconheceu, suas escolas turbulentas e "aristotelizadas" de arte e teologia foram as sementeiras do pensamento científico.[5] Surpreendentemente (ao menos para quem foi treinado a acreditar que a idade da fé foi uma idade das trevas), a disputa decisiva entre o pensamento racionalista e o tradicionalista não foi travada entre a Igreja medieval e seus adversários. Ocorreu dentro da Igreja, onde forças favoráveis ao novo saber aristotélico entraram em combate com as que se opunham a ele.

Essa luta é o tema deste livro. Não é exagero dizer que seu desfecho determinou, em larga medida, o futuro do desenvolvimento intelectual do Ocidente. Nos tempos medievais, é claro, a grande questão em debate não era a "ciência" *versus* a "religião". O que hoje chamamos de ciência fazia parte de uma visão de mundo abrangente, que incluía a lógica, a ética, a metafísica, a estética e até a teologia — e todos os envolvidos no conflito eram cristãos praticantes. A controvérsia girou, na verdade, em torno de até onde os intelectuais europeus se comprometeriam com a busca da compreensão racional, e de como poderiam fazê-lo sem perder sua identidade cultural e religiosa. Poderiam pensadores cristãos, inspirados em Aristóteles, dar sentido ao universo natural, inclusive ao campo das motivações e relações humanas? Poderiam eles usar essas mesmas técnicas de raciocínio para explicar a relação entre Deus e a criação? Para muitos tradicionalistas, esse projeto parecia tão perigoso quanto ambicioso. Aristóteles era pagão, e algumas de suas idéias chocavam-se com doutrinas cristãs estabelecidas. Mais importante, a postura aristotélica, com sua indisfarçada admiração pelo mundo material, seu desapreço pelas explicações místicas de fenômenos naturais e seu otimismo quanto à natureza humana, ia de encontro a séculos de práticas e valores ascéticos cristãos extramundanos.

Poderiam os pensadores cristãos seguir os ensinamentos do sábio grego, a quem chamavam "o Filósofo", e também seguir Jesus Cristo? Durante quase um século, a resposta permaneceu duvidosa. Por força da ameaça que representavam para os modos de pensar estabelecidos, os livros de "filosofia natural" de Aristóteles foram originalmente considerados perigosos demais para serem utilizados nas universidades européias. No início do século XIII, foram proibidos, e alguns de seus defensores mais extremados foram queimados como hereges. Ainda em 1277, a Igreja condenava o ensino de algumas idéias aristotélicas nas escolas, inclusive algumas proposições defendidas pelo maior gênio do século, Tomás de Aquino. No fim, porém, os líderes da Igreja permitiram que o pensamento cristão fosse transformado pela nova visão de mundo. Com as mudanças sociais irreversíveis que vinham reformulando a sociedade européia, eles perceberam que a Igreja teria que se adaptar a novas correntes de pensamento, se quisesse preservar sua posição de liderança intelectual e moral. Assim, papas e bispos de grande visão deram o passo fatídico que os líderes islâmicos haviam rejeitado.

Ao casar a teologia cristã com a ciência aristotélica, comprometeram o Ocidente com uma ética de investigação racional que viria a gerar uma sucessão de "revoluções científicas", bem como sublevações imprevistas no pensamento social e religioso.[6]

Como resultado, os primeiros cientistas naturais da Europa foram teólogos escolásticos, e seus pensadores sociais mais inovadores foram mestres de humanidades nas novas universidades católicas. Durante quatro séculos, os estudantes europeus — uma elite destinada a ocupar posições de liderança na Igreja, no governo, na medicina e no direito — ficaram imersos num currículo que mesclava a lógica e a filosofia natural de Aristóteles com a educação cristã. A atividade científica (inclusive o tratamento analítico da ética e da política) foi legitimada por sua associação com a religião, e a teologia — a aplicação da razão às questões de fé — foi considerada a "rainha das ciências". O movimento aristotélico havia assumido o poder... mas o casamento da fé com a razão nunca foi fácil. Antes mesmo de Tomás de Aquino escrever sua sintética obra-prima, a *Suma Teológica*, os conservadores a criticaram por ser grega demais, e os radicais, por ser cristã demais. No século XIV, o brilhante erudito franciscano Guilherme de Occam insistiu em que Tomás de Aquino errara ao tentar formular uma "teologia natural", e afirmou que tanto a ciência quanto a religião se sairiam melhor se viessem a se separar. Quando uma nova revolução científica sacudiu a Europa, na época de Galileu, o processo de divórcio já estava bem avançado. A maioria dos "novos homens" do século XVII reconheceu Aristóteles não como uma inspiração, mas como um inimigo.

Houve diversas razões para isso, mas uma delas, é claro, foi a degeneração do pensamento escolástico. Antes fonte de especulação criativa e de um debate animado e irrestrito, as universidades passaram a combinar uma ortodoxia árida em matéria de doutrina com absurdas discussões sobre sutilezas teológicas. Como observou o grande humanista católico Erasmo, os teólogos "científicos" das escolas achavam-se então dedicados a perguntas como "Teremos permissão para comer e beber depois da ressurreição?" ("Estamos tomando as devidas precauções contra a fome e a sede enquanto ainda há tempo", comentou ele, secamente).[7] Com a Igreja na defensiva contra a revolta protestante e o crescimento do poder laico, os seguidores de Aristóteles haviam se tornado conservadores fáceis de prever, que defendiam servilmente toda e qualquer conclusão de seu mestre, mesmo diante de provas recém-descobertas em contrário. Assim, quando o telescópio de Galileu revelou que a Lua tinha manchas e que o planeta Vênus crescia e minguava como a Lua, muitos eruditos declararam que devia haver algo errado com as lentes dele, visto que o Filósofo afirmara que os corpos celestes eram perfeitos e imutáveis e que a Terra, e não o Sol, ficava no centro do universo. Como observou Galileu, o próprio Aristóteles, com seu grande respeito pela comprovação, jamais chegaria a uma conclusão dessa natureza.[8]

Outros pensadores do Renascimento pós-medieval não foram tão gentis quanto Galileu com seu grande ancestral intelectual. Depois que Copérnico e seus sucessores puseram a Terra em movimento e aboliram quase todas as distinções entre as leis que regiam o comportamento terrestre e celeste, as idéias aristotélicas foram freqüentemente retratadas como pura superstição — uma relíquia do obscuro passado medieval. Mas nunca foi assim. A cosmologia de Aristóteles era incorreta, não "anticientífica". Como o restante de seu sistema, baseava-se em princípios que primeiro foram considerados sumamente controvertidos e depois se tornaram pilares aceitos do método científico: por exemplo, as idéias de que o mundo que nossos sentidos nos mostram é real, e não uma simples sombra da realidade; de que os seres humanos, usando sua razão, são capazes de descobrir verdades gerais sobre este mundo; de que compreender os fenômenos significa compreender relações de causa e efeito; e de que os processos naturais são evolutivos, revelando aos investigadores habilidosos certos padrões ordeiros de desenvolvimento e mudança. É claro que a ciência do Filósofo não era a nossa. Sua visão de mundo continha muitos aspectos que a ciência moderna rejeita, e omitia uma característica — a matemática — na qual os cientistas de hoje insistem. Mas o dogmatismo de seus seguidores mais recentes não era dele. Era uma manifestação senil de um sistema que, em seu zênite, revolucionou o pensamento europeu e lhe deu muitas de suas características mais ousadas e mais dinâmicas.

Com o posterior progresso da ciência, o crescimento do poder laico e a fragmentação da Igreja, a obra de Aristóteles perdeu seu lugar como chave do conhecimento universal. Simultaneamente, entre os intelectuais europeus, o divórcio entre a fé e a razão tornou-se definitivo. Movidos pela necessidade de libertar seu pensamento das limitações religiosas, os apóstolos do Iluminismo arquitetaram uma separação entre sujeito e objeto, valores e fatos, crenças religiosas e conhecimento científico que ainda inspira uma aceitação generalizada. Ou será que não? Nas três últimas décadas, o conflito que inicialmente sacudiu a sociedade ocidental na alta Idade Média ressurgiu em escala global. Lutas violentas e dramáticas jogam os zelosos defensores das crenças e atitudes religiosas tradicionais contra seus adversários modernos e pós-modernos. Mas não são apenas os "fundamentalistas" que se declaram insatisfeitos com a cisão entre o pensamento científico e o religioso. Teólogos, cientistas e humanistas de diversas formações e pontos de vista lutam novamente com as questões que fizeram das universidades e igrejas da Europa um campo de batalha intelectual (e, às vezes, físico) nos séculos XII e XIII.

Podem os homens e mulheres pensantes compreender os mistérios do universo e dominar sua própria natureza rebelde? A empreitada científica é compatível com a crença religiosa? Deus intervém na natureza e nas questões humanas? Podem os seres humanos levar uma vida ética sem Ele? A redescoberta da obra de Aristóteles trouxe essas antigas questões para o centro da consciência ocidental, inspirando uma luta — que ainda não terminou — para harmonizar a fé e a razão.

Capítulo Um

"O mestre dos que sabem"

A redescoberta de Aristóteles

É difícil não pensar na Espanha do século XII como um paraíso dos eruditos. A imagem que nos vem à mente é a de uma mesa larga, bem iluminada por velas, sobre a qual se espalham dezenas de manuscritos redigidos em sírio, aramaico, árabe, hebraico e grego. Em volta da mesa, debruçando-se atentamente sobre os manuscritos, fazendo anotações ou conversando animadamente, há judeus barbudos, monges cristãos com uma tonsura na cabeça, muçulmanos de turbante e gregos de cabelos escuros. O cenário é Toledo, uma cidade espanhola governada por autoridades islâmicas durante muito tempo, mas agora sob controle cristão. A mesa ocupa o centro de um salão na catedral da cidade, cujo arcebispo, Raimundo I, está parado a meia distância, observando com benevolência os eruditos poliglotas em seu trabalho. Ele tem nas mãos um livro escrito em latim — aparentemente, um missal católico, ou um dos livros de Santo Agostinho. Um exame atento, porém, revela sua autoria nitidamente não cristã. O livro que o arcebispo segura com tanto cuidado, como se temesse vê-lo tornar a desaparecer, é uma nova tradução do *De anima* — a obra perdida de Aristóteles sobre a alma.

Como é que esse livro famoso foi redescoberto — juntamente com o restante do *corpus* aristotélico? A rigor, a história começa no século X, quando os cavaleiros cristãos lançaram a Reconquista — uma luta prolongada e intermitente para resgatar a Península Ibérica dos muçulmanos que a haviam governado por mais de trezentos anos. Os cristãos só viriam a expulsar completamente os muçulmanos da Espanha quando da queda de Granada, em 1492, mas, em 1100, grandes centros de cultura islâmica, como Toledo e Lisboa, já estavam sob seu controle. A própria duração dessa campanha, assim como o fato de as cidades e povos conquistados estarem entre os mais civilizados da Terra, mais fez transformá-la numa "obra de co-penetração e síntese" do que numa simples cruzada militar. Um comentarista chamou-a, justificadamente, de "um processo demorado, sensível, humano e até liberal de fusão entre diferentes credos e raças, que muito honra a população medieval da Espanha e de Portugal".[1]

De certo modo, a Reconquista assemelhou-se à tomada de Roma pelos "bárbaros", séculos antes, pois a sociedade que os conquistadores dominaram era muito mais desenvolvida do que a deles. Enquanto a Europa mal emergia de séculos de pobreza e conflitos sociais, a Espanha muçulmana — *al Andalus*, como a chamavam os árabes — era uma terra enriquecida desde longa data pelo comércio internacional, por um artesanato brilhante e por uma agricultura altamente produtiva. Os governantes do reino eram homens letrados, herdeiros da tradição romana da burocracia racional-jurídica e patronos generosos da erudição e das artes. Seus poetas de fama mundial anteciparam e, provavelmente, inspiraram as canções de amor dos trovadores. Seus intelectuais eram admirados por suas realizações no direito, na filosofia, na matemática, na astronomia e nas ciências naturais, bem como na química, na metalurgia e nas artes práticas. Numa época em que o saber na Europa estava confinado a alguns mosteiros e escolas eclesiásticas, os eruditos de *al Andalus* lecionavam em universidades mantidas pelo poder público e faziam pesquisas em bibliotecas bem supridas. Numa época em que a maioria dos curandeiros cristãos ainda preparava infusões de ervas e proferia fórmulas mágicas, os médicos muçulmanos e judeus praticavam algo semelhante à medicina científica.[2]

Como em outros reinos muçulmanos, as autoridades haviam permitido que essas atividades laicas florescessem, desde que mantivessem distância das mesquitas. E haviam incentivado os não-muçulmanos — em particular, os judeus — a desempenhar papéis significativos na vida política, comercial e intelectual do reino, sob a única condição de pagarem o "imposto das minorias" e reconhecerem a supremacia da maioria islâmica. Como resultado, os invasores cristãos da Espanha viram-se convivendo com comunidades muçulmanas e judaicas bem estabelecidas e sumamente cultas. Essa situação viria a ter conseqüências decisivas para o futuro desenvolvimento do pensamento europeu, pois atrás dos cavaleiros armados da cristandade marchava seu clero — àquela altura, a única classe alfabetizada da Europa —, e o que este encontrou na Espanha deixou-o admirado e perplexo.

Não apenas cidades como Toledo e Córdoba eram limpas e ordeiras; não apenas a vida era adoçada e embelezada por fontes, flores, música e uma arquitetura tão imaginativa quanto era insossa a da Europa; e não só os árabes viviam em paz com um número espantoso de comunidades minoritárias, mas também a erudição florescia como num sonho sobre as antigas Atenas ou Alexandria. Só nos resta imaginar o que deve ter sido, para os clérigos cristãos deslumbrados, conversar com estudiosos muçulmanos e judeus sobre questões filosóficas e religiosas que os correligionários deles haviam explorado com grande discernimento e sofisticação nos trezentos anos anteriores.

Havia um motivo religioso, é claro, para que eles estudassem a filosofia e a ciência dos árabes. Para defender o credo e converter os não-convertidos, era preciso conhecer sua língua e seu pensamento. Ainda assim, a simples estratégia defensiva não consegue explicar o fascínio dos cristãos pela cultura muçulmana. Como é que os antigos cavaleiros da península arábica tinham conseguido desenvolver uma competência tão extraordinária na ciência e na filosofia? Quais eram as fontes de seu saber? Fazia muito tempo que corriam boatos de que eles estavam de posse de antigos documentos, perdidos desde longa data pelo Ocidente latino — tesouros inestimáveis de saber oculto ou esquecido. Mas a realidade era mais fantástica do que qualquer um teria imaginado. Mal iniciada a sua conversa com os eruditos locais, os curiosos cristãos descobriram que os muçulmanos e judeus há muito haviam traduzido para o árabe praticamente todos os textos importantes da sabedoria grega (assim como documentos históricos da antiga cultura persa e hindu). E não apenas isso, haviam também comentado longamente Aristóteles, Platão e os cientistas gregos, bem como reinterpretado o pensamento clássico à luz de seu próprio compromisso com o monoteísmo.

Claramente, os muçulmanos eram pensadores criativos por si mesmos. Suas realizações culturais eram o orgulho da Espanha moura. Mas os reis guerreiros que, séculos antes, haviam conquistado os grandes centros do saber clássico, na Síria, no Egito e na Mesopotâmia, tinham dado ao pensamento muçulmano uma vantagem inicial, pois adquiriram os tesouros culturais dos povos conquistados, juntamente com suas terras. Al-Kindi, o fundador da filosofia muçulmana no século IX, reconhecera a dívida de seu povo para com os gregos. Sem eles, escreveu, "teria sido impossível, a despeito de todo o nosso desvelo durante a vida inteira, reunir estes princípios de verdade que constituem a base das inferências finais de nossas investigações". Ele também descreveu o método dos estudiosos árabes, que consistia em, "primeiro, registrar em citações completas tudo o que os antigos disseram sobre o assunto; segundo, complementar o que os antigos não expressaram integralmente, e fazê-lo de acordo com o uso de nossa língua árabe, os costumes de nossa época e nossa própria capacidade".[3] Essa ousada tentativa de "complementar" o trabalho dos gregos permitiu que al-Kindi e seus sucessores adaptassem as idéias clássicas às exigências da civilização muçulmana contemporânea. Nos três séculos seguintes, o movimento da filosofia árabe (*falsafah*) gerou obras de grande originalidade, produzidas por pensadores como Alfarabi, fundador do neoplatonismo muçulmano, o místico judeu Ibn Gabirol (Avicebron, para os falantes latinos), o brilhante persa Ibn Sina (Avicena), Moisés Maimônides de Córdoba, o sábio judeu, e seu conterrâneo cordobês, o mais ousado de todos os comentaristas de Aristóteles, Ibn Rushd (Averróis).

Os escritos de todos esses autores podiam ser encontrados nas bibliotecas de Toledo, Lisboa, Segóvia e Córdoba... assim como suas fontes originais. Ali, para seu assombro, os novos senhores da Espanha encontraram traduções árabes de livros sobre os quais os europeus falavam desde longa data, mas que nunca tinham lido — obras lendárias como *Almagesto*, de Ptolomeu, a chave perdida da astronomia e da astrologia. Numa biblioteca, podiam-se ver médicos consultando *Da arte da cura* e *Dos procedimentos anatômicos*, de Galeno, os primeiros manuais científicos de medicina. Noutra, matemáticos perscrutavam *Elementos*, de Euclides, e os tratados de Arquimedes sobre engenharia matemática, não lidos no Ocidente nos setecentos anos anteriores. E, o que era mais notável, os padres eruditos cristãos descobriram que seus novos súditos estavam de posse do vasto *corpus* da obra de Aristóteles — não apenas do punhado de livros sobre lógica que Boécio, um erudito do século VI, havia traduzido para o latim, mas do filão principal. Ali estavam, em árabe, o grande ensaio do sábio grego sobre a filosofia do ser, *Metafísica*, e seus tratados sobre os métodos de raciocínio e as divisões do conhecimento. Ali estavam suas obras-primas científicas: *Física*, *Do céu*, *Das partes dos animais* e *Da geração e da corrupção*. E ali estavam (podemos imaginar o arcebispo Raimundo soltando exclamações de surpresa, maravilhado, quando os manuscritos lhe foram postos nas mãos) o tratado aristotélico mundialmente famoso sobre a alma, *De Anima*, bem como *Ética a Nicômaco* e *Política*. Até mesmo a visão mística estava representada, com *Teologia de Aristóteles* e *Livro das causas*, obras que se supunha terem sido escritas pelo mestre peripatético, mas que, na verdade, foram produzidas por neoplatônicos posteriores.

Considerados em conjunto, esses livros representaram a descoberta (ou "redescoberta") documental mais importante da história intelectual do Ocidente. Um historiador chamou a recuperação dos livros de Aristóteles de "um momento decisivo na história do pensamento ocidental (...) que só teve paralelo no impacto posterior da ciência newtoniana e do darwinismo".[4] Se o espírito de investigação na Europa já não houvesse começado a florescer, talvez a verdadeira importância dessa descoberta não tivesse sido reconhecida. Mas, em meados do século XII, os pensadores cristãos já manifestavam um novo interesse pelos processos naturais, pela razão humana e pela relação do mundo natural com um Deus sobrenaturalmente criativo, poderoso, justo e onisciente. Ou seja, já haviam começado a fazer as perguntas para as quais Aristóteles e seus intérpretes árabes ofereciam respostas: Como funciona o universo natural? Teve ele um começo no tempo, ou é co-eterno a Deus? A natureza obedece a leis? Se assim é, podem os seres humanos exercer o livre-arbítrio? Que significa dizer que nossas almas individuais são imortais? O aparecimento inesperado e quase milagroso de livros antigos e de comentários mais recentes que abordavam todas essas preocupações causou uma sensação imediata. Para que o Ocidente obtivesse acesso a esse vasto repositório de saber, era necessário apenas que seu conteúdo fosse traduzido para o latim.

Hoje em dia, quando as pessoas pensam na reação da Igreja Católica aos novos conhecimentos, é comum recordarem a hostilidade de Roma à liberdade de investigação e sua disposição de reprimir as verdades impalatáveis. Mas os árduos esforços de pioneiros como Giordano Bruno e Galileu obscureceram uma imagem anterior mais luminosa: a do arcebispo Raimundo de Toledo, um dos heróis não reconhecidos da cultura ocidental, que contribuiu mais do que qualquer homem para colocar os tesouros da filosofia e da ciência gregas ao alcance do mundo latino, e que abriu também as portas para as idéias árabes e judaicas avançadas. Pouco se conhece sobre a carreira e a personalidade de Raimundo, mas todos concordam em que foi dele a idéia de criar um centro de tradução em Toledo, recrutando os melhores estudiosos disponíveis para trabalhar ali, fossem estes cristãos, judeus, muçulmanos, latinos, gregos ou eslavos. Além disso, tal trabalho viria a ser executado sem censura. Não houve nenhuma tentativa de Raimundo e seus colegas de distinguir entre livros potencialmente perigosos e obras inofensivas, nem de usar a linguagem ortodoxa para substituir palavras ou expressões não cristãs. É muito provável que a fé luminosa do arcebispo não tenha reconhecido a possibilidade de que as verdades enunciadas por Aristóteles, Euclides ou pelos inspirados filósofos de outras religiões fossem incompatíveis com as verdades expressas pelos apóstolos de Cristo e pelos padres da Igreja. Afinal, Deus era a própria Verdade... e os três credos da Espanha concordavam em que Deus era Uno.

Os três credos da Espanha, aliás, forneceram ao novo centro de tradução sua primeira equipe. Uma das figuras-chave foi um arquidiácono da catedral, chamado Domingos Gundissálvio, um lingüista talentoso que tinha seus próprios interesses filosóficos. É muito provável que Gundissálvio fosse "moçárabe" — um cristão nativo que recebera permissão para praticar sua religião durante o período de dominação muçulmana —, embora talvez fosse judeu convertido.[5] Ele tinha um colega e amigo íntimo chamado Juan Avendeuth, um erudito judeu que era uma autoridade em língua e literatura árabes (alguns acreditam que o nome correto de Avendeuth era Abraham Ibn Daud e que ele foi o autor de um livro famoso, *A fé sublime*[6]). Quando Raimundo pediu que Gundissálvio se juntasse a ele na fundação do grupo de Toledo, a fim de traduzir manuscritos árabes para o latim, o arquidiácono incluiu seu colega judeu no projeto. Ali, os dois homens criaram um método singular de colaboração: Avendeuth traduzia os textos em árabe para o castelhano, palavra por palavra, e deixava a Gundissálvio a tarefa de transformar o castelhano em latim erudito.[7] Trabalhando juntos, os dois produziram versões latinas de um grande número de manuscritos preciosos, inclusive o tratado aristotélico *De Anima* — traduções admiravelmente precisas, considerando-se seu método de produção.[8]

De qualquer modo, os dois colaboradores não trabalharam sozinhos por muito tempo. À medida que se espalhou a notícia das descobertas, estudiosos da Europa inteira foram atraídos para Toledo como as aves do Norte pelo sol da Espanha.[9] A Inglaterra forneceu um grande contingente, que incluiu Roberto de Chester, Adelardo de Bath (um dos primeiros cientistas empíricos da Europa) e Daniel de Morley, um teólogo cristão com grande interesse em astrologia, na época considerada uma ciência. Do norte da Itália vieram João de Brescia, Platão de Tívoli e o incomparável Gerardo de Cremona, que, entre outras proezas, produziu versões latinas das grandes obras de ciência natural de Aristóteles, do místico *Livro das causas*, do *Almagesto* de Ptolomeu, dos *Elementos* de Euclides, da *Álgebra* de al-Kuarizmi e de 24 textos de medicina — ao todo, cerca de setenta ou oitenta livros. O condado de Flandres foi bem representado, assim como o foram a França, os Bálcãs e a Alemanha. Ilustres eruditos judeus, como Moisés ben Samuel ibn Tibon e João de Sevilha, fizeram viagens mais curtas, vindo da Provença e da Espanha, enquanto sábios gregos chegaram do Império Bizantino e árabes doutos foram acolhidos com gratidão. "Foi a partir do exemplo de Toledo", escreveu um historiador, "que a Europa aprendeu pela primeira vez a compreender que o saber não conhece fronteiras, que é universal, global e 'humano', e que interessa à humanidade como um todo, sem levar em conta a raça ou a religião."[10]

O centro de tradução de Toledo continuou a funcionar pelo século XIII adentro, atraindo estudiosos de categoria internacional, como Michael Scot e Hermano, o Alemão (Hermannus Alemannus), que produziram versões latinas definitivas das obras aristotélicas de ética e política, bem como de obras-primas mais recentes, como *Guia dos perplexos*, de Moisés

Maimônides, e os grandes comentários de Averróis sobre Aristóteles. Ao mesmo tempo, em todos os locais onde os cristãos do Ocidente podiam misturar-se livremente com judeus, muçulmanos ou gregos, surgiram novos centros. A Provença, com sua numerosa população judaica, era uma dessas regiões "abertas", especializando-se em traduzir textos árabes para o hebraico, primeiro e, depois, para o latim. O norte da Itália, que (graças às cruzadas) desenvolvera um próspero comércio com a África setentrional e com o Império Bizantino, era outra. As primeiras traduções importantes de obras de Aristóteles, diretamente do grego para o latim, foram feitas por Jácopo de Veneza, que passou anos em Constantinopla trabalhando nos livros aristotélicos que os europeus chamavam de "Nova Lógica".

O mais rico amálgama de culturas, entretanto, seria encontrado na Sicília, um reino que fizera parte do Império Bizantino, de língua grega, antes de ser conquistado pelos árabes e, em data mais recente, por aventureiros de língua latina provenientes da Normandia, que também havia estendido seu domínio até a Inglaterra. No século XII, o governante normando, Rogério da Sicília, consolidou seu domínio sobre a Itália meridional e dirigia seu reino poliglota a partir de Palermo, "onde sua corte, com seus servos negros, seus guardas sarracenos, seu harém e suas maravilhosas abóbadas, tornou-se o escândalo e o objeto de inveja da cristandade".[11] Outro motivo de escândalo, pelo menos em alguns círculos, era a proteção concedida pelo rei a estudiosos cristãos bizantinos, muçulmanos e judeus, bem como a católicos romanos — uma imitação da tradição árabe de reunir eruditos que representassem muitas culturas e religiões em torno de uma corte real "resplandecente". Como resultado dessa política de tolerância, que incentivou os estudiosos de língua grega a permanecerem no reino, Palermo logo se transformou no centro europeu primordial para a tradução de manuscritos antigos do grego para o latim.[12] Entre os estudiosos locais, havia um grande interesse em colocar os livros científicos e de medicina à disposição dos falantes de latim, enquanto em Salerno, a cidade vizinha, alunos e professores oriundos de muitas regiões (inclusive diversas alunas) criavam a primeira escola de medicina da Europa.[13] Mas Palermo também produziu uma enxurrada de traduções filosóficas feitas por figuras como Henrique Aristipo, primeiro tradutor de *Mênon* e *Fédon* de Platão; Eugênio, o Emir, nobre e poeta muçulmano; e Michael Scot, o brilhante erudito inglês cujas especialidades eram Aristóteles e a astrologia.

As aptidões lingüísticas de Scot eram lendárias. Em sua época em Toledo, ele fizera numerosas traduções do árabe, entre elas a de *Metafísica* de Aristóteles, com a ajuda de um erudito judeu,[14] mas era também fluente em grego, hebraico, siríaco, caldeu e várias outras línguas. Numa viagem feita na década de 1220, ele foi convocado à presença de Frederico II, o jovem imperador da Alemanha, que se considerava um homem predestinado e nutria especial interesse pelo domínio que Scot tinha da astrologia — a "ciência" da predição.[15] Enormemente impressionado com o talento do inglês, Frederico o convidou a trabalhar na Sicília, a qual acabara de herdar de parentes normandos. Como resultado, Scot passou o resto da vida traduzindo manuscritos, escrevendo seus próprios tratados astrológicos e servindo de conselheiro para o governante mais pitoresco e controvertido da Europa: o homem conhecido por seus admiradores como "Stupor Mundus" — o Assombro do Mundo.

Frederico era um personagem notável — tão notável que inspirou em alguns de seus súditos, esperançosos e crédulos, a crença em que ele era uma figura messiânica, cujo aparecimento prenunciava a chegada do Fim dos Tempos. Seus inimigos, igualmente passionais, inclinavam-se mais a compará-lo com o Anticristo. Para horror de diversos papas, ele sonhava unir toda a Itália e a Alemanha (inclusive os Estados papais) sob seu domínio, num Império Romano revivificado. Homem de imaginação irrefreada, vigor sem limites e lendária implacabilidade, ele dirigia o império, de sua corte siciliana, como uma combinação de imperador romano e califa muçulmano, criando um novo código legal, perseguindo hereges cristãos, desfrutando (ao que se dizia) das atenções de numerosas "esposas" e conspirando contra o papado. Tamanhos eram seu conhecimento e sua estima pela civilização muçulmana que, quando o Vaticano lhe ordenou que partisse numa cruzada pela Terra Santa, ele usou suas ligações e sua habilidade diplomática para negociar a restituição (temporária) de Jerusalém ao controle cristão.

Frederico nunca realizou seu sonho de unificar a Europa sob sua própria bandeira do "Sacro Império Romano". Na verdade, após sua morte, o extermínio de seus herdeiros tornou-se uma obsessão do Vaticano e foi finalmente concluído no fim do século XIII. Mas as traduções produzidas por seus sábios, junto com as provenientes da Espanha, da Itália e da Provença, não tardariam a revolucionar o pensamento ocidental. Depois de seu falecimento, o esforço de colocar toda a obra de Aristóteles à disposição dos falantes de latim foi concluído pelo maior tradutor do século, Guilherme de Moerbeke, um clérigo holandês que trabalhou na Itália durante a década de 1260 e, mais tarde, tornou-se arcebispo de Corinto, na Grécia. Trabalhando diretamente com base em manuscritos gregos, Guilherme forneceu novas traduções de dezenas de tratados aristotélicos, de comentários de outros filósofos e de obras científicas gregas e árabes, mas as traduções que despertaram maior interesse entre os novos intelectuais da Europa foram as do *De Anima*, de Aristóteles, de sua *Política*, ainda pouco conhecida, e de sua *Poética*. Um colega que conheceu Guilherme na Itália e julgou especialmente útil o resultado de seu trabalho foi um nativo do reino da Sicília, originalmente formado na Universidade de Nápoles — um estudioso controvertido, cujas idéias eram consideradas perigosamente radicais por muitos tradicionalistas cristãos. O nome latinizado desse colega era Tomás de Aquino, e ele estava destinado a se tornar o impulsionador da Revolução Aristotélica.

Mas estamos muito adiantados em relação a nossa história — mais de mil anos à frente, na verdade. A história começa realmente em Atenas, com a chegada de um obscuro jovem das províncias à famosa Academia de Platão. Quem era Aristóteles de Estagira? Como emergiu da sombra de Platão para se tornar a figura gigantesca que o poeta Dante chamou de "mestre dos que sabem"? Quais eram as idéias que, redescobertas por estudiosos cristãos em Toledo, séculos depois, viriam a alterar o curso da história ocidental? Nossa investigação faz-nos remontar a uma época em que "civilização" significava a vida das cidades, e uma cidade, acima de todas as outras, simbolizava a vida intelectual. Atenas, onde os homens sonharam pela primeira vez com a compreensão do grandioso universo fora deles e do pequeno universo em seu interior, atraiu Aristóteles irresistivelmente para sua órbita... como deverá atrair-nos agora.

Quando Aristóteles chegou a Atenas pela primeira vez, Platão estava fora. Talvez o adolescente tenha ficado decepcionado ao encontrar Eudoxo de Cnidos dirigindo os assuntos da Academia, no lugar de seu famoso fundador, mas não deve ter-se surpreendido ao saber que Platão estava numa missão política urgente em Siracusa. Só em épocas recentes é que os filósofos têm sido considerados criaturas não terrenas, desprovidas de senso prático, que tecem obscuras redes conceituais longe dos centros de poder. Durante séculos, seus deveres incluíram aconselhar os governantes sobre a forma de governar com sabedoria e orientar os súditos sobre quando obedecer (e quando não fazê-lo). Era uma ocupação perigosa, sem dúvida. O mentor de Platão, Sócrates, fora condenado à morte por ensinar seus alunos a questionar as fontes tradicionais de autoridade. Em sua velhice, Aristóteles também seria alvo de perseguição política. E os negócios de Platão em Siracusa, naquele momento — instruir o jovem "tirano" da cidade nas artes do governo —, não eram menos arriscados. Quando o rei se enredou numa disputa com aristocratas dissidentes, Platão ofereceu seus serviços como mediador. A mediação fracassou, e o filósofo teve sorte de escapar com vida.[16]

Enquanto isso, em Atenas, Aristóteles corria outro tipo de risco. Podemos imaginar o jovem provinciano entrando na Academia pela primeira vez, cheio de sonhos e dúvidas a seu próprio respeito. Em Estagira, sua cidade natal, perto da fronteira da Macedônia, ele era tido como um gênio, mas ali era Atenas, e a Academia era a casa dos maiores pensadores do mundo grego. Nenhum assunto conhecido ficava fora do alcance intelectual dos acadêmicos. O que eles chamavam de "filosofia" incluía tanto a astronomia quanto a metafísica, tanto a matemática quanto a ética, e, embora cada estudioso tivesse seus interesses favoritos, ninguém pensaria em se "especializar". O diretor interino, Eudoxo, estudioso de medicina e política, havia elaborado um sistema para explicar os movimentos dos corpos celestes, concebendo-os como presos a esferas giratórias superpostas, cada qual girando em seu ritmo próprio ao redor da Terra fixa. Espeusipo, sobrinho de Platão, escrevia sobre a teoria das proporções matemáticas e a natureza do conhecimento, criticava abertamente a teoria das "Idéias" de seu tio, e havia identificado dez formas diferentes do ser. Xenócrates de Calcedônia, um jovem na casa dos vinte anos, era um dos companheiros mais próximos de Platão (como logo seria de Aristóteles), embora, diversamente de seu mestre, acreditasse que os componentes básicos da matéria eram partículas atômicas elementares. Com efeito, embora Platão fosse claramente a figura mais influente da escola, Aristóteles logo descobriu que não havia uma ortodoxia à qual devesse conformar-se. Alguns de seus próprios interesses — a biologia e a psicologia, por exemplo — ainda não eram reconhecidos como temas adequados de análise, mas não havia nada que o impedisse de "teorizar" sobre esses assuntos e se apropriar deles.

Talvez tenha sido por isso que, apesar de suas divergências com Platão, Aristóteles permaneceu na Academia por vinte anos, até a morte do fundador, em 347 a.C., aos oitenta anos de idade. A escola platônica não era como nossas faculdades modernas, com suas provas e notas, seus graus universitários e suas categorias profissionais. Assemelhava-se mais a um clube, cujo objetivo era treinar rapazes privilegiados a raciocinarem bem (e, mais tarde, a governarem bem), expondo-os aos melhores diálogos que havia na Grécia. Internamente, a Academia era uma meritocracia. Após um período de iniciação, um estudante como Aristóteles seria tratado como um par por estudiosos muito mais velhos, e acabaria sendo convidado a dirigir debates e a escrever seus próprios tratados. Socialmente, o clima geral e as inclinações políticas da instituição eram aristocráticos, refletindo a desconfiança em relação aos pobres sem instrução e o desprezo pelos ricos incultos. Como filho de médico — mesmo em se tratando de um filho cujo pai havia cuidado do rei da Macedônia — , Aristóteles não era um aristocrata da categoria mais elevada. Cuidar de pacientes, afinal, era uma forma de trabalho manual. Mas ele compartilhava o espírito geral da Academia e seus talentos notáveis lhe asseguraram o reconhecimento. Platão referia-se a ele como "o Leitor" e "o Cérebro" da escola,[17] comentando em tom irônico, a propósito de seu brilhantismo audacioso, que enquanto alguns pensadores mais lentos da escola precisavam do chicote, seu discípulo mais precoce precisava de rédeas.[18]

É muito esclarecedor descobrir, a respeito de Aristóteles, que ele era filho de um médico, e não um médico qualquer, mas um integrante da nova cepa de médicos que acreditavam que as causas das doenças eram naturais e que os doentes poderiam ser curados por meios naturais. Nicômaco, seu pai, era membro da guilda de Esculápio, o lendário semideus que era filho de Apolo com uma mulher humana. Durante muitas eras anteriores, quando se atribuía as moléstias à raiva ou à indiferença dos deuses, o papel dos médicos tinha sido o de sacerdotes ou magos que invocavam a ajuda do semideus para curar o paciente sofredor. Milhares de pessoas iam aos templos de Esculápio para dormir em dormitórios especiais e sonhar sonhos de cura enviados por seu ajudante divino.[19] Por volta de 400 a.C., no entanto, aconteceu uma coisa que modificou a natureza do exercício da medicina. Um dos contemporâneos de Nicômaco, Hipócrates, teve o assombroso atrevimento de acusar os médicos-magos de charlatanice. Escrevendo sobre a "doença sagrada" (a epilepsia), ele denunciou os "médicos-feiticeiros, os curandeiros da fé, os impostores e charlatães" que "fingem ser devotos e particularmente sábios". É claro que os deuses existiam — a questão não era essa —, mas, ao usá-los para explicar a epilepsia, os médicos da velha escola "conseguiam encobrir sua própria incapacidade de oferecer um tratamento adequado e, assim, chamavam de 'sagrada' essa enfermidade, para esconder sua ignorância da natureza dela".[20] O grande médico não apenas ofereceu sua própria explicação da moléstia, baseada numa teoria dos "humores" corporais, como propôs dissecar um bode para verificar se a teoria poderia ser confirmada.

Não há nenhum indício de contato direto entre Hipócrates e Nicômaco, mas é quase certo que o pai de Aristóteles foi uma das novas vozes da medicina. Por que outra razão o teria convocado de Estagira o rei supremo da Macedônia, a fim de cuidar da família real na corte macedônia? Sabemos que o futuro neto do rei Amintas, Alexandre (que, mais tarde, seria cognominado de "o Grande"), era sujeito a convulsões. Se outros membros da família tinham problemas similares, é possível que Amintas tenha sentido necessidade de um médico cujas idéias fossem mais avançadas que as dos "impostores e charlatães" ridicularizados por Hipócrates. Nicômaco era qualificado, estava disponível e tinha o status necessário para um cargo na corte, uma vez que sua esposa, Féstias, era uma rica aristocrata da poderosa cidade grega de Cálcis. Não era longa a viagem de Estagira à corte do rei supremo, em Pela. O médico e sua mulher fizeram-na em poucos dias, levando consigo seu filho pequeno.[21]

O rei Amintas também tinha um filho: Filipe da Macedônia, futuro conquistador e "protetor" da maioria das cidades-Estado gregas, que era um ou dois anos mais velho do que Aristóteles. Segundo um relato, os meninos foram colegas de infância e amigos íntimos. Talvez o tenham sido, já que, anos depois, o Filósofo alegrou-se por voltar a Pela para ser conselheiro do rei Filipe e, segundo consta, servir de tutor do adolescente Alexandre. Outra história apócrifa sugere que, enquanto serviu ao rei da Macedônia, Nicômaco ensinou a Aristóteles os rudimentos da medicina e o iniciou no culto de Esculápio. Como a arte da medicina costumava ser transmitida de pai para filho, essa história também é plausível. Mas, tenha o menino recebido ou não instrução formal em medicina, há indicações, em épocas posteriores de sua vida, da mesma paixão por explicações lógicas e não sobrenaturais, da mesma inclinação e aptidão práticas para a observação meticulosa e do mesmo gosto artesanal por enfiar a mão na massa, características do trabalho de seu pai. Junto com esse intenso interesse pelo mundo físico, Aristóteles parece haver absorvido um pouco do conhecimento que seu pai tinha da anatomia humana, dos remédios naturais e dos processos biológicos. A tendência a separar a mente do corpo, o campo do espírito do campo da matéria, que desempenhou papel tão importante no pensamento de Platão e de outros filósofos "puros", nunca fez muito sentido para o filho do médico.

Aristóteles parece ter tido uma infância feliz, além de privilegiada, pelo menos até a tragédia interromper suas aventuras da meninice na corte do rei Amintas. Quando ele tinha dez ou onze anos (a data é incerta), Nicômaco morreu subitamente, sendo seguido, pouco depois, por sua jovem esposa. É muito provável que ambos tenham sido vítimas de uma das pragas que varriam periodicamente a região, ou de alguma doença contraída por Nicômaco no exercício de sua profissão. A desgraça foi acompanhada, quase de imediato, por um extraordinário golpe de sorte, embora o menino órfão talvez não o tenha reconhecido prontamente como tal. Seu tio, Proxenos, foi buscá-lo em Estagira para levá-lo para casa. Nos sete anos seguintes, ele e sua mulher o criaram com seus próprios filhos, como um filho querido.[22] É impossível dizer o que teria acontecido com o menino precoce sem esses dedicados pais adotivos, mas, sem eles, é difícil imaginá-lo conservando sua idéia do mundo natural como um lugar acolhedor e compreensível. Sua curiosidade e talento extraordinários para pensar sobre as coisas tampouco teriam sido reconhecidos e cultivados com tanta rapidez. Proxenos preparou Aristóteles para estudos avançados e, quando ele chegou aos dezoito anos, mandou-o para Atenas, para ser educado na Academia. A gratidão de Aristóteles a sua família adotiva perdurou por toda sua vida. Tempos depois, ele adotaria um filho de Proxenos como seu e, em seu testamento, ordenaria que se erguessem estátuas de seus guardiães após sua morte.

Se Aristóteles tivesse vivido em nossa época, é provável que dispuséssemos de uma autobiografia ou, pelo menos, de uma biografia fidedigna, para nos dizer como se desenvolveu seu pensamento na Academia e em que momento ele se conscientizou das profundas diferenças que o separavam de seu grande mentor, Platão.[23] Na longa marcha dos séculos que se seguiram à morte dos dois homens, a separação entre eles tornou-se uma lacuna, a lacuna transformou-se num abismo, e o abismo, numa fossa oceânica. Nos tempos medievais, o choque entre a "espiritualidade" platônica e o "materialismo" aristotélico custaria a carreira de muitos estudiosos e a vida de diversos ideólogos. Vistas no contexto de sua própria época, entretanto, essas diferenças parecem produto tanto de interesses e temperamentos contrastantes quanto de crenças conflitantes. Aristóteles inspirou-se, acima de tudo, na natureza e nas ciências biológicas. Homem basicamente à vontade no mundo, ele se sentia parte de um universo vivo, integrado e auto-suficiente — um lugar cujos princípios fundamentais podiam ser compreendidos pelo raciocínio, a partir dos dados apresentados pelas impressões sensoriais. A realidade, para ele, compunha-se de substâncias específicas — do homem Platão, por exemplo —, cada uma das quais era uma fusão inseparável e singular da matéria com a forma, e cada uma das quais encontrava-se no processo de realizar seu potencial natural. No universo de Aristóteles, aquilo que se vê e sobre o que se pensa é, basicamente, o que existe. Se o Filósofo estivesse vivo hoje, é bem possível que acrescentasse, nas palavras do compositor Ira Gerswhin: "Quem poderia desejar mais que isso?"[24]

Platão, por outro lado, queria muito mais. Os estudos que o inspiraram de modo especial foram a matemática e a arte — atividades (segundo ele as via) que não se concentravam na efemeridade dos sentidos nem nos processos deprimentes do crescimento e da decadência, mas em conceitos imutáveis, que não eram menos reais por serem abstratos, como a linha, o círculo e a raiz quadrada. Para ele, conceitos não matemáticos como Beleza, Bondade e Justiça tinham essa mesma realidade. Alguns poderiam chamá-los de meras abstrações, mas Platão os considerava "verdadeiramente reais": realidades atemporais que mantinham com as coisas do mundo sensorial a mesma relação que prevalecia entre uma figura geométrica perfeita, como uma esfera, digamos, e uma aproximação imperfeita, como uma laranja. Como é possível reconhecermos a laranja como esférica, perguntava-se Platão, sem ter adquirido em algum lugar a idéia da Esfera perfeita? Como sabemos que um governo é injusto, sem possuirmos uma idéia da Justiça autêntica? Mas, se não há esferas perfeitas na natureza nem Estados verdadeiramente justos no mundo conhecido — e não há —, de onde podem vir essas idéias senão de um lugar fora da natureza e da sociedade: um reino de Formas ou Idéias eternas? E como poderiam tais Idéias penetrar-nos na mente, a menos que essa mente, ou parte dela, houvesse habitado esse mesmo reino em algum momento? Com efeito, comparado à beleza serena, à precisão requintada e à força esclarecedora das Idéias, o mundo da experiência cotidiana parece caótico, indigno de confiança e, no fim das contas, irreal, como uma cópia ruim de uma obra-prima inimitável.

Platão não detestava o mundo, mas este lhe recordava um lugar muito melhor. O que despertava alegria e assombro no ancião era a convicção de que, por trás da fachada das impressões sensoriais enganosas e das emoções turbulentas, havia um reino do pensamento puro que conferia à experiência mundana qualquer inteligibilidade e valor que ela pudesse ter. Por isso é que ele via a arte como uma janela para a eternidade e retratava Deus como um artífice. O que mais agradava e empolgava Aristóteles, por outro lado, era sua convicção de que o "mundo real" percebido pelos sentidos — nosso único lar, por mais que se pudesse desejar outro — abrigava em si as fontes da inteligibilidade e do valor. Ele concordava com Platão em que as aparências superficiais eram enganosas, em que a verdadeira natureza ou estrutura das coisas era oculta e em que a sabedoria significava desvendar essas realidades subjacentes. Mas negava a existência de um mundo da inteligibilidade absoluta, separado do mundo natural. A seu ver, as idéias não podiam existir sem a informação proveniente dos sentidos, e as coisas deste mundo não eram meras sombras ou aproximações de conceitos eternos. Ao contrário, elas encarnavam conceitos. Para Aristóteles, o milagre era este: a realidade aparentemente obtusa, "coisificada", podia falar aos seres humanos, e os seres humanos, usando sua capacidade de raciocínio, podiam apreender os princípios inerentes às coisas.

É claro que professor e discípulo tinham muito em comum. Por exemplo, ambos se opunham aos atomistas, que acreditavam que a realidade podia ser reduzida à interação mecânica de partículas materiais. Nenhum dos dois valorizava os céticos, que acreditavam não ser possível nenhum tipo de conhecimento seguro, tampouco os tradicionalistas religiosos, que consideravam ímpio indagar sobre questões sagradas. Racionalistas até a alma, nenhum dos dois filósofos duvidava (como fazem alguns de seus sucessores modernos) de que a análise profunda da experiência pudesse revelar princípios fundamentais de ordem inteligíveis para a razão, ou de que essas realidades estruturais realmente "existissem", e não estivessem apenas na mente das pessoas. Mas suas diferenças eram inegáveis. Enquanto Platão ouvia, *através* do ruído da imperfeição e da ilusão, a música imortal dos deuses, Aristóteles percebia ritmos e melodias ordeiros *dentro* da mesma cacofonia aparente. É fácil compreender por quê, tempos depois, os devotos cristãos, com suas esperanças fixadas num mundo melhor e mais real do que este, viriam a considerar tão atraente a abordagem de Platão. "Porque, agora, vemos como em espelho, obscuramente; então, veremos face a face."[25] Também podemos perceber por que os que se extasiam com a Criação tenderiam a preferir Aristóteles.

Considerando a originalidade e a independência de pensamento de Aristóteles, poderíamos esperar que, em algum momento, ele rompesse com seu velho mestre, mas isso nunca aconteceu. Em suas aulas e escritos, ele criticou muitas idéias de Platão, mas nunca lhe foi desleal, como depois alegaram alguns de seus inimigos. O brilhante encômio que ele escreveu para os ritos fúnebres de Platão demonstra seu alto apreço pelo caráter de seu mentor. Platão, escreveu ele, foi o primeiro homem a demonstrar, "por sua vida e pelas suas palavras, que ser feliz é ser bom".[26] Enquanto o velho viveu, Aristóteles podia afirmar, com toda a justificação, que era um acadêmico leal, dotado de idéias próprias — um "platônico de esquerda", por assim dizer, cuja tentativa de trazer o pensamento do mestre para a Terra era fiel aos melhores elementos do pensamento desse mestre.[27] Outros eruditos da Academia discordavam, vendo em suas idéias a derrubada potencial do platonismo por um naturalismo beligerantemente terreno. A verdadeira batalha das idéias teria início com a morte do fundador da Academia e com a disputa por seu legado intelectual.

Quando Platão faleceu, aos oitenta anos, seu discípulo mais ilustre poderia ter tomado seu lugar. Aos 37 anos, Aristóteles era um pouco jovem para dirigir a Academia, mas já era reconhecido como um dos mais brilhantes filósofos da Grécia. Isso não valeu de nada: os anciães da Academia escolheram Espeusipo, não ele, e Aristóteles deixou Atenas pouco depois, indo lecionar em Atarnéia, uma pequena colônia grega no litoral da Ásia Menor.

Não sabemos por que ele partiu de maneira tão repentina. Espeusipo era mais velho e mais estabelecido, e o fato de ser sobrinho de Platão talvez também tenha ajudado a promover sua candidatura, mas ser preterido no cargo de diretor deve ter incomodado. Entretanto, tão importante quanto qualquer sentimento de orgulho ferido foi o mal-estar de Aristóteles diante da visão filosófica abraçada pelo novo diretor. Matemático talentoso, com interesse especial pelas proporções geométricas, Espeusipo foi consideravelmente mais longe do que Platão na declaração de que o universo era regido por números, e de que o único conhecimento seguro era o das relações matemáticas. Aristóteles, por outro lado, insistia em que fazer equações era apenas uma dentre outras maneiras de descrever o mundo natural, e que não se devia deixar a matemática tragar o resto da filosofia.[28] Seja como for, Aristóteles entendeu a nomeação do matemático como um sinal de que era hora de caminhar sozinho. Em companhia de seu bom amigo Xenócrates de Calcedônia, cruzou o mar Egeu em direção à Ásia Menor.

A política, em sentido mais lato, também pode ter contribuído para convencer o Filósofo a deixar a cidade que adotou. No mesmo ano da morte de Platão, Filipe da Macedônia atacou e capturou a cidade nortista de Olinto, dando início ao processo que logo faria dele o senhor de toda a Grécia. Em Atenas, onde o choque foi tangível, o orador Demóstenes, líder do poderoso partido antimacedônio, não perdeu tempo para conclamar os cidadãos assustados a defenderem (ao menos verbalmente) a independência ameaçada de sua cidade. Ao que saibamos, Aristóteles não foi um alvo direto da ira do orador, mas certamente era vulnerável. Não era cidadão ateniense e as ligações macedônias de sua família eram conhecidas. Naquele momento, essas ligações eram constrangedoras; mais tarde, a estrela dele viria a brilhar, junto com a de Alexandre, o Grande. Mas, nesse meio-tempo, um período de exílio voluntário de Atenas era exatamente do que ele precisava. Ao deixar a Academia, Aristóteles era um pensador com idéias próprias, mas ainda encoberto pela imensa sombra de Platão, solteiro e, como homem público, com associações políticas desfavoráveis. Retornaria como um homem feliz no casamento, filosoficamente independente e politicamente influente — um líder pronto para fundar sua própria "Academia", o Liceu, e guiá-la para o auge das realizações filosóficas e científicas.

Tudo isso começou com uma amizade — uma amizade que, muito tempo depois, viria a se revelar inesperadamente perigosa para Aristóteles e sua família. Hérmias, o "tirano" de Atarnéia, fora colega de estudos de Aristóteles na Academia. Ao saber que seu velho companheiro não sucederia a Platão como diretor, convidou-o a se estabelecer na cidade e a fundar uma escola de filosofia. O Filósofo ficou feliz por recomeçar a vida fora de Atenas. Livre das pressões da Academia e encantado com a fervilhante vida marinha do leste do Egeu, mergulhou na pesquisa biológica. E não foi só isso: ele não tardou a descobrir as alegrias da vida familiar. Hérmias ofereceu-lhe em casamento sua sobrinha, Pítias; o casal teve uma filha, a quem deu o nome da mãe, e Aristóteles viveu contente em Atarnéia com sua nova família, cercado por bons companheiros e por alunos que o admiravam. Esse período de calmaria parece haver definido muitos dos valores que, mais tarde, serviriam de substrato a sua ética e sua política, ambas terrenas e centradas no ser humano. Para Aristóteles, viver bem sempre significou viver feliz neste mundo, em vez de renunciar aos prazeres temporários em nome da bem-aventurança eterna. A moderação, contrária aos extremos do ascetismo ou do sensualismo, era sua palavra-chave. A amizade, a vida familiar, a participação política e o estudo (a "contemplação") eram as chaves da verdadeira felicidade — uma visão que hoje talvez pareça muito convencional, mas que causou grande consternação quando suas obras de ética foram redescobertas, séculos depois, por cristãos cujas esperanças fixavam-se no paraíso.

O idílio de Aristóteles no Egeu chegou ao clímax em 344 a.C., quando seu melhor discípulo, Teofrasto, natural da ilha vizinha de Lesbos, convenceu-o a passar um ano fazendo pesquisas na capital da ilha, um local de beleza lendária. E então, subitamente, o interregno chegou ao fim. Seu amigo Xenócrates voltou para Atenas, convocado por Espeusipo, que havia anunciado sua intenção de se aposentar como diretor da Academia. Passado um ano, após uma eleição muito disputada, ele viria a se tornar o terceiro líder da instituição. Enquanto isso, Aristóteles partiu para a Macedônia, para se juntar à corte do rei Filipe. Na verdade, é muito provável que essa reconvocação do leste do Egeu tenha sido orquestrada por Filipe. Diz uma antiga história que o rei o queria como tutor de seu filho de treze anos, Alexandre, mas é provável que Filipe tivesse razões mais prementes para pôr fim à licença sabática do Filósofo. Aristóteles já começara a compilar as constituições das cidades-Estado do mundo grego e a escrever sobre temas políticos, inclusive sobre a questão do império. Conhecia o estado de espírito dos gregos e acabara de passar três anos na Ásia Menor. Prestes a fazer uma série de campanhas militares ambiciosas e sonhando com uma incursão pelo leste contra os persas, que estavam cada vez mais agressivos, sem dúvida Filipe buscou a orientação de seu amigo de infância. Outros reis tinham filósofos na corte, logo, por que não ele? Ademais, seria tranqüilizador contar com Aristóteles na corte nos períodos em que o jovem Alexandre exercia a regência durante sua ausência.

Com o poder dos macedônios em ascensão, era preciso tomar partido, e Aristóteles não deve ter hesitado em apostar sua sorte, como fizera seu pai, com Filipe e Alexandre. As ligações familiares eram apenas parte do motivo. A ânsia macedônia de estabilizar a Grécia e criar uma nova ordem mundial tinha ressonância nas próprias ambições filosóficas aristotélicas. Aristóteles era universalista, antes de mais nada. Sempre procurou descobrir os princípios que regiam o homem como homem, a natureza como natureza, o ser como ser. Com efeito, porventura não foi ele o próprio Alexandre da filosofia, colocando vastas regiões não desbravadas da investigação sob o controle da razão universal? Não chega a ser coincidência que essa visão de mundo expansiva, que tudo ordenava, tenha sido criada durante o apogeu do imperialismo grego e surtido seu maior impacto, séculos depois, nos impérios em expansão do islamismo e da Europa da baixa Idade Média.

Aristóteles passou sete anos na corte de Filipe, enquanto Alexandre chegava à idade adulta. Enquanto isso, Filipe obrigou os gregos a aceitarem a liderança macedônia, e a competição entre os helênicos ressurgentes e seus antigos adversários persas acabou eclodindo numa guerra. Em 341 a.C., Atarnéia sucumbiu ao renovado exército persa do rei Dario. O velho amigo e protetor de Aristóteles, Hérmias, foi torturado até a morte pelos conquistadores, e o filósofo respondeu com uma elegia apaixonada, na qual comparou seu companheiro morto a um deus — um poema imprudente, como depois se veio a constatar. Decorridos cinco anos, Filipe foi assassinado, aparentemente numa tentativa de golpe. Alexandre tornou-se rei e Aristóteles voltou para Atenas, a fim de fundar sua própria escola de filosofia. Mas a ligação com a Macedônia não terminou aí. Quando o jovem monarca embarcou em sua campanha para subjugar a Ásia, levou consigo o sobrinho de Aristóteles, Calístenes, como historiador oficial da expedição. E, se há exatidão na história, Alexandre ordenou que seus navegadores e soldados recolhessem espécimes biológicos interessantes para enviá-los a seu antigo professor no Liceu, a academia fundada por Aristóteles (com apoio financeiro da Macedônia) nos arredores de Atenas.

O Filósofo entrou então no período mais satisfatório e produtivo de sua vida. Uma tragédia prejudicou o que teria sido o feliz retorno a Atenas: a doença e morte de sua jovem esposa, Pítias. Não muito depois, numa viagem a Estagira, ele conheceu sua futura parceira de vida, uma mulher chamada Hérpilis. Embora não pareça tê-la desposado, Aristóteles foi dedicado a sua nova companheira e teve com ela um filho chamado Nicômaco, nome que ele viria a imortalizar, tempos depois, num livro dedicado ao menino, chamado *Ética a Nicômaco*. Entrementes, tratou de estabelecer o plano de estudos do Liceu — um currículo consideravelmente mais extenso e cientificamente orientado do que o oferecido pela Academia — e de lecionar seus primeiros cursos. Seu hábito de andar pela alameda do jardim de sua academia pelas manhãs, discutindo questões filosóficas difíceis com seus discípulos, deu a sua escola e a sua filosofia o apelido de "peripatéticas". À tarde, ele dava aulas sobre temas mais acessíveis ou de ordem prática a grandes multidões de ouvintes. E escrevia — e como escrevia! Os cerca de cinqüenta tratados hoje chamados de "obra de Aristóteles" representam menos de um terço de sua produção total. Surpreendentemente, nenhum desses escritos destinou-se à publicação na forma que chegou até nós. A maioria constitui, provavelmente, rascunhos preparatórios para suas aulas, que foram preservados em sua biblioteca, mais tarde copiados em caráter particular e, por fim, dois séculos depois, organizados pelo erudito romano Andrônico.[29] Essa seria a razão de seu tom seco e metódico, bem como da falta de diálogos ao estilo platônico. Cícero, que elogiou a eloqüência dos diálogos de Aristóteles, deve ter-se referido a obras perdidas algum tempo depois de sua morte, provavelmente no início da era cristã.

Eloqüente ou não, o âmbito desses escritos é espantoso, mesmo se lembrarmos que, antes da era moderna, o campo da filosofia abarcava o que hoje chamaríamos de ciências "exatas" (física, matemática, biologia, fisiologia, meteorologia e astronomia), bem como de ciências sociais (política e psicologia), ciências humanas (retórica, literatura e religião) e uma gama completa de temas filosóficos (metafísica, epistemologia, lógica, ética e assim por diante). Aristóteles escreveu tratados sobre todos esses temas.[30] Na verdade, é difícil pensar num assunto sobre o qual ele não tenha escrito, exceto os que ainda não existiam, e havia diversos temas ainda não concebidos ou sistematizados — como a lógica dedutiva, por exemplo — que ele praticamente inventou. Passado mais de um milênio, essa onicompetência estonteante lhe granjearia a fama, entre a gente comum, de "*magus*", ou um cruzamento de sábio com mago. Uma lenda dos judeus da Idade Média dizia que, na velhice, Aristóteles teria se convertido ao judaísmo, pois qualquer um com *aquele* grau de saber deveria ter acabado reconhecendo o credo verdadeiro de Israel.[31] E, em *A divina comédia*, o poeta Dante o chama, muito simplesmente, de "o mestre de todos quantos pelo saber se distinguiram".[32]

Durante treze anos, lecionando e escrevendo em sua base, o Liceu, Aristóteles dominou o mundo da filosofia grega. Naturalmente, tinha tanto inimigos quanto admiradores. Um de seus detratores forneceu a única descrição física do Filósofo que chegou até nós. Descreveu-o como um sujeito magrelo e insignificante, de olhos muito juntos, careca, sem barba (a insígnia usual da profundeza filosófica), com um problema na fala e um gosto espalhafatoso em matéria de roupas. Essa esnobada desdenhosa talvez reflita o desapreço de um aristocrata de berço por um *nouveau arrivé*, ou a animosidade que sentiam por sua escola os que eram fiéis a instituições mais antigas, como a Academia de Platão. Mas é possível que houvesse algo mais em jogo. Na situação política de Aristóteles, havia pontos fracos que talvez deixassem em guarda um erudito menos preocupado e produtivo. O principal patrono do Liceu, Antípater, era o mais alto representante de Alexandre em Atenas, nomeado para manter na linha os atenienses indignos de confiança, enquanto seu soberano se empenhava em dominar o mundo. Aristóteles não fazia segredo de sua amizade com essa alta autoridade, mas, se a campanha de Alexandre fracassasse, esse relacionamento poderia revelar-se um compromisso perigoso.

Em 326 a.C., chegou a Atenas a primeira de uma série de notícias inquietantes. Após uma campanha exaustiva nas montanhas do Hindo-Kush, Alexandre fora obrigado a voltar à Pérsia para recompor suas forças e consolidar seu domínio sobre esse império. Quer movido por considerações racionais, quer por megalomania, o rei começara a ter um comportamento bizarro, insistindo em que seus homens se casassem com mulheres persas, a fim de iniciar uma nova raça multicultural, e exigindo, como prova de lealdade, que eles o reconhecessem como um deus. Essas notícias talvez tenham preocupado Aristóteles, mas uma deve tê-lo horrorizado. Alguns homens, inclusive seu sobrinho Calístenes, tinham-se recusado valentemente, mas com imprudência, a reconhecer a divindade de seu general. Como resposta, um Alexandre esgotado fizera com que todos fossem julgados por traição e sumariamente executados.

Três anos depois, o Filósofo também se viu em sérios apuros, não porque Alexandre desejasse sua queda, mas porque o deus-rei morreu inesperadamente na Pérsia, provavelmente por ter contraído febre tifóide. Muitos atenienses regozijaram-se com essa notícia. Ressentiam-se profundamente de ser dominados por "protetores" macedônios, e Antípater, embora não fosse considerado um governante excepcionalmente cruel ou irracional, logo se tornou seu principal alvo. Mais uma vez, a ligação de Aristóteles com o poder macedônio revelou-se uma faca de dois gumes. Anos antes, ele usara sua influência junto a Antípater para obter algumas concessões importantes para Atenas, em conseqüência das quais os atenienses haviam aprovado uma homenagem a ele e a Calístenes em Delfos. Mas a confirmação da morte de Alexandre desencadeou uma rebelião em massa na cidade. O partido antimacedônio derrubou Antípater, expulsou-o e instalou um novo governo. Aristóteles descobriu que o novo regime preparava-se para indiciá-lo por impiedade, sob a alegação de que a elegia que ele escrevera, vinte anos antes, para seu amigo martirizado, Hérmias, era idólatra, uma vez que enaltecera as qualidades "divinas" do governante morto. Relembrando o destino de Sócrates, Aristóteles teria jurado que não deixaria Atenas cometer "um segundo crime contra a filosofia".[33] Em seguida, para salvar a própria pele, fugiu para a cidade de Cálcis, onde sua mãe lhe deixara algumas propriedades.

Essa antiga cidade viria a ser a última residência de Aristóteles. Foi ali que ele morou durante um ano, antes de morrer, aos 62 anos, de uma doença que aparentemente o afligia havia algum tempo. Embora uma carta sua a Antípater sugira que ele se sentia solitário no exílio, não há provas que corroborem o boato de que teria cometido suicídio. A sua resposta à notícia de que os políticos atenienses haviam revogado a honraria que lhe fora concedida oito anos antes revela bem seu estado de ânimo:

"Quanto à honraria que me fora conferida por votação em Delfos, e da qual fui agora despojado, não estou grandemente interessado nem grandemente desinteressado."[34] Esse tipo de equilíbrio é exatamente o que se esperaria de um filósofo que havia insistido em que a virtude estava no meio-termo e que as alegrias fugazes do mundo, embora nada tivessem de pecaminoso, tinham pouca importância, comparadas às satisfações duradouras do estudo. Mesmo assim, foi um fim triste para uma carreira notável. Ficamos nos perguntando que consolo teria sentido Aristóteles, em seus últimos dias de vida, se soubesse que essas doutrinas, assim como praticamente todas as idéias associadas a seu nome, seriam afirmadas e reafirmadas, glosadas, debatidas e implementadas por mais de dois mil anos depois de sua morte.

O historiador grego Estrabão conta uma boa história sobre o destino dos manuscritos de Aristóteles.

Quando o Filósofo morreu, diz a história, deixou todos os seus escritos para seu melhor amigo e discípulo mais brilhante, Teofrasto, que o sucedera como diretor do Liceu.[35] Passados 25 anos, depois de uma carreira ilustre como administrador, professor e escritor, Teofrasto faleceu, legando sua biblioteca pessoal, que incluía os manuscritos de Aristóteles, a seu sobrinho Neleu, que morava em Scepsis, uma colônia grega na Ásia Menor. Como os governantes militares que haviam dividido entre si o império de Alexandre tinham o hábito de confiscar livros e qualquer outra coisa de valor em que pudessem pôr as mãos, Neleu escondeu os manuscritos numa adega. Ali eles passaram mais de dois séculos, enquanto, do outro lado do mar Egeu, Atenas era atacada por "bárbaros" celtas, a fama do Liceu entrava em declínio e a estrela de Aristóteles se apagava. Por volta de 70 a.C., entretanto, as centenas de pergaminhos esfarrapados, escondidos na adega de Neleu, foram redescobertas por acaso. A coleção inteira foi levada para Atenas, onde alguns filósofos peripatéticos ainda lecionavam, embora para platéias extremamente diminuídas. Eles entregaram os manuscritos a Andrônico de Rodes, um ilustre colega que exercia suas atividades em Roma, o novo centro do saber e do poder. Ao longo de vários anos, Andrônico remendou os escritos, classificando-os e cotejando-os (e, quem sabe, editando-os). Fizeram-se cópias, que foram distribuídas. Mais uma vez, a voz de Aristóteles ressoou em todo o mundo mediterrâneo e, nos dois séculos seguintes, sua filosofia conheceu o primeiro de seus muitos renascimentos.

Andrônico de Rodes de fato existiu e realmente publicou livros de Aristóteles. Quanto à veracidade do resto da história, fica a critério de cada um. Como o Liceu continuou a existir em caráter permanente desde a morte do Filósofo até algum ponto do século III da era cristã, a narrativa decerto exagera à medida que suas idéias foram inicialmente perdidas e, depois, (milagrosamente) encontradas. Mas ela aponta para uma verdade que ainda não é bem compreendida. Há alguma coisa nesses textos, ou em sua associação com certos momentos da história humana, que os faz parecerem quase indestrutíveis. Vez por outra, eles desaparecem de vista numa dada civilização e vêm a ressurgir em outra, séculos depois, quase sempre com o mais extraordinário impacto. "Perdidos" na Grécia, foram posteriormente "achados" em Roma. Desprezados pelos cristãos bizantinos, inspiraram uma grande explosão de criatividade filosófica no mundo islâmico. Não lidos durante séculos no Ocidente latino, sua redescoberta, na Espanha medieval, desencadeou uma revolução intelectual na Europa. O poder duradouro dessa obra é ainda mais notável quando se considera que os livros mais influentes de Aristóteles são difíceis de acompanhar, não contam histórias como as de Homero ou da Bíblia, e nenhum tem os atrativos literários da poesia clássica ou dos diálogos de Platão. Dizem que Thomas Gray, poeta do século XVIII, comparou a leitura deles a comer feno.[36] Todavia, seu estilo pedagógico direto fornece uma pista da razão pela qual conseguem instigar e inspirar — e, muitas vezes, antagonizar — leitores separados por éons de tempo e de cultura.

O mais impressionante nos escritos de Aristóteles é sua sensatez. Quer o tema seja frio como a lógica silogística ou controvertido como a política, seu tom é de uma objetividade calma e concentrada. Em alguns autores, esse tipo de impessoalidade faz com que pareçam arrogantes ou altivos. O texto aristotélico, entretanto, é singularmente livre de egoísmo, rancor ou auto-enaltecimento. Há até ocasiões em que ele não sabe ao certo como responder a uma pergunta e o admite! Seu método costumeiro é enunciar uma questão, definindo seus termos principais; reconhecer outras visões e descrevê-las com imparcialidade; e, em seguida, expor suas próprias idéias, mostrando que elas têm coerência lógica e são compatíveis com os dados disponíveis. Nessa forma de argumentação, não há nada que imponha uma crença. Aristóteles não afirma que "Deus dirigiu-Se a mim e me disse". Não sobrecarrega o leitor de retórica, como Platão ao fazer de Sócrates a fonte de toda a sabedoria, e ao fazer com que seus adversários nos diálogos admitam a verdade de suas observações. O tom das exposições de Aristóteles é o de um homem instruído e ponderado (em termos gregos, um aristocrata), dirigindo-se a outros que são tão cultos e ponderados quanto ele.

Aristóteles é o professor e o leitor é seu aluno; no entanto, ele nunca se dirige ao leitor em tom condescendente nem apela para suas emoções ou seu interesse egoísta. Não precisa fazê-lo. Por baixo do estilo culto de conversa, há um sólido pressuposto que um dia viria a ser considerado sumamente controvertido: a idéia de que os seres humanos são, acima de tudo, criaturas pensantes, seres racionais que, uma vez descobrindo a verdade, irão aceitá-la e, depois de aceitá-la, agirão com base nela. Ele tinha consciência, é claro, de que algumas pessoas raciocinavam melhor do que outras. Em seu texto político, chegou mesmo a sugerir que os que só são capazes de seguir instruções são escravos naturais.[37] Ele estava longe de ser um democrata, mas, em suas obras éticas e psicológicas, descreveu o poder do pensamento como uma dádiva pertencente aos seres humanos como espécie.[38] Por toda parte, as pessoas fazem brilhar o lume de sua inteligência e descobrem princípios de mudança ordeira — padrões inteligíveis que revelam como as coisas são e como funcionam, como se originam e desaparecem, e como certas causas produzem certos efeitos. Apesar de suas limitações, as pessoas são capazes de se aperfeiçoar moralmente, criando comunidades mais estáveis e mais justas e levando vidas úteis e felizes. Nem todos são capazes de fazer análises avançadas, mas ser humano equivale a ter consciência de si mesmo, a imaginar e aprender.

Ao ler Aristóteles, perde-se a sensação de inferioridade "intrinsecamente humana" que é inculcada pela maioria das antigas religiões e por muitas ciências modernas. Para começar, ele não acha que as percepções sensoriais sejam necessariamente enganosas. Ao contrário, elas nos fornecem os indícios que nos permitem discutir uns com os outros com base na experiência comum. Tomemos uma questão de grande interesse para os antigos geógrafos e navegadores, como o viria a ser, muito tempo depois, para exploradores renascentistas como Cristóvão Colombo: a forma da Terra. Simplesmente olhando para uma campina ou para o mar, concluiríamos que a Terra é plana. No entanto, seria impróprio generalizar, a partir dessa impressão, que a Terra inteira é plana. Como só podemos enxergar até certo ponto, uma curvatura imperceptível a nossa visão de curto alcance poderia tornar-se evidente, vista do espaço sideral. Mas Aristóteles assinala que não temos meios de "ver" a Terra tal como esta se afiguraria, se vista do espaço. Quando há um eclipse lunar, a Terra se interpõe entre o Sol e a Lua, e a sombra projetada pela Terra é esférica — e não é só isso: sabemos que ela está longe de ser tão grande quanto as estrelas. Medindo o quanto a posição das estrelas parece deslocar-se ao viajarmos pela Terra, podemos calcular que esta última tem apenas cerca de 32 mil quilômetros de circunferência.[39]

Os dados sensoriais não impedem que as pessoas compreendam o universo, insistia Aristóteles. Ao contrário, a experiência do "senso comum" é o que possibilita a compreensão consensual. Tampouco somos tão naturalmente passionais, autocentrados ou decaídos em pecado que nossas conclusões sejam incuravelmente subjetivas e tendenciosas. A mera opinião pode ser verdadeira ou falsa, mas o verdadeiro conhecimento, na visão de Aristóteles, liga-nos a realidades que tanto existem objetivamente quanto em nossa mente.[40] O que lhe dava tamanha confiança no poder da razão? A resposta está menos em sua glorificação da mente do que em sua convicção de que o próprio universo era dotado de sentido. Saber, afirma Aristóteles, é compreender as causas das coisas.[41] Esse tipo de compreensão é possível não só porque os seres humanos são naturalmente inteligentes, mas porque, em certo sentido, o universo também o é. Há uma profunda correspondência entre o modo como funciona o mundo e o modo como nós funcionamos. Temos nossa razão, que nos possibilita pensar idéias lógicas, intencionais e calcadas em padrões, mas o universo tem sua própria lógica e suas finalidades. Se não fosse assim — se o mundo dentro e fora de nós não fosse inteligível —, nossos pensamentos desapareceriam nesse vazio como a luz se perde na pura escuridão.

Ao contrário dos judeus, muçulmanos e cristãos que um dia tomariam essas idéias como prova da existência de um Criador sobrenatural, Aristóteles afirmava que o universo natural, embora dotado de sentido, era auto-suficiente. E, ao contrário dos pensadores laicos que um dia negariam que o universo tivesse qualquer sentido intrínseco, o filósofo asseverava que ele era pleno de propósito. Tudo que existe, ensinava ele, esforça-se por se realizar — por realizar (ou, nas suas palavras, "atualizar") seu potencial inerente. Essa grande lei torna a natureza compreensível e nos convida a cumprir nosso destino, aprendendo a compreendê-la. A sabedoria é o conhecimento das causas, mas, em consonância com a ênfase de Aristóteles num universo em desenvolvimento, sua definição de "causa" é mais ampla do que a nossa. Inclui não apenas a causa "eficiente" de uma coisa — o evento ou situação precedente que comumente a produz —, mas também suas causas "material", "formal" e "final": a matéria de que a coisa é feita, a forma padronizada pela qual essa matéria se transforma e os objetivos que guiam essa transformação.[42] Assim, se quisermos compreender plenamente uma determinada pessoa como uma criatura natural, precisaremos saber não apenas que ela é produto da união sexual de seus pais, mas também que é uma criatura carnal animada por uma alma — um indivíduo cujos objetivos naturais são preservar-se, dar continuidade à espécie e se tornar um ser consciente de si.

Aristóteles estava ciente, é claro, de que palavras como "propósito" e "esforço" referiam-se, comumente, às motivações e comportamentos humanos, e não era obtuso a ponto de supor que as árvores ou as pedras pensassem ou agissem como os seres humanos.[43] Mas a idéia oposta, de que o universo fosse totalmente diferente de nós, de que fosse uma matéria caótica à qual impuséssemos uma ordem mental puramente subjetiva, seria por ele considerada arrogante (por situar todo o sentido na mente humana) e desesperadora (por privar o universo não humano de sentido). O esteio do pensamento aristotélico — a idéia que liga o sentido interno das pessoas ao sentido externo — era a presença da forma na natureza. Toda substância natural, declarava ele, quer se tratasse de uma árvore, uma estrela ou uma pessoa, era um composto de matéria *e* forma.[44] "Forma", tal como Aristóteles usava a palavra, significa configuração, formato, mas significa também aquilo que faz de uma substância o que ela mais verdadeiramente é: a estrutura interna e a força animadora da coisa, o fator que realiza ou atualiza o potencial da coisa para ser o tipo de coisa que ela é.

Isso não é tão obscuro quanto pode parecer. É o que queremos dizer ao folhear um álbum de família e anunciar que a protuberância no ventre da mãe, o recém-nascido chorão, a criança de uniforme escolar, o noivo na fotografia de casamento e o senhor idoso que balança o neto sobre o joelho emurchecido são um mesmo indivíduo. A forma é um modo de explicar o fato de que substâncias como uma pessoa, uma árvore ou uma estrela têm identidade — de que somos capazes de "pensá-las", mesmo que o objeto que se apresenta a nossos sentidos não seja uma pessoa adulta, mas um embrião, não uma árvore viva, mas um toro de madeira na lareira, não uma estrela, mas uma luz cintilante em movimento. De acordo com Aristóteles, a capacidade de dar sentido às impressões sensoriais dessa maneira é a razão, que é algo divino. Tão poderosa é a razão e tão compreensível é o universo, que somos capazes de apreender a forma de tudo que existe — até do homem, cuja forma é a alma. E, sim, até de Deus, que é a própria forma e substância.

À maneira de um cientista, Aristóteles apelava para a autoridade suprema da razão. À semelhança de um teólogo, insistia em que o universo tem finalidade. Então, será que acreditava em Deus? A resposta é... sim e não. Por um lado, ele afirma que existe um ser supremo, que é uno, imaterial, imutável, eterno e perfeito. Por outro, apesar da aparente semelhança dessa divindade com o Um Eterno dos credos abraâmicos, ela (ou isso) não é criadora nem redentora. Não é um ser transcendente que exista fora do universo e intervenha a seu bel-prazer no funcionamento da natureza e da história. Não. Esse ser é algo "de dentro", uma característica do universo, singular, sem dúvida, mas, ainda assim, uma característica, como o coração ou o cérebro de um ser humano, ou como o motor (se pudermos imaginar um motor consciente e imaterial) de uma máquina viva. O Deus da Bíblia e do Alcorão é o governante eterno de um reino transitório. Não tem função predeterminada nem cognoscível, mas age livremente como um senhor soberano. O Deus aristotélico, em contraste, é o residente eterno de um cosmos igualmente eterno. Ele/isso tem uma função cognoscível, que é inspirar tudo no universo a se atualizar, tanto quanto o permita sua natureza. Executa essa tarefa não de maneira ativa, mas passiva, agindo como uma força de atração (ou, como diz Aristóteles, como um "objeto do desejo e do pensamento"[45]). Deus é a grande exceção necessária à regra de que toda substância procura atualizar-se. Como pura atualização, como produto final, por assim dizer, ele desempenha esse papel pelo simples existir. Fonte de todo movimento e mudança, ele não se modifica infimamente. Consciente, mas perfeitamente autônomo, ele pensa apenas... em si.

Essa concepção de um deus desapaixonado, não intervencionista, essencialmente desprovido de interesse ou solidariedade, talvez pareça estranha para quem foi criado numa das tradições religiosas abraâmicas, mas é uma conseqüência lógica (ou, pelo menos, não ilógica) da tentativa aristotélica de compreender o universo em seus próprios termos, como uma realidade vasta e inteligível, passível de ser compreendida pela razão. Não há lugar, nessa visão de mundo, para o sobrenatural, para as realidades múltiplas ou para qualquer separação platônica entre os reinos espiritual e material. O que Aristóteles deseja explicar é um universo: uma realidade unificada que nos inclui e nos dirige a palavra, um lugar em que podemos aprender a viver sem cinismo nem ilusões escapistas. Quando sua obra foi redescoberta na Idade Média por muçulmanos, judeus e cristãos, uma das questões mais difíceis que se formularam foi se seria possível aceitar seu amor à razão e seu apreço pelo mundo sem aceitar também sua teologia "pagã".

Enquanto Aristóteles viveu e ensinou, as principais doutrinas da racionalidade humana e da inteligibilidade do universo podiam ser questionadas ou receber ressalvas, mas não eram consideradas terrivelmente controvertidas. Em eras posteriores, no entanto, particularmente nas épocas em que homens e mulheres começaram a despertar para sua capacidade de apreender e organizar o mundo, essas idéias provocaram reações fortes, quase sempre violentas. Os escritos de Aristóteles tiveram mais probabilidade de ser "redescobertos" em tempos de confiança renascida, quando pessoas que antes haviam considerado o universo impenetrável e a sua própria natureza incontrolável, ou que tinham estado ocupadas demais na luta pela sobrevivência para se imaginarem exercendo controle sobre a natureza e a sociedade, reconheceram-se como seres racionais — e conquistadores em potencial. A relação do Filósofo com o imperialismo grego, como já foi sugerido, não foi acidental. Não surpreende que os filósofos árabes tenham abraçado seus princípios racionalistas e universalistas na época em que estavam introduzindo civilização e ordem no mundo islâmico, ou que os intelectuais europeus o tenham redescoberto justamente quando o Ocidente embarcava numa era de fermentação cultural e expansão política sem precedentes.

Voltaremos dentro em pouco à redescoberta que transformou o pensamento ocidental e prenunciou o mundo moderno. Por ora, entretanto, sigamos a estrela de Aristóteles enquanto ela declinava no Império Romano cristianizado e, por uma estranha combinação de circunstâncias, ascendia no Oriente muçulmano. A história dos manuscritos escondidos e, séculos depois, encontrados na adega de Neleu é um conto curioso — uma ficção, muito provavelmente, mas não um choque para o senso comum. O modo como os mesmos manuscritos foram levados para o leste por refugiados cristãos, que fugiam de sua própria Igreja, é uma história muito mais surpreendente, embora nada tenha de ficcional.

Capítulo Dois

O assassinato da "Senhora Filosofia"

Como o saber da antiguidade perdeu-se e foi novamente encontrado

De seu quarto silencioso e com as cortinas cerradas, no palácio bispal, Agostinho não ouvia os sons da batalha. Mesmo aqueles que estavam na praça da catedral ouviam muito pouco, uma vez que a milícia — ou o que restava dela — recolhera-se à área interna dos muros fortificados da cidade para esperar a carnificina inevitável. De tempos em tempos, pequenos destacamentos aventuravam-se do lado de fora, para atormentar as tropas inimigas, acampadas pouco além do campo visual da torre de vigia, ou para procurar alimento na zona rural devastada, mas poucos retornavam dessas investidas inúteis. Os campos de cereais e os pomares fora dos muros tinham sido completamente saqueados para alimentar o exército vândalo, e o porto que fizera de Hipona Régia uma das cidades mais ricas da África setentrional estava bloqueado pela frota dos invasores. Hipona agonizava. Esforçando-se para respirar em sua cama de dossel, também seu bispo estava morrendo. Agostinho perguntou-se se ainda estaria vivo quando as forças, que vinham sitiando a cidade havia mais de dois meses, finalmente irrompessem por seus portões precariamente defendidos.

Era o ano 430 da era cristã. O enfermo angustiava-se por sua cidade como se angustiara por Roma, duas décadas antes, quando os visigodos haviam ocupado e saqueado a Cidade Eterna. Mas sua própria obra lhe dava algum consolo. Anos antes de os bárbaros varrerem a região da Espanha até o norte da África, ele havia publicado o último capítulo de um livro que levara 15 anos para concluir. *A cidade de Deus* era a tentativa heróica do bispo de dar sentido ao declínio catastrófico do Império Romano. Sua mensagem essencial era que a vida na Terra, com sua inevitável confusão e sofrimento, só podia ser corretamente compreendida do ponto de vista das verdades reveladas por Deus a Seu povo. Para os pagãos, o colapso do poderio romano podia afigurar-se "o último capítulo da história". Do ponto de vista de um cristão, ele era um milésimo de segundo na eternidade — uma cena insignificante no drama cósmico iniciado com a Criação, e que terminaria com o retorno de Jesus Cristo como juiz e salvador da humanidade.

Roma caíra, assim como a antiga Babilônia, por causa dos pecados de seu povo. Mas o mundo do pecado e da morte — o universo natural que nos parecia tão real — era uma mera sombra do reino atemporal de Deus, do qual todos esses males seriam banidos. Aos olhos da fé, como declarou Agostinho, a distinção mais importante não era entre romanos e bárbaros, ou mesmo entre cristãos e pagãos, mas entre "duas comunidades de homens, uma das quais está predestinada a reinar eternamente com Deus, e a outra, a sofrer o castigo eterno com o demônio".[1] Somente quando Cristo reinasse em Sua glória poderiam os homens e mulheres realizar seus sonhos de segurança, paz, amor e justiça. Até lá, deveriam viver como se estivessem neste mundo e no próximo, confiando na Igreja como o elo essencial entre os dois. A tarefa dos fiéis cristãos, concluiu Agostinho, era habitar o mundo, sabendo que ele estava decaído: orar pela graça necessária para resistir às armadilhas do diabo, aceitar a disciplina e o consolo oferecidos pela Santa Madre Igreja e ter fé para estar na companhia dos santos imortais.

Excetuadas a Bíblia e as próprias *Confissões* autobiográficas de Agostinho, nenhum outro texto influenciaria tão intensamente o pensamento ocidental nos sete séculos seguintes. Impregnada das Escrituras e das tradições da Igreja, *A cidade de Deus* era, é claro, um documento cristão. Mas poucos de seus leitores posteriores compreenderam quão poderosamente o livro foi moldado por idéias gregas, ou o quanto incorporou uma visão filosófica. Na verdade, *A cidade de Deus* representou uma rejeição decisiva da visão de mundo aristotélica, em favor da de Platão e dos neoplatônicos. Pelo fato de os escritos do bispo serem muito apaixonados e perspicazes, e pelo fato de seu cristianismo imbuído de platonismo fazer tanto sentido no contexto da sociedade pós-romana, os cristãos do Ocidente passaram a acreditar que ele era a única versão possível da verdadeira fé — que a doutrina de Agostinho *era* o cristianismo, e ponto final. Não reconheceram que podia haver outras versões defensáveis que ele havia decidido rejeitar.

Para compreender essa escolha, é útil reconhecermos que, em certos períodos da história, as idéias e atitudes de Platão fazem um sentido óbvio para as pessoas pensantes, ao passo que, em outras, a visão aristotélica do mundo parece muito mais realista e inspiradora. Nas épocas aristotélicas, o crescimento econômico, a expansão política e o otimismo cultural colorem o clima intelectual. As pessoas sentem-se ligadas umas às outras e ao mundo natural. Confiantes de que podem dirigir suas emoções, em vez de ser dominadas por elas, costumam sentir-se à vontade com sua humanidade. Orgulhosas de sua capacidade de compreender como as coisas funcionam, acreditam poder servir-se da natureza e aprimorar a sociedade. O mundo natural lhes parece vasto e harmonioso, povoado por pessoas e coisas sumamente individualizadas, mas integradas, dotadas de propósito e belas. Os pensadores aristotélicos sabem que vão morrer, como todas as criaturas da natureza, mas o ambiente que os nutre parece imortal, e isso dá sentido a sua vida. A curiosidade e a sociabilidade são suas virtudes características, e o egoísmo e a complacência, seus vícios mais comuns.

As eras platônicas, em contraste, são repletas de desconforto e anseio. A origem desse desconforto é um sentimento de contradição, dramatizado por conflitos pessoais e sociais que parecem praticamente insolúveis. A sociedade fragmenta-se, sua integridade potencial é perturbada por lutas violentas, e essa fragilidade espelha-se na alma dos indivíduos. As pessoas sentem-se divididas nelas mesmas — não regidas pela razão, mas movidas por instintos e desejos incontroláveis. O universo como um todo pode não ser mau, mas está longe de ser o que deveria — longe, aliás, daquilo que, em alguma outra dimensão, ele verdadeiramente é. Os platônicos de nossa época são perseguidos pela sensação de que o mundo que as pessoas chamam de real é, ao menos em parte, ilusório... e essa é também a fonte de seu anseio. Eles crêem que um eu, uma sociedade e um universo melhores e mais verdadeiros os esperam do outro lado de alguma transformação necessária. A vida terrena, portanto, é uma peregrinação, uma empreitada severa cuja busca gera as virtudes do altruísmo, da tolerância e da imaginação. Os vícios neoplatônicos característicos (o lado tenebroso de suas virtudes) são a auto-aversão, a intolerância e o fanatismo.

Nos primeiros anos do cristianismo, não estava clara a modalidade de pensamento e sentimento que os líderes da jovem Igreja considerariam mais compatível. Por volta do ano 200, Tertuliano, o famoso apologista cristão, marcou uma posição que rejeitava toda a filosofia clássica como intrinsecamente anticristã e produtora de heresias. "Os hereges e os filósofos manipulam a mesma matéria", observou ele, em tom sombrio. "Ambos tratam dos mesmos temas — De onde vem o mal? E por quê? De onde vem o homem? E como?" O irascível padre latino enfurecia-se particularmente com "o deplorável Aristóteles, que ensinou [aos hereges] a dialética, a arte de construir e demolir, tão mutável na afirmação, tão implausível na conjectura, tão inflexível na controvérsia; auto-estultificante, visto que está sempre a lidar com questões, mas nunca resolve nada".[2] Sua famosa condenação à especulação filosófica ressoaria com estridor ainda maior nos séculos vindouros:

> Que há em comum entre Atenas e Jerusalém? Entre a Academia e a Igreja? Entre hereges e cristãos? (...) Fora com os projetos de um cristianismo "estóico", "platônico" ou "dialético"! Depois de Jesus Cristo, não desejamos teorias sutis, nada de investigações argutas depois do Evangelho.[3]

Mas esse era apenas um lado da argumentação. Um arcebispo de língua grega, Clemente de Alexandria, formulou uma visão mais tolerante. "A filosofia foi concedida aos gregos, imediata e primordialmente, até que o Senhor convocasse os gregos", disse Clemente. "Pois a filosofia foi a 'mestra' destinada a conduzir a mente grega a Cristo, tal como a Lei conduziu os hebreus. Portanto, a filosofia foi uma preparação, pavimentando o caminho para a perfeição em Cristo."[4] Agostinho concordou. Como Clemente, afirmou que, assim como Deus dera aos hebreus do Êxodo permissão para "despojar os egípcios" e levar consigo os tesouros deles, a Igreja tinha permissão para se apoderar dos tesouros da filosofia grega para seu uso próprio.[5] A pergunta era: quais dos escritos eram tesouros autênticos e quais eram ouro falso?

Na época de Agostinho, a resposta estava ficando clara para a maioria dos pensadores cristãos. Tertuliano pode ter tido razão em criticar o "deplorável Aristóteles", mas a carreira do próprio Agostinho foi um testemunho da força do pensamento platônico. Conforme seu relato, ele deixou a casa da família no norte da África aos 29 anos de idade, e foi para Roma ganhar a vida como professor de retórica.[6] Relembrando sua formação clássica em Cartago, recordou o orgulho que sentira ao dominar as *Categorias* de Aristóteles, sem nenhuma ajuda dos professores.[7] Na época em que chegou a Roma, o futuro bispo não era cristão nem filósofo. Mas era um jovem profundamente perturbado. Como muitos outros intelectuais de sua época, era perseguido pelo sentimento de sua própria indignidade. Excepcionalmente brilhante, atormentado por desejos vergonhosos e profundamente ambivalente em relação à civilização romana, lutava desesperadamente para dar sentido a um mundo que parecia dividir-se em campos diametralmente opostos de santidade e maleficência, disciplina espiritual e carnalidade, abnegação e voluntarismo insaciável.

Mônica, a mãe de Agostinho, uma cristã convertida, tinha esperança de que ele a seguisse na ligação com a Igreja, mas, aos vinte e poucos anos, seu filho havia abraçado o maniqueísmo, uma crença religiosa importada da Pérsia que postulava uma luta eterna entre as forças do bem e do mal, cada qual representada por sua própria divindade.[8] Durante seu primeiro ano em Roma — um período sumamente sofrido para ele, por saber que havia saído de casa para fugir da mãe —, as idéias dos maniqueus lhe pareceram cada vez mais sem vida e rasas, mas ele não conseguia descobrir respostas mais satisfatórias às perguntas que o infernizavam. Como se poderia cultuar o Deus maniqueísta — um ser fraco, impotente para dominar Satanás? Mas, se Deus era onipotente, como diziam os cristãos, por que criara um universo destroçado pelo pecado e pela morte? Inquieto e insatisfeito, Agostinho adoeceu gravemente e se recuperou; conseguiu um emprego de professor, mas o detestou; e entrou num período de crise moral em que tudo, até seu relacionamento amoroso de longa data com uma amante dedicada, pareceu questionável. Foi nesse incômodo estado de busca que ele soube ter sido nomeado professor de retórica na capital imperial de Milão. Era a mudança que estivera esperando, inconscientemente.

Milão era não apenas a sede do exército romano, mas também o lar do mais poderoso eclesiástico do Ocidente, o bispo Ambrósio, um homem voluntarioso, inteligente e violentamente intolerante, que não hesitava em defender os direitos da Igreja, tais como os definia, contra toda e qualquer ameaça, viesse ela dos infiéis, dos hereges ou dos imperadores de Roma. Em termos filosóficos, Ambrósio era neoplatônico. Nada tinha contra o dualismo, desde que este fosse compatível com a crença de sua Igreja num único Criador e Redentor onipotente. Para ele, assim como para outros que atraíram Agostinho para a órbita cristã, "a história do platonismo parecia convergir muito naturalmente para o cristianismo. Ambos apontavam na mesma direção. Ambos eram radicalmente extramundanos. Cristo dissera: '*Meu Reino não é deste mundo*'; Platão dissera a mesma coisa sobre seu reino das idéias. Para Ambrósio, os seguidores de Platão eram os 'aristocratas do pensamento'".[9]

Essa tendência a cindir o mundo nos reinos natural e sobrenatural tinha um certo fundamento nas Escrituras, mas também refletia a reação dos principais pensadores da época às ameaças e distúrbios que perturbavam mais e mais o mundo romano.[10] A primeira explosão de filosofia neoplatônica havia coincidido com os revezes militares e com o desânimo civil do século III da era cristã. No século V, Roma transformara-se efetivamente em dois impérios, o latino e o grego; um período de revivescência imperial chegara ao fim, e o poderio romano desmoronava visivelmente no Ocidente. A visão aristotélica de um universo integrado e coerente, povoado por investigadores racionais, parecia não se relacionar com as crises materiais e as necessidades espirituais dessa conturbada nova era. À medida que os pensadores cristãos traçaram distinções cada vez mais nítidas entre o mundo violento, sensual e desordenado do presente e o reino eterno de Deus, a filosofia de Platão pareceu proporcionar um corolário natural para seu credo. Em alguns de seus diálogos — no *Timeu*, em particular —, o grande ateniense soava insolitamente como um cristão, a tal ponto que se desenvolveu uma teoria segundo a qual, séculos antes do nascimento de Cristo, ele teria sido visitado pelo Espírito Santo.[11]

Em Milão, Agostinho descobriu entre o pensamento grego e o cristão paralelos que não reconhecera antes. Não só Platão afirmava a existência de um Deus Supremo — unitário, imaterial, perfeito e atemporal —, como também dava mais importância aos valores espirituais do que aos materiais, defendia a imortalidade da alma e advogava um estilo de vida voltado para aprimorar o ser humano e abrir as portas para uma experiência de unicidade com o Eterno. Nos livros neoplatônicos, disse Agostinho, "encontrei afirmado, não, é claro, com as mesmas palavras, mas exatamente com o mesmo sentido e com diversos tipos de razões diferentes, que *No começo era o Verbo, e o Verbo estava com Deus, e o Verbo era Deus*".[12] No *Timeu*, Platão havia até sugerido uma espécie de Trindade, composta pelo Artífice Divino, pelas Idéias e pelo Espírito do Mundo. Sua mais importante contribuição, entretanto, do ponto de vista de Agostinho, fora insistir em que o mundo das aparências — o mundo das "realidades" apreendidas pelas impressões sensoriais — era uma espécie de realidade diluída e distorcida, um universo de cópias imperfeitas, em vez de originais. Os originais, é claro, existiam para sempre no que Platão chamara de mundo das Idéias, e no que os cristãos chamavam de Reino dos Céus.

A essa doutrina, neoplatônicos como o grande filósofo Plotino, do século III, acrescentaram a idéia de que o universo, originalmente proveniente de Deus, ansiava ativamente por retornar a Ele. Portanto, os seres humanos podiam ligar-se ao Absoluto, meditando sobre as múltiplas coisas deste mundo e sentindo sua origem unitária e divina.[13] Agostinho sentiu enorme atração pelas conseqüências místicas dessa doutrina, que viria a adquirir uma vasta influência no Ocidente, ao ser expressa em termos brilhantes por Dionísio, um místico sírio que surgiu pouco depois da morte do bispo.[14] Ao mesmo tempo, no entanto, ele reconheceu que havia sérias diferenças entre a visão de mundo platônica e a cristã. Entendeu que o Artífice Divino de Platão não dera vida a todo o universo a partir do nada, mas o construíra a partir de materiais tão antigos quanto ele próprio. E também não intervinha ativamente na história, em prol da salvação do homem. No fundo, o deus de Platão, chamado "o Um" ou "o Absoluto" pelos neoplatônicos, era um deus tão pouco pessoal quanto a Causa não Causada de Aristóteles. Por essa razão, o neoplatonismo pouco teve a dizer a Agostinho sobre o problema pessoal que mais o preocupava: a fraqueza da vontade humana, essa doença da alma que nos impedia de fazer a coisa certa, mesmo quando o queríamos desesperadamente. Ele mesmo só viria a se tornar cristão depois de ter sua vontade fortalecida por uma experiência religiosa dilacerante, que deveu muito pouco às teorias filosóficas.[15]

Mesmo assim, as idéias dos neoplatônicos prepararam o terreno para a conversão de Agostinho, uma vez que o habilitaram a aceitar a realidade das coisas imateriais e lhe permitiram solucionar o problema filosófico que o impelira, originalmente, a se tornar maniqueísta: como é que um Deus de bondade podia ter criado um universo de maldade. Ele descobriu, em suma, que era possível postular uma separação radical entre o céu e a terra, sem brandir o mal do universo criado. Agostinho adotou a definição platônica do mal como ausência do bem — não algo criado por Deus, mas uma "privação do ser", uma espécie de buraco negro ético introduzido no universo pela má utilização humana do livre-arbítrio.[16] Brandindo essa doutrina contra os maniqueístas, os cristãos poderiam mostrar que o pecado e a morte eram reais, mas apenas em certas circunstâncias, ao passo que a bondade de Deus era incondicional e absoluta. A idéia platônica da existência de graus de realidade foi a solução para o problema do mal. O que Deus havia criado era inteiramente bom. O mal, que só existia de um ponto de vista terreno, era a opção voluntária pela inexistência, em vez da existência.

O platonismo também proporcionou a Agostinho uma teoria do conhecimento passível de ser harmonizada com o conceito da queda do homem. Para o bispo e seus sucessores, o conhecimento humano era resultado de uma "iluminação" divina, e não produto da razão humana desassistida. Aristóteles errara, portanto, em supor que o simples pensamento racional poderia desvendar os segredos do universo. Ou Deus nos iluminaria diretamente, ou a verdade permaneceria oculta para sempre. A atitude do próprio Agostinho perante a razão era complexa; afinal, ele era o maior pensador de sua época. Mas a interpretação comum de seu ponto de vista foi simples. Como disse um comentarista, "As informações que Deus tencionou que tivéssemos sobre o mundo físico, Ele as escreveu em linguagem simples; tudo o que não é imediatamente óbvio, Deus não pretende que conheçamos".[17]

Com efeito, essa postura pôs fim à tradição de investigação científica que fizera parte da visão de mundo clássica, desde que Aristóteles havia criado o currículo do Liceu. Não é que a ciência fosse ilegítima em si, mas era irrelevante e, possivelmente, prejudicial para os homens e mulheres que buscavam a salvação. Como observou Agostinho em *A cidade de Deus*, os filósofos gregos "esforçaram-se por descobrir as leis ocultas da natureza. (...) E alguns deles, com a ajuda de Deus, fizeram grandes descobertas; deixados por sua própria conta, no entanto, foram traídos pela debilidade humana e incorreram em erros".[18] A fraqueza que mais os afligia era o orgulho. Orgulhosos de sua capacidade de formular teoremas geométricos e prever eclipses, orgulhosos de suas cidades ordeiras e sua vida social civilizada, pensadores como Aristóteles haviam desconhecido a depravação natural do homem e sua dependência absoluta da graça divina. De que servia o conhecimento deste mundo, perguntava Agostinho, se não podia evitar a maldição eterna no outro?

Agostinho de Hipona morreu em 430. Não viveu para ver sua amada cidade sucumbir aos vândalos, mas o cristianismo platonizado que foi a obra de sua vida durou muito mais do que a invasão. Nos sete séculos seguintes, enquanto a filosofia grega desaparecia da memória, os cristãos letrados situaram a obra do santo norte-africano logo abaixo do próprio Evangelho, raras vezes reconhecendo que ela devia quase tanto a Platão e Plotino quanto a São Paulo. A obra de Aristóteles, enquanto isso, sumiu quase por completo da consciência ocidental. Em parte, isso aconteceu pois ainda não havia aparecido um Agostinho aristotélico para "batizar" as doutrinas do Filósofo e fundi-las com as do cristianismo. Mas a causa mais importante desse desaparecimento foi a aparente incompatibilidade entre a visão de mundo otimista de Aristóteles, com seu alto apreço pela razão humana e sua concentração nas coisas deste mundo, e os problemas enfrentados pelos homens e mulheres da Europa pós-romana. À medida que o saber na Europa recolheu-se ao interior dos muros dos mosteiros, o olhar da maioria dos cristãos voltou-se para o alto, para a Cidade Celestial, ou para dentro, para o estado de suas próprias almas. A exploração das maravilhas da natureza e a possibilidade de reorganizar a Cidade do Homem teriam de esperar por uma ocasião mais propícia. E assim, ao longo de séculos de tribulação, Platão continuou a viver através de Agostinho, enquanto Aristóteles tornou-se uma vaga lenda desencarnada — um gênio antigo, antes muito poderoso, cujas idéias estavam praticamente esquecidas.

O fato de haver restado alguma coisa da obra de Aristóteles no Ocidente, quando a autoridade romana desmoronou, foi resultado, em grande parte, dos esforços de um homem. Ele se chamava Boécio — Marcus Anicius Severinus Boetius, para usar toda a panóplia de nomes que o marcavam como membro dos Anici, uma das antigas famílias aristocráticas da Itália. Seu pai fora cônsul de Roma e, se o mundo fosse mais previsível, ele poderia ter-se tornado uma figura igualmente ilustre no Estado romano, talvez até mais poderosa, levando-se em conta seus dotes políticos e intelectuais. Nas circunstâncias vigentes, ele deixou Roma para servir como primeiro-ministro de um rei bárbaro — uma função repleta de intrigas, aventura e oportunidades, mas que não dava a garantia de uma vida longa nem de uma aposentadoria tranqüila.

Essa história começou alguns anos antes do nascimento de Boécio, em 476 d.C., data aceita pela maioria dos historiadores como a que marcou a queda do Império Romano do Ocidente. Nesse ano, um general hábil e ambicioso, chamado Odoacro, fez-se aclamar rei da Itália por seus soldados. Na época, o imperador bizantino Zenão governava em Constantinopla os domínios de Roma no Oriente, enquanto Rômulo Augusto governava nominalmente o Ocidente, a partir da capital imperial de Ravena. Digo "nominalmente" não apenas porque Rômulo era pouco mais que um menino (era conhecido como "Augústulo", ou "Augustinho"), mas também porque as tribos germânicas que migravam sem cessar pelas fronteiras, ao norte e a leste do império, já haviam repartido entre si o restante da Europa Ocidental.[19] Nessa época, os vândalos controlavam o norte da África, e os visigodos, a Espanha; a França era dividida entre os francos, os burgúndios e outras tribos; e a Itália estava à mercê dos últimos recém-chegados, os ostrogodos do Danúbio.

Oficialmente, o exército de Odoacro era o exército de Roma, mas praticamente todos os seus soldados eram ostrogodos, como ele próprio. No século V, a maioria das legiões romanas compunha-se desses forasteiros, a muitos dos quais era concedido o status de aliados e terras em regiões relativamente despovoadas do império. Mas as tropas de Odoacro não queriam instalar-se nos desertos da Gália ou da Britânia; queriam terras na Itália propriamente dita. Quando sua exigência de valiosas terras italianas foi rejeitada (como Odoacro devia saber que seria), o general conduziu seu exército a Ravena e se apoderou da cidade, sem que houvesse luta. Em seguida, depois de mandar o "Augustinho" para o exílio com uma bela pensão, tomou uma decisão crucial. Por ter nascido no estrangeiro, ele não poderia ser nomeado imperador, mas talvez conseguisse convencer um aristocrata romano a assumir o cargo como testa-de-ferro, enquanto ele governava por trás do trono (isso já fora feito antes por outros comandantes godos). Em vez disso, Odoacro despachou representantes do senado romano para Constantinopla, a fim de informar ao imperador do Oriente que não haveria nenhum sucessor de Augústulo e que, em termos legais, Zenão passaria a ser o governante de um Império Romano não dividido. Em troca, o general pediu para ser reconhecido como rei legítimo da Itália.

Zenão aceitou as insígnias imperiais, mas declinou o estratagema. Embora deixasse Odoacro em paz, recusou-se a dar ao "bárbaro" o reconhecimento oficial. Essa relutância desdenhosa, no entanto, revelou-se vã. A menos que Zenão estivesse preparado para marchar contra os ostrogodos — o que era uma impossibilidade, considerando-se que estava sitiado por outras tribos em seu próprio território —, Odoacro permaneceria no poder indefinidamente, e o Império Romano a oeste dos Bálcãs se tornaria uma ficção jurídica. Foi exatamente o que aconteceu. Odoacro governou a Itália até 493, quando foi deposto por um ostrogodo ainda mais esperto e implacável, tido por alguns como o mais portentoso líder ocidental desde a queda de Roma até Carlos Magno.[20] O direito de Teodorico ao governo seria reconhecido por Constantinopla, tempos depois, sob a alegação (equivocada, como se constatou) de que ele seria um aliado de confiança no Ocidente. Antes mesmo disso, entretanto, sua corte havia-se tornado um ímã para os jovens nobres romanos que desejavam desempenhar um papel importante e civilizador na nova Europa.

Se havia alguém que podia ser chamado de administrador nato, diríamos que essa descrição combinava com o jovem Boécio. Seu abastado guardião, Símaco, que o criara desde pequeno, após a morte de seus pais, era uma figura poderosa na política romana, bem como um cristão devoto. Símaco supervisionou a educação inicial do menino e, ao descobrir que ele tinha talento acadêmico, mandou-o para Atenas, a fim de que ele concluísse seus estudos na Academia de Platão. A geração de Boécio foi uma das últimas a ter esse privilégio. Algumas décadas depois, a escola seria fechada em caráter permanente, por ordem do imperador Justiniano I, sob a alegação de que as filosofias pagãs ali ensinadas eram intrinsecamente subvertedoras da fé cristã. A fé alimentada por esse jovem romano, entretanto, não foi abalada pela exposição às idéias avançadas da Academia. Na verdade, foi lá, provavelmente, que ele aprendeu a usar as idéias de Platão e Aristóteles para esclarecer algumas doutrinas cristãs confusas. Quando o formando retornou a Roma, Símaco deu-lhe a mão de sua filha, Rusticana, em casamento. Pouco depois, munido de crenças cristãs, da filosofia grega, de uma nova esposa e do talento da família para a administração, Boécio chegou a Ravena para oferecer seus serviços ao rei Teodorico.

É fácil compreender o quanto essa missão era atrativa para um jovem ambicioso, na casa dos vinte anos. Não só Teodorico exercia o poder com mão firme, como não era mais "bárbaro" do que os aristocratas romanos que colocava em altos cargos administrativos. O rei ostrogodo tinha sido criado na corte de Constantinopla, onde fora mantido como refém pelo imperador bizantino no poder (era freqüente as famílias reais manterem consigo os filhos nobres de aliados indignos de confiança, como uma forma de garantia de observância dos tratados de paz — uma forma agradável de cativeiro, desde que a paz fosse duradoura). Grande admirador do governo romano e da cultura grega, Teodorico reservara os cargos mais altos de seu reino para administradores talentosos, como Boécio. "O godo competente quer ser como um romano", ele gostava de dizer, "mas só um romano inferior quereria ser como um godo."[21] Ao mesmo tempo, insistia em que ninguém senão um godo poderia ocupar altos postos militares. Essa divisão do trabalho era compatível com sua política de longo prazo, que consistia em se estabelecer diplomaticamente como um fiel vassalo do imperador romano do Oriente e, ao mesmo tempo, criar seu próprio império efetivo no Ocidente.

Teodorico encontrou em Boécio um servidor ideal para ajudá-lo a implementar essa política, uma vez que o talento do rapaz era para a mediação — a interpretação de uma cultura por outra. Por outro lado, sua tarefa era "romanizar" o governo ostrogodo. Isso significava treinar os líderes godos para que refreassem seus impulsos belicosos, a fim de que os territórios de Teodorico pudessem expandir-se serenamente, através da negociação e do governo sensato, e não de ofensivas militares que alarmassem Constantinopla. Olhando para o Oriente, por outro lado, seu papel era traduzir os interesses e atitudes dos godos em termos que os governantes imperiais pudessem compreender, ao mesmo tempo informando a Teodorico o que ele precisava fazer (ou não fazer) para conservar a confiança do imperador oriental.

Essas eram tarefas delicadas e perigosas, mas não impossíveis para um homem com o talento de Boécio. Mestre em línguas e no que hoje chamaríamos de etnografia, ele tanto conhecia as línguas e costumes dos godos quanto as línguas e cerimônias da corte bizantina. Ano após ano, tornou-se indispensável como administrador e diplomata, conquistando uma sucessão de cargos mais elevados no governo de Teodorico. O governante ostrogodo o nomeou cônsul quando ele tinha trinta anos e, pouco depois dos quarenta, Boécio atingiu o cargo mais alto do reino: Mestre de Ofícios — em termos modernos, primeiro-ministro. Sob sua liderança, o reino de Teodorico expandiu-se para o leste, passando a incluir grande parte da moderna Iugoslávia, e para o oeste, absorvendo quase todo o sul da França. No mesmo ano em que Boécio tornou-se Mestre de Ofícios, seus dois filhos foram nomeados cônsules — uma honra notável para ele e sua família.

O único outro funcionário civil a atingir algo que se aproximasse dessa preeminência foi um aristocrata romano mais moço, Cassiodoro, que trabalhava como propagandista e redator-chefe dos discursos de Teodorico e escreveu *A história dos godos*, enaltecendo as realizações culturais desse povo.[22] Cassiodoro retratou seu superior como um governante ideal de estilo romano, imagem esta que Teodorico procurou transformar em realidade, fazendo um governo liberal (por exemplo, não perseguiu os católicos, como fizeram os vândalos no norte da África) e patrocinando projetos culturais greco-romanos. Boécio, muito mais talentoso que Cassiodoro como erudito, aproveitou plenamente o interesse do rei em promover a filosofia e a literatura. Nos mesmos anos em que ascendeu aos píncaros do poder no reino ostrogodo, ele produziu um conjunto de escritos que viriam a ser seu monumento mais duradouro.

O saber clássico, como Boécio percebia muito bem, estava desaparecendo das terras ocidentais antes governadas por Roma. Com o declínio da antiga aristocracia culta e o aprofundamento do abismo cultural que separava o Oriente grego do Ocidente latino, o tipo de formação de que ele e Cassiodoro haviam desfrutado estava-se tornando uma raridade. Os godos aprendiam latim, de certo modo, mas os latinos estavam esquecendo o grego. Visto que todos os romanos instruídos haviam estudado os escritos de Platão, Aristóteles e outros pensadores gregos em sua língua original, não houvera necessidade de traduzir essas obras para o latim. Assim, a perda do conhecimento de grego era uma catástrofe potencial para a sociedade do Ocidente. Significaria a perda simultânea da filosofia, da matemática, da medicina, da engenharia e da ciência. Além disso, o pensamento cristão também ficaria em perigo, se nem ao menos a elite culta conhecesse os clássicos, já que a maioria dos padres da Igreja escrevera em grego, e até os padres latinos — Santo Agostinho, em particular — se inspiraram nas idéias dos neoplatônicos. Instigado por esses perigos, Boécio impôs-se uma tarefa hercúlea: "Traduzirei para o latim todos os livros de Aristóteles que me chegarem às mãos e todos os diálogos de Platão."[23] Além de traduzir essas obras, ele prometeu que traduziria as obras principais dos neoplatônicos e tentaria provar que os dois grandes filósofos concordavam quanto à maioria das questões fundamentais.

Para um administrador e diplomata encarregado das negociações entre duas cortes repletas de intrigas, esses esforços eram claramente quixotescos. Mesmo assim, em pouco mais de uma década, Boécio conseguiu traduzir os seis livros da lógica aristotélica conhecidos como o *Organon*, além de tratados de lógica de Cícero e do influente filósofo neoplatônico Porfírio. Escreveu também cinco comentários sobre os escritos de Aristóteles, vários ensaios importantes que usaram técnicas filosóficas gregas para defender doutrinas cristãs, e diversos textos curtos sobre temas fundamentais para o currículo clássico — aritmética, música e astronomia. Mais tarde, em circunstâncias sumamente inusitadas, escreveu ainda uma obra-prima original: *A consolação da filosofia*.[24] Tomados em conjunto, esses textos não encheriam uma única prateleira de uma biblioteca pública moderna. No entanto, durante os cinco séculos seguintes, enquanto as migrações e ataques tribais, os períodos de fome, as pestes e o despotismo militar conturbavam a sociedade européia, as traduções e ensaios de Boécio, junto com dois ou três breves resumos redigidos por outros autores e com um compêndio de textos preparado por Cassiodoro, viriam a ser tudo o que o Ocidente conheceria da filosofia grega. Como resultado, quando esse saber ressuscitou no mundo latino, meio milênio depois, o ponto de partida de praticamente todos os pensadores foi a lógica de Aristóteles, tal como traduzida, interpretada e aplicada por Boécio.

"Boécio foi o último dos filósofos romanos e o primeiro dos teólogos escolásticos."[25] O título de "escolástico" lhe é atribuído não apenas por ele haver comentado Aristóteles e procurado aplicar conceitos e métodos filosóficos à resolução de questões teológicas, mas porque sua atitude perante a fé e a razão tornou-se um modelo para os futuros intelectuais europeus. Como cristão devoto, ele não tinha dúvida de que as verdades proclamadas pela fé eram incontestáveis e de que a razão, por si só, não poderia abarcá-las todas. Observou, por exemplo, que "a mente humana é incapaz de compreender a geração do Filho a partir da substância do Pai".[26] "Só devemos insistir em nossa investigação, é claro, até o ponto em que o discernimento da razão humana possa galgar as alturas do conhecimento celestial", escreveu.[27] Mas era igualmente claro para ele que a razão (ou seja, a filosofia) poderia ser usada para esclarecer conceitos religiosos tão difíceis quanto a Trindade e a Encarnação. Um breve artigo sobre a Trindade, dedicado a seu amigo João Diácono (posteriormente, papa João I), encerrou-se com estas palavras: "Se estas coisas estiverem corretas e de acordo com a Fé, rogo-vos que mo confirmeis; ou, se em algum ponto tiverdes opinião diferente, examinai com cuidado o que foi dito *e, se possível, conciliai a fé com a razão*."[28]

"Conciliai a fé com a razão." Essa frase é mais ardilosa do que parece, já que significa explicar as verdades da fé, tanto quanto possível, em termos aplicáveis a outros campos de conhecimento. Boécio rejeitava a idéia de que a maioria das doutrinas religiosas era inexplicável (ou, como viria a dizê-lo Mark Twain, de que "Ter fé é acreditar no que se sabe não ser assim"[29]). Mas não estava minimamente interessado em fornecer razões naturalistas para eventos sobrenaturais ou mandamentos divinos — o tipo de coisa que as pessoas fazem, por exemplo, ao explicar que as leis dietéticas do Levítico foram adotadas por razões de higiene. Para ele, usar a razão não significava desmistificar as verdades da fé, mas construir pontes conceituais entre os mundos do conhecimento laico e religioso. As verdades da religião não eram idênticas às da filosofia ou da ciência, insistia ele, mas eram comparáveis. Por isso, era preciso ser capaz de tornar compreensível a maioria das doutrinas religiosas, sem recair no "É assim porque a Bíblia (ou outra autoridade) o diz".[30] Na busca desse objetivo, ele formulou uma série de perguntas assombrosamente ousadas: por exemplo, até que ponto as três Pessoas da Trindade eram "substâncias", no sentido aristotélico, comparáveis a entidades individuais do universo conhecido?[31] Os pensadores posteriores talvez não aceitassem suas respostas, mas abraçaram a missão implícita em suas perguntas: dar um sentido humano a verdades divinas, tanto quanto possível.

No começo da década de 520, Boécio estava no ápice de suas faculdades como pensador e como figura política. Houve então uma série de acontecimentos que ainda hoje são obscuros, embora suas conseqüências imediatas tenham sido claríssimas.

Alguns anos antes, o poder trocara de mãos em Constantinopla. O imperador Anastácio, um governante sensato e moderado, morreu e foi substituído por Justino, um militar inculto dos Bálcãs, cujo sobrinho, Justiniano, fervorosamente ambicioso, sonhava com a restauração do poderio romano, desde o Eufrates até o Atlântico. Anastácio não tivera nenhuma razão para se opor à acumulação de poder do rei Teodorico no Ocidente, mas, para Justino e Justiniano, o ostrogodo era um obstáculo que, mais cedo ou mais tarde, teria de ser afastado. Alarmado com a declarada hostilidade do novo regime, Teodorico despachou o papa para ser seu embaixador em Constantinopla; não muito depois, entretanto, começou a ouvir rumores de uma possível conspiração entre o pontífice e o imperador. Pior ainda, os agentes do rei lhe informaram que alguns integrantes da antiga aristocracia do senado romano estavam tramando com Justino e o papa uma forma de solapar seu poder na Itália.[32] Poderiam os romanos, em quem ele confiara e a quem tratara tão bem, estar se preparando para se livrar do "bárbaro" que secretamente desprezavam? Temendo uma combinação de interesses orientais e ocidentais contra ele, o rei, cada vez mais desconfiado, ordenou que os romanos a quem nomeara para altos cargos no governo fossem mantidos sob vigilância rigorosa.

O clima em Ravena estava carregado de conspirações e contraconspirações, espiões e contra-espiões, coleta autêntica de informações e formulação de falsas acusações, feitas para ganhar dinheiro ou resolver antigas pendengas. Em 523, um dos espiões de Teodorico interceptou cartas comprometedoras, supostamente escritas por um procônsul romano, chamado Albino, para altas autoridades de Constantinopla. As cartas pareciam confirmar as piores suspeitas do rei. Sem dar ao procônsul a oportunidade de se explicar, Teodorico mandou prendê-lo, sob a acusação de traição, e jogá-lo no presídio. Boécio, que conhecia Albino e o espião em questão, farejou uma conspiração contra o procônsul. Pensando, provavelmente, que o rei aceitaria sua palavra, após tantos anos de serviços fiéis, ele interveio em defesa de Albino, asseverando que havia examinado as cartas supostamente subversivas e que elas eram claras falsificações. Ao defender um conterrâneo romano, entretanto, Boécio atraiu suspeitas contra ele mesmo.

Outros indícios de supostas conspirações, envolvendo autoridades bizantinas e senadores romanos, foram levados à atenção de Teodorico. Pouco depois, em Verona, o rei enfurecido "tentou virar a acusação de traição feita a Albino contra toda a classe dos senadores, pois ansiava por acabar com todos eles".[33] Boécio defendeu resolutamente a inocência do senado — mas subestimou em muito a ferocidade de seu antigo superior, tomado de pânico. Logo depois do confronto em Verona, três acusadores (patifes conhecidos, segundo Boécio) informaram a Teodorico que seu Mestre de Ofícios havia conspirado com alguns senadores romanos contra o reino. De quebra, também acusaram Boécio de "sacrilégio na busca de altos cargos" — ou seja, de usar a astrologia para promover sua carreira. Novamente se apresentaram cartas, que eram falsificações flagrantes, segundo o acusado. Mas, tal como acontecera com Albino, não lhe foi concedida a oportunidade de se defender. Em 524, Teodorico ordenou sua prisão em Pávia. O senado, sem dúvida para salvar a pele de seus próprios membros, emitiu prontamente um decreto contra ele. De algum modo, seu colega e companheiro de estudos mais moço, Cassiodoro, conseguiu não se deixar apanhar no expurgo e, mais tarde, ele mesmo foi nomeado Mestre de Ofícios — uma circunstância que alguns interpretaram (sem grande corroboração) como prova de sua deslealdade para com Boécio. O filho mais velho deste, no entanto, não teve pés tão ágeis e foi detido dias depois.

Terá havido um complô senatorial contra Teodorico? Será que ele envolveu Boécio? É impossível dizer ao certo, já que nunca houve uma divulgação das acusações tampouco um julgamento dos acusados. O medo que Teodorico sentia de um plano bizantino para destruí-lo não era propriamente paranóico. Pouco depois de sua morte, o exército de Justiniano desencadeou uma guerra brutal de vinte anos, que acabou eliminando o reino ostrogodo e, no processo, destroçando a economia italiana. Mas, se houve alguma conspiração contra Teodorico durante sua vida, é quase certo que Boécio a tenha desconhecido. O livro que este escreveu no cárcere — "um livro de ouro", como o descreveu o historiador Edward Gibbon — não parece obra de um homem culpado. *A consolação da filosofia* é uma meditação sobre a súbita guinada da sorte que tirou o autor do ápice do poder, da fama e da riqueza e o precipitou no abismo. Alternando prosa e poesia, foi escrito como uma série de diálogos entre o prisioneiro e a Senhora Filosofia, uma bela musa cuja missão era ajudar Boécio a recobrar a paz de espírito, apesar da desgraça que o atingira. A musa explica que o que as pessoas chamam de "destino" representa o funcionamento da razão divina. Combinando idéias neoplatônicas e aristotélicas, ela concilia essa crença com as realidades aparentes da vida terrena — a infelicidade, o mal e a injustiça —, e conclui mostrando que a onisciência de Deus é compatível com o livre-arbítrio humano.

Passados 15 séculos, o livro continua a ser um feito espantoso: um cristão valente e culto, usando os instrumentos da filosofia clássica para sair de uma profunda depressão através do pensamento. Boécio deve ter-se apressado a concluí-lo. Um ou dois anos depois de ser encerrado no cárcere — não há registros da data exata —, o rei proferiu algumas palavras, ou fez um sinal, e "o último filósofo romano" foi executado, juntamente com vários outros aristocratas acusados. Logo depois, seu filho o seguiu no caminho para o esquecimento — ou para o céu, se suas crenças se confirmaram.

Cassiodoro, o novo Mestre de Ofícios, aparece no fim dessa história como o personagem que profere a fala final numa tragédia de Shakespeare. Ele preservou as traduções e outros escritos de Boécio, acumulou uma coleção de manuscritos gregos e romanos e instou junto ao papa para criar uma universidade em Roma, nos moldes das grandes universidades de Alexandria e da cidade persa de Nísibis. Essa seria a primeira universidade do Ocidente latino, mas o papa tinha outras coisas em mente e a proposta não deu em nada. (Como escreveu um comentarista, o fracasso do projeto "não se deu por acaso; faltava o pré-requisito da estabilidade política".[34]) Talvez instigado por esse revés a fazer algo para salvar o que restava da filosofia clássica, Cassiodoro retirou-se do serviço público aos cinqüenta anos e se mudou para Vivarium, uma cidadezinha no sul da Itália. Foi um gesto histórico, uma vez que, para abrigar sua biblioteca, ele encontrou uma abadia que deu início à tradição monástica de preservar e copiar manuscritos antigos. Boécio repousa numa sepultura não identificada, mas suas traduções e comentários das obras de Aristóteles, seus livros didáticos e suas memórias do cárcere continuam vivos. Nos cinco séculos seguintes, foram copiados e recopiados por monges que mal sabiam o que estavam conservando, ou por quê. Como sementes plantadas em solo inculto, eles brotariam para a vida no tempo certo.

No Ocidente, a obra de Aristóteles permaneceu adormecida, enquanto a Europa enfrentava meio milênio de violência, pobreza e distúrbios endêmicos. Não é de admirar que, durante esse inverno aparentemente interminável, aqueles que buscavam consolo e sentido tenham-se voltado para as certezas da fé, em vez dos enigmas da filosofia. A história mais surpreendente ocorreu no Oriente, nas terras de língua grega que eram consideradas, desde longa data, o coração econômico e cultural do Império Romano. Ali, sob o governo autocrático bizantino, os bárbaros foram mantidos a distância e a Pax Romana sobreviveu. Ali o comércio floresceu, sustentando cidades prósperas e densamente povoadas, como Alexandria, Constantinopla e Antioquia. Nesses centros de saber, onde eruditos de formação clássica continuaram a praticar suas artes, era de se esperar que houvesse um crescimento vigoroso da filosofia e da ciência. Mas foi precisamente neles que a história intelectual deu uma de suas guinadas mais estranhas. Poderíamos dar a essa história o nome de "O Assassinato da Senhora Filosofia".

A história começou, de fato, com o assassinato de uma filósofa. Hipátia era filha de um conhecido matemático alexandrino, que reconhecera que o talento da menina ultrapassava em muito o seu e a incentivara a desenvolver seu interesse na matemática, na astronomia, na metafísica e na ética. No ano de 415, ela era uma figura estabelecida e benquista — uma pensadora neoplatônica famosa em todo o Oriente por sua virtude e sabedoria, bem como a filósofa mais conhecida de sua época. Hipátia dirigia uma pequena escola em sua casa, em Alexandria, onde lecionava e conduzia diálogos com estudantes de boas famílias que tinham a esperança de aprender a arte de bem pensar. Seguindo a antiga e consagrada prática, ela também caminhava pelas ruas vizinhas trajando seu manto de filósofa, discutindo questões filosóficas com qualquer um que quisesse fazer perguntas. Embora continuasse pagã, muitos de seus discípulos e amigos, na cidade predominantemente cristã, eram cristãos. Entre seus ex-alunos incluíam-se pelo menos dois bispos, e suas relações com os líderes da Igreja (muitos dos quais também eram neoplatônicos) eram mais do que amistosas... até, bem entendido, Cirilo tornar-se arcebispo de Alexandria.

Para compreender Cirilo e entender o que aconteceu com Hipátia, é preciso termos em mente o século anterior, no qual Alexandria fora destroçada por um conflito teológico que acabara dividindo a comunidade cristã de todo o império em dois campos ferrenhamente opostos. A questão em disputa fora a relação de Jesus Cristo com Deus Pai, um problema doutrinário que, surpreendentemente, permanecera sem solução nos trezentos anos anteriores.[35] Ário, um padre alexandrino apoiado por muitos bispos e teólogos da Síria e da Palestina, falava em nome dos que acreditavam que, embora fosse divino, Jesus não era idêntico ou igual ao Pai. Atanásio, o arcebispo de Alexandria, afirmava, ao contrário, que Cristo era homem e Deus, e não era inferior ao Criador em nenhum aspecto. Como essas eram questões muito importantes para os cristãos comuns (envolvendo as tentativas de conciliar a divindade de Cristo com o monoteísmo tradicional do Oriente), e como vários imperadores romanos tomaram partido na disputa, a controvérsia foi duradoura e extremamente violenta. As rivalidades regionais também tiveram um papel nisso, uma vez que o centro da teologia ariana era a cidade de Antioquia, a principal concorrente de Alexandria na disputa pela supremacia cultural. O arianismo foi finalmente proscrito no império pelo Concílio de Constantinopla, convocado pelo imperador Teodósio I em 381.[36] O Concílio declarou que o Filho tinha a mesma essência do Pai e que ambos eram Pessoas de status igual, indissoluvelmente unidas com o Espírito Santo como o Deus Uno.

Seria possível supor que, tomada essa decisão, as paixões religiosas arrefeceriam um pouco no Oriente. Todavia, na esteira da decisão, uma onda de ataques violentos contra hereges, judeus e pagãos varreu a região, sendo muitas agressões ignoradas ou incitadas por bispos que faziam vista grossa, e perpetradas por monges zelosos, decididos a "purificar" sua sociedade. De modo semiconsciente, o mundo mediterrâneo iniciava sua transformação de "sociedade em que o cristianismo era meramente a religião dominante" numa "sociedade totalmente cristã".[37] Quando os monges de uma cidade mesopotâmica incendiaram completamente uma sinagoga, o imperador ordenou ao bispo local que pagasse uma indenização pelo crime com verbas da Igreja, mas foi dissuadido de implementar sua ordem pelo bispo Ambrósio, de Milão, que ameaçou suspender a comunhão de quem quer que ajudasse os "inimigos de Cristo".[38] Teodósio foi ainda menos solícito com os pagãos e emitiu uma sucessão de ordens para proscrever seus sacrifícios e fechar seus templos. Mais uma vez, contrariando seus desejos, mas ficando fora de seu controle, multidões inspiradas por eclesiásticos militantes tomaram a questão em suas próprias mãos. Em Alexandria, relatou-se que uma turba freneticamente instigada pelo inflamado arcebispo Teófilo atacou o Serapeum, um antigo templo dotado de uma biblioteca mundialmente famosa, doada por Cleópatra, e o destruiu por completo.

Os pagãos remanescentes no império ficaram vulneráveis a ataques de militantes que hoje chamaríamos de "fundamentalistas" extremados. A queima de templos tornou-se uma espécie de esporte popular no Oriente, e muitos tesouros culturais desapareceram nas chamas ateadas pelo fanatismo religioso. Essa situação ainda prevalecia no início do século V, quando a Sé de Alexandria foi ocupada pelo sobrinho do arcebispo Teófilo, Cirilo, um servidor brilhante, passional e intolerante, "notório por seu gosto pelas brigas, sua violência e sua impetuosidade".[39]

Talvez em função da militância evangélica de Cirilo, houve uma animosidade recíproca entre as comunidades judaicas e cristãs da cidade durante seu episcopado. A comunidade judaica de Alexandria era enorme — provavelmente, mais de 200 mil pessoas, numa população total de aproximadamente um milhão — e muito antiga. Havia judeus residindo em Alexandria desde muito antes da destruição do Templo de Jerusalém pelos romanos. No ano de 415, por razões que permanecem obscuras, o arcebispo incitou uma grande multidão de cristãos a atacar o bairro judaico.[40] O resultado foi o pior tumulto anti-semita da história da cidade — aquilo que um historiador chamou de "o primeiro *pogrom* em larga escala da história", com sinagogas saqueadas, propriedades pilhadas e muitos residentes assassinados ou agredidos.[41] A extensão exata da violência permanece desconhecida, mas o terrorismo foi suficiente para expulsar da cidade um grande número de judeus e impelir o prefeito de Alexandria, um servidor imperial chamado Orestes, a intervir em favor deles. Quando Orestes chegou à catedral de Cirilo para expressar o desagrado do imperador com os distúrbios e exigir a restauração das casas e propriedades das vítimas, confrontou-se com um numeroso grupo de monges atiradores de pedras, que tinham vindo de sua montanha fora da cidade para proteger seu amado arcebispo contra a intimidação imperial. Um desses monges, chamado Ammonius, atingiu o prefeito com uma pedra e o feriu, ao que Orestes mandou prendê-lo, julgá-lo sumariamente e torturá-lo até a morte. Cirilo resgatou o cadáver de Ammonius e tratou seus restos mortais como se fossem relíquias de um mártir.

Agora podemos voltar a Hipátia, pois Orestes era sabidamente amigo dela e fora um visitante assíduo de sua casa. Com ou sem o conhecimento e o consentimento de Cirilo, espalhou-se entre os monges e militantes locais o boato de que a filósofa estava conspirando com o prefeito e os judeus para solapar a autoridade do arcebispo e poluir a Alexandria cristã com suas idéias pagãs. A conseqüência foi pavorosamente previsível. Não muito depois da morte de Ammonius, quando Hipátia fazia sua caminhada vespertina, um bando de cristãos a agarrou e a levou para uma igreja próxima. Ali, eles a despiram e torturaram até a morte, depois esquartejaram seu cadáver e queimaram os pedaços numa fogueira que ergueram num local chamado Cinaron.[42] A selvageria desse ato, bem como seu alvo, tornaram-se o assunto da época no império. Cirilo negou com veemência qualquer ligação com o crime, mas ninguém jamais foi punido por ele. Claramente, o reino bizantino estava-se tornando um lugar perigoso para a vida de não-cristãos e filósofos.

Mas os cristãos também logo voltaram a se envolver em violentas disputas teológicas — e, mais uma vez, encontramos Cirilo no centro da controvérsia. Agora, a luta não dizia respeito à identidade de Cristo como Deus — essa questão fora resolvida em Constantinopla —, mas à relação entre os aspectos humanos e divinos de Sua pessoa. O que incomodava e dividia os fiéis era esta pergunta: É correto dizer que o próprio Deus nasceu de Maria, e que sofreu, morreu e ressuscitou? Ou teria Jesus passado por essas experiências em sua condição de ser humano, enquanto a faceta divina de

Sua pessoa mantinha-se intocada por elas? Os teólogos de Antioquia achavam que dizer que Deus tivera todas essas experiências humanas cheirava a idéias pagãs sobre o nascimento e morte dos deuses, e envolvia os cristãos no culto a Jesus como homem. Os de Alexandria respondiam que separar a humanidade de Cristo de Sua divindade equivaleria a cindir Sua personalidade e a ressuscitar a heresia ariana que O considerava inferior a Deus. Embora tivesse diversos líderes, a escola de Antioquia passou a se identificar, na mente do povo, com Nestório, o arcebispo de Constantinopla. A escola alexandrina tinha um líder principal, Cirilo de Alexandria, que execrava Nestório e dedicou seus últimos anos de vida a destruí-lo.

Essa luta, que viria a se tornar ainda mais incontrolável do que a controvérsia ariana, não foi uma repetição da briga anterior, mas assemelhou-se a ela em alguns aspectos. Mais uma vez, foram os alexandrinos, passionais, místicos, rigorosos e intolerantes, que enfatizaram a natureza divina de Cristo, enquanto os antioquenses, mais racionalistas, mundanos e centrados no ser humano, enfatizaram Sua humanidade autêntica. Os dois lados do debate citaram "textos comprobatórios" dos Evangelhos e das palavras dos Padres da Igreja para corroborar sua posição. Mas cada um usou também idéias extraídas da filosofia clássica, para mostrar que sua postura era sensata e que a postura contrária era ilógica ou absurda. Os antioquenses, em particular, inclinaram-se a usar conceitos aristotélicos para justificar sua convicção de que a natureza divina de Cristo não devia ser confundida com Sua natureza humana. Um dos integrantes desse grupo era o bispo Diodoro de Tarso, que, além de sua obra puramente religiosa, também escreveu tratados sobre "quão quente é o Sol" e comentou a cosmologia de Aristóteles. Outro era Teodoro de Mopsuéstia, um pensador ousado e inovador que chocou os tradicionalistas, ao negar que livros do Velho Testamento como o Cântico dos Cânticos fossem alegorias que prenunciavam a vinda de Cristo. E um terceiro era Nestório de Constantinopla, que desencadeou a controvérsia, ao criticar o uso do termo *Theotokos*, "portadora de Deus", para descrever a Virgem Maria.

"Deus não é um bebê de dois ou três meses", foi esse o célebre comentário de Nestório, para horror dos que estavam habituados a cultuar o Menino Jesus.[43] Similarmente, afirmavam os nestorianos, era absurdo e sacrílego dizer que o Criador do universo saíra do ventre de Maria e fora tentado no deserto, ampliara Sua virtude e morrera na cruz. Deus era imutável e impassível; não podia nascer nem passar por sofrimentos e, com certeza, não podia morrer. Essas tinham sido experiências do homem Jesus, que fora "assumido" por Deus, sacrificado e ressuscitado, para nos livrar do pecado original e nos conceder a esperança da vida eterna. Jesus Cristo, portanto, tinha duas naturezas, concluíram os nestorianos: uma humana, outra divina. Tanto a razão quanto a fé ditavam que essas naturezas fossem reconhecidas como separadas e distintas. Isso porque, se Jesus não tivesse mente e corpo próprios, Seus pensamentos e sentimentos, tal como descritos nos Evangelhos, não passariam de uma encenação teatral. E, se um homem de verdade não houvesse morrido para nos redimir do pecado, como poderiam seu sacrifício e sua ressurreição nos salvar?

Assustado com as tendências humanistas da teologia antioquense, Cirilo de Alexandria respondeu com uma pergunta de sua própria lavra: "Teremos, pois, sido batizados por um homem, e haveremos de admitir que isso é verdade?"[44] O bispo de Alexandria havia detectado dois aparentes pontos fracos na doutrina dos nestorianos. Politicamente, muitos cristãos comuns queriam cultuar Jesus Cristo, sem se preocupar com as implicações pagãs (se é que existiam) de sua fé. Adoravam o Deus-Homem, e não estavam minimamente interessados em saber se Seu nascimento, tentação ou agonia na cruz podiam ser atribuídos a Deus. Teologicamente, era possível sustentar essa atitude, insistindo em que, como Cristo era uma só pessoa, os aspectos divinos e humanos de Sua personalidade deviam formar um todo coerente. Uma pessoa com duas naturezas separadas e não integradas seria uma monstruosidade pagã, como um centauro. Mas, se essas naturezas eram unificadas, como se poderia dizer que o homem em Cristo fizera isto, mas que Deus fizera aquilo? Ademais, declarou Cirilo, se o homem Jesus não fosse também o Deus Eterno, não haveria nada que conferisse à Eucaristia — o consumo ritualizado de Sua carne e Seu sangue — um poder salvador.

Para preservar a humanidade de Cristo, os nestorianos haviam dividido Sua pessoa em duas metades contrastantes e, possivelmente, até conflitantes. Para preservar a unidade de Sua pessoa, Cirilo dispunha-se a correr o risco de subordinar o homem em Cristo a Deus. Se o arcebispo alexandrino fosse mais diplomático, e Nestório, um político mais astuto, ou se o imperador tivesse sabido fazer a mediação entre eles, talvez os dois prelados houvessem encontrado um meio de chegar a uma espécie de conciliação doutrinária. Mas Cirilo era tão hábil na política quanto intransigente nas questões de doutrina, e Nestório, talvez um intelecto mais sutil, não se equiparava a ele nas complexas intrigas da corte (literalmente "bizantinas") que caracterizavam a política do século V. Graças às maquinações de Cirilo, Teodósio II viu-se apanhado num fogo cruzado entre sua poderosa irmã mais velha, que não gostava de Nestório, e sua mulher, que era uma das admiradoras mais ardorosas do arcebispo. Com o imperador efetivamente neutralizado, não havia possibilidade de negociar um acordo.

Cirilo percebeu a oportunidade. Em 431, convocou um concílio eclesiástico em Éfeso, na Ásia Menor, e o lotou de adeptos seus. Os bispos da

Síria que preferiam Nestório chegaram vários dias atrasados. Nesse ínterim, Cirilo fez com que os delegados já presentes ouvissem a argumentação contra Nestório; depois disso, eles o excomungaram prontamente por heresia e o depuseram do cargo. Quando os sírios finalmente chegaram, liderados por João de Antioquia, reuniram-se em seu próprio sínodo, condenaram e depuseram Cirilo. Esses concílios em duelo confundiram completamente o imperador, que tratou os dois sínodos como um só, ratificou todas as condenações e submeteu todo mundo à prisão domiciliar. Enquanto isso, Cirilo levantou grandes somas para subornar pessoas influentes no palácio, e Nestório sentiu o terreno político desaparecer sob seus pés.[45] Passados vários meses, a disputa pareceu-lhe frustrante e degradante demais para continuar, e ele informou que não se importaria em retornar a seu mosteiro em Antioquia. O imperador concedeu-lhe seu pedido e, pressionado pelos cirílicos da corte, substituiu-o por um defensor de Cirilo.

A carreira de Nestório estava efetivamente chegando ao fim. Posteriormente rotulado de herege e exilado até mesmo de Antioquia, ele terminaria sua vida num mosteiro nas profundezas do deserto egípcio. Cirilo pareceu sair vitorioso, mas, nessa controvérsia, não haveria vencedores de verdade. Após a morte do líder alexandrino, seu próprio movimento cindiu-se, com sua ala "monofisista" mais intransigente assumindo a posição de que Cristo tinha apenas uma natureza, e de que tal natureza era divina. O grande Concílio Ecumênico de Calcedônia (em 451) tentou resolver a questão, declarando que Cristo era "reconhecido em duas naturezas, sem confusão, sem mudança, sem divisão e sem separação", sendo essas naturezas "distintivas", porém "combinadas numa só pessoa (...) [e] não divididas ou separadas em duas pessoas".[46] A fórmula das "duas naturezas em uma só pessoa" viria a se transformar na doutrina católica ortodoxa, mas os monofisistas rejeitaram-na furiosamente como um insulto a Cristo, e a luta continuou, pontuada por repetidas intervenções imperiais, períodos de perseguição e explosões de violência em massa (uma delas, o tumulto pró-monofisista de 532, em Constantinopla, destruiu a antiga catedral de Santa Sofia). Mesmo depois de os árabes conquistarem a maior parte dos antigos territórios bizantinos, no século VII, a disputa entre os cristãos sobreviventes prosseguiu, com os lados se revezando no controle. Pelo menos num aspecto, ela nunca chegou ao fim. Os coptas do Egito, os jacobitas da Síria, a Igreja armênia e os etíopes recusaram-se a aceitar a fórmula das "duas naturezas" e continuam monofisistas até hoje.

O efeito principal dessa longa luta na vida cultural do império foi confirmar o "assassinato" da Senhora Filosofia. Apesar da sobrevivência da autoridade romana em Constantinopla, a mesma transição de interesses mundanos para interesses extramundanos que marcara o pensamento pósromano no Ocidente ocorreu também no Oriente, embora se tenha dado de maneira mais esporádica e mais lenta. Enquanto continuavam a ler Platão e Aristóteles, os eruditos de Alexandria e Constantinopla "teceram comentários intermináveis sobre a sabedoria herdada do passado, mas quase nunca duvidaram desse saber nem tentaram ir além dele".[47] Em certa medida, essa petrificação da filosofia é atribuível ao governo demasiadamente centralizador dos imperadores bizantinos, que destruiu a elite aristocrática independente.[48] Mas foi também resultante do interesse apaixonado das pessoas pelas questões de fé e de sua inclinação a usar a filosofia, se é que a usavam, como um bastão para surrar os adversários teológicos. Em 529, Justiniano fechou a Academia Platônica de Atenas, pelas razões fornecidas por Tertuliano, trezentos anos antes: a especulação filosófica havia se transformado numa auxiliar dos hereges e numa instigadora de disputas entre os cristãos. Àquela altura, todavia, muitos pensadores independentes do império, cristãos e pagãos, já haviam partido para a Mesopotâmia e a Pérsia, onde os estudiosos podiam dar continuidade a suas investigações sem o temor de sofrer o destino de Hipátia ou Nestório.

Quantas vezes os refugiados, ao fugir de um regime repressor, levaram consigo as centelhas da civilização, em seus livros e manuscritos constantemente manuseados! Assim se deu com os dissidentes religiosos que buscaram asilo primeiro em Edessa, uma cidade mesopotâmica que abrigava diversas escolas famosas, e depois, atravessando a fronteira persa, em Nísibis, cuja universidade era considerada a melhor da Ásia. Quando os monofisistas assumiam o poder numa dada cidade ou província, seus adversários nestorianos partiam para o exílio, e, quando governantes como o imperador Justiniano perseguiam os monofisistas, seus eruditos mais ilustres rumavam para o leste. O resultado foi uma transferência de cultura que, em alguns aspectos, assemelhou-se à causada pelas levas alternadas de refugiados que saíram de territórios dominados pelos nazistas e comunistas no século XX. Entre os estrangeiros, os exilados eruditos encontraram uma liberdade de investigação que se tornara obsoleta em sua terra natal. Como conseqüência, as obras de filosofia, ciência e teologia gregas que eram ignoradas, condenadas ou simplesmente preservadas em Bizâncio foram ativamente interpretadas e aplicadas a questões do momento na Pérsia.[49]

E foi assim que, no século VII, os árabes herdaram Aristóteles e os tesouros da ciência grega. Os nestorianos, que eram lingüistas famosos, já haviam traduzido grande parte da filosofia grega, assim como os textos de sua própria escola, para o siríaco, a língua franca falada na Síria e na Mesopotâmia. Nesse momento, retraduziram esse material para o persa, para uso de seus novos anfitriões. Quando os invasores muçulmanos assumiram o controle do Crescente Fértil e da Pérsia, no século VII, pediram aos nestorianos que os ajudassem a traduzir os famosos livros da sabedoria para o árabe... e os "hereges" cristãos ficaram felizes em atendê-los. Aproximadamente na mesma época, outras forças que ocuparam Antioquia, Damasco e Alexandria obtiveram traduções das obras dos filósofos, feitas a partir do siríaco, do copta ou diretamente do grego para o árabe — tarefa da qual os monofisistas também participaram.[50] Passados dois séculos, depois de absorver todo esse material novo, árabes e persas estavam prontos para produzir sua própria filosofia peripatética, uma mescla de idéias platônicas, aristotélicas e islâmicas a que deram o nome de *falsafah*. Enquanto os cristãos ocidentais perdiam-se em orações, e os cristãos orientais, em controvérsias ritualizadas, o despertar cultural que não havia ocorrido em Bizâncio transformou-se na glória do islamismo.

Imagine-se como um erudito cristão, recém-chegado a Toledo para trabalhar numa das equipes de tradução do arcebispo Raimundo. Você teria lido a Bíblia e seu missal, é claro, conheceria a obra de Santo Agostinho e teria feito uma leitura superficial de livros de outros autores, como Boécio, Cassiodoro e São Jerônimo. Os únicos livros de Aristóteles com que teria deparado seriam os seis tratados de lógica traduzidos por Boécio para o latim e o único diálogo de Platão que conheceria seria o *Timeu*. Se tivesse um grande cabedal de leitura, talvez também estivesse familiarizado com os textos de João Escoto Erígena, um teólogo do século IX, ou com os ensaios mais recentes de Santo Anselmo de Cantuária. Livros interessantes, sem dúvida, alguns deles brilhantes, mas poucos questionavam a estrutura básica de pensamento aceita por você e seus ancestrais nos sete séculos anteriores. Suas leituras confirmariam a idéia de que o mundo material é um lugar instável e transitório, cheio de perigos e tentações — um local imprevisível, cujo funcionamento e cuja própria existência são inteiramente dependentes da misteriosa vontade divina. Você saberia — como todos sabiam — que nossa breve vida aqui na Terra é um mero prelúdio da vida após a morte; que somos pecadores inveterados, que só podem ser salvos, se é que podem, pela graça generosamente concedida por Deus; e que nossa capacidade de compreender este universo decaído é limitada pela fragilidade de nossa razão e pelo caráter intrinsecamente enganoso das impressões sensoriais. Como poderíamos ser verdadeiramente felizes aqui? Tirando alguns momentos fugazes de alegria, não podemos, já que este reino de dor e ilusão não é nossa verdadeira casa.

Esse seria o seu saber. Agora, imagine sua confusão e consternação ao ler pela primeira vez *Física*, *Metafísica* e *De anima*, de Aristóteles, bem como os tratados aristotélicos sobre ciências naturais e os livros sobre ética, estética e política. Claramente, essa filosofia grega refletiria pressupostos e atitudes que seriam profundamente estranhos para você. Aristóteles não parecia estar ciente de que o mundo dos sentidos é um lugar de sofrimento e irrealidade, ou de que há um mundo melhor e mais real por vir. Seu universo era uno, e ele parecia perfeitamente à vontade nele. Seus textos não tinham nada a dizer sobre o Deus Criador ou Redentor, e ele prestava pouca atenção a nossa pecaminosidade ou suas conseqüências na vida após a morte. Na visão de Aristóteles (e, nesse ponto, o cristão talvez se sentisse tentado a se benzer), o tempo e o espaço tinham existência eterna. A natureza se governava sem a interferência divina, e a razão humana, longe de ser deficiente, estava perfeitamente apta a assegurar o conhecimento, a boa conduta e a felicidade do homem. Mas, se era assim — se o próprio universo continha tudo de que precisávamos para compreendê-lo e usufruí-lo —, que necessidade haveria das Escrituras Sagradas, da Igreja, ou de qualquer outra fonte de revelação verdadeira e orientação divina? É claro que Aristóteles falava de uma espécie de divindade a que chamava de Causa não Causada, mas essa criatura abstrata e passiva nada tinha a ver com o Deus de Abraão, Isaac e Jacó, com o Senhor que criara o universo e nos dera um Salvador. Do ponto de vista cristão, essa visão de mundo era atéia — uma forma muito avançada de paganismo, mas paganismo, mesmo assim.

Depois de ler esse material inquietante, talvez o estudioso devoto pensasse em lançá-lo às chamas (certas autoridades eclesiásticas efetivamente declararam, tempos depois, que alguns trabalhos de Aristóteles eram perigosos demais para serem lidos por estudantes universitários). Mas não teria vontade de fazê-lo. É que o *corpus* aristotélico, por mais perturbador que fosse, representava a exposição mais abrangente, precisa, bem integrada e satisfatória do mundo natural que os leitores medievais já tinham encontrado. Nele era possível descobrir um método de investigação racional — a aplicação do raciocínio lógico aos fatos observados — e as maneiras de identificar os argumentos ilógicos ("sofísticos"). Nele eram desvendados os misteriosos segredos da natureza: como dormiam os peixes, como se formara a Via Láctea. A partir desses dados particulares, o leitor podia ascender com o Filósofo a generalizações de tirar o fôlego, como os tipos possíveis de conhecimento e a classificação das ciências, a dinâmica das mudanças naturais e a natureza do próprio Ser. Parte dos atrativos dessa obra estava em sua dimensão enciclopédica. Conhecido na Europa desde longa data como um mestre da lógica formal, Aristóteles revelava-se agora o mestre de todo o saber — um "mago" cujas idéias, desse momento em diante, se tornariam o ponto de partida de quase todas as discussões sobre fenômenos naturais ou sociais. Igualmente empolgante era a idéia de que, embora pudesse ser uma autoridade fidedigna, o sábio grego não era infalível. Os comentaristas árabes haviam discordado dele em alguns pontos, e até haviam ousado atualizá-lo e "corrigi-lo". Por que haveriam os estudiosos cristãos de ser mais tímidos?

Os primeiros eruditos europeus a se confrontarem com o evidente choque entre a visão de Aristóteles e seu próprio cristianismo ortodoxo foram os tradutores de Toledo. Estudiosos como Domingos Gundissálvio, Daniel de Morley e Michael Scot entenderam que converter o mapa da realidade de um antigo filósofo numa linguagem compreensível pelos que viviam numa época e cultura diferentes era muito mais do que uma tarefa mecânica — significava, na verdade, fazer uma mediação entre culturas.[51] Assim, o trabalho de tradução transpôs-se, naturalmente, para o de comentar o material recém-traduzido. Os tradutores perguntaram-se o que significariam os conceitos que estavam passando para o latim, em termos de suas próprias crenças — se poderiam ou não harmonizar-se com as doutrinas cristãs tradicionais — e, caso surgissem conflitos, como lidar com eles. Por mais heterodoxa que parecesse, a visão de mundo aristotélica era vívida e convincente demais para ser descartada como um erro pagão. Portanto, como explicar sua visível divergência com o pensamento religioso tradicional?

Em parte por seu papel mediador e em parte por trabalharem com muçulmanos e judeus, no meio cultural mais diversificado, tolerante e cooperativo que a Europa já vira, os comentaristas tendiam a tentar conciliar essas visões de mundo rivais. Foi nisso que os filósofos árabes revelaram-se de valor inestimável. Séculos antes de o arcebispo Raimundo criar seu centro de traduções, os mestres da *falsafah* haviam resumido e comentado, criticado e modificado as idéias de Aristóteles, além de usá-las para solucionar uma vasta gama de problemas teológicos e científicos. Como os cristãos, eles eram monoteístas sérios, o que significava que já haviam reconhecido e lidado com certos aspectos do pensamento aristotélico que os padres e monges estariam fadados a julgar perturbadores. Seus escritos viriam a fornecer uma ponte crucial entre a visão de mundo aristotélica, centrada no ser humano, e a visão do universo centrada em Deus, abraçada desde longa data pelo Povo do Livro.

Uma das soluções para o problema da divergência foi concebida com grande habilidade por Avicena (Ibn Sina), um pensador persa do século XI, um gênio de grande versatilidade cujos livros estiveram entre os primeiros a ser traduzidos pelos eruditos de Toledo. O método de Avicena, numa palavra, consistira em espiritualizar Aristóteles em alguns pontos fundamentais, atribuindo idéias platônicas a seu pensamento. Se o sistema do Filósofo, calcado neste mundo, pudesse ser "corrigido", incorporando-se nele a idéia de que o universo material era um reflexo do Espírito eterno, ele poderia tornar-se aceitável para os monoteístas ortodoxos. Essa era uma tarefa complicada, primeiro porque Aristóteles execrava a idéia de um reino das Idéias separado, que existisse fora do mundo da natureza, e segundo porque quem seguisse Platão muito de perto correria o risco de espiritualizar em demasia o universo e negar a intervenção criadora de Deus na história. Avicena já havia despertado a ira dos muçulmanos ortodoxos, ao descrever o céu e a terra como "emanações" de Deus, em vez de criações deliberadas.[52] Ainda assim, seguindo a orientação do persa, Gundissálvio e seus colegas trataram de suprir a filosofia natural de Aristóteles da dimensão espiritual que lhe faltava.

Exemplo disso foi sua revisão da doutrina aristotélica das "quatro causas". O Filósofo havia afirmado que toda substância natural podia ser completamente compreendida, ao se identificarem suas causas eficiente, material, formal e final: as circunstâncias que a haviam produzido, o material de que ela se compunha, seus princípios estruturais ou de desenvolvimento, e sua finalidade ou lugar no esquema natural das coisas. Gundissálvio declarou que essa abordagem era fundamentalmente sólida... com uma importante ressalva. Uma vez que Aristóteles fora pré-cristão, ele só falava em termos de causas físicas ou "corpóreas". Mas os cristãos entendiam, desde Santo Agostinho, que as coisas deste mundo decaído espelhavam as realidades mais reais de um mundo eterno, situado além do âmbito temporal dos sentidos. Assim, um cristão poderia aceitar a doutrina das quatro causas, mediante o simples reconhecimento de que cada causa corpórea tinha um equivalente espiritual. Por exemplo, a causa "eficiente" corpórea de um animal era a procriação sexuada de seus pais, mas sua causa eficiente espiritual era a criatividade de Deus, que produzia machos e fêmeas capazes de procriar. A causa "formal" corpórea do animal era sua estrutura genética, mas sua causa formal espiritual era o "poder de controlar a geração e a corrupção, o crescimento e a velhice, encerrado por Deus nas regiões celestiais".[53] E assim por diante.

"Correções" similares poderiam ser feitas em outras doutrinas aristotélicas. Até a crença do Filósofo na eternidade da matéria, aparentemente tão discrepante da doutrina das Escrituras sobre a criação do universo a partir do nada, poderia ser harmonizada com a ortodoxia, se fosse compreendido que Deus havia criado algumas coisas materiais (como a "matéria-prima" ou matéria informe) antes do tempo, outras (como os corpos celestes) com o tempo, e todas as demais durante o tempo.[54] O efeito disso tudo foi retratar o sábio grego como um cristão não credenciado, um filósofo transcendentalmente sábio cuja visão de mundo poderia tornar-se aceitável para os fiéis, mediante sua simples atualização e inserção no contexto sobrenatural adequado. Essa amistosa deturpação teve diversos efeitos históricos. Para começar, deu tempo para a nova visão de mundo. Ao desviar a atenção das implicações mais subversivas da filosofia, ela adiou o contra-ataque inevitável e deu início a um período germinativo, durante o qual os cristãos instruídos puderam absorver o vocabulário e os conceitos fundamentais do pensamento aristotélico. Em termos igualmente importantes, ela reforçou a suposição, vigente entre alguns pensadores cristãos, de que a verdade era Una — de que não podia haver contradição real entre as conclusões da razão e os credos da fé. A natureza, afinal, era uma Criação de Deus. Se fosse possível descobrir verdades fundamentais sobre o universo natural, o resultado seria revelar à humanidade uma parte maior da obra divina. E pouca diferença faria se o descobridor fosse cristão ou pagão, Agostinho ou Aristóteles.

A médio prazo, entretanto, era impossível ocultar a disjunção entre razão e revelação, entre a filosofia natural aristotélica e a fé cristã. Aristóteles não era Platão nem São Paulo. Não apenas repudiava a idéia de um mundo das Idéias, separado do universo natural, como havia outros aspectos de seu pensamento que se revelariam difíceis, talvez até impossíveis de "espiritualizar" de maneira proveitosa (ou inofensiva, pelo menos) para os cristãos ortodoxos. Por exemplo, se as relações regulares entre as causas e efeitos na natureza eram leis naturais invariáveis, que espaço restava para a liberdade divina de fazer milagres? Se a alma individual estava unida ao corpo, como poderia sobreviver à morte deste? E, se a decadência física era inevitável quando a vida se esvaía das entidades materiais, como podia o mesmo corpo ressuscitar? Aristóteles dizia que a boa vida — a vida da razão e da conduta ética — podia ser encontrada na Terra. Se era assim, que necessidade havia do Paraíso? Subjazendo a todas essas questões, havia outra maior, que viria a ressurgir na Europa ao término da breve lua-de-mel mediada pelos tradutores e pelos filósofos árabes: poderiam os fiéis cristãos dar sentido ao universo, como tentara fazer Aristóteles, e ainda continuar fiéis?

Na verdade, os filósofos muçulmanos e judeus não haviam respondido essa pergunta de um modo que satisfizesse suas próprias autoridades religiosas. Por essa razão (entre outras), o movimento da *falsafah* estava morrendo no mundo islâmico, no exato momento em que começava a decolar na Europa. Esse movimento culminou na obra do grande pensador de Córdoba, Averróis (Ibn Rushd), que escreveu 38 comentários sobre Aristóteles, além de seus próprios livros, numa tentativa de enfrentar as sérias diferenças entre a perspectiva aristotélica e a visão religiosa tradicional. Embora ele mesmo fosse um monoteísta fiel, Averróis insistiu em "desplatonizar" Aristóteles — reafirmando sua concentração nas substâncias individuais, e não em Idéias atemporais, e defendendo sua afirmação de que o universo natural era regido por leis naturais, e não pelas decisões caprichosas ou misteriosas de um Deus miraculoso.[55] Tal como seu compatriota judeu Maimônides, ele declarou que o conceito aristotélico de Deus como um "pensamento que pensa a si mesmo" podia ser falho, porém estava mais próximo da verdade do que as idéias baseadas nas leituras literais da Bíblia ou do Alcorão, que sugeriam que Deus teria um corpo físico, uma vez que se "sentava" num trono, "via" que Sua Criação era boa e "ouvia" as orações das pessoas.[56] Um filósofo aristotélico podia ser um monoteísta convicto, mas não podia acreditar simplisticamente em doutrinas como os milagres divinos, a ressurreição do corpo ou a imortalidade da alma individual.[57] Ou essas doutrinas eram verdadeiras num sentido impossível de provar através da razão, ou eram verdadeiras de modos mais complexos do que se costumava compreender.

Como não é de admirar, fazia tempo que muitos muçulmanos ortodoxos viam com grande suspeita esse tipo de especulação. Aproximadamente no início do século XII, sua aversão instintiva à visão de mundo aristotélica foi expressa de modo severo pelo filósofo místico Al-Razali, considerado por alguns especialistas como a figura mais influente da história intelectual islâmica. De acordo com Al-Razali, a própria idéia de causa e efeito, por exemplo, era uma ilusão criada pelo homem, uma vez que Deus, e não a natureza, produzia todos os efeitos e era livre para produzir o efeito que quisesse.[58] O livro de sua autoria que atacara Aristóteles e Avicena, *A incoerência dos filósofos*, "desancou a filosofia racionalista e, na verdade, pôs fim à carreira da filosofia (...) na parte árabe do mundo islâmico".[59] Pouco depois, a Espanha muçulmana havia assistido a uma derradeira ressurgência do pensamento aristotélico, nas obras admiráveis de Averróis e Maimônides, mas, quando um regime fundamentalista do norte da África dominou grande parte da Espanha, esses dois filósofos viram-se no exílio. Desse momento em diante, nas garras do que um comentarista chamou de "tradicionalismo submisso",[60] o mundo muçulmano afastou-se definitivamente da investigação científica. O mesmo aconteceu com o mundo judaico, que vira a obra-prima aristotélica de Maimônides, *O guia dos perplexos*, ser denunciada como herege pelos mesmos rabinos que haviam aplaudido seus textos jurídicos e morais.[61] Tempos depois, na verdade, os rabinos da Provença pediriam à Santa Inquisição que queimasse esse livro — pedido que ela ficou satisfeita em atender.[62]

O resultado disso tudo foi um paradoxo extraordinário. Apesar de todo o seu brilhantismo e originalidade — ou talvez por causa deles —, os grandes filósofos árabes passaram a ocupar um nicho relativamente insignificante na sociedade muçulmana. Especialmente depois de Al-Razali disparar sua devastadora saraivada de injúrias contra os praticantes da *falsafah*, os líderes religiosos conservadores, temendo que os ensinamentos dos filósofos pudessem confundir e desencaminhar os fiéis, mantiveram-nos a uma distância segura da mesquita. Como resultado, eles conversavam principalmente entre si, e sua influência, fora de um pequeno círculo de intelectuais, entrou em declínio sistemático a partir do século XI. Como a filosofia da época incluía grande parte do que chamamos de ciência, isso não foi um bom augúrio para o futuro da investigação científica no mundo islâmico. Na Europa, em contraste, os eruditos cristãos que batalhavam com os manuscritos de Aristóteles — um grupo relativamente pouco sofisticado, em comparação com seus colegas muçulmanos e judeus — descobriram-se, inesperadamente, em condições de transformar e modernizar o pensamento de sua sociedade.

Em parte, esse impulso foi resultado de uma nova sede de conhecimento e compreensão no Ocidente: um despertar inesperado e dramático. Mas — o que é muito surpreendente, aos olhos modernos — foi resultado também da íntima ligação desses estudiosos com a Igreja Católica romana. Por mais que suas idéias e interesses se superpusessem, sempre houve uma diferença crucial entre os intelectuais cristãos e árabes: enquanto os cristãos faziam parte da corporação eclesiástica e eram limitados por suas normas disciplinares, quase todos os *faylasufs* árabes eram profissionais leigos, que contavam com o apoio de patrocinadores mundanos, como os califas e os governantes das províncias. Muitos destes, aliás, eram autoridades públicas; Averróis e Maimônides foram juízes e médicos famosos da corte. Isso significava, por um lado, que tinham mais liberdade que os cristãos para seguir o rumo da especulação filosófica, mesmo quando ela divergia do pensamento religioso tradicional. Por outro lado, no entanto, essa própria liberdade os transformava num perigo, aos olhos dos mestres religiosos ortodoxos, pelo menos quando eles passavam de campos como o direito e a medicina para a metafísica, a teologia e a política.

Daí o paradoxo. Enquanto os mais rematados filósofos aristotélicos do mundo ficavam isolados em sua própria terra islâmica, estudiosos cristãos sem qualquer conhecimento da maior parte da obra aristotélica até 1200, aproximadamente, e passíveis de ser castigados por heresia, se filosofassem com demasiada liberdade, tiveram a oportunidade de se transformar nos expoentes primordiais das idéias filosóficas avançadas na Europa. Isso talvez constitua um exemplo do que alguns denominaram de vantagens do atraso. Os muçulmanos e judeus gostavam de afirmar, justificadamente, que, em sua civilização, a religião não era simplesmente uma organização ou "Igreja", mas um estilo de vida. A Igreja Católica, ao contrário, era uma perfeita organização. Pelo fato de a Europa haver passado por um período muito prolongado de caos social, depois da queda do Império Romano, ela foi, durante séculos, o único órgão unificador e civilizador do mundo latino. Com seu alto grau de centralização, seu vasto número de padres e freiras em ordens religiosas, suas propriedades, seus exércitos e seu monopólio da educação, a Igreja foi a força dominante da cultura intelectual européia — uma instituição sem paralelo em nenhuma outra sociedade. Para que os pensadores aristotélicos a "capturassem", o pensamento europeu viria a ser integralmente transformado. Era inevitável que a abordagem racionalista e científica da natureza e da sociedade viesse a se tornar parte da visão de mundo ocidental.

Mas, iria a Igreja revelar-se mais hospitaleira para com esse tipo de pensamento do que a mesquita ou a sinagoga? Se assim fosse, quanto restaria do cristianismo tradicional, com seu Deus criador, redentor e providencial, seus fiéis devotos e sua Igreja hegemônica? Estas eram perguntas fundamentais, enfrentadas por uma sociedade que começava como que a despertar de um sono prolongado e profundo.

Capítulo Três

"Os livros dele têm asas"

Pedro Abelardo e a revivescência da razão

Já houvera mestres populares nas escolas das catedrais da França, mas nunca alguém como ele. Antes mesmo que os primeiros raios de sol se derramassem sobre a fria neblina outonal, os estudantes concentravam-se na rua em frente ao mosteiro de Mont-Sainte-Geneviève, esperando que seu herói aparecesse para a aula da manhã. Os que levavam pães para o desjejum eram convencidos a tirar um pedaço para si e distribuir o restante para os colegas famintos. "Este é o meu corpo", dizia a pilhéria inevitável, enquanto o pão passava de mão em mão, seguido por um cantil de vinho tosco: "Este é o meu sangue." Muitos alunos conversavam em latim, mas alguns, reunidos em pequenos grupos, dirigiam-se uns aos outros em suas línguas natais: inglês, alemão, flamenco, italiano, normando ou francês. É fácil imaginá-los batendo os pés nas pedras do calçamento, para se aquecer, e trocando mexericos sobre seu lendário professor.

Os alunos de Pedro Abelardo tinham muito sobre o que cochichar. Mais de trinta anos antes, mal saído da adolescência, o jovem prodígio caíra sobre Paris como um raio, esfrangalhando os nervos e abalando a compostura das pessoas mais tímidas e de raciocínio mais lento. Pouco depois de chegar à Escola do Claustro de Notre Dame, ele discordara publicamente de seu professor, o famoso lógico Guilherme de Champeaux, arrasara-o num debate e partira para fundar sua própria escola, seguido por muitos dos melhores alunos de Guilherme. Anos depois, Pedro voltara à cidade para estudar com o mais famoso teólogo da França, Anselmo de Laon, cujas aulas considerou aterradoramente maçantes ("ele tinha notável domínio das palavras", escreveu Pedro tempos depois, com aspereza típica, "mas o significado delas era inútil e lhes faltava qualquer sentido"[1]). Quando parou de freqüentar as aulas, vários discípulos fiéis de Anselmo desafiaram-no a dar uma aula, ele mesmo, sobre um tema bíblico que escolhessem. Pedro concordou no ato. O tema escolhido foi uma obscura profecia de Ezequiel, na qual nenhum comentarista anterior conseguira penetrar. A interpretação dada à passagem por Abelardo foi tão engenhosa e interessante que os estudantes pediram mais. O que era para ser uma palestra única transformou-se em três, cada qual atraindo um público maior, até que praticamente a escola inteira compareceu. Depois de se tornar um teólogo independente, Pedro viria a rematar essa vitória com a publicação de uma série altamente aclamada de comentários sobre Ezequiel.

Até seus adversários concordavam em que, em matéria de brilhantismo, Abelardo era ímpar na Europa. Brandindo qual uma espada seu exemplar de *Categorias* de Aristóteles, ele ajudou a fazer da lógica a matéria mais empolgante do currículo medieval. Suas idéias, apesar de controvertidas, eram invariavelmente interessantes, e os adversários temiam quase tanto o seu humor mordaz quanto sua habilidade nos debates. Não era apenas o talento intelectual, mas um certo carisma trágico-heróico, que o tornava uma figura tão atraente para seus alunos. Filho mais velho de um nobre sem maior importância, ele havia optado por se tornar erudito, em vez de guerreiro, mas se mantivera um cavaleiro no coração — arrogante, impetuoso e sedento de glória, sempre em guerra com algum inimigo e nunca inclinado a perdoar uma desfeita.[2] Podemos reconhecer nesse egoísmo imprudente, nesse ímpeto de forçar um pouco demais a vantagem, uma semelhança com algumas celebridades modernas cuja inclinação a viver "no limite" é algo que seus jovens fãs consideram encantador. Para Abelardo, não bastava derrotar um adversário no debate; ele também precisava humilhar a vítima e transformá-la num inimigo permanente. Tampouco se dispunha a restringir sua teorização a temas de debate seguros. A maioria dos eruditos de sua época pisava em ovos para contornar doutrinas como a da Santíssima Trindade e a do Pecado Original, já que parecia praticamente impossível dizer algo novo e interessante sobre elas sem incorrer em heresias. Abelardo achava esse tipo de desafio tão irresistível quanto uma luva atirada contra seu rosto.

Além disso, é claro, havia a questão de Heloísa... Os estudantes à espera, do lado de fora da igreja, mal haviam começado a discutir o célebre romance do mestre, quando uma agitação na rua anunciou sua chegada. Abelardo dirigiu-se lentamente à porta do mosteiro, auxiliado por um grupo de rapazes mais velhos que lhe abriam caminho por entre a multidão. Considerando sua enorme reputação, o filósofo era um homem surpreendentemente pequeno, mas bonito, com a cabeça volumosa coroada por finos cabelos louros, e de traços bretões bem definidos. Mesmo de longe, parecia irradiar inteligência, vigor e perspicácia. Deteve-se por um momento, para cumprimentar alguns favoritos, fazendo em latim uma pilhéria que provocou gargalhadas sonoras, e foi conduzido por sua escolta por uma porta lateral do mosteiro, entrando numa grande sala de aula. Pouco mais de uma centena de jovens que se acotovelavam atrás dele acomodaram-se nos bancos escolares enfileirados no piso da sala, enquanto Abelardo subia num estrado em que havia uma mesa. Vários estudantes tiveram que voltar da porta, resmungando e jurando chegar ainda mais cedo para a aula da semana seguinte.

— A pergunta — disse Abelardo, silenciando imediatamente as conversas — é se os judeus que mataram Cristo pecaram ao fazê-lo.[3]

Passado um instante de choque, começou o murmúrio. O mestre era sempre imprevisível, mas essa pergunta parecia perigosamente excêntrica. Ninguém, nem mesmo ele, atrevia-se a questionar os relatos do Evangelho que faziam dos judeus os principais responsáveis pela crucificação. Os "pérfidos judeus" haviam rejeitado Cristo, tinham-no perseguido e entregado aos romanos, e se haviam recusado a salvá-lo, mesmo quando a possibilidade de fazê-lo lhes fora oferecida por Pôncio Pilatos. Como poderia alguém negar que conspirar para o assassinato de Deus constituía um pecado?

Era o ano de 1136. O arquidiácono Gundissálvio e seu colega judeu, Juan Avendeuth, haviam iniciado o trabalho de tradução em Toledo. Os judeus podiam ser considerados colaboradores úteis na Espanha, mas, noutros lugares, eram tidos como inimigos de Cristo, juntamente com os ocupantes muçulmanos da Terra Santa. A primeira cruzada para resgatar a Palestina dos infiéis terminara uns quarenta anos antes, com a captura de Jerusalém e a matança de seus habitantes muçulmanos e judeus. Agora, Bernardo, o poderoso abade de Claraval, vinha pregando uma segunda cruzada e, mais uma vez, os europeus respondiam entusiasticamente.

Numa era de recém-despertada devoção e de expansionismo militante, os cristãos estavam afirmando sua identidade comum — um processo que implicava, para muitos, negar o valor dos que não faziam parte de sua comunidade, fossem eles muçulmanos, judeus ou cristãos hereges. Os judeus eram particularmente impopulares nessa época, não só por serem infiéis, mas porque um número excessivo deles vinha enriquecendo. Após séculos de estagnação, o comércio europeu estava revivendo e havia grande necessidade de dinheiro vivo. O sistema feudal, com seus juramentos de fidelidade e suas sanções religiosas, expulsava os não-cristãos da terra, mas permitia que eles funcionassem como agiotas — um papel necessário, embora malafamado, numa economia em expansão. Além disso, uma prolongada onda inflacionária havia exacerbado as necessidades financeiras dos senhores feudais e dos governantes, que amiúde empregavam agentes judeus para pressionar seus arrendatários em busca de aumento dos aluguéis e impostos. Na mentalidade popular, a imagem do traidor Judas, com suas trinta moedas, fundia-se perfeitamente com o ódio aos "judeus sanguessugas". A caminho de Jerusalém para libertar a cidade, em 1096, os cruzados pararam na Alemanha para massacrar os infiéis locais e, agora, multidões vinham sendo instigadas à violência na Inglaterra e na França por boatos de que os judeus estavam sacrificando meninos cristãos inocentes, como parte de uma falsa e blasfema Eucaristia.[4]

Como quem desconhecesse a agitação que seus comentários haviam provocado, Abelardo tornou a falar:

— Analisemos o problema da pecaminosidade dos judeus com o uso do método *Sim e Não*.

O mestre referia-se ao método de raciocínio descrito em seu famoso livro *Sic et Non*.[5] Nessa obra, ele havia colhido afirmações conflitantes dos Padres da Igreja e as dispusera em grupos, a favor e contra 158 proposições diferentes: por exemplo, "Que a fé há de ser respaldada pela razão humana, *et contra*"; "Que Deus não é único, *et contra*"; "Que ninguém pode ser salvo sem batismos de água, *et contra*"; "Que é legítimo matar um homem, *et non*". O objetivo do livro era mostrar aos alunos uma vasta gama de argumentos alternativos, para ajudá-los a decidir, mediante uma análise rigorosa, quais discordâncias entre as autoridades eram reais e quais eram apenas aparentes, e para incentivá-los a conciliar as posturas opostas. A compilação era basicamente um livro de exercícios, deixando a cargo dos estudantes a análise e a conciliação necessárias, mas os críticos de Abelardo queixavam-se de que suas proposições eram indevidamente provocadoras, e de que o fato de ele mesmo não harmonizar as afirmações opostas enfatizava a incoerência das autoridades e as fazia cair em descrédito. Objetavam também ao famoso prólogo do livro, que parecia mais próximo do espírito de Aristóteles que do dos Padres da Igreja:

> Apresento aqui uma coletânea de afirmações dos Padres da Igreja, na ordem em que as recordei. As discrepâncias que esses textos parecem conter levantam algumas questões que devem representar um desafio, para que meus jovens leitores reúnam todo o seu zelo a fim de estabelecer a verdade e, ao fazê-lo, aumentem sua perspicácia. Pois que a fonte primordial da sabedoria foi definida como a investigação contínua e aprofundada. O mais brilhante de todos os filósofos, Aristóteles, incen-

tivava seus discípulos a empreenderem essa tarefa com cada átimo de sua curiosidade. (...) Pois, duvidando, investigamos, e investigando, discernimos a verdade.[6]

É claro que, no tocante aos aspectos essenciais da fé, Abelardo não duvidava. Tinha certeza de que a Bíblia era a palavra de Deus, de que os princípios fundamentais da doutrina cristã eram válidos e de que a maioria das afirmações aparentemente contraditórias dos Padres podia ser conciliada. Mas seus métodos lógicos tinham implicações explosivas, como mostraria a discussão da pecaminosidade dos judeus (*et non*). No lado do "sim", condenando os israelitas em termos inequívocos, havia afirmações feitas por autoridades reverenciadas, como Santo Agostinho, que declarara que "o Senhor Cristo distinguia Seus fiéis e Seus inimigos judeus como distinguia a luz e as trevas".[7] Era comum afirmar que a recusa dos judeus a reconhecer Jesus como o Messias e o Filho de Deus resultava de sua obstinação ou "teimosia", e que a perseguição de Cristo pelos líderes judaicos fora produto da pura maldade. Os alunos de Abelardo bem poderiam se perguntar se realmente havia nisso algo a debater, pois, se o simples assassinato era uma violação da lei de Deus e um ato maléfico em si, muito mais hediondo deveria ser o ato impensável do deicídio.

No lado "não" da balança, entretanto — ou, pelo menos, de um "sim" não tão sonoro —, Abelardo podia citar duas autoridades recentes, ambas contrárias à violência indiscriminada contra as comunidades judaicas locais. Anselmo de Cantuária, o maior teólogo da geração anterior, havia declarado que o pecado dos judeus fora venial, e não mortal, já que, embora culpados de teimosia, eles não tinham reconhecido que o homem a quem perseguiam era Deus. Numa linha semelhante, Bernardo de Claraval havia pregado contra o massacre daqueles cuja conversão, prevista no livro do Apocalipse, anunciaria o Fim dos Tempos. De acordo com ele, os judeus tinham sido dispersados pelo mundo inteiro "para que, ao expiarem seu crime, pudessem ser, em toda parte, as testemunhas vivas de nossa redenção".[8] Bernardo obviamente acreditava que os judeus haviam cometido um crime, embora houvesse razões de peso para não impor uma sentença de morte a seus descendentes. Para Abelardo, por outro lado, esse tipo de raciocínio não fazia sentido. Se os judeus eram moralmente responsáveis por matar Cristo, eram pecadores que mereciam o castigo divino, assim como o sofrimento terreno. Mas, se não eram responsáveis, como se poderia considerá-los pecadores? O mestre da lógica aristotélica não conseguia resistir a extrair conclusões lógicas, mesmo que — ou talvez, especialmente se — o efeito delas fosse ofender os conservadores cheios de empáfia.

Anselmo havia aberto a porta para a ponderação racional com sua referência à ignorância dos judeus, mas não tivera a ousadia de cruzá-la. Qual era a relação entre o pecado e a ignorância? Pensadores de outrora haviam-se esquivado dessa questão, definindo o pecado como uma fraqueza da vontade ou um impulso a fazer coisas proibidas (embora Abelardo não citasse nominalmente Santo Agostinho como o autor dessas definições, todos compreendiam quem ele estava atacando). Mas todos os seres humanos eram propensos à fraqueza da mente, assim como à do corpo. Todos eram ocasionalmente torturados pela luxúria, pela raiva, pelo ciúme, pela rebeldia e por outros impulsos destrutivos. Essas eram as precondições do pecado, argumentava o mestre, e não o pecado em si. Seriam pecaminosos os impulsos "maléficos", mesmo quando o indivíduo resistia a eles e os dominava? Podia um ato ser pecaminoso, mesmo quando o agente acreditava, com toda a boa fé, que se tratava da vontade de Deus? O bom senso e a lógica diziam que não. O pecado era uma questão de intenção. Exigia o "consentimento" — um ato do intelecto, bem como da vontade. O pecador devia compreender que o ato em que consentia era errado. Ao entregarem Jesus para ser crucificado, os judeus pensavam estar castigando um homem que se rebelava contra as autoridades, e não o Filho de Deus. Sua compreensão era nula. Eles não tiveram má intenção. Portanto, não haviam cometido um pecado.[9]

Naturalmente, a análise de Abelardo produziu uma chuva de perguntas. Ao contrário de muitos professores que simplesmente lecionavam para os alunos, Mestre Pedro insistia para que eles participassem do toma-lá-dá-cá dos debates. Mas raramente ficava sem respostas, e respostas coerentes, ainda por cima.[10]

P: Porventura certos atos, como o deicídio, não são tão hediondos que constituem um pecado em si mesmos, independentemente da intenção da pessoa?

R: Não — o pecado é sempre intencional. As autoridades humanas podem resolver punir os atos que prejudicam a ordem social, sem levar em conta o estado mental do agente, mas os seres humanos não são capazes de perscrutar a alma uns dos outros. Deus o é, e castiga almas, e não corpos; pecados, e não atos anti-sociais.

P: Mas, se é necessário o consentimento individual para que um ato se torne pecaminoso, que acontece com o Pecado Original? Porventura não herdamos nossa natureza pecaminosa de Adão e Eva, através do ato da procriação?

R: De modo algum. A idéia de pecado hereditário não faz o menor sentido. Uma vez que não temos as intenções de Adão e Eva, não podemos herdar seu pecado. Mas podemos herdar seu castigo, do mesmo modo que os descendentes de uma pessoa cujos bens foram confiscados em decorrência de um crime têm que se arranjar sem esses bens.

P: No entanto, os cristãos podem escapar a esse castigo. Cristo morreu para pagar a dívida de Adão e Eva para com Deus, e assim nos libertar da pena de morte. Sabemos que Seus seguidores fiéis podem habilitar-se à vida eterna, acreditando n'Ele e vivendo como bons católicos. Mas, não estão condenados os judeus e outros que se encontram fora da Igreja?

R: Não se houverem tentado, em seu desconhecimento do Salvador, agradar a Deus com todo o seu empenho. Cristo não morreu para pagar uma dívida em nosso nome, fosse para com o diabo, fosse para com Deus. Ele morreu para encher de caridade o nosso coração. Aqueles que aprendem a amar a Deus, e não apenas a obedecer mecanicamente a Ele, devem ser salvos, sejam cristãos ou não.[11]

Isso encerrava a aula, mas não a discussão. Gritando e gesticulando, os estudantes inundavam as ruas, revendo os argumentos principais de Abelardo e levantando objeções que não lhes haviam ocorrido enquanto estavam sob o fascínio do mestre. Pela noite adentro, reunidos ao redor das mesas das tabernas locais, ou amontoados nas acomodações humildes da Margem Esquerda, esforçavam-se por dar sentido ao pecado individual e ao Pecado Original, ao trabalho salvador de Cristo e à responsabilidade moral dos judeus — *et non* — por haverem matado o Salvador. O que os alvoroçava mais profundamente, entretanto, não eram os ensinamentos específicos de seu mestre, por mais controvertidos e interessantes que fossem, porém algo mais difícil de descrever: um clima, um espírito, um estado de ânimo. Anos depois, um aluno que conquistara grande fama como teórico e administrador político — João de Salisbury — relembrou a empolgação de estudar com o mestre europeu da dialética.[12] Encantados com o poder das idéias, instigados pelas estocadas e contra-estocadas do debate, fascinados e meio assustados com um raciocínio lógico que desafiava verdades aceitas durante muito tempo, os discípulos compreendiam estar participando de algo novo, importante e potencialmente perigoso.

Os alunos de Abelardo não tiveram tempo para tagarelar sobre Heloísa, já então uma abadessa famosa que dirigia um convento nos arredores de Paris, mas todos conheciam sua história. Aos trinta e poucos anos, bem no auge da fama, seu professor tinha se apaixonado pela sobrinha de um cônego da Catedral de Notre Dame — uma jovem com a metade da sua idade, mas quase tão sagaz quanto ele. "Na aparência, ela não estava entre as piores", recordou Abelardo, tempos depois, "enquanto na extensão de seu saber era suprema."[13] Cortejando o perigo quase com a mesma ânsia com que cortejava Heloísa, ele lhe escrevera poemas de amor que eram citados por toda Paris, engravidara-a, insistira (contrariando a opinião dela) em desposá-la e, em seguida, para protegê-la da ira da família, despachara-a para um convento. Anos depois, numa carta dolorosamente arrependida, ele se retrataria como um sedutor cruel, motivado pelas "fogueiras da luxúria",[14] mas sua autobiografia deixa claro que ele era tão inocente quanto Heloísa nas questões do coração, e que fora completamente arrebatado por seu primeiro grande amor.

> Fomos unidos, primeiro sob um teto, depois no coração; e assim, tendo nossas aulas como pretexto, entregamo-nos inteiramente ao amor. Os estudos dela nos permitiam recolher-nos à privacidade, como desejava o amor, e então, com os livros abertos diante de nós, trocávamos mais palavras amorosas que sobre nossas leituras, e havia mais beijos do que ensino. Minhas mãos perdiam-se com mais freqüência nos seios dela do que nas páginas; o amor atraía nosso olhar um para o outro, mais do que a leitura o mantinha em nossos textos. Para evitar suspeitas, às vezes eu lhe dava um tapa, mas eram tapas instigados pelo amor e pela ternura, e não por raiva e irritação, e eram mais doces do que qualquer bálsamo. Em suma, nossos desejos não deixaram de experimentar um só estágio da troca amorosa e, quando o amor conseguia arquitetar algo novo, nós o acolhíamos de bom grado. Por força de nossa inexperiência anterior, ansiávamos ainda mais por cada prazer, e mais difícil era nos saciarmos.[15]

Todos os estudantes — a rigor, praticamente todos os leitores da França — conheciam essas linhas, que Abelardo havia incluído em suas memórias, oportunamente denominadas de *A história de minhas calamidades*. Mesmo os que não sabiam ler estavam cientes do preço terrível que ele tivera de pagar por esse romance. Pedro mandara sua mulher provisoriamente para um convento em Argenteuil, e tencionava juntar-se a ela quando as coisas se acalmassem em Paris, mas o tio de Heloísa, supondo que ele a havia abandonado, mandara um grupo de "amigos e parentes" vingar o insulto feito à honra de sua família. O erudito apaixonado tornou-se vítima das contradições da época, pois, se por um lado a Igreja fazia uma vigorosa pregação contra o costume da retaliação dos clãs, por outro as famílias ofendidas continuavam a praticá-la com entusiasmo. Abelardo escreveu sobre seus agressores: "vingaram-se de mim com tão aterradora barbaridade, que chocaram o mundo inteiro; deceparam as partes de meu corpo com que eu havia cometido o erro de que se queixavam". A notícia da atrocidade espalhou-se depressa, pois, na manhã seguinte, "a cidade inteira reuniu-se diante de minha casa, e a cena de horror e espanto, mesclada com lamúrias, gritos e gemidos que me exasperavam e afligiam, é difícil, se não impossível, de descrever".[16]

Os companheiros do homem ferido capturaram um de seus agressores, junto com o criado que fora subornado para deixar que eles entrassem no quarto de Abelardo. Movidos pelo mesmo espírito de vingança que mutilara seu amigo, ministraram no ato uma punição "apropriada": cegaram e castraram os malfeitores. Esse incidente faz lembrar uma era anterior e mais sombria de justiça tribal, quando a vingança era um assunto privado e homens violentos oscilavam entre os pólos da agressão e do arrependimento. Por insistência de Abelardo, Heloísa permaneceu no convento e fez seus votos solenes como freira, assim enveredando por uma carreira religiosa que a levaria a se tornar uma abadessa querida e enormemente respeitada. Pedro já era uma espécie de clérigo, uma vez que não se podia ser intelectual na França do século XII sem receber as ordens menores da Igreja. Os estudiosos clericais tinham permissão para se casar e viver mundanamente, mas o filósofo mutilado e punido entrou no mosteiro de Saint Denis e se tornou padre, vocação que levou tão a sério quanto Heloísa. Anos depois, Heloísa escreveu-lhe uma carta comovente, na qual confessou ainda ser acossada por "anseios e fantasias" causados pelas lembranças da paixão juvenil dos dois.[17] A resposta dele, sumamente sacerdotal, foi condenar os "míseros prazeres obscenos" a que ambos um dia se haviam entregado e implorar que ela parasse de se queixar, uma vez que o destino dos dois claramente representava o julgamento de um Deus justo.[18]

Alguém poderia duvidar de que a sociedade que gerou esse drama primitivo de vingança e renúncia estava passando por um dos mais notáveis períodos de mudança da história — o grande despertar que alguns chamam de "renascença medieval". Mas a própria história de Abelardo fornece indícios abundantes dessa transformação.

Pedro Abelardo era o filho mais velho de Berengar, um vassalo do duque de Borgonha que tinha uma pequena propriedade na Bretanha. Em circunstâncias normais, o primogênito teria herdado a profissão militar do pai, juntamente com suas terras, mas uma Igreja católica em crescimento, àquela altura, oferecia aos rapazes ambiciosos e inteligentes uma oportunidade maior de auto-realização, fama e progresso social do que a pequena nobreza. Mais ou menos na época do nascimento de Pedro, o papa Gregório VII surpreendera toda a Europa ao afirmar a supremacia da Igreja em relação às autoridades laicas. O papa deixara claro que não hesitaria em excomungar qualquer príncipe que se recusasse a reconhecer os direitos da Igreja e a declarar que os súditos estavam livres de sua obrigação de lhe prestar obediência. Não era uma ameaça vazia. Todos sabiam como Gregório havia deposto o imperador alemão, Henrique IV, para forçá-lo a reconhecer o direito exclusivo da Igreja de nomear bispos, e como Henrique, arrependido, ficara descalço na neve, à porta do castelo papal de Canossa, até Gregório perdoá-lo e lhe devolver seu reinado. Outros reis encontrariam formas mais eficazes de resistir à afirmação da supremacia papal, mas os sucessores de Gregório deram continuidade a seus esforços para fortalecer as instituições cristãs, revitalizando os mosteiros, reformando o clero e criando uma classe instruída de juristas e eruditos, a fim de ampliar a influência da Igreja em toda a sociedade. À luz disso, não admira que Berengar tenha decidido fazer com que seus filhos varões aprendessem a ler e escrever, e que não tenha objetado quando seu filho mais talentoso, "arrebatado pelo amor ao saber", renunciou a seus direitos de herança para se juntar às fileiras dos intelectuais eclesiásticos.[19]

Não se sabe como Heloísa recebeu sua educação, mas, como sobrinha de um cônego, ela também era parte de um grupo privilegiado, com uma nova ambição de aprender. Apesar da opressão geral às mulheres e de sua exclusão da vida pública, algumas mulheres de posição elevada, como a abadessa e mística alemã Hildegarda de Bingen, conseguiram instruir-se e deixaram sua marca na cultura européia.[20] Mais importante que isso, embora a Igreja se mantivesse estridentemente antifeminista, os valores culturais e morais da nova Europa, mais civilizada, vinham sendo feminizados. Durante esses anos, o culto à Virgem Maria atingiu sua influência máxima entre os leigos, Jesus era adorado como "o noivo da alma" e a compaixão tornou-se uma das virtudes cristãs primordiais.[21] Até a história de amor carnal publicamente registrada na autobiografia de Pedro Abelardo fornece provas de uma revolução cultural. O livro de Abelardo foi um novo tipo de documento — não uma peça genérica de moral, mas uma história que enfatizava as personalidades individuais dos amantes e revelava detalhes íntimos de seu relacionamento. Um historiador chamou-o de "momento decisivo crucial na redescoberta da personalidade no século XII". "O importante", observou ele, "é que Abelardo quis revelar-se ao mundo como um indivíduo único, cuja biografia não poderia ser confundida com a de nenhuma outra pessoa. O que ele quis retratar não foi o universal e ideal, mas o particular e individual."[22]

Que causas subjacentes terão gerado essa mudança profunda nos valores culturais? Essa questão ainda não foi resolvida, mas sabemos que, a partir do século XI, as condições materiais e sociais da vida na Europa tiveram uma mudança drástica. Uma tendência acentuada para o aquecimento derreteu os mares congelados do norte, elevou os níveis da água na Europa Central e proporcionou mais de cem anos de bom tempo para a agricultura. O aperfeiçoamento das técnicas agrícolas aumentou a produção de alimentos e permitiu um enorme crescimento percentual da população.

À medida que diminuíram e, depois, pararam as ondas incessantes de migrações e invasões que haviam tornado a vida européia muito perigosa e desordenada, o ritmo da expansão econômica acelerou-se. As pessoas desmataram florestas e drenaram pântanos, a fim de criar novas terras para o cultivo, e partiram em cruzadas para descobrir novas terras e oportunidades no Oriente. Novas redes sociais (irmandades, guildas, associações profissionais, ordens religiosas, empresas) surgiram por toda parte, complementando a antiga relação entre senhores e camponeses. A atividade comercial revivesceu; vilarejos transmudaram-se em vilas, e as vilas transformaram-se em cidades.[23]

Podemos ter uma idéia do que significou tudo isso para a cultura, ao nos darmos conta de que, nesse mesmo "século de grande progresso",[24] os trovadores inventaram a poesia de amor européia, um ardoroso movimento de reforma moral passou dos mosteiros para as ruas da cidade, e jovens sedentos de conhecimento entraram aos borbotões em escolas eclesiásticas que logo viriam a se transformar nas primeiras universidades da Europa. A sociedade era atravessada por duas poderosas correntes de pensamento e sentimento: uma onda de devoção religiosa e uma grande ânsia de saber. Hoje em dia, muitos as considerariam opostos diametrais: quanto mais paixão religiosa, menos investigação científica, e vice-versa. Na época medieval, entretanto (e, ocasionalmente, de lá para cá), elas se afiguravam aspectos gêmeos de uma mesma aspiração: desenvolver e exercer a capacidade pessoal como ser humano e, ao fazê-lo, instilar vida e sentido novos em rituais batidos e fórmulas tradicionais. O novo ardor religioso expressava-se numa devoção apaixonada a Jesus e Maria, em movimentos espontâneos de purificação da Igreja e nas cruzadas militantes contra os não-cristãos. Os contemporâneos de Abelardo estavam descobrindo o que era amar um Cristo humanizado e Sua mãe completamente humana, unir-se aos correligionários e deixar que essas crenças carregadas de afeto influenciassem sua conduta cotidiana. Ao mesmo tempo, muitos experimentavam, quase como que inebriados, as alegrias do raciocínio lógico.

Uma nova procura por compreensão — a procura por "conhecer" as verdades da religião, além de acreditar nelas — atraiu estudantes de todo o mundo latino para cidades como Paris, Bolonha e Oxford, onde pensadores pioneiros como Abelardo vinham criando uma nova fusão de filosofia e religião a que chamavam teologia. Durante séculos, a maioria dos cristãos havia presumido que as grandes verdades a respeito de Deus, da humanidade e da Igreja só podiam ser descobertas e defendidas de duas maneiras: pela leitura dos livros sagrados e através da meditação ou da oração. A razão tinha sua serventia — por exemplo, na interpretação de passagens ambíguas da Bíblia —, mas, mesmo nesses casos, os fiéis eram ensinados a aceitar as interpretações oferecidas pelos Padres da Igreja como autorizadas. Afinal, o intelecto humano era fraco, indigno de confiança e irremediavelmente infectado pela paixão: um emblema da condição "decaída" do homem. Por que confiar em seus subterfúgios e maquinações, quando o importante era desenvolver as virtudes necessárias à salvação: a fé e a obediência? "A fé confia", disse Bernardo de Claraval num famoso ataque a Abelardo, "não questiona."[25] À medida que o despertar europeu se acelerava, entretanto, e que a mente das pessoas começava a se voltar da preocupação exclusiva com o outro mundo para o engajamento no mundo presente, alguns dos melhores pensadores da cristandade começaram a se perguntar se a razão humana não ofereceria outro caminho para a verdade religiosa. Como ex-deficientes que redescobrissem o uso de seus membros atrofiados, eles começaram a valorizar o poder e as alegrias do raciocínio. À medida que a *joie de vivre* ressuscitou no Ocidente, o mesmo se deu com a *joie de penser*.

Essa alegria de pensar deu vida a um dos escritos mais instigantes da época, um livro composto de dois ensaios, escritos por volta de 1100 por um brilhante clérigo italiano de nome Anselmo. Santo Anselmo, como ele é hoje conhecido, era prior do mosteiro normando de Bec e, depois disso, foi arcebispo de Cantuária. Em seus ensaios, chamados *Monologion* e *Proslogion*, ele adotou "o papel de alguém que, raciocinando em silêncio consigo mesmo, investiga coisas que não sabe". Anselmo sabia, é claro, que Deus existia; não era essa a questão que lhe interessava. A questão era se esse fato — a existência de Deus — seria cognoscível somente através da fé, ou "se seria possível encontrar um único argumento que não precisasse de nada além dele mesmo como prova, que bastasse por si só para mostrar que Deus realmente existe".[26] Sua resposta, surpreendentemente, foi que tal argumento existia — uma "prova" que até hoje tem provocado discussão entre teólogos e filósofos.

Temos a idéia de um ser absolutamente perfeito, argumentou Anselmo, de algo que é "melhor, maior e superior entre todas as coisas existentes".[27] Uma vez que podemos imaginar coisas fantásticas que não existem, a idéia de um ser absolutamente perfeito talvez parecesse existir apenas em nossa mente. Mas as coisas que existem tanto fora quanto dentro de nossa mente são maiores e mais perfeitas do que aquelas em que apenas pensamos. Portanto, ter a idéia de um ser absolutamente perfeito significa que tal ser deve existir, pois, se não existisse, haveria um ser mais perfeito do que o concebido por nós.

À primeira vista, esse argumento parece um mero jogo de palavras — um truque lógico. Foi exatamente o que afirmou o monge Gaunilo, num ataque contundente à teoria de Anselmo, publicado logo depois de sair o ensaio do arcebispo. De acordo com Gaunilo, não temos necessariamente a idéia de um ser absolutamente perfeito e, mesmo que a tivéssemos, isso não provaria a existência de tal ser fora da mente. Podemos imaginar uma ilha mais bela do que qualquer ilha existente, mas é óbvio que isso não significa que ela de fato exista. Na verdade, comentou o monge destemido, se alguém tentasse convencê-lo de que a ilha perfeita tinha que existir, "ou eu pensaria que ele estava brincando, ou não saberia a quem deveria considerar mais tolo: se a mim mesmo, ao acatar sua conclusão, ou a ele, se julgasse haver estabelecido a existência de tal ilha com algum grau de certeza".[28] As providências tomadas por Anselmo em resposta a esse ataque foram tão importantes, sem dúvida, quanto o teor de sua resposta. Ele publicou a crítica ríspida de Gaunilo como um adendo a seu ensaio e anexou sua própria réplica, na qual defendeu sua posição contra o monge. Não importava que Gaunilo fosse uma pessoa de posição inferior e menor reputação do que ele. O importante era a busca da verdade. Depois de estabelecer esse precedente para o debate fundamentado em princípios entre os futuros teólogos, Anselmo respondeu a seu adversário ponto a ponto. Podemos conceber um ser perfeito, insistiu ele, mesmo que nossa compreensão seja incompleta. Negar isso é como dizer que "quem não pode fitar diretamente a mais pura luz do sol não vê a luz do dia, que não é outra coisa senão a luz do sol".[29] Além disso, a situação de Deus não se assemelha à da hipotética "ilha perdida", pois a única coisa que deve existir tanto fora quanto dentro da mente é "algo comparado ao qual é impossível pensar em coisa alguma que seja maior".[30]

É bem possível que a argumentação de Anselmo seja falha. Foi o que pensou São Tomás de Aquino, assim como muitos filósofos posteriores. Mas o debate expôs um dos problemas centrais da nova teologia: como falar de Deus em termos "razoáveis" — isto é, em termos que faziam sentido ao falarmos de outros seres que não Deus —, uma vez que o Ser Supremo, por definição, era único? Abriu também uma questão correlata, que se tornou uma espécie de obsessão entre os pensadores medievais e continuou a interessar aos filósofos desde então: a relação entre palavras, conceitos mentais e coisas que existem fora da mente. Além disso, o método de argumentação de Anselmo foi um modelo para os debates nas novas escolas que vinham brotando em toda a Europa. Não bastava produzir um argumento razoável. Também era preciso reconhecer os argumentos contrários, afirmá-los com vigor, respondê-los ponto a ponto, e usar essas respostas para reafirmar a tese original de maneira mais plena e convincente. O progresso do pensamento deveria fazer-se através do confronto e da superação de contradições — um processo a que Aristóteles havia chamado de "dialética".

Anselmo foi um pioneiro da nova teologia, mas poucos pensadores da geração de Abelardo atreveram-se a raciocinar desse modo solitário, concebendo idéias sobre temas sensíveis a partir de sua própria imaginação. Os eclesiásticos estavam acostumados a consultar textos autorizados, como a Bíblia e os escritos dos Padres da Igreja, e a "glosá-los" ou interpretá-los. A atividade em que empregavam as novas ferramentas do raciocínio lógico, portanto, era a interpretação — uma questão muito menos "acadêmica" do que parece, visto que as mudanças na sociedade haviam produzido uma necessidade desesperada de novas interpretações. Consideremos a advertência de Jesus ao jovem indagador que lhe perguntou: "Que devo fazer de bom para ter a vida eterna?" "Se queres ser perfeito", disse-lhe Jesus, "vai, vende o que possuis e dá-o aos pobres, e terás um tesouro nos céus. Depois, vem e segue-me!"[31] Enquanto as relações sociais na Europa se mantivessem relativamente estáveis, um texto como esse não geraria sérios conflitos. No início do período medieval, foi possível interpretar o chamamento de Jesus como uma simples advertência a que a pessoa deixasse as terras e a família e se tornasse padre ou freira. Mas que significava essa passagem num mundo em que a própria Igreja havia se transformado numa grande proprietária, e no qual os mosteiros controlavam vastas extensões de terra? Que ela significava nas cidades florescentes que vinham se enchendo de comerciantes, agiotas e da população excedente da zona rural? Esse problema específico de interpretação — o significado das virtudes apostólicas numa Europa que se comercializava e se urbanizava — viria a atormentar a cristandade durante séculos, produzindo movimentos anticlericais heréticos fora da Igreja e movimentos apaixonados de reforma dentro dela.

Que fazer quando, em virtude de mudanças sociais inesperadas, os textos sagrados pareciam se contradizer ou produzir resultados controvertidos, ao serem aplicados a situações da vida real? Em tais casos, simplesmente recorrer aos Evangelhos ou à autoridade dos Padres da Igreja era perfeitamente inútil. Eram necessários novos métodos racionais de interpretação, capazes de produzir respostas compatíveis com as tradições cristãs, mas que pudessem ser aplicadas a circunstâncias mutáveis. Além disso, os estudiosos cristãos e pensadores leigos estavam sedentos de idéias que os ajudassem a compreender aquilo em que já acreditavam. Sua ortodoxia não estava em questão, mas eles se sentiam cada vez mais insatisfeitos com a resposta dos pais tradicionais ao filho curioso: "É assim porque eu estou dizendo!" O lema que melhor definia o novo espírito de investigação era o de Santo Anselmo: "Fé na busca da compreensão." Como disse Abelardo, ao descrever por que escrevera um tratado controvertido sobre a Santíssima Trindade:

> Primeiro me dediquei a escrever sobre os fundamentos de nossa fé, com a ajuda de analogias fornecidas pela razão humana, e escrevi um tratado de teologia — sobre a unidade e a trindade divinas — para nossos estudiosos, que pediam razões humanas e filosóficas e clamavam mais pelo que se pudesse compreender do que pelo que se pudesse dizer. De fato, eles afirmavam que a enunciação de palavras era supérflua, a menos que fosse seguida pela compreensão, e que era ridículo alguém pregar a terceiros o que nem ele nem os que recebiam seus ensinamentos conseguiam aceitar em seu entendimento.[32]

Os estudiosos interessados em descobrir essas "razões humanas e filosóficas" da fé também partiram de textos autorizados, mas estes eram muito poucos e muito antigos. Os livros que logo desencadeariam grandes batalhas entre os teólogos cristãos — a física e a metafísica de Aristóteles, suas teorias éticas e seu texto sobre a alma — estavam sendo traduzidos para o latim nesse momento, e ainda não se achavam à disposição da maioria dos eruditos europeus. Os únicos textos aristotélicos em circulação eram os poucos tratados sobre o raciocínio lógico conhecidos como *Organon*, originalmente traduzidos para o latim e comentados por Boécio. Durante séculos, esses escritos apanharam poeira nos mosteiros católicos, mas agora, com as grandes mudanças que fervilhavam na sociedade européia, de repente assumiram uma nova importância. Em parte, isso se deu porque seu tema não era apenas a "lógica", no sentido das regras formais de raciocínio, mas o pensamento em geral. *Categorias*, *Da interpretação* e os demais livros do *Organon* aristotélico analisam o que sabemos, nossa maneira de categorizar as coisas nas quais é possível pensar e a relação das palavras com a realidade, bem como os principais tipos de raciocínio, os usos e abusos da lógica e a maneira de identificar argumentos falaciosos. Para pensadores ambiciosos como Abelardo, a leitura deles deve ter sido uma experiência empolgante. Em curtíssimo prazo, essas antigas traduções converteram-se na base do que os estudiosos chamavam de *logica modernorum*, "a área mais criativa e de crescimento mais rápido na filosofia medieval".[33] Um paralelo moderno sugestivo é a tecnologia da informática, que não apenas amplia mecanicamente a capacidade de pensar das pessoas, mas também estimula a imaginação, cria novas redes de comunicação e alarga o campo da investigação.

A grande pergunta, é claro, era o que aconteceria se o campo da investigação se alargasse a ponto de incluir questões que, durante muito tempo, tinham sido consideradas fora do âmbito apropriado da razão. O livro de Anselmo de Cantuária sugeriu que o próprio Deus não estava isento da análise racional, e Abelardo concordou. "Não há nada para o qual o homem deva orientar mais prontamente sua razão do que para o Deus a cuja imagem ele foi criado", disse Abelardo, "pois é através de sua razão que ele se assemelha a Deus."[34] Estava claro, no entanto, que aplicar afoitamente a nova tecnologia intelectual poderia gerar problemas. Consideremos o caso de Berengar de Tours, cujo interesse especial era a Eucaristia, a parte crucial da missa católica em que o pão e o vinho oferecidos à congregação transformam-se no corpo e no sangue de Cristo. Todos concordavam em que, depois de o padre proferir as palavras "Este é o meu corpo", o corpo de Jesus Cristo estava efetivamente presente no pão, de modo que os fiéis que recebiam esse sacrifício eram espiritualmente abençoados e preparados para a imortalidade. Mas o inquisitivo Berengar, embora aceitasse o milagre sem questionamento, queria saber de que modo ele "realmente" ocorria. O corpo de Cristo substituía inteiramente o pão? Algumas autoridades achavam que sim, mas Aristóteles havia afirmado, nas *Categorias*, que toda substância terrena (como o pão, por exemplo) tem características ou "acidentes" como forma, sabor e cor, os quais não podem existir a menos que a própria substância também exista.[35] Visto que o pão usado na Eucaristia conservava seus "acidentes", argumentou Berengar, não era possível que se transformasse inteiramente noutra coisa. Uma explicação melhor era que a substância divina era acrescentada ao pão, ou se unia a ele. O pão *e* o corpo estavam presentes na Eucaristia.

Esse é o tipo de argumento que muitas pessoas de hoje considerariam o cúmulo da tolice — uma típica tentativa escolástica de explicar o inexplicável. Ou se acredita no milagre da Eucaristia, ou não, diz a mente moderna. Não faz sentido tentar explicar essas coisas cientificamente. Mas Abelardo e seus colegas estavam determinados a seguir a receita de Boécio: se possível, concilie a fé com a razão. Em alguns casos, é claro, a conciliação talvez fosse impossível. Havia questões de fé que pareciam claramente fora do alcance da razão, como a maneira pela qual Deus havia gerado um Filho. Mas outras atividades divinas pareciam perfeitamente compreensíveis, como a punição de Israel pelos pecados descritos pelos profetas, ou os padrões ordeiros de movimento conferidos pelo Criador aos corpos celestes. E, na faixa intermediária, havia fenômenos pertinentes ao miraculoso — como a Eucaristia — que talvez pudessem ser mais bem compreendidos, mostrando a que ponto eram compatíveis com processos naturais, ou análogos a eles. Esse tipo de análise não "comprovaria" a doutrina, é claro, mas poderia torná-la mais convincente para os que não tinham fé, bem como mais satisfatória para os intelectuais sedentos de compreensão.[36]

Abelardo entendeu a razão pela qual o argumento de Berengar fora rejeitado pela Igreja. A visão predominante era que havia uma "transubstanciação", e não uma "consubstanciação", na Eucaristia. Mas Abelardo valorizou a insistência do erudito francês em que, quando as opiniões das autoridades entram em conflito, convém decidir qual das visões faz mais sentido, usando as ferramentas da razão elaboradas por Aristóteles. "[É] claramente próprio de um grande coração recorrer à dialética para tudo", escrevera Berengar, "pois recorrer à dialética é recorrer à razão; e aquele que rejeita esse recurso, considerando-se que é em razão deste que ele foi feito à imagem de Deus, abandona Sua glória e não pode ser renovado dia a dia à imagem de Deus."[37] Com o tempo, essa ousada santificação da razão iria transformar-se na doutrina católica aceita, com a exceção da expressão "para tudo". Alguns mistérios, insistiam conservadores como o grande abade cisterciense Bernardo de Claraval, eram por demais delicados e sagrados para serem profanados pela aplicação da lógica de Aristóteles. Como Abelardo não tardaria a descobrir, os racionalistas apaixonados que entravam nessas áreas sagradas faziam-no expondo-se ao perigo.

Quando Pedro Abelardo iniciou seus estudos em Paris, na juventude, ainda não existiam universidades na França, tampouco nenhum método estabelecido para a escolha de professores. Estes se instalavam em escolas nas igrejas e catedrais, atraíam estudantes com base em sua reputação e brilhantismo nas palestras, e lhes cobravam pelo privilégio de assistir às aulas. Quando os alunos resolviam estudar com outro professor, despediam-se de seus colegas e partiam. Quando o professor tinha uma oportunidade melhor de lecionar noutro lugar, era ele quem se despedia dos estudantes — ou os convencia a acompanhá-lo — e se dirigia a seu novo posto. Essa situação, como tantas na Europa do século XII, era caótica, mas estimulante. Numa era que não se tornou famosa pelo livre mercado de bens ou produtos, houve, durante um breve período, algo bem próximo de um livre mercado no ensino superior.

Abelardo havia optado por freqüentar a escola da catedral de Notre Dame, onde rapazes de toda a Europa iam estudar lógica, retórica e gramática, o "*trivium*" de disciplinas exigidas para os estudos mais avançados de direito ou teologia. Seu professor, Guilherme de Champeaux, era considerado um dos melhores lógicos da França. Como arquidiácono da catedral e erudito de renome, Guilherme estava acostumado a uma certa deferência por parte de seus alunos, mas Pedro o desafiou quase de imediato, insistindo, com uma certeza agressiva e laivos de espirituosidade sarcástica, que as premissas de Guilherme eram fundamentalmente equivocadas e que seu raciocínio era falho e suas conclusões, indefensáveis. Os modos de Abelardo deviam ser insuportavelmente arrogantes. Mesmo assim, essa era uma declaração de guerra que o ilustre professor não podia ignorar, pois, se seus alunos viessem a crer que Pedro era superior como analista e mestre, poderiam abandonar o homem mais velho e ir estudar com ele.

Guilherme defendeu-se da melhor maneira que pôde dos ataques verbais de Abelardo, mas não estava à altura do jovem bretão. Pedro retirou-se da escola e, seguido por vários alunos de Guilherme, começou ele mesmo a lecionar na cidade vizinha de Melun. Sua fama espalhou-se rapidamente. Muitos outros admiradores chegaram de longe para estudar com ele e, no ano seguinte, qual um general que manobrasse seu exército em direção a uma capital ocupada, Abelardo deslocou sua escola para uma cidade mais próxima de Paris. Então, por razões que não estão claras, suspendeu sua ofensiva e voltou para sua Bretanha natal. Talvez não estivesse pronto, falando em termos afetivos, para dar continuidade a sua bem-sucedida rebeldia, estabelecendo-se como sucessor do arquidiácono. Quando voltou a Paris, entretanto, dois anos depois, foi para levar sua luta com Guilherme a uma conclusão triunfal.

Qual foi o tema dessa discussão? As grandes questões que agitavam professores e alunos em Paris, na época (como se poderia esperar), eram as da epistemologia: a teoria do conhecimento. Como podemos aprender sobre a realidade, sem recorrer aos textos sagrados, à oração ou à meditação? Qual é a realidade sobre a qual aprendemos, ao usar a razão dessa maneira? E qual é a relação entre a linguagem que usamos para descrever as coisas e as coisas descritas pela linguagem? Guilherme de Champeaux apresentou as respostas cristãs tradicionais, que se baseavam nas idéias de Platão, tal como desenvolvidas pelos neoplatônicos e por Santo Agostinho. O conhecimento se dá através de uma iluminação divina que nos permite apreender conceitos gerais, como Bondade e Justiça, Homem e Mulher e, nesse sentido, Maçã e Pêra. Conhecer inicialmente esses "universais" é o que nos permite reconhecer exemplos individuais de cada tipo ou espécie: este ato de bondade, aquele homem ou aquela maçã. Além disso, argumentou Guilherme, ao apreendermos os universais, apreendemos a Realidade. Cada homem ou cada laranja também é real, no sentido de serem mais do que sonhos ou aparições. Mas as coisas individuais são cópias ou aproximações imperfeitas, às quais faltam a permanência e a perfeição dos universais. Se contemplarmos esses universais, se realmente nos concentrarmos neles, poderemos intuir que eles são Um — que têm uma origem comum na realidade ainda mais universal de Deus. Por essa razão, palavras universais como "Bondade", "Homem" e "Maçã" não representam meros conceitos mentais. Representam entidades que existem "lá", como coisas realmente reais. São realidades espirituais, criadas por Deus quando Ele deu vida ao universo.

Na época de Abelardo, alguns pensadores haviam começado a questionar essa teoria do conhecimento, da linguagem e da realidade "de cima para baixo". Um deles foi Roscelin de Compiègne, um teólogo radical com quem Pedro provavelmente estudara na adolescência. Para combater as idéias platônicas de que primeiro apreendemos os universais e de que eles são as realidades primárias, Roscelin pautou-se pela lógica de Aristóteles, que afirmava que as primeiras coisas que conhecemos, as realidades primárias de nosso universo, são as coisas individuais que captamos através dos sentidos — não *a* Maçã, mas *esta* maçã, uma substância particular, com suas propriedades ("acidentes") individuais de coloração vermelha, suculência, comestibilidade, colocação à mesa e assim por diante. Primeiro, *esta* maçã se imprime em nossa mente. Depois, ao vermos, tocarmos, cheirarmos, provarmos e pensarmos em outros objetos semelhantes a esse, desenvolvemos um conceito e uma palavra que expressa sua semelhança. De acordo com Roscelin, o universal "Maçã" era resultante de um processo mental que percebia semelhanças entre outros objetos redondos, vermelhos e suculentos e este aqui, e dessemelhanças entre ele e os objetos ovóides, amarelados e de sabor diferente que acabávamos agrupando na categoria de "Pêra". O universal existia, mas apenas como um nome. O que realmente "estava ali" era o individual.

O "nominalismo" de Roscelin estava no pólo oposto ao "ultra-realismo" de Guilherme de Champeaux. Entretanto, ao desafiar Guilherme quando retornou a Paris, Abelardo ofereceu uma nova solução para o problema dos universais — uma solução que seria aceita pelos filósofos europeus durante os dois séculos seguintes. Primeiro, ele demoliu o ultra-realismo de Guilherme, mostrando que era absurdo sustentar que os membros individuais de uma classe universal — como os homens, digamos — eram essencialmente idênticos. Seriam Sócrates e Cícero idênticos em essência, por serem ambos homens? Ridículo, declarou Pedro. "Animal" era uma categoria ainda mais universal do que "Homem", mas isso não significava que Sócrates fosse essencialmente idêntico a um asno! Em última análise, Sócrates era Sócrates — um indivíduo que se assemelhava a Cícero em alguns aspectos e, em outros, assemelhava-se a um asno. Compelido a recuar por argumentos dessa natureza, Guilherme repudiou publicamente sua concepção anterior e passou a afirmar que os membros individuais de uma classe geral não eram essencialmente idênticos, mas essencialmente parecidos. Não adiantou. Até os nominalistas aceitavam a semelhança entre os indivíduos, mas a idéia de uma "semelhança essencial" não parecia fazer sentido. A essa altura, de acordo com Abelardo, os alunos de Guilherme começaram a abandoná-lo em bando.

A competição entre os dois filósofos prosseguiu por algum tempo. Enquanto Guilherme e Pedro disputavam quem ocuparia a cadeira de professor na escola da catedral de Notre Dame, seus alunos brigavam de fato nas ruas. Mas a vitória de Abelardo no campo das idéias recebeu o reconhecimento geral, especialmente depois que ele também descartou Roscelin e seu nominalismo. O problema do nominalismo extremo era este: se apenas os indivíduos eram reais — se os conceitos gerais eram meras palavras —, não tínhamos como mostrar sistematicamente por que Sócrates era mais parecido com Cícero do que com o asno, ou por que Sócrates e o asno eram mais semelhantes do que Sócrates e a maçã, ou Sócrates e o Sol. Na verdade, sem conceitos universais significativos, a própria filosofia tornava-se impossível. A solução de Abelardo (chamada "conceitualismo" por alguns) desatou o nó. Roscelin tinha razão numa coisa: as palavras universais representavam conceitos mentais, e não realidades últimas. Estava errado, no entanto, ao afirmar que esses conceitos só existiam na linguagem. As semelhanças entre os membros individuais de uma espécie ou classe constituíam um dado factual, e não apenas uma palavra ou uma percepção totalmente subjetiva. Embora não fossem as Idéias "realmente reais" dos platônicos, elas tinham uma certa realidade própria que era mais do que mental.

O que há de fascinante nessa solução é que Abelardo chegou a ela sem saber que Aristóteles havia chegado exatamente à mesma conclusão, num livro que ainda não estava disponível em latim para os estudiosos europeus.[38] O que Pedro estava tentando fazer, na verdade, era afastar o debate escolástico da questão do que era "realmente real", a fim de concentrar a atenção no papel desempenhado pelos indivíduos e pelos universais na lógica e na linguagem. Nisso, a seu ver, a abordagem aristotélica era claramente preferível ao neoplatonismo que vinha dominando, já fazia muito tempo, o pensamento cristão. Primeiro, através de nossos sentidos, tomamos consciência de coisas individuais concretas. Depois, mediante um processo de abstração, chegamos a classificações gerais. De um modo que os tradicionalistas não podiam deixar de considerar subversivo, Abelardo desferiu um ataque tipicamente aristotélico contra a idéia de que os universais pudessem existir de algum modo, mesmo que não tivessem indivíduos a que se "ligar". Fazia tempo que a tradição cristã celebrava o geral e banalizava o individual. Abelardo propôs corrigir esse desequilíbrio.

Agora começamos a ver por que os pensadores da renascença medieval se envolveram tão intensamente nesse debate. Os cristãos anteriores tinham sido ensinados a se considerar membros de uma raça: não apenas uma espécie biológica, mas uma espécie moral, tão unida no espírito e no destino que o pecado de Adão e Eva, seu pai e mãe originais, podia ser diretamente atribuído a cada um deles. O universal "realmente real", o Homem, implicava que as diferenças individuais entre as pessoas não eram essenciais nem importantes, e até constituíam um obstáculo a sua salvação — um princípio rigorosamente implementado pelas normas que regiam a vida do vasto número de cristãos encerrados em mosteiros e conventos. Como assinalou um historiador, até a salvação ou a condenação eram consideradas menos uma recompensa ou um castigo individual pela boa ou má conduta do que uma conseqüência da inserção na comunidade cristã e da insondável justiça divina.[39] O sistema social tradicional da Europa reforçava essa banalização da individualidade, já que o caráter singular da pessoa tinha pouquíssima importância, comparado a sua inserção numa classe geral como o campesinato, o clero ou a nobreza. Nessa ocasião, no entanto, esse antigo gelo platônico começava a derreter. A maioria das pessoas ainda podia ser definida como pertencente a grandes grupos hereditários, mas algumas estavam ganhando mobilidade. Eruditos e trovadores ambulantes, comerciantes e cruzados, pregadores itinerantes e gente do campo que se mudava para a cidade, todos desenvolviam uma nova intuição de que, qualquer que fosse a classe universal a que pertenciam, sua individualidade tinha importância.

Outro motivo pelo qual a questão dos universais gerou debates tão ferozes foi sua conseqüência para a teologia: o modo como as pessoas pensavam em Deus. Numa era de sofisticação crescente e de interesse cada vez maior pelo universo natural, muitos estudiosos estavam conscientes de que o Criador e Mantenedor de tudo não poderia ser concebido, a não ser por pessoas simplistas ou poetas, como um ser humano de uma ordem maior. Um teólogo chegou até a afirmar que chamar Deus de "Criador" ou "Ser Supremo" equivalia a antropomorfizá-lo, uma vez que Deus era muito maior e mais misterioso do que qualquer criatura.[40] Por outro lado, os membros dessa sociedade em rápida mudança ansiavam mais do que nunca por uma relação pessoal com Deus, e fazia muito tempo que o cristianismo florescia por satisfazer essa necessidade. O Deus cristão era não apenas uma, porém três pessoas, e a população da renascença medieval tinha um interesse apaixonado por todas as pessoas da Trindade. Deus como Criador podia ser inimaginavelmente misterioso, mas os cristãos do século XII buscavam justiça no Pai, amavam e choravam pelo Filho, como se Ele houvesse acabado de ser crucificado, e investiam suas esperanças no Espírito Santo — o Consolador —, como símbolo da grande reconciliação que já havia começado.

Para os cristãos, era escusado dizer que Deus era uma Trindade. Mas, como podiam as pessoas inquisitivas, usando os instrumentos da razão, dar sentido a esse caráter trinitário? Seriam as três *hipostases*, como as chamavam os gregos, ou *personae*, como diziam os latinos, indivíduos separados?

Se assim fosse, que representava a palavra universal "Deus"? Roscelin, o nominalista extremado, atreveu-se a tirar as conclusões lógicas de sua própria filosofia. Ao que parece, sustentou que o Pai, o Filho e o Espírito Santo eram indivíduos, e que "Deus" era uma palavra que expressava a semelhança e integração singulares entre eles. Não se sabe ao certo em que termos exatos Roscelin se expressou — ele nunca teria negado diretamente a unicidade de Deus —, mas sabemos que um concílio eclesiástico convocado para investigar seus ensinamentos condenou-o pela heresia do "triteísmo", a afirmação de que havia três deuses. Roscelin admitiu sensatamente seu erro, pediu desculpas e, tempos depois, teve permissão para retomar o magistério.

Mas, e se o Deus Uno fosse considerado um indivíduo? Um filósofo que adotasse a postura "realista" rigorosa de que só o universal era verdadeiramente real poderia facilmente incorrer numa outra heresia, diretamente oposta ao triteísmo. Tratava-se do "sabelianismo", a doutrina segundo a qual o Pai, o Filho e o Espírito Santo eram meros aspectos ou comportamentos de Deus, e não pessoas reais, misteriosamente unidas numa única Realidade divina. E não apenas isso: como se considerava que os universais maiores continham e exsudavam os universais menores, os ultra-realistas freqüentemente beiravam a heresia conhecida como "panteísmo" — a idéia de que o universo faz parte de Deus, em vez de ser algo separado d'Ele pelo ato da criação. Dados os riscos de discutir a Trindade em termos filosóficos, ficamos a nos perguntar por que Abelardo teria abordado esse assunto, sobretudo uma vez que seus inimigos intelectuais esperavam com impaciência uma oportunidade para se precipitar sobre ele. É muito provável, já que era um teólogo muito maior do que Roscelin, que ele se tenha julgado capaz de lograr êxito onde seu velho instrutor havia falhado. Talvez, por ser celebrado em toda parte como o erudito que solucionara o problema dos universais, ele não conseguisse resistir ao desafio de aplicar sua solução ao problema da Trindade. Ou é possível que ele tenha simplesmente subestimado a capacidade de inimigos menos brilhantes de prejudicá-lo. Seja como for, por volta do ano de 1120, Abelardo publicou um pequeno ensaio sobre a Trindade que viria a se revelar muito mais lesivo para ele do que todas as facas dos vingadores de Heloísa.

Abelardo escreveu seu tratado sobre a Santíssima Trindade, segundo disse, em resposta a solicitações de seus alunos, que acreditavam ser "ridículo alguém pregar a terceiros o que nem ele nem os que recebiam seus ensinamentos conseguiam aceitar em seu entendimento".[41] Em certo sentido, a doutrina da Trindade era o teste supremo da capacidade dos novos teólogos de usarem o raciocínio lógico para explicar e justificar difíceis proposições de fé. À primeira vista, a doutrina parecia uma bofetada no rosto da razão. Como podiam três pessoas reais compor um Deus autenticamente singular? A resposta do bretão foi concisa e, para um crítico inclinado a lhe dar o benefício da dúvida, não foi obviamente herética. Se o tratado fosse abordado com um espírito hostil, no entanto, à procura de afirmações possivelmente heréticas, ofereceria muita munição aos inimigos.[42]

Abelardo começou por afirmar a idéia de que Deus devia ser um ser único e uno. A verdadeira questão, declarou, estava em como definir as diferenças entre as três pessoas da Trindade. O Pai, o Filho e o Espírito Santo não poderiam diferir em substância ou em número, pois Deus era Uno. Tampouco poderiam diferir na onipotência, na onisciência, na eternidade, na criatividade ou em qualquer outro atributo substancial de Deus, porquanto atribuir essas características a membros diferentes da Trindade equivaleria a situá-los uns acima dos outros, bem como a cindir em partes a unidade essencial de Deus. Não, as diferenças primordiais que podíamos reconhecer entre as pessoas divinas eram as anteriormente assinaladas por Santo Agostinho: o Pai era não gerado, o Filho era gerado e o Espírito Santo provinha do Pai e do Filho. Os três *eram* pessoas distintas, mas não no mesmo sentido em que três homens ou mulheres seriam distintos. Para tentar apreender essa combinação única de separação e unicidade, argumentou Abelardo, era preciso recorrer a analogias. Por exemplo, as coisas podiam estar separadas em seus papéis ou funções, mas unidas, como ao observarmos um timbre real feito de cobre, com a forma da imagem de um rei. O papel do cobre era análogo ao do Pai, o da imagem assemelhava-se ao do Filho, e o ato de selar assemelhava-se ao do Espírito Santo. Alternativamente, as coisas podiam ser separadas no nome, mas unidas na substância, como ao falarmos da arma, da espada e da lâmina. No caso da Trindade, a Bíblia associava as palavras Poder ao Pai, Sabedoria ao Filho e Bondade ao Espírito Santo.

É claro que essas eram apenas analogias grosseiras — recursos lógicos usados para permitir que as pessoas fizessem uma apreciação racional de assuntos que, em última instância, estavam além da compreensão humana. Mas os inimigos de Abelardo precipitaram-se sobre elas como provas da heterodoxia incurável do bretão. Por um lado, sua insistência em que não se podia pensar nas pessoas da Trindade como verdadeiramente separadas o expôs à acusação de sabelianismo: reduzir o Pai, o Filho e o Espírito Santo a meros nomes ou funções de Deus. Por outro, suas analogias, se levadas demasiadamente a sério, podiam ser vistas como provas de "arianismo": a heresia que coloca o Pai acima do Filho e ambos acima do Espírito Santo. O que realmente estava em jogo, nessa questão, era toda a empreitada teológica, a que alguns tradicionalistas se opunham ferozmente, alegando que as doutrinas mais fundamentais do cristianismo só podiam ser aceitas com base na fé, não na razão. Quando o ensaio de Pedro foi publicado por seus estudantes, dois de seus ex-alunos, então co-diretores da escola da catedral de Rheims, denunciaram-no como herege e convocaram um concílio eclesiástico para investigar seus ensinamentos. Abelardo considerou ultrajantes as acusações. Não fazia idéia de que, para ele, o que parecia uma acusação absurda poderia ser o começo do fim.

Em 1121, um concílio de bispos e eruditos reuniu-se na cidade de Soissons, a fim de deliberar sobre a ortodoxia do tratado de Abelardo a respeito da Trindade. Como era característico, o combativo dialético assumiu a ofensiva, certo de que poderia provar o caráter inofensivo de seus ensinamentos num debate aberto. Todas as manhãs, ele aparecia num grande salão da cidade para discutir e defender suas idéias. Ali, um de seus ex-alunos cometeu o erro de confrontá-lo em público. Quando Pedro acabou com ele, o pobre sujeito levara tamanha surra intelectual, que parecia, ele mesmo, estar esposando uma evidente heresia. Temendo uma repetição dessa cena no concílio, mas não se dispondo a permitir que o filósofo retornasse a Paris em triunfo, os conciliares hesitaram, debateram, resolveram adiar a decisão, revogaram essa resolução e, por fim, condenaram o tratado sem nenhuma audiência, sob a alegação de que Abelardo não recebera a autorização necessária para publicá-lo. Apesar da impropriedade desse procedimento, Pedro foi obrigado a atirar o livro às chamas com as próprias mãos.

Abelardo deixou o Concílio de Soissons perplexo e humilhado. No meio familiar da sala de aulas ou em graves debates com colegas na escola da catedral, ele nunca se sentira em perigo. Sabia ter inimigos, é claro, alguns bastante poderosos, mas a franca animosidade destes nunca infringira sua idéia de que, pelo menos desde o "*affaire* Heloísa", nada jamais poderia voltar a feri-lo. Agora, no entanto, estava ferido no ponto mais sensível para um cavaleiro: sua reputação. Voltar a sua posição anterior no magistério era impossível. Pedro passaria os dez anos seguintes numa série de mosteiros inóspitos, longe de sua amada Paris, como exilado em sua própria pátria.

Mesmo assim, sua lenda cresceu. Fugindo de um mosteiro particularmente horripilante para o qual fora designado, ele se estabeleceu num pedaço de terra solitário no interior, que lhe foi doado pelo bispo local, e ali construiu um pequeno oratório, que dedicou ao Espírito Santo — o Paracleto. Em questão de semanas, os estudantes souberam de seu paradeiro e "ali começaram a se reunir, vindo de toda parte, correndo das cidades e vilas para morar no deserto, deixando grandes mansões para construir pequenas cabanas, comendo ervas não cultivadas e pão tosco, em vez de iguarias delicadas, deitando-se sobre junco e palha, em vez de camas macias, e usando bancos de turfa à guisa de mesas".[43] Se Abelardo não podia voltar para seus alunos, os alunos iriam até ele. Um ou dois anos depois, a escola foi fechada, mas ele conseguiu transferir a propriedade para Heloísa, que logo foi nomeada Madre Superiora de um convento construído no local de seu antigo oratório. No início da década de 1130, Pedro estava de volta a Paris, correspondendo-se com freqüência com Heloísa e lecionando no mosteiro de Mont-Sainte-Geneviève. Uma vez que o conteúdo de seu livro sobre a Trindade não fora condenado, ele se sentiu à vontade para ampliá-lo e publicá-lo, com uma extensa discussão de outras doutrinas, em sua *Teologia cristã*. Escreveu também seu grande livro sobre ética, *Scito Teipsum* (*Conhece-te a ti mesmo*), seu *Diálogo entre um filósofo, um judeu e um cristão*, e um comentário sobre as epístolas de São Paulo. Mas a sensação de desastre iminente que lhe ensombrecera a vida desde Soissons nunca o abandonou. Ele tinha mais fama do que nunca, mas a celebridade não conseguiria imunizá-lo contra os ataques, quando seus inimigos decidissem investir outra vez contra ele.

Perguntamo-nos como teria sido a vida de Abelardo se ele não fosse um professor tão carismático, ou se houvesse cultivado a habilidade da diplomacia, em vez de transformar em inimigos aqueles a quem superava nos debates. Mas a diplomacia nunca foi seu forte. Ele parecia movido a enunciar suas idéias de um modo que tornava inevitável a oposição apaixonada... e, ainda por cima, a retratar seus adversários como tolos pretensiosos. Como observou um admirador crítico, "Não havia um único de seus professores com quem ele não houvesse discutido e a quem não ridicularizasse, com um sarcasmo tão maldoso quanto epigramaticamente espirituoso".[44] A lista desses inimigos era longa, mas não representou uma ameaça imediata, até seus escritos chamarem a atenção de outro professor popular, Guilherme de Saint-Thierry. Convencido de que as idéias de seu rival subvertiam profundamente o cristianismo tradicional, Guilherme disparou uma saraivada de cartas endereçadas a seu bom amigo Bernardo de Claraval, pedindo-lhe que se colocasse do lado da ortodoxia, contra o arrogante bretão.

Essa foi, sem dúvida, a pior coisa que poderia ter acontecido com Abelardo. Uma coisa era ofender lógicos e teólogos eminentes. Até os bispos de Soissons podiam ser vistos como adversários desagradáveis, mas ineficazes. Só que Bernardo era uma das figuras mais poderosas da cristandade — mais influente inclusive, diziam alguns, do que seu grande amigo, o papa Inocêncio II. Escritor famoso sobre temas místicos e chefe da ordem cisterciense, ele combinava a paixão pela reforma eclesiástica e pela purificação social com o talento para a política do vale-tudo. Ao receber as cartas de Guilherme de Saint-Thierry, Bernardo leu atentamente os documentos anexados, estudou os escritos de Abelardo e tomou sua decisão. No final de 1139 e começo de 1140, escreveu uma série de cartas nas quais denunciava Abelardo como herege, encadernou-as num tratado intitulado *Contra os erros de Pedro Abelardo* e enviou o documento ao papa, com um pedido de que Pedro fosse investigado e disciplinado pela Igreja.

Em certos aspectos, Bernardo de Claraval podia ser considerado um tradicionalista arraigado. A idéia de expor mistérios sagrados como a Santíssima Trindade a análises fluentes e discussões em salas de aulas parecia-lhe nada menos do que uma forma de impiedade — uma violação tão grosseira e repugnante quanto profanar uma igreja. Abelardo "degradou a Igreja", escreveu Bernardo a um cardeal romano, "infectou com sua praga a mente de pessoas simples. Tenta explorar com sua razão o que a mente devota apreende de imediato, com uma fé vigorosa. A fé acredita, não questiona. Mas esse homem, aparentemente suspeitando de Deus, recusa-se a acreditar no que quer que seja, antes de examiná-lo com sua razão".[45] Outra carta acusou Pedro de manipular a mente de seus discípulos:

> Ele desloca os marcos instalados por nossos antepassados, colocando em discussão as questões mais sublimes do Apocalipse. A seus alunos totalmente imaturos, meros iniciantes na teologia, que mal superaram a dialética e mal estão aptos a apreender as verdades elementares da religião, a esses alunos ele expõe o mistério da Trindade, santuário interno e tabernáculo real. Ele tem a pretensão de se imaginar capaz de compreender Deus inteiramente, através do uso de sua razão.[46]

Era uma acusação grave, sem dúvida, no entanto Bernardo não era um fundamentalista irrefletido. Adotou para com Abelardo a postura do defensor da tradição contra a inovação. Mas o abade, em certos aspectos, era mais radical do que seu adversário acadêmico, uma vez que fazia parte do movimento gregoriano que almejava purificar o clero, renovar e unificar a sociedade cristã, e afirmar o poder da Igreja de disciplinar os príncipes desobedientes. Como principal líder dos monges cistercienses, havia desferido um ataque devastador contra os mosteiros mais antigos, os quais acreditava haverem-se tornado confortáveis e rotineiros demais. Como pregador, ele foi a ruína de hereges como os cataristas do sul da França. Não tardaria a pregar uma segunda cruzada contra os infiéis muçulmanos do Oriente. Mas também era famoso em toda a Europa por defender uma doutrina de amor, composta de compaixão por Jesus crucificado e adoração de Sua mãe imaculada. Além disso, como Abelardo viria a descobrir, o abade era um retórico prodigioso.

"Os livros dele têm asas", escreveu Bernardo a Inocêncio II, queixando-se da influência vasta e perniciosa do filósofo. "Seus textos têm passado de região em região e de um reino para outro. Um novo evangelho está sendo forjado para povos e nações, uma nova fé vem sendo proposta, e uma nova fundação está sendo lançada ao lado da que já foi lançada."[47] É fácil compreender por que Bernardo julgaria assustadores e repugnantes os ensinamentos de Abelardo. Para ele, a base da fé era a experiência religiosa, não a análise intelectual; o amor, e não a lógica, era sua divisa. Profundamente desconfiado do intelectualismo frio do mestre bretão e avesso a seu estilo bombástico, Bernardo exagerou a heterodoxia de Pedro a todo momento. Mas sua própria postura, "A fé acredita, não questiona", era um brilhante exemplo de ofuscação retórica. Os Padres da Igreja tinham sido fiéis *e* debatedores, assim como o reverenciado Anselmo de Cantuária, cujo lema, "A fé em busca da compreensão", também poderia ter sido o de Abelardo. Claramente, Mestre Pedro não era místico, e não há dúvida de que ousou analisar doutrinas cuja discussão fora considerada tabu. Mas nunca sonhou em propor uma nova fé, nem imaginou, por um instante sequer, que pudesse "compreender Deus inteiramente, através do uso de sua razão".

Em 1139 ou 1140, Bernardo foi a Paris discursar publicamente contra a teologia de Abelardo, na escola da catedral de Notre Dame. Também é possível que tenha estado com Abelardo nessa ocasião e tentado convencê-lo a repudiar alguns de seus ensinamentos, mas as provas desse encontro são escassas e pouco confiáveis.[48] Seja como for, Pedro reconheceu que seus inimigos se mobilizavam ativamente contra ele e resolveu antecipar-se a eles. Soube que uma grande reunião de eclesiásticos e altas autoridades fora marcada para 3 de junho de 1140, na cidade de Sens. O rei Luís VII estaria presente, para examinar as relíquias da catedral, e uma multidão de bispos e nobres também era esperada. Seria uma oportunidade perfeita para Abelardo fazer o que fazia de melhor: ocupar o palco público como expositor e debatedor.

Através de seus alunos, Pedro solicitou ao arcebispo Henrique de Sens que providenciasse um debate público entre Bernardo e ele, diante dos notáveis reunidos. O arcebispo era amigo de Bernardo, mas, atraído pela idéia de patrocinar tão histórico espetáculo, parece haver aceitado a proposta, sem primeiro consultar o abade. Imediatamente, Abelardo enviou cartas a seus alunos na Europa inteira, pedindo-lhes que fossem a Sens em junho para lhe dar apoio. Bernardo, por outro lado, ficou desolado com a idéia de batalhar publicamente com o maior dialético da Europa. É evidente que, a princípio, resolveu não aceitar o convite do arcebispo, mas acabou consentindo em comparecer. Quer isso tenha ocorrido por ele estar "ardendo com o fogo do Espírito Santo", como sugeriu um autor,[49] ou por ter-se decidido por outro estratagema menos louvável, Bernardo chegou a Sens vários dias antes do debate marcado.

Uma vez instalado nos aposentos do arcebispo, Bernardo convenceu-o a convocar uma reunião secreta dos bispos para a noite de 2 de junho. Nesta, na ausência de Abelardo, leu em voz alta uma lista de 19 acusações contra o filósofo, baseadas principalmente em sua *Teologia cristã*, discutiu-as e, quase com certeza, obteve a promessa dos bispos de apoiar a condenação de Abelardo (Bernardo viria a tentar a mesma tática, sete anos depois, num julgamento por heresia em Rheims, mas, dessa vez, os cardeais se recusaram a participar da reunião não autorizada, alegando que seu tratamento a Abelardo em Sens fora desleal[50]). Seja como for, Abelardo chegou na manhã seguinte para o debate, apenas para descobrir que o formato era o de um julgamento e que ele deveria desempenhar o papel do réu. Bernardo leu a lista das supostas proposições heréticas e, segundo o costume dos julgamentos por heresia, exigiu que Abelardo as defendesse, renunciasse a elas ou negasse que eram suas.

Pedro manteve-se em silêncio por muito tempo. Os bispos e notáveis reunidos aguardavam com impaciência sua resposta, mas ele parecia imerso em pensamento. No momento em que a tensão no aposento atingia seu auge, ele proferiu algumas frases. Recusou-se a participar dos procedimentos e apelou diretamente ao papa, para que ele decidisse as questões apresentadas. Em seguida, retirou-se do salão, deixando em sua esteira uma multidão de autoridades e estudantes perplexos.

Abelardo nunca explicou por que não aceitou o convite de Bernardo a defender suas opiniões em Sens. Aquela era a platéia mais ilustre para a qual já se havia apresentado, e ele era um ator nato. Claramente, se Bernardo houvesse se atrevido a debater com ele, Pedro teria se defendido facilmente contra o dialético menos calejado. Não obstante, podemos imaginar a tristeza em seu coração ao ouvir a leitura das acusações e observar os rostos impassíveis dos bispos reunidos. É muito provável que tenha percebido que as cartas estavam marcadas contra ele — que, provavelmente, Bernardo não debateria com ele em público e, mesmo que o fizesse, sua apresentação não seria levada em conta. É possível que tenha sentido seu vigor abandoná-lo, uma vez que, aos 62 anos, sua saúde já começava a falhar. Ou talvez, simplesmente, tenha-se cansado do espetáculo. Se de fato ele fosse um herege, um poder maior do que o Concílio de Sens o julgaria. E, se não fosse, os estudantes continuariam a ler seus livros, muito depois que ele, Bernardo e Heloísa fossem sepultados.

Seja como for, a saída de Pedro deixou o concílio num tumulto. Os bispos suspenderam a sessão para o almoço e, ao retornarem, condenaram-no pelas 19 proposições supostamente heréticas. Segundo um monge que esteve presente no concílio — um partidário de Abelardo —, alguns juízes estavam tão bêbados, depois do vinho que beberam no almoço, que, ao tentarem pronunciar a palavra "Damnamus" (condenamos), só conseguiram balbuciar "Namus" (nadamos). Bernardo escreveu imediatamente a Inocêncio II, comunicando o resultado do concílio e pedindo que ele ratificasse o julgamento. Abelardo partiu para Roma, a fim de apresentar sua apelação em pessoa, mas parou para descansar na abadia de Cluny, cujo abade, Pedro, o Venerável, era um velho antagonista de Bernardo. Semanas depois, em Cluny, Abelardo recebeu a decisão do papa sobre seu processo. Inocêncio II condenou-o como herege, excomungou seus seguidores, ordenou que seus livros fossem queimados na Praça de São Pedro e ordenou que ele se recolhesse a um mosteiro, ali permanecendo em perpétuo silêncio.

Essa severidade revelou-se desnecessária. A saúde de Abelardo estava abalada (é provável que ele sofresse do mal de Parkinson) e ele já não tinha gosto pelas batalhas teológicas. Pedro, o Venerável, escreveu a Inocêncio II, relatando que ele e outro abade tinham servido de mediadores entre Abelardo e Bernardo, que os dois se haviam reconciliado formalmente e que Abelardo desejava permanecer em Cluny como monge. O papa suspendeu a sentença, e o filósofo passou seus últimos 18 meses de vida como um simples monge de Cluny. Em algum momento, antes de morrer, enviou a Heloísa uma comovente profissão de fé, que contém uma frase freqüentemente citada em defesa de suas intenções ortodoxas: "Não quero ser filósofo, se isso significar entrar em conflito com Paulo, tampouco ser Aristóteles, se isso me isolar de Cristo."[51] Quando Abelardo morreu, Heloísa pediu e recebeu seus restos mortais, que foram sepultados no Convento do Paracleto. Decorridos 21 anos, ela faleceu e foi enterrada a seu lado. Séculos depois, após uma série de mudanças, os ossos dos amantes foram descansar no cemitério Père-Lachaise, em Paris, onde hoje podem ser visitados.

Será que Abelardo e Bernardo se reconciliaram antes da morte do bretão? É possível, considerando que os dois adversários tinham mais coisas em comum do que qualquer um deles reconhecia. A seu modo, cada um tentou instilar um novo significado nas crenças habituais e nos ritos formalizados. A missão de Abelardo era dar sentido a doutrinas religiosas que, para muitos de seus discípulos, tinham começado a parecer palavras e frases vazias. Esse mesmo impulso, o de reavivar um cristianismo que corria o risco de se transformar numa coletânea de fórmulas e gestos rotineiros, levou Bernardo a defender uma doutrina revigorante de amor ativo, ação engajada e união espiritual com Cristo. Por ter ofendido o mais poderoso político da cristandade, Abelardo, altivo e desprovido de tato, pagou o preço. Mas o impulso que motivou sua obra — a ânsia de compreender — viria a se revelar tão irreprimível quanto a ânsia da autêntica experiência religiosa. Na geração seguinte, um movimento aristotélico muito maior e mais radical que o de Abelardo viria a questionar as autoridades nas universidades, enquanto uma onda de evangelismo popular faria o tipo de devoção de Bernardo parecer conservadora e dócil. A maneira de responder a esses dois desafios encontrada pela Igreja determinaria, em grande parte, o futuro da ciência e da religião no Ocidente.

Capítulo Quatro

"Aquele que vos desferir um golpe mortal merecerá uma bênção"

Aristóteles entre os hereges

Ao voltar triunfante do Concílio de Sens, é possível que Bernardo de Claraval tenha ficado feliz consigo mesmo por haver derrotado sem luta o maior debatedor da Europa. Os partidários de Bernardo divulgaram o boato de que Abelardo não conseguira falar no concílio, porque as justas acusações do abade tinham-no convencido de que ele estava em erro — boato que, posteriormente, foi incluído em muitos livros de história católica.[1] É verdade que pouco se teve notícia dos filósofos escolásticos depois da condenação de Abelardo, mas houve para isso razões mais significativas do que a vitória de Bernardo. Durante a maior parte do século XII, observou um historiador, "os filósofos da Europa cristã estavam por demais atarefados na leitura de Aristóteles e dos outros autores gregos para se empenharem numa especulação crítica original e sistemática".[2] A partir da década de 1150, as edições latinas dos escritos redescobertos começaram a inundar as bibliotecas dos estudiosos europeus. Pelos padrões medievais, a produção dos centros de tradução da Espanha, da Provença e da Itália foi enorme, atingindo a casa dos milhares de manuscritos. Esses livros foram lançados em levas sucessivas, que começaram em meados do século com os trabalhos da "nova lógica" e prosseguiram, década após década, com os livros metafísicos e científicos de Aristóteles, seus tratados sobre psicologia e ética e, por fim, os ensaios de política e estética, todos acompanhados de comentários árabes pertinentes. Somente na virada do século é que esse material seria digerido e suficientemente compreendido para se converter na base de um novo desafio à ortodoxia cristã.

As escolas silenciaram — ao menos momentaneamente. Mas, se o abade de Claraval sentiu-se vitorioso depois de Sens, uma surpresa desagradável o aguardava. Enquanto ele se preocupava com os escritos heréticos de alguns intelectuais parisienses, um perigo muito mais imediato para a autoridade da Igreja ganhava força nas ruas. Um vasto movimento de evangelismo popular, hostil ao clero católico "corrupto", começara a marcar presença em toda a Europa. Até esse momento, faltava liderança intelectual ao movimento pietista, mas, se os dissidentes um dia encontrassem porta-vozes influentes entre os eruditos, ou defensores nas fileiras da nobreza, a ameaça de um cisma se tornaria real. Essa idéia foi suficiente para causar pesadelos em Bernardo e despachá-lo numa missão para apagar as chamas do extremismo religioso, enquanto ainda havia tempo.

Curiosamente, o próprio Bernardo foi um dos responsáveis indiretos pela existência desse novo movimento. Na política eclesiástica, ele era gregoriano — concordava com o falecido papa Gregório VII quanto à necessidade urgente de reformar o clero católico, aquele aglomerado em rápido crescimento de padres, monges, freiras, funcionários eclesiásticos, professores e outros empregados que, nas regiões urbanas, somavam cerca de 10% da população.[3] A raiz do problema, tal como a viam os reformadores, estava no fato de que o clero havia desenvolvido uma relação demasiadamente íntima com o mundo laico. Íntima mesmo, considerando-se que, nessa época, "os bispos comumente coabitavam com mulheres, tinham filhos com elas e cuidavam dos interesses de seus 'sobrinhos'. Os filhos do clero das catedrais compunham um segmento significativo das populações urbanas. Os padres paroquiais costumavam ser casados e chefes de família".[4] O casamento ou o concubinato clericais eram uma prática mundana condenada pelos gregorianos. Condenavam também a compra e venda de cargos eclesiásticos, a acumulação de uma riqueza desnecessária pelas igrejas e mosteiros, o não atendimento das necessidades dos pobres e a concessão de plena liberdade a autoridades laicas opressoras. Homens como Bernardo acreditavam poder eliminar esses males, purificando e profissionalizando o clero e imbuindo os servos da Igreja de uma paixão por serviços altruístas. O problema que eles não tinham conseguido resolver era como realizar esses objetivos numa sociedade que definia a identidade, o status e o poder de todos os grupos com base em sua relação com a posse de terras.

Gregorianos como Bernardo tentaram manter vivo o impulso reformista, mas, passados cinqüenta anos desde a morte do grande papa, as limitações do movimento tinham-se tornado evidentes. Fizera-se algum progresso na reorganização do clero e na inspiração de um sentimento renovado de missão espiritual em alguns de seus membros. Mais do que nunca, porém, a Igreja como um todo fazia parte do "sistema" feudal, sendo tão apegada a terras, posses e poder quanto qualquer barão ou conde feudais. Poucos clérigos influentes se dispunham a abrir mão de suas propriedades e privilégios, do mesmo modo que, apesar das queixas papais, os príncipes laicos não se submetiam prontamente aos príncipes da Igreja. Ao contrário, monarcas poderosos, como os da França e da Inglaterra, ditavam cada vez mais os padrões a que, de bom grado ou a contragosto, os bispos se conformavam. Não obstante os esforços dos reformadores ascéticos, o nível geral de moral e ardor religioso do clero ficava muito aquém das expectativas anteriores. Justamente quando as fogueiras da reforma "de cima para baixo" iam-se transformando em pequenas brasas (e, em certa medida, por causa disso), uma grande onda de fervor religioso varreu a população em geral, particularmente as pessoas que viviam nas florescentes aldeias e cidades européias.

Pelo menos em retrospectiva, isso não chega a surpreender. As mudanças drásticas que vinham transformando o Ocidente — a explosão populacional, o crescimento das cidades, a revivescência do comércio e a circulação de idéias novas — eram empolgantes, mas profundamente perturbadoras. A Europa como um todo assemelhava-se a um monge que houvesse emergido de sua cela após anos de reclusão, vagando confusamente por um mundo profano. Uma multiplicidade de novas perguntas exigia respostas. Como os ideais extramundanos da Igreja podiam ser adaptados à vida numa sociedade cada vez mais inquisitiva, individualista e ávida de prazer? Quem cuidaria dos fiéis que fossem tentados ou confundidos pelas novas possibilidades do bem e do mal? Quem seria capaz de fornecer modelos confiáveis de boa conduta moral? Para as massas de cristãos comuns, o último lugar em que descobrir as respostas a tais perguntas era no "clero secular" (os bispos e padres paroquiais que não integravam ordens monásticas). Os agentes da Igreja haviam-se comprometido tanto quanto os leigos com as complicações mundanas — talvez mais até, dada a sua situação de privilégio. O resultado, entre os fiéis comuns, era uma intensa frustração, movida tanto pela autocrítica quanto pelo desdém por esse clero profano. Líderes como Bernardo e o papa Inocêncio II intuíam o potencial desses sentimentos na produção de medidas anticlericais agressivas, e procuravam desviar as energias religiosas para fora, voltando-as contra os ocupantes muçulmanos da Terra Santa e contra um número crescente de hereges mais perto de casa. Mas era impossível conter o impulso de purificar a Igreja por dentro. Como não podia deixar de ser, surgiu uma multidão de candidatos dispostos a purificá-la. Aparentemente vindos do nada, pregadores itinerantes apareceram nas ruas das prósperas vilas e cidades européias, conclamando o clero e os leigos a responderem por seus pecados e anunciando o começo de uma nova era de renovação espiritual.

O monge Henrique foi um desses andarilhos. Na mesma ocasião em que Abelardo ganhava fama em Paris, Henrique apareceu nos portões de Le Mans, "carregando uma cruz num cajado de ponta de ferro, barbudo, descalço e em trajes humildes".[5] Quase de imediato, começaram a ocorrer coisas extraordinárias na cidade. Henrique estarreceu a população urbana com suas denúncias sobre bispos e padres corruptos e sedentos de bens. Pregou contra a luxúria, vinculou a simplicidade à salvação e exortou seus ouvintes a fazerem fogueiras com suas roupas e adornos elegantes. Com extrema passionalidade, condenou as novas regras onerosas que proibiam o casamento entre primos distantes e faziam do casamento um sacramento da Igreja, a ser controlado (e tributado) pelo clero. O amor, disse ele — "unicamente o consentimento das pessoas" —, santificava o matrimônio.[6] E o amor cristão era capaz de salvar do fogo do inferno e da maldição até os que não eram castos. Num domingo memorável, Henrique convocou as prostitutas de Le Mans à praça da cidade, onde, seguindo suas instruções, elas despiram suas roupas sofisticadas e cortaram os cabelos. Em seguida, o monge as fez atirarem na fogueira esses símbolos de sua vida pregressa. As mulheres vestiram roupas novas, compradas para elas por cidadãos generosos, e alguns rapazes respeitáveis (previamente recrutados) ofereceram-se para desposá-las.

Agindo como evangelista itinerante, Henrique simplesmente ignorou o clero local. Ainda assim, deixou Le Mans sem ser detido nem acusado de qualquer delito. Em parte, isso decorreu de que não era uma heresia reivindicar o celibato e a pobreza dos padres, o retorno à simplicidade, a reabilitação de prostitutas ou os casamentos baseados no amor. É muito provável que também tenha decorrido do fato de sua temporada na cidade ter sido de duração limitada e, provavelmente, de efeito restrito. O mais importante é que as autoridades eclesiásticas ainda não reconheciam esse tipo de evangelismo como uma ameaça à ortodoxia cristã e a seu próprio papel na sociedade. Isso foi ficando mais claro para a Igreja tempos depois, quando Henrique e alguns de seus companheiros de pregação começaram a questionar mais diretamente o papel sacramental do clero.

Se ritos sacerdotais como o casamento eram vazios, caso não tivessem o consentimento das partes, indagavam alguns evangelistas, como era possível defender outros ritos que pareciam inteiramente formais, como o batismo dos recém-nascidos? Não há indícios de que o monge Henrique tenha conhecido Abelardo ou sequer sabido de sua existência, mas compartilhava com ele a convicção de que a intenção voluntária — o que Abelardo chamava de "consentimento" — era necessária para dar aos atos um significado ético. Se era assim, poderia o espargimento de água benta num bebê aos berros ter o efeito salvador que lhe era atribuído pelos tradicionalistas? E que pensar da Eucaristia, o cerne da missa católica? Poderia a milagrosa transubstanciação do pão e do vinho resultar de um punhado de "palavras mágicas", proferidas por um padre indiferente ou corrupto? Em tempos antigos, um bispo norte-africano chamado Donato havia tumultuado a Igreja, ao negar que clérigos pecadores ou indiferentes pudessem administrar com validade os sacramentos eclesiásticos. Desde a época de Santo Agostinho, a resposta oficial a essa heresia consistia em afirmar que o cargo de padre era sagrado, mesmo que seu ocupante do momento não o fosse. Mas a tendência a questionar a necessidade e a justiça do papel sacerdotal era particularmente persistente, numa sociedade em que muitos leigos, bem como monges rebeldes como Henrique, pareciam levar uma vida mais cristã do que a maioria dos clérigos.

Em parte, esse questionamento nasceu de um anseio de pureza pessoal e institucional, que levou multidões a se aglomerarem para ouvir os sermões não autorizados que beatos itinerantes pregavam nas praças dos vilarejos. Mas resultou também da mesma paixão de compreender que motivou a carreira de teólogos como Abelardo e seus sucessores escolásticos. Assim como os intelectuais queriam entender as doutrinas religiosas, os fiéis leigos queriam dar sentido aos sacramentos (o próprio Abelardo, embora nada tivesse de anticlerical, havia negado que os padres pudessem absolver os pecadores pela mera recitação de fórmulas ritualísticas[7]). A sede que precisava ser saciada não era uma mera sede de pureza, mas de sentido. O próprio Bernardo acabou pregando contra o monge Henrique na cidade de Toulouse, e a carreira do evangelista parece haver terminado ali, mas o movimento que a havia gerado não se atenuou. A grande pergunta era se as técnicas de coerção que haviam silenciado Abelardo e Henrique seriam eficazes para controlar as novas forças dissidentes de expressão pessoal que vinham ganhando impulso em toda a Europa.

É claro que, se essas chamas se alastrassem, a Igreja não poderia simplesmente seguir a orientação de Bernardo e ter a esperança de conservar sua posição de autoridade espiritual suprema e de árbitra política do Ocidente cristão. Àquela altura, o movimento gregoriano havia chegado a um ponto que deve ser familiar aos leitores modernos — o ponto em que um movimento reformista estagnado começa a gerar alternativas autenticamente revolucionárias. Os evangelistas itinerantes, como o monge Henrique, prenunciaram um movimento de massa que logo mobilizaria dezenas de milhares de leigos, que seguiriam organizadores brilhantes como Pedro Valdo, um comerciante de Lyon, e como o gênio espiritual italiano Francisco de Assis. Inovadores intelectuais como Pedro Abelardo viriam a se mostrar realmente inofensivos, se comparados à nova cepa de pensadores cujas idéias chocantemente radicais começavam a circular desde o sul da França até a Renânia. Mais perigoso que tudo, um número crescente de líderes laicos, que se ressentiam profundamente do poder político de Roma, poderiam formar uma frente comum com os evangelistas e intelectuais dissidentes. Para lidar com algumas dessas ameaças, talvez a repressão — aliás, uma repressão muito mais violenta do que silenciar um punhado de hereges — fosse considerada necessária. Mas pessoas despertas que lutam por satisfazer necessidades humanas básicas não são fáceis de reprimir. Se a Igreja quisesse manter sua unidade interna e sua hegemonia na Europa, teria que descobrir líderes capazes de absorver e utilizar as forças da dissidência, e não simplesmente esmagá-las. E isso significaria transformar as instituições católicas por dentro, e não meramente defendê-las dos ataques externos.

Roma estava à espera de um líder com essa amplitude de visão. Entrementes, um caso particular aproximou-se perigosamente de tornar real o pesadelo de Bernardo — uma fusão de protesto evangélico popular com liderança intelectual e apoio laico. Em uma das cartas escritas por Bernardo para atacar Pedro Abelardo, existe uma frase curiosa, que parece escrita em código. "A abelha francesa", diz o abade em tom sombrio, "vem zumbindo para a abelha da Itália."[8] Não há nenhum mistério quanto à identidade da "abelha francesa": o nome de Abelardo é às vezes transliterado por Abeillard em inglês, porque suas primeiras sílabas soam como *abeille*, o termo francês correspondente a "abelha". Mas, quem seria a "abelha italiana", e por que teria Bernardo feito menção a ela?

A resposta é Arnaldo de Brescia, uma figura tão controvertida quanto Abelardo e, em vários aspectos, muito mais perigosa para a ordem estabelecida. Ele saiu de sua Lombardia natal para estudar com Abelardo em Paris, quando o grande dialético estava no meio de sua carreira. Não se sabe muita coisa sobre o relacionamento entre os dois depois que Arnaldo voltou para casa, mas eles devem ter mantido algum tipo de contato, pois, quando Pedro foi a Sens para enfrentar Bernardo e o concílio episcopal, seu ex-aluno estava a seu lado. O mesmo decreto papal que condenou Abelardo ao silêncio e ao confinamento perpétuo num mosteiro despachou Arnaldo para um mosteiro diferente, nos mesmos termos severos. Mas, enquanto a derrota em Sens efetivamente pôs fim à vida do filósofo adoecido, Arnaldo ainda teria mais 15 anos para defender sua própria versão afiada da verdade.

Esses dois aliados eram feitos de um estofo diferente. Enquanto Abelardo era um teórico que havia entrado tardiamente (e involuntariamente) no sacerdócio regular, Arnaldo tornara-se prior de uma comunidade monástica imediatamente após a conclusão de seus estudos em Paris. *A enciclo-*

pédia católica, que raramente elogia os hereges, descreve-o como adequado ao ofício "pela austeridade de sua vida, por seu desapego às coisas terrenas, por seu amor à disciplina religiosa, pela clareza de seu intelecto e por uma originalidade e encanto de expressão que ele colocou a serviço de um ideal elevado".[9] Esse ideal, assim como a maneira de atingi-lo, também o distinguiram de Abelardo, pois, enquanto Pedro era um líder no sentido intelectual, mas sem nenhuma capacidade de organização prática e sem ambições políticas, Arnaldo era um incurável homem de ação. Nunca se sentia mais feliz — nem era mais perigoso para os que ocupavam posições de autoridade — do que quando chefiava movimentos populares, instilando nas massas humanas seu desejo fervoroso de purificar a Igreja, livrando-a da riqueza e do poder terreno.

Ao contrário dos evangelistas itinerantes que proferiam discursos morais sobre os males da posse de bens, Arnaldo usou sua formação erudita para elaborar uma crítica contundente ao enredamento da Igreja com a sociedade. De acordo com ele, as reformas gregorianas tinham sido inviabilizadas pela definição vigente dos cargos eclesiásticos como uma forma de propriedade (ou "benefício"), e pela insistência dos papas e bispos em desempenhar o papel de grandes senhores feudais. Uma vez que, no período feudal, para usar a terra era necessário pagar com serviços, inclusive os de cultivo e o serviço militar, era inevitável que isso envolvesse os dirigentes da Igreja na exploração das classes mais baixas e na guerra. Como resultado, aqueles que deveriam assumir a liderança da renovação espiritual e do cuidado com os pobres (as ordens monásticas, por exemplo) eram paralisados por sua dedicação à manutenção e ao aumento da própria riqueza. Todas essas contradições, atreveu-se Arnaldo a declarar, eram produto dos esforços equivocados dos papas gregorianos para estabelecer sua supremacia em relação aos governantes laicos da Europa. Em seus esforços de disciplinar a nobreza, os príncipes da Igreja haviam logrado meramente tornar-se, eles mesmos, príncipes da Terra. Até as cruzadas, declarou Arnaldo, tinham-se tornado pouco mais do que assaltos de grileiros, que enriqueciam alguns senhores feudais e inúmeros comerciantes venezianos e pisanos.

Arnaldo não hesitou em extrair conclusões lógicas dessas premissas e em agir com base nelas. "Os clérigos que são donos de propriedades, os bispos que têm regalias [terras concedidas pelo rei] e os monges que possuem bens não têm a possibilidade da salvação. Todas essas coisas pertencem ao príncipe, que só pode dispor delas para favorecer os leigos."[10] Em suma, a Igreja deveria entregar seu poder e suas posses a governantes laicos, que distribuiriam essas terras e bens entre as pessoas comuns. Além disso, o clero não deveria envolver-se na guerra e na violência, como fazia a classe dominante dos cavaleiros. "Não é permitido [aos padres] segurar a espada ou a taça, mas sim pregar e afirmar sua pregação com boas obras, e não travar guerras e causar conflitos no mundo."[11] O abade militante encontrou uma platéia entusiástica para essas idéias em Brescia, sua cidade natal, nominalmente governada por cônsules eleitos, mas, na verdade, sob o jugo do bispo local, que era também o maior proprietário feudal de terras da região. Enquanto o bispo estava fora da cidade, Arnaldo convenceu a população urbana a se insurgir contra ele. Em seguida, convenceu o clero local a entregar sua propriedade ao povo de Brescia e, no dizer de João de Salisbury, "controlou a tal ponto a mente dos cidadãos, que eles mal queriam abrir os portões para o bispo quando de sua volta".[12]

Esse levante não foi brincadeira. O norte da Itália era cheio de cidades cujos cidadãos ansiavam por afirmar sua "liberdade" contra os proprietários feudais. Com a cidade sob a ameaça de um conflito armado entre as forças do bispo e a comunidade, Arnaldo apelou para Inocêncio II, mas o papa tinha pouquíssimo entusiasmo pela defesa de insurreições de leigos contra servidores da Igreja. Como não é de admirar, Arnaldo viu-se condenado e deposto por insubordinação no Concílio Laterano de 1139. Proibido de pregar em público ou de retornar a Brescia, ele foi a Sens no ano seguinte, para apoiar Abelardo contra Bernardo e os bispos reunidos. Quando seu antigo professor recolheu-se à Abadia de Cluny, Arnaldo ingressou no mosteiro de Santo Hilário, no Mont-Sainte-Geneviève — o mesmo lugar onde Abelardo havia lecionado anteriormente —, e ali fez uma série de palestras sobre teologia moral.

Essa temporada parisiense não durou muito. Arnaldo não conseguiu resistir à oportunidade de denunciar seus inimigos das altas esferas como militaristas avarentos e sexualmente corruptos, que procuravam "erigir a Igreja de Deus com sangue". Nem mesmo o intocável Bernardo escapou de suas invectivas. Arnaldo rotulou o perseguidor de Abelardo como um "homem calcado na vanglória, invejoso de todos os que se distinguem no saber e na religião, a menos que tenham sido seus discípulos".[13] Bernardo respondeu denunciando seu crítico ao rei Luís VII, da França, como "um cismático incorrigível, semeador da discórdia, perturbador da paz e destruidor da união",[14] e exortando a que ele fosse expulso do país. O pedido foi prontamente atendido. Arnaldo foi para a Suíça, mas Bernardo o caçou até que saísse também desse refúgio e, em 1143, ele foi para a Boêmia, onde fez amizade com o legado papal no reino. Apesar das cartas de advertência de Bernardo, o legado persuadiu Arnaldo a se submeter ao sucessor do papa Inocêncio, Eugênio III. Ele conheceu o novo papa em Viterbo, na Itália, onde prometeu prestar-lhe obediência e se penitenciar por suas ofensas passadas. Foi então que Eugênio cometeu um erro terrível (do ponto de vista do papado): enviou o agitador bresciense numa peregrinação a Roma.

Roma, em 1146, era como Brescia, só que maior — um remoinho de idéias e sentimentos revolucionários, instigados pela nova devoção, pelo ódio dos cidadãos locais a seus suseranos papais e por velhos sonhos de restabelecer o poder do senado romano. Não há dúvida de que Arnaldo pretendia ser obediente. Mas a hierarquia católica era tão corrupta quanto qualquer radical poderia imaginar, o povo estava à espera de um líder com as idéias e o temperamento dele, e, quase num piscar de olhos, Arnaldo viu-se ajudando a organizar uma rebelião popular contra o papa. Tachou o Colégio Cardinalício como "um lugar de negócios e um antro de ladrões". O papa Eugênio era "um homem sanguinário, que mantinha sua autoridade através do fogo e da espada, um perseguidor do clero e opressor dos inocentes, que nada fazia no mundo senão satisfazer seus próprios desejos e esvaziar os cofres de outros homens para encher o seu".[15] Ninguém poderia obedecer a um prelado que, entre outros vícios, havia privado Roma, "a fonte da liberdade", de sua independência. Em 1146, sob a liderança de Arnaldo, os cidadãos romanos expulsaram Eugênio da cidade. Nos três anos seguintes, Roma foi uma democracia governada por um senado eleito, enquanto Arnaldo convenceu ou obrigou o clero a abandonar suas posses e adotar um estilo de vida apostólico.[16]

Eugênio III excomungou o lombardo rebelde em 1148, ato este que Arnaldo declarou sem efeito, uma vez que o papa deixara de ser "o verdadeiro *Apostolicus*".[17] Um ano depois, Eugênio voltou a Roma à testa de um exército, mas a comunidade armada tornou a expulsá-lo em poucos meses. Nesse ponto, entretanto, o poder começou a se voltar contra Arnaldo e seus aliados da classe baixa. No intuito de defender a cidade contra o papa, ele havia solicitado a ajuda de Conrado III, o imperador alemão. Fazia muito tempo que os imperadores do "Sacro Império Romano" da Alemanha controlavam grande parte do norte da Itália e cobiçavam o resto do país, mas Conrado tinha tão pouco interesse quanto Eugênio em apoiar uma rebelião contra a ordem feudal estabelecida. Em 1152, Arnaldo escreveu ao sucessor recém-escolhido de Conrado, Frederico Barba-Roxa, pedindo-lhe que aceitasse sua coroa do povo romano, e não do papa, e lhe oferecendo o controle sobre a cidade.[18] Mais valia um governante laico externo, pensou ele, do que um papa corrupto. Tal como seu predecessor — e pela mesma razão —, o imperador opôs-se à idéia. Entrementes, o movimento de Arnaldo cindia-se nas linhas que dividiam as classes. Enquanto os pobres e muitos membros do clero inferior continuavam a apoiá-lo, os cidadãos mais ricos, a maioria dos nobres e os padres que se ressentiam de sua nova pobreza voltaram-se contra ele. Quando os adversários de Arnaldo venceram a eleição para o senado, o líder rebelde descobriu que já não estava a salvo em sua cidade de adoção.

Encarcerado durante algum tempo por um cardeal romano hostil, ele foi libertado por um nobre solidário, que lhe ofereceu asilo em sua propriedade na zona rural. Agora, porém, Arnaldo era um fugitivo, e seu tempo se esgotava. A eleição de Adriano IV como papa, em 1154, selou seu destino. Quando o novo pontífice coroou Frederico Barba-Roxa imperador, este prometeu obrigar o protetor de Arnaldo a entregá-lo aos soldados imperiais. O rebelde foi caçado e capturado em 1155, teve suas mãos e pés atados e foi entregue à cúria romana — às mesmas autoridades eclesiásticas que ele agredira verbalmente e despojara de suas posses, oito anos antes. Os relatos diferem quanto ao que exatamente lhe aconteceu nessa ocasião. A cúria o julgou, mas as acusações permanecem obscuras, uma vez que, apesar de obviamente insubordinado, ele não havia pregado a heresia nem violado as leis canônicas. Alguns dizem que o próprio papa Adriano ordenou que ele fosse enforcado depois do julgamento. Outros afirmam que as autoridades romanas a quem ele tratara com rispidez, durante o período da revolta, seqüestraram-no da prisão papal e o executaram. As penúltimas cenas desse drama continuam obscuras, porém muitos assistiram a seu final. Arnaldo fez sua derradeira aparição pública no cadafalso da cidade. Dizem que morreu com bravura, depois de rezar por sua salvação, e que seu corpo foi cremado, e suas cinzas, espalhadas no rio Tibre. Um cronista da época explicou o motivo. Isso foi feito, disse ele, "por medo, para que o povo não as recolhesse e as honrasse como as cinzas de um mártir".[19]

A Igreja tinha razão em temer o fantasma de Arnaldo de Brescia. Na Lombardia e, depois, em Roma, o volátil abade conseguira combinar três elementos que, misturados com argúcia, eram capazes de deflagrar uma explosão violenta: raiva anticlerical, fervor evangélico e ambição política laica. Somando a isso um quarto ingrediente, que não esteve presente no caso de Arnaldo — um questionamento confiável da teologia ortodoxa —, o resultado seria a receita para um movimento revolucionário como o liderado por Martinho Lutero, alguns séculos depois. Talvez pelo fato de esse perigo ainda não ter se manifestado, as reações oficiais à dissidência, durante a maior parte do século XII, foram relativamente moderadas. Afinal, os papas é que haviam lançado a campanha em prol da reforma do clero e ainda apoiavam o movimento de devoção popular, salvo quando este se entregava a excessos. Em decorrência disso, professores heterodoxos como Pedro Abelardo e evangelistas ultrafervorosos como o monge Henrique foram criticados e silenciados, mas não queimados na fogueira. Vez por outra, ativistas rebeldes eram executados, mas é provável que até a "abelha italiana" tivesse sobrevivido, se não houvesse passado da pregação da reforma eclesiástica para o fomento da revolta civil. Enquanto os dissidentes não contradissessem as sagradas doutrinas da Igreja nem contestassem diretamente seu poder organizado, a hierarquia podia dar-se ao luxo de ser magnânima.

Essa situação descontraída não duraria muito mais. O despertar europeu vinha ganhando impulso. As fronteiras da cristandade estavam-se expandindo, colocando viajantes, soldados, comerciantes e eruditos cristãos em contato com outras culturas, e abrindo as portas da Europa para a entrada de idéias novas. Um dos resultados, para horror dos líderes católicos, foi a formação de uma seita anticatólica numerosa e beligerante, com base no sul da França. No Midi, no norte da Itália e na Renânia, uma doutrina dualista importada do Império Bizantino inspirou dezenas de milhares de fiéis, que se denominavam albigenses ou cátaros — os Puros —, a organizarem algo que consistia, na verdade, numa contra-Igreja. Os elevados padrões morais e a dedicação servidora de seus líderes (os *Perfecti*) davam-lhes um enorme apelo popular. Eles converteram alguns membros da nobreza local e conseguiram até obter a aprovação tácita de alguns bispos e padres católicos. Além disso, diversos *Perfecti* eram intelectuais que devoravam as obras recém-traduzidas de Aristóteles. Confrontados com polemistas católicos desejosos de reconquistar seus seguidores para a verdadeira fé praticada em Roma, eles viriam a se revelar adversários portentosos no debate.

O fato de a ameaça albigense não ter sido reconhecida de imediato deveu-se, provavelmente, à semelhança superficial desse movimento com outros grupos evangélicos, alguns deles muito grandes, que praticavam a pobreza voluntária e a prestação de serviços aos pobres, reverenciavam os líderes abnegados, viviam em comunidade, traduziam a Bíblia para línguas vernáculas e pregavam sem autorização aos que quisessem escutar. A maioria desses defensores da "nova devoção" estava interessada em reformar as práticas da Igreja Católica, e não em questionar suas doutrinas fundamentais. Mas havia uma outra coisa nesses novos dissidentes que assustou observadores como Evervino de Steinfeld, um monge cisterciense que os conheceu em 1144 e escreveu sobre eles a seu superior, Bernardo de Claraval. O relatório de Evervino concentrou-se num grupo de manifestantes capturados perto de Colônia, que haviam "defendido sua heresia com citações de Cristo e dos apóstolos". "Ao perceberem que não estavam progredindo", escreveu o monge,

> eles pediram que se marcasse uma data em que lhes fosse possível apresentar, dentre seus seguidores, homens que eram especialistas em sua fé.

> Prometeram que, se vissem seus mestres ser refutados na argumentação, estariam dispostos a voltar à Igreja, mas, de outro modo, prefeririam morrer a abandonar suas opiniões. Depois disso, durante três dias, eles foram exortados a recobrar o bom senso, recusaram-se a fazê-lo, e foram agarrados pela população, movida por grande entusiasmo (embora fôssemos contra isso), amarrados no pelourinho e queimados na fogueira. O assombroso foi que enfrentaram e suportaram o tormento das chamas não apenas com coragem, mas com alegria. Quisera estar convosco, meu santo padre, para vos ouvir explicar de que modo é dada a esses instrumentos do demônio, em sua heresia, uma fortaleza tão grande, tal como raras vezes se encontra entre os verdadeiramente religiosos na fé em Cristo.[20]

Essa demanda de debates públicos, bem como a sede de martírio dos crentes, representavam algo novo. De acordo com Evervino, os integrantes do grupo atinham-se a diversas crenças e costumes peculiares. Recusavam-se a consumir leite, carne ou qualquer outro produto da procriação, e condenavam o casamento, que consideravam uma fornicação. Consagravam seus alimentos e bebidas como o corpo e o sangue de Cristo, fazendo a Oração do Senhor, e batizavam-se pela simples aposição das mãos (ritual conhecido como *consolamentum*, que também era usado para dar a extrema-unção). Dividiam-se entre grupos de fiéis comuns e uma elite espiritual, cujos membros eram chamados de Perfeitos (*Perfecti*) — homens e mulheres que levavam uma vida tida como de notável virtude. Decididamente não violentos, consideravam injustas todas as guerras e se opunham à pena capital. E, o que era mais chocante, negavam a autoridade da Igreja católica e a eficácia dos sacramentos, excetuado o *consolamentum*.[21]

Esse e outros relatos desanimaram Bernardo, que havia encontrado membros da mesma seita numa missão de pregação no Languedoc, no sudoeste da França, onde eles pareciam ser particularmente populares. Depois de mais investigações, ficou claro que a nova organização não era meramente um excêntrico grupo católico de protesto, mas uma religião não católica. A princípio, tinha havido uma certa confusão a esse respeito. Claramente, os cátaros ou albigenses eram "dualistas", contrapunham a santidade e a beleza do espírito à venalidade e às tentações do mundo material — porém, muitos bons católicos também preferiam os dotes espirituais aos bens materiais, o celibato ao casamento, e o culto carismático aos ritos da Igreja organizada. Os albigenses, no entanto, deram um gigantesco passo adiante. De acordo com seus líderes, houvera duas criações, e não apenas uma. Ao mesmo tempo que o Deus de bondade criara o universo do espírito, um Deus maléfico, coeterno e de poder igual ao d'Ele, criara um universo material paralelo. Não sendo um mero anjo decaído, o Deus Satanás atacara o céu, a fim de capturar e aprisionar os anjos nos corpos humanos que havia moldado para esse fim.[22] Por isso as almas humanas estavam aprisionadas na inóspita carne mortal. E assim se iniciara a guerra entre o Bem e o Mal, que continuava até o presente — uma luta interminável, cujas grandes batalhas tinham sido a queda do Homem (vitória de Satanás) e a vida e ressurreição de Cristo (vitória de Deus).

A ética albigense era uma decorrência inexorável dessa premissa maior. Deus enviara Jesus para nos mostrar o caminho da vitória sobre o corpo e para escaparmos ao círculo vicioso da reprodução sexual. Tal como Cristo, portanto, toda pessoa devia procurar purificar-se, amando o próximo e derrubando a tirania da carne. Para os Perfeitos, isso significava renunciar ao casamento, viver sem violência e dedicar a vida inteiramente ao bem-estar do próximo. Para os fiéis comuns, as exigências da fé não eram tão rigorosas, mas incluíam a renúncia à Igreja romana e a seus ritos "supersticiosos", bem como o compromisso com uma vida de responsabilidade comunitária, vegetarianismo e virtude.

O que mais interessava aos críticos dos albigenses eram as manifestações mais extremas de suas crenças antimaterialistas. Alguns fanáticos viam o parto com horror — mais uma alma condenada ao aprisionamento num corpo corrupto — e, embora os indícios disso sejam escassos, é possível que outros tenham dado fim à vida na velhice, ou quando estavam seriamente enfermos, jejuando até a morte, numa forma de suicídio ritualístico conhecida como *endura*.[23] A propensão a definir o corpo e a alma como entidades distintas e conflitantes levou alguns albigenses a acreditar na transmigração das almas, segundo a qual o progresso de cada alma na direção da autopurificação seria recompensado por seu renascimento num corpo mais digno, enquanto as almas dos Perfeitos retornariam a Deus. No extremo oposto, eram abundantes os relatos de práticas sexuais promíscuas por parte de membros da seita, cuja desaprovação do casamento e da procriação supostamente os liberava para o sexo não reprodutivo. Mas esses eram rumores do mesmo tipo dos disseminados pelos romanos a respeito dos primeiros cristãos, e igualmente infundados. São poucos os indícios de que as crenças dos cátaros tenham produzido comportamentos radicalmente diferentes dos adotados por católicos devotos, ou de que a situação de dissidência dessa religião levasse seus membros a se rebelar contra as idéias comuns de moral e decência.[24]

O que se verificava era o inverso. Os padrões morais observados pelos albigenses devotos, em geral elevados, faziam um nítido contraste com a violência, a crueldade e a corrupção endêmicas numa sociedade em processo acelerado de mudança. No Languedoc e, em certa medida, na Provença e no norte da Itália, a nova igreja obteve grande apoio em todas as classes sociais — a tal ponto que o albigensianismo ou catarismo tornou-se a religião não oficial do sul. Os pobres acreditavam (com certa justificação) que os Perfeitos eram claramente superiores ao clero católico, em matéria de santidade pessoal e habilidade pastoral. A classe média urbana — médicos, advogados, artesãos e comerciantes — respondia à pureza e à simplicidade do credo e funcionava como sua missionária oficiosa, quando viajava para outras regiões. As mulheres eram particularmente atuantes na igreja e, como Perfeitas, desempenhavam um papel igual ao dos homens. E os nobres viam o albigensianismo como uma expressão da autonomia regional que desejavam defender contra as ambições de papas e príncipes "estrangeiros". O conde Raimundo VI, de Toulouse, herói dos trovadores e um dos maiores príncipes da cristandade, não tinha grande desejo de eliminar os hereges, em cujas fileiras se incluíam muitos de seus amigos e parentes da nobreza. Tampouco o tinham os bispos católicos de Carcassonne, Béziers, Albi e outras cidades do Languedoc, muitos dos quais haviam aprendido a tolerar seus concorrentes albigenses, mesmo ao se colocarem contra eles.

Especialmente considerando a riqueza e a cultura brilhante do Midi, essa solidariedade regional poderia transformar-se numa tendência, se as autoridades católicas de Roma decidissem chamar cavaleiros e príncipes nortistas, ávidos de terras, para ajudá-las a punir os hereges do sul. Essa possibilidade horripilante tornou-se cada vez mais provável, à medida que foi ficando clara a dimensão da distinção entre os cátaros e a Igreja católica. Embora Roma houvesse despachado diversas equipes de missionários cistercienses para pregar nas regiões "infectadas", os resultados dessas campanhas foram insignificantes. Não só os evangelistas visitantes, com seus trajes de linho fino e suas comitivas bem equipadas, saíam-se mal na comparação com os "Bons Homens" (como eram chamados os ativistas albigenses) do lugar, como não estavam preparados para os debates para os quais os hereges cultos os desafiavam em todas as oportunidades. Modelados nas discussões universitárias, esses concursos de debates eram realizados nas catedrais, nas praças ou noutros locais abertos ao público. Com freqüência, os debatedores discutiam perante um júri composto em igual número por católicos e albigenses, no intuito de verificar qual dos lados era capaz de converter um ou mais membros hostis do júri e, desse modo, vencer a disputa. Num debate famoso, realizado em Carcassonne em 1204, o legado papal, Pedro de Castelnau, defendeu a posição católica contra o bispo albigense da cidade, Bernardo de Simorre, perante um júri composto por 13 católicos e 13 albigenses, sob o olhar do rei Pedro II de Aragão. A despeito da presença do rei católico, o resultado foi um empate. Em geral, os católicos obtinham tão poucas conversões nesses eventos quanto seus adversários albigenses.[25]

Como a persuasão se revelou ineficaz, as autoridades voltaram-se cada vez mais para as ameaças de uso da força. O III Concílio Laterano, de 1179, não só condenou a heresia albigense, como acrescentou ainda que "Todo o corpo de fiéis deve lutar vigorosamente contra essa pestilência, e até, se necessário, pegar em armas para combatê-la. Os bens dessas pessoas serão confiscados, e todos os príncipes terão o direito de escravizá-las". O concílio prometeu que qualquer um que lutasse contra os hereges ganharia dois anos de remissão das penitências e ficaria em condições de receber a propriedade confiscada deles, "exatamente como um cruzado".[26] Esse apelo ficou temporariamente sem resposta. Roma ainda não tinha um líder habilitado e disposto a organizar uma cruzada autêntica contra um inimigo interno bem entrincheirado, e os líderes eclesiásticos também não haviam perdido a esperança de que o movimento pudesse esgotar-se em disputas internas e se extinguir, como havia ocorrido com outros grupos carismáticos. Além disso, embora albigenses impenitentes fossem queimados na fogueira na Champanhe, em Flandres, em Londres e em Colônia, a força do movimento no sul deixou claro que seria necessário um holocausto de corpos, caso se exigisse a pena máxima para os hereges da região.

Nesse momento, portanto, os debates prosseguiram, levantando questões de filosofia e teologia que seriam discutidas muito depois de o movimento albigense deixar de existir. É possível que os representantes da nova seita não houvessem participado com tamanho vigor, se soubessem qual seria a punição por se defenderem com tanta competência de seus adversários católicos. Talvez os albigenses se sentissem invulneráveis em seus redutos do sul, ou talvez estivessem simplesmente dispostos a correr o risco do martírio por sua fé, mas faziam mais do que apenas sustentar sua posição nos debates. Utilizando os métodos e conceitos da filosofia aristotélica redescoberta, eles puseram os católicos na defensiva e selaram inadvertidamente sua sorte.

As crenças albigenses, como se constatou, não eram apenas heterodoxas e peculiares; eram sistemáticas e, para as pessoas ávidas de explicações racionais, altamente persuasivas. A reputação de virtuosos conquistara muitos seguidores incultos para os hereges, mas foi a capacidade de sustentar suas doutrinas com argumentos convincentes que levou cristãos instruídos para seu campo e os transformou num verdadeiro perigo para a hegemonia intelectual da Igreja Católica. Os dissidentes eram conhecidos como leitores vorazes — os quadros que os retratam mostram-nos freqüentemente segurando livros — e usavam com eficiência aquilo que liam. Como seus adversários católicos, citavam textos bíblicos que pareciam corroborar suas idéias, especialmente as numerosas passagens do Novo Testamento que enfatizavam a corrupção do mundo material e de suas igrejas. O que mais estarrecia e perturbava seus oponentes, no entanto, era a capacidade de respaldar sua posição usando métodos e conceitos derivados de autoridades laicas altamente respeitadas — em particular, Aristóteles e seus comentadores.

O assunto principal dos hereges (que quase correspondia a uma obsessão) era o problema do Mal. Como poderia um Deus de bondade ter criado um universo como o nosso, coberto pela morte, pela decadência e pelo fracasso moral? Como poderia um Criador onipotente, justo e amoroso permitir que existissem pestes, desastres naturais e impulsos pecaminosos? Essa questão era preocupante para muitos cristãos pensantes, mas, antes do desafio albigense, poucos se inclinaram a ver a tolerância divina a esses males mundanos como um problema que criasse uma séria crise doutrinária. A maioria dos fiéis tendia a aceitar as explicações originalmente oferecidas por Santo Agostinho, que declarara que o mal não era uma coisa criada por Deus — a rigor, nem sequer era uma coisa, mas uma insuficiência ou "privação" do ser.[27] O pecado, ou a revolta contra Deus, dizia Agostinho, era produto de nosso livre-arbítrio, não da vontade divina. E — eis o argumento decisivo — os desígnios imperscrutáveis de Deus, se pudéssemos compreendê-los, demonstrariam que os eventos aparentemente maléficos serviam, na verdade, a algum propósito superior.[28]

A resposta albigense a tudo isso era devastadora, especialmente quando fornecida em debates públicos por *Perfecti* que haviam estudado a lógica aristotélica em escolas eclesiásticas ou nas universidades. Nenhuma das explicações de Agostinho fazia sentido, argumentavam eles, uma vez que a contradição entre um Deus bondoso e onipotente e um universo maculado pelo mal era real, e não se podia fazê-la desaparecer por um truque teológico. O mal não era uma ilusão, insistiam eles; era uma realidade tão substancial quanto o mundo material que a encarnava. O próprio Agostinho havia identificado o pecado não apenas com uma ausência do ser, mas com a concupiscência: a má utilização da vontade pervertida do homem. Mas como poderia um Deus bondoso e onipotente ter criado um produto tão defeituoso? E como podia Ele, com justiça, condenar Suas próprias criaturas pecadoras (a vasta maioria dos seres humanos, de acordo com Agostinho) às chamas eternas do inferno? Por outro lado, diziam os albigenses, a atribuição de impulsos e acontecimentos maléficos a um desígnio divino imperscrutável não passava de um apelo à ignorância. Se os desígnios de Deus eram incognoscíveis, como podíamos saber que visavam ao nosso bem? A rigor, como poderíamos saber qualquer coisa sobre eles? A conclusão de que Ele devia ter nosso bem-estar em Seu coração, mesmo permitindo que sofrêssemos, simplesmente ratificava a suposição original de uma divindade bondosa e onipotente. Mas seria essa suposição justificável pelos dados empíricos? Ou haveria uma explicação mais satisfatória?

Por mais inusitadas ou "orientais" que parecessem algumas crenças e práticas dos albigenses,[29] essas questões estavam em perfeita sintonia com o mesmo espírito racionalista — o desejo de compreender as coisas — que, nessa época, vinha transformando a teologia católica, bem como estimulando o interesse rapidamente crescente da Europa pela ciência natural e pelo ensino superior. Ante a acusação de que sua história da criação era uma completa fantasia, os albigenses respondiam analisando, no Velho Testamento, a história de Jó, o "homem irrepreensível e íntegro" que perde tudo em função de um capricho de Jeová.[30] Claramente, diziam os albigenses, essa história desagradável, na qual Deus zomba de Jó e o intimida até ele aceitar o paradoxo de um Deus de bondade que faz as pessoas sofrerem, não constituía uma resposta à questão do problema do mal, mas uma recusa a fornecê-la. Pior do que isso, as reiteradas proclamações do ilimitado poder divino feitas por Jeová admitiam, implicitamente, que Ele causava o mal de propósito (como no caso de Jó), ou permitia que ele existisse (como no caso dos anjos decaídos ou de Adão e Eva). A conclusão ortodoxa, portanto, era que os seres humanos, usando unicamente a razão, não poderiam compreender os acontecimentos e impulsos a que chamavam "mal". Nisso, portanto, a razão deveria render-se à revelação, e a lógica, à fé. Os cristãos deviam simplesmente aceitar a idéia de que, sendo Deus bondoso e onipotente, Seu poder e saber infinitos seriam acompanhados, no devido tempo, por uma justiça e misericórdia infinitas.

A isso respondiam os albigenses que havia uma explicação dos fenômenos à qual era possível chegar pelo uso da razão: Deus não podia ser bom e onipotente ao mesmo tempo. Se criava o mal ou permitia que ele existisse, não podia ser bom. Mas, se era bom, não podia ser onipotente, pois, se o fosse, não nos teria sobrecarregado com o pecado e o sofrimento. A existência do bem e do mal implicava a existência de dois princípios criadores, ou dois deuses, nenhum deles onipotente. O Deus retratado no livro de Jó e noutros pontos do Velho Testamento, um bruto tirânico, apaixonado por Seu próprio poder, seria o criador do universo material, fonte de todos os males. O Deus do Novo Testamento, fonte da misericórdia e da vida, era o criador do reino espiritual, que incluía Seu Filho, os anjos e as almas dos seres humanos. Esse dualismo ético não só fazia sentido, diziam os albigenses, como era uma conclusão necessária, se quiséssemos seguir os princípios do raciocínio científico expostos por Aristóteles.

O único texto albigense que chegou intacto até nós, um tratado chamado *Sobre os dois princípios*, contém a seguinte passagem intrigante:

> Mas pareceria impossível este [mal que existe sem uma causa], isto é, impossível que algo possa começar sem uma causa, como está escrito: "Pois é impossível que o que quer que suceda não tenha causa." E, mais uma vez: "Tudo aquilo que passa da potência para o efeito necessita de uma causa pela qual seja atraído para o efeito." E até o que foi sua causa, de acordo com eles [os católicos], isto é, o bem, necessita menos dela do que aquilo que não o foi, ou seja, o mal, posto que certamente está escrito: "É necessário que algo exista para poder agir."[31]

Essa argumentação é puro Aristóteles. É provável que as frases citadas tenham vindo de um trecho ou um comentário sobre *Física* ou *Metafísica*, livros nos quais o Filósofo insiste em que conhecer algo é compreender suas causas, que não há coisas ou eventos não causados no universo, e que todas as coisas ou eventos potenciais tornam-se reais em virtude da influência de alguma causa ou fim.[32] A última frase da passagem refere-se ao princípio aristotélico de que qualquer nova atividade no universo tem que ter uma nova causa, uma vez que, de outro modo, as coisas continuariam como antes. A tese albigense afirmava que, mesmo que o mal não fosse eterno (como eles acreditavam que era), devia ter uma causa, pois, de outro modo, o que quer que estivesse produzindo, o bem continuaria a produzir apenas o bem, eternamente. Do mesmo modo, embora os debatedores católicos pudessem dizer que o mal era resultante do livre-arbítrio, ainda era preciso responder a uma pergunta: "O que faz com que os anjos ou os homens escolham o mal?" A idéia de um acontecimento não causado ou causado por ele mesmo era absurda, visto que, como dizia Aristóteles, tudo o que acontece no mundo natural tem uma causa. E, já que o Filósofo havia demonstrado que a causa de algo tão geral e fundamental quanto o bem devia ser uma Causa Primordial — um Deus —, era razoável que a causa do mal também fosse um Deus.

As conseqüências dessa argumentação foram inquietantes para muitos católicos, não porque eles aceitassem as conclusões dos albigenses, mas pelo fato de os hereges serem capazes de fazer um uso tão eficiente do novo saber. A idéia de uma criação dupla era não só uma heresia flagrante, como também uma idéia que Aristóteles, com sua crença na unidade da natureza, não teria contemplado nem por um momento. No entanto, o método racionalista empregado pelos albigenses era um procedimento que muitos teólogos católicos também haviam abraçado. Também estes acreditavam que as doutrinas religiosas tinham que fazer sentido, assim como as teorias de Aristóteles faziam sentido. Em outras palavras, tinham que ser compreensíveis; tinham que explicar (ou, pelo menos, ser compatíveis com) os fenômenos observados; e tinham que ser passíveis de justificação por argumentos lógicos, do mesmo tipo dos usados para provar proposições de outra natureza. Algumas exceções a essa abordagem eram reconhecidas pelos eruditos cristãos. As questões relacionadas com coisas divinas, como o parto virginal de Maria, o caráter trinitário da Santíssima Trindade e a geografia celestial, eram consideradas, de modo geral, fora do âmbito do raciocínio lógico. Mas, seria o problema do mal o mesmo tipo de questão transracional? Porventura os próprios males cuja origem estava sendo debatida por católicos e albigenses não eram características normais do mundo natural? Que sentido havia, portanto, em os fiéis ortodoxos declararem que tais males eram misteriosos demais para que os seres humanos os compreendessem?

Desde o momento em que a obra "perdida" de Aristóteles e outros livros de ciência grega foram introduzidos na Europa pela primeira vez, a resposta católica usual ao novo saber consistira em aceitar suas descobertas, colocando-as no contexto mais amplo das verdades religiosas geralmente aceitas — operação que envolvia estabelecer uma separação entre o aqui e agora sensorial do universo natural e o reino inefável do divino. Mas a ciência médica de Galeno e a biologia de Aristóteles, por exemplo, sugeriam fortemente que os cadáveres continuavam mortos. Já os cristãos devotos poderiam responder que isso certamente era verdade no mundo da natureza, mas era também verdade que, em raras ocasiões, Deus podia ressuscitar os mortos — como fizera Jesus com Lázaro —, e que ressuscitaria o corpo dos santos no fim dos tempos, como era prometido nos Evangelhos. O aparente conflito entre a ciência e a religião poderia ser resolvido, admitindo-se a possibilidade dos milagres como exceções ocasionais às regularidades da natureza, bem como a existência de um Reino dos Céus onde as leis da natureza fossem anuladas. Desse modo, seria possível aceitar as verdades indubitáveis da "filosofia natural" e, ao mesmo tempo, manter-se como um cristão fiel. Outra maneira de dizer isso era que, comumente, Deus opta por exercer Seu poder ilimitado deixando que a natureza funcione autonomamente, de acordo com os princípios descritos por Aristóteles. Mas, como Deus é onipotente, Ele pode fazer — e às vezes faz — o que bem quiser.

Essa era uma solução elegante e, em muitos casos, bastante útil. Mas o que os debates com os albigenses demonstraram foi que algumas questões vitais resistiam a uma classificação fácil como terrenas ou divinas, apropriadas à determinação científica ou fora do alcance da compreensão humana. Em algumas áreas de investigação, a tarefa de separar o natural do sobrenatural era muito mais difícil e, por conseguinte, podiam ocorrer graves conflitos. O problema do mal situava-se inequivocamente nesse território disputado, ao lado de algumas outras questões, como a eternidade do mundo, a invariabilidade das leis naturais e a natureza da alma. Lidar com essas questões de um modo que satisfizesse os cristãos instruídos exigiria uma sofisticação filosófica consideravelmente maior do que aquela que a safra existente de pregadores católicos era capaz de oferecer.

Essa foi a segunda lição dos debates contra os albigenses. Se os católicos quisessem derrotar os hereges, que eram peritos no uso dos argumentos de Aristóteles nas discussões, melhor seria usarem pregadores qualificados na dialética aristotélica — especialistas em debates que fossem capazes de derrotar os albigenses em seu próprio jogo. Em 1205, um desses especialistas, um teólogo espanhol de 35 anos, chamado Domingos de Gusmão, formado pela Universidade de Palência, acompanhou seu bispo a uma reunião de legados papais em Montpellier. Esse homem jovem e inflamado tivera a esperança de pregar para os sarracenos, mas um papa quase tão jovem quanto ele — Inocêncio III — lhe ordenara entrar numa batalha retórica contra os albigenses. Seu primeiro gesto foi recomendar aos legados que aqueles que pregavam contra os hereges abandonassem imediatamente suas carruagens puxadas por cavalos, dispensassem seus cozinheiros e pajens, jogassem fora suas belas roupas e adotassem o estilo de vida austero de seus adversários. Pouco depois, ele pediria permissão ao papa para fundar uma nova ordem de pregadores, a fim de conduzir a luta contra o albigensianismo em toda a Europa. O jovem Dominicus — para indicarmos seu nome em latim — acabaria realizando seu desejo. Entretanto, antes que fosse possível criar formalmente a Ordem Dominicana, Inocêncio III havia pregado uma cruzada contra os albigenses, e toda a região de Languedoc ficou em chamas.

Os líderes raramente fazem grande diferença na história, mas Lotário de Segni nasceu para liderar. Esse jovem aristocrata romano recebeu a melhor educação possível na Europa do fim do século XII, obtendo um diploma de teologia da Universidade de Paris e um diploma de direito da Universidade de Bolonha. Aos 22 anos, o que era prodigiosamente precoce pelos padrões medievais, concluiu seus estudos e voltou a Roma, a fim de assumir uma sucessão de cargos progressivamente mais importantes na hierarquia da Igreja. Quando faleceu o papa Celestino III, em 1198, Lotário foi eleito papa por um Colégio Cardinalício praticamente unânime, assumindo o nome de Inocêncio III. Celestino III havia escolhido a dedo um outro homem para ser seu sucessor, mas isso não veio ao caso; Lotário foi reconhecido como uma das mentes jurídicas mais brilhantes de sua época — esplêndido administrador, político arguto, diplomata paciente e defensor apaixonado do papel de vanguarda do papado nos assuntos europeus. Além disso, era admirador dedicado do grande reformador Gregório VII, e estava decidido a dar continuidade a seu trabalho. Quando assumiu o trono de São Pedro, Inocêncio III tinha apenas 37 anos.

Três grandes desafios confrontaram o novo papa e sua administração: a persistência do albigensianismo no sul da França e na Itália, a disseminação dos movimentos evangélicos de protesto por todo o Ocidente e a "invasão" das novas universidades européias pelas idéias aristotélicas. Por quase qualquer padrão, exceto o do humanitarismo, seu pontificado foi um triunfo. A visão política geral de Inocêncio era o que se poderia chamar de conservadorismo de horizontes largos. Para promover os interesses da Igreja a longo prazo, ele se dispôs a fazer mudanças que os tradicionalistas mais míopes consideravam inaceitavelmente radicais. Seu método favorito de abordar os problemas (resíduo de sua formação jurídica, sem dúvida) consistia em traçar uma linha. De um lado dessa linha ele colocava os que contestavam diretamente a hegemonia espiritual e organizacional da Igreja, ou que eram hereges impenitentes. Seu destino era serem fisicamente exterminados. Do outro lado ficavam aqueles que a Igreja poderia usar em seu benefício, ainda que suas idéias e atitudes parecessem dúbias ou problemáticas. O destino destes, se eles o aceitassem, seria sua incorporação na hierarquia católica, mediante normas e regras adequadas. Esse método, que muito contribuiu para determinar o futuro da organização e do pensamento católicos nos três séculos seguintes, ditou a destruição dos albigenses, a cooptação do movimento evangélico e uma tentativa ambivalente de regular a acolhida dada a Aristóteles pelas universidades.

A princípio, a resposta do papa à persistência do albigensianismo pareceu muito comedida, considerando-se o quanto ele abominava a heresia. Calcando-se na teoria de que os abusos de poder do clero católico estavam estimulando a revolta, ele enviou seus legados ao Languedoc, com ordens para suspender de seus cargos alguns bispos corruptos, e despachou Domingos de Gusmão num circuito de pregação e debates por toda a região. Também aceitou a declaração de arrependimento do conde Raimundo VI de Toulouse, que fora excomungado por tolerar a heresia, e o readmitiu na comunhão. Mas Inocêncio não tinha intenção de permitir que os albigenses continuassem a organizar uma contra-Igreja na Europa meridional. Furioso com a contínua incapacidade do conde Raimundo de tomar providências contra os hereges, ele informou em caráter privado ao primo do conde, o rei da França, seu dever de príncipe cristão:

> É vossa responsabilidade forçar o conde de Toulouse a se retirar das terras que ocupa atualmente, retirar esse território do controle de hereges sectá-

> rios e colocá-lo nas mãos de católicos verdadeiros, que ficarão aptos, sob vosso governo benéfico, a servir com toda a fidelidade a Nosso Senhor.[33]

Enquanto isso, o papa instruiu Pedro de Castelnau, seu principal representante no Midi, a agir contra Raimundo no próprio território deste. Castelnau induziu alguns barões locais, que tecnicamente eram vassalos do conde, a formarem uma liga dedicada à captura e à eliminação dos hereges albigenses. Quando convidado a participar da nova organização, Raimundo (como era bastante previsível) recusou-se a fazê-lo, e Castelnau retaliou excomungando-o, e com isso libertando legalmente seus súditos dos juramentos de fidelidade. Também colocou o condado de Toulouse sob interdição, o que significava que, até que Raimundo fizesse as pazes com a Igreja, os católicos da região não mais poderiam assistir à missa nem receber a Santa Comunhão. O legado não fez segredo de suas intenções: "Aquele que vos despojar será considerado virtuoso", anunciou ele a Raimundo, e "aquele que vos desferir um golpe mortal merecerá uma bênção."[34] Para dar sustentação a sua autoridade ameaçada, o conde foi obrigado a pedir desculpas, a se humilhar diante de Castelnau e a fazer numerosas promessas solenes de seguir as ordens papais e participar da campanha contra os hereges. A cerimônia de submissão, na igreja de Saint-Gilles, parece ter sido humilhante não apenas para Raimundo, mas também para seus oficiais. Na manhã seguinte, quando Castelnau e seus colegas deixavam a cidade, um dos militares de Raimundo os abordou e transpassou o legado papal com sua espada.

Inocêncio III não havia planejado o assassinato, é claro, mas esse foi o ato de guerra pelo qual ele vinha esperando. Agora, poderia convocar todos os reis e príncipes cristãos a se aliarem a ele, para livrar a região de seu príncipe excomungado e "exterminar" (termo dele) os albigenses, que eram "piores do que os próprios sarracenos". A convocação para a cruzada foi feita na primavera de 1208, prometendo aos barões da Europa todos os benefícios das cruzadas contra os sarracenos, inclusive a moratória de suas dívidas, a remissão dos pecados e o direito de reclamar as propriedades confiscadas do inimigo pagão. Em julho de 1209, o maior exército que já se vira no sul da Europa, formado por grandes senhores como Simão de Montfort, cavaleiros vassalos aos milhares, grandes bandos de mercenários e hordas de peregrinos, avançou pelo vale do Ródano. Seu primeiro alvo, a cidade de Béziers, foi invadido quase que imediatamente após ser sitiado, com resultados apavorantes. Tanto os católicos quanto os albigenses haviam abandonado suas casas e se refugiado nas igrejas, mas as portas destas não conseguiram manter os invasores a distância. "Todos os que estavam dentro delas foram indiscriminadamente massacrados", escreveu um historiador, "mulheres, inválidos, bebês e padres, estes segurando o Cálice ou erguendo um crucifixo." Diz um relato, talvez apócrifo, que, ao ser informado antes do ataque de que a cidade abrigava inúmeros bons católicos, além de hereges, o representante papal, Arnald-Amalric, teria respondido: "Matai-os a todos; Deus reconhecerá os Seus." É possível que o legado não tenha proferido essas palavras, mas é certo que escreveu a Inocêncio pouco depois, declarando com orgulho que "quase vinte mil cidadãos foram executados, independentemente de sua idade ou sexo".[35]

Carcassonne foi a cidade seguinte a cair. A maioria de seus cidadãos salvou-se, rendendo-se e entregando suas casas e posses aos cruzados, mas a resistência à invasão "estrangeira" desencadeou-se por toda parte, e a campanha se transformou numa longa e debilitante guerra. No fim, é claro, o sul despovoado e devastado pela guerra teve que ceder. Com seu exército e seus recursos esgotados, Raimundo VII assinou, em 1229, um tratado de paz em que, efetivamente, cedia a região de Languedoc à França. No mesmo ano, um grande concílio eclesiástico reunido em Toulouse criou uma nova universidade nessa cidade, sob o controle do papa, e concedeu à recém-criada Inquisição vastos poderes para desarraigar e destruir os hereges. Não apenas todas as mulheres acima de 12 anos e todos os homens acima de 14 foram instados a prestar juramento contra a heresia, como foram proibidos de possuir o Velho Testamento ou o Novo Testamento, para que não fossem desvirtuados por interpretações errôneas. Os sucessores do papa Inocêncio (que havia morrido em 1216) levaram os investigadores e promotores da Inquisição para a Itália, o norte da França e a Alemanha, onde o inquisidor-mor, Conrado de Marburgo, implantou um memorável império do terror, antes de ser assassinado, em 1233. Esse não foi o fim da resistência albigense. Eclodiram rebeliões na França, de tempos em tempos, até 1244, quando foi capturado o último reduto rebelde em Languedoc, o castelo de Montségur, e todos os seus habitantes foram massacrados. Mesmo depois disso, alguns grupos de albigenses continuaram a se reunir e até a converter fiéis. A religião persistiu por mais um século na Europa Ocidental (o último albigense foi mandado para a fogueira na Itália, em 1330) e por mais algum tempo nas regiões balcânicas onde havia surgido originalmente.

Depois da eliminação dos albigenses, a Europa Ocidental não foi mais a sociedade que fora na época em que Inocêncio III havia assumido o papado. Uma era de tolerância e receptividade às idéias novas chegou ao fim, e começou um novo período de "normatização rigorosa" e repressão.[36] Um símbolo dessa mudança foi o IV Concílio Laterano, convocado pelo papa em 1215, que não apenas condenou todas as principais crenças dos albigenses, como exigiu que os judeus e outros não católicos usassem roupas especiais (na maioria dos lugares, uma faixa amarela), para alertar os bons cristãos a não confraternizarem muito intimamente com eles. A questão que se levantava era o que tudo isso poderia significar para os dissidentes católicos que praticavam um evangelismo não autorizado, bem como para os estudiosos aristotélicos que então começavam a lecionar nas novas universidades. Estaria o cristianismo latino prestes a seguir o rumo tomado pelo mundo islâmico, quando este isolou e marginalizou seus filósofos laicos? Seriam os livros de Aristóteles lançados às fogueiras que vinham consumindo os tratados albigenses? Durante algum tempo — a rigor, durante grande parte do século XIII —, a resposta permaneceria duvidosa.

Curiosamente, a principal fonte de resistência a que a mobilização antialbigense se expandisse, passando a incluir outros movimentos potencialmente "subversivos", foi o próprio Inocêncio III. A despeito de toda a sua ferocidade no que concernia aos francamente hereges e aos concorrentes religiosos, o papa ainda era gregoriano, profundamente dedicado à reforma radical do clero. Sua realização mais notável foi incorporar à estrutura da Igreja muitas das organizações evangélicas de massa que haviam aterrorizado conservadores mais antigos, como Bernardo. Ignorando os anátemas anteriores contra elas, Inocêncio negociou acordos de contemporização que reconheciam alguns grupos como agentes da Igreja e sancionavam suas atividades, sob a condição de que eles reorganizassem suas comunidades religiosas, moderassem algumas práticas excessivas e evitassem fazer pregações sobre questões teológicas. Esta última condição revelou-se crucial, pois a prática que ela permitiu — a pregação nas aldeias e cidades por evangelistas autonomeados — vinha se espalhando por todo o Ocidente, a despeito do ataque ao albigensianismo, e provavelmente seria impossível de deter.[37]

A maior vitória de Inocêncio foi a incorporação do grupo liderado por Francisco de Assis, filho de um negociante, como Ordem dos Frades Menores. Foi um gesto arriscado, não apenas em virtude do carisma de Francisco, de sua obstinação abnegada e do espantoso crescimento de seu movimento, mas também de sua aversão inusitadamente intensa às posses materiais. A maioria dos evangelistas levava uma vida humilde, mas trabalhava para ganhar seu sustento. Francisco insistia em que seus seguidores vivessem como mendigos e evitassem possuir sequer as construções que os abrigavam. Como poderia um evangelista que tentasse fundar uma grande organização, dedicada à oração e a servir ao próximo, sequer pensar em fazê-lo, sem possuir e controlar terras? Seria Francisco, na verdade, um Arnaldo de Brescia — alguém que acabaria conclamando à pauperização da Igreja e à transferência de seus bens e seu poder mundanos para as autoridades laicas? O talento de Inocêncio consistiu em reconhecer que o santo homem de Assis não estava interessado em questionar a hegemonia política e doutrinária da Igreja. Na verdade, visto que os impulsos que o motivavam — a ânsia de levar uma vida apostólica, servir aos pobres, experimentar a presença de Deus e pregar Sua palavra — eram compartilhados por um número significativo de católicos fervorosos em toda a Europa, a resposta era incorporar seus seguidores na estrutura da Igreja, onde eles poderiam tornar-se uma força espiritualmente revitalizante e, a longo prazo, politicamente estabilizadora.

Uma história que circulou tempos depois dizia que, antes de se encontrar com Francisco pela primeira vez, o papa havia sonhado que a Basílica de São Pedro ameaçava desmoronar, mas que um homem sustentava a estrutura inteira em seus ombros. Dizia-se que Inocêncio reconheceu Francisco como o herói de seu sonho. Não há dúvida de que, ao incorporar o evangelista carismático e seus seguidores na vida organizacional da Igreja, o papa fortaleceu essa estrutura vulnerável, além de promover sua própria autoridade. Mas a linha divisória que tão habilmente separava os hereges impenitentes dos reformadores manejáveis não respondia às perguntas levantadas pelo novo saber que vinha fascinando os alunos das florescentes universidades da Europa. Como conviria regular os currículos das universidades? Que tipo de distinção, se é que se faria alguma, precisaria ser feita entre grupos de intelectuais leais ou suspeitos? Qual deveria ser a atitude da Igreja para com a filosofia de Aristóteles?

Durante o episcopado de Inocêncio, o longo período de silêncio escolástico que acompanhara a "digestão" dos escritos de Aristóteles tinha chegado ao fim. Agora, todos queriam falar dos livros do Filósofo, especialmente os conhecidos como "livros sobre a natureza": *Física*, *Metafísica*, *De anima*, *Da geração e da corrupção* e os tratados sobre ciência natural. Essa acolhida fez parte de uma grande revivescência do interesse literário entre os ocidentais instruídos, que já então liam contos de cavalaria, poemas de amor, epopéias sobre guerras, tratados de astrologia e biografias de santos em línguas vernáculas, bem como em latim.[38] Mesmo com essa concorrência, entretanto, nenhuma literatura influenciava um público maior ou mais entusiasmado que as obras de *scientia* — conhecimento do mundo — de Aristóteles, que eram devoradas, juntamente com seus livros de lógica, pelos milhares de estudantes que então lotavam as universidades européias.

As universidades também eram um fenômeno novo. Originalmente criadas para servir aos interesses das autoridades religiosas e laicas, essas comunidades pitorescas, voláteis e de mentalidade independente estavam sempre ameaçando ultrapassar seus limites autorizados.[39] Sua finalidade principal era preparar rapazes (e algumas moças) privilegiados para serem líderes religiosos, servidores públicos, professores, advogados e médicos, e — o que era um interesse particular de Roma — para produzir guerreiros intelectuais capazes de combater os concorrentes religiosos e os hereges. Tal como as guildas de artesãos que vinham se formando na mesma época, elas eram pessoas jurídicas com o poder de admitir ou rejeitar membros, definir padrões de habilidade técnica, regular as promoções internas e determinar seus próprios códigos de conduta. Devendo prestar contas, em última instância, a autoridades eclesiásticas ou do Estado, elas exerciam um alto grau de autogestão cotidiana, um poder considerável ficava nas mãos do corpo docente e dos alunos. Essa estrutura criou um espaço intelectual e político onde era possível gerar e aprimorar novas idéias e técnicas de pesquisa. As universidades medievais gozavam de "uma liberdade acadêmica muito maior do que as instituições similares de Bizâncio e do islamismo", além de terem um forte sentimento de identidade coletiva.[40] Como seria quase inevitável, essa mesma liberdade gerava reflexões não autorizadas e comportamentos rebeldes. As batalhas "da toga com a cidade", entre moradores locais e estudantes, eram freqüentes e violentas, e a insubordinação de professores e alunos era inata. Os mestres e os discípulos de muitas universidades formavam uma frente comum e, muitas vezes, as tentativas de discipliná-los ou "corrigi-los" deparavam com uma resistência passiva, com a suspensão das aulas ou com movimentos de ruptura e desligamento que criavam novas universidades.

As autoridades tinham razão para se preocupar com os jovens, que eram facilmente influenciáveis, confiados aos cuidados das universidades. Os alunos matriculavam-se em idade precoce — muitas vezes, com apenas 13 ou 14 anos. Chegando aos borbotões de diversas regiões da Europa, eles usavam o latim como língua comum, mas viviam juntos em "nações" baseadas em suas comunidades de origem ou em congregações organizadas para supervisionar os estudantes mais novos. Em Paris, onde as "nações" reconhecidas eram a francesa, a normanda, a picarda (belga) e a anglo-germânica, as brigas entre grupos étnicos eram freqüentes e, muitas vezes, transbordavam pelas ruas. O ensino básico ali, como noutras universidades, ocorria na faculdade de humanidades, cujos professores lecionavam gramática, retórica, lógica, geometria, aritmética, astronomia e música — e, cada vez mais, a "filosofia natural" aristotélica. As pedras angulares do método educacional eram a preleção e o *disputatio* — um debate formal que demonstrava o domínio que o aluno tinha da matéria e sua capacidade de defender todos os lados de uma questão controvertida. Os alunos que recebiam o diploma de bacharel ficavam imediatamente aptos a lecionar as artes liberais (*trivium* e *quadrivium*). Outros davam seguimento a seus estudos, para obter graus de mestrado e doutorado em direito, medicina ou na "Rainha das Ciências", a teologia. Pelos padrões modernos, o processo era demorado: levava-se pelo menos 16 anos, às vezes mais, para obter um doutorado em teologia. Mas os formandos das grandes escolas tinham praticamente assegurado um emprego nas burocracias florescentes da Igreja, do Estado e da universidade.

A Universidade de Paris, licenciada em 1200, foi imediatamente reconhecida como o centro supremo da Europa para o estudo de teologia. A de Bolonha, fundada uns sessenta anos antes, era mais famosa por sua faculdade de direito, que praticamente criara a profissão de advogado canônico. As de Salerno e Montpellier eram consideradas por todos como as que tinham as melhores faculdades de medicina, e a de Oxford não tardou a ganhar a reputação de especializada em ciência natural. Em menos de um século, a Europa se gabaria de contar com cerca de cem universidades, cada qual cultivando sua reputação num campo especializado de estudos avançados. Em muitas delas, porém — e certamente em Paris —, a comunidade mais empolgante e insubordinada era a faculdade de humanidades, repleta de impacientes estudantes novatos e cujo ensino ficava a cargo de jovens professores, estes tão numerosos que logo "passaram a constituir uma universidade independente".[41] Os mestres eram ao mesmo tempo estudantes de pós-graduação e professores, mas muitos acabavam preferindo lecionar na atmosfera empolgante da faculdade de artes liberais a prosseguir nos estudos para obter o grau de doutores. Em Paris, onde a filosofia imperava, "os mestres de humanidades estavam sempre no centro das inquietações intelectuais e eram a força propulsora das revoluções intelectuais".[42]

As faculdades de humanidades, portanto, foram as primeiras a sentir o impacto da revolução aristotélica. À medida que os livros do Filósofo passaram a ficar disponíveis em latim, os professores modificaram o currículo para incluí-los e, na verdade, as faculdades de humanidades das principais universidades não tardaram a se transformar em escolas de filosofia aristotélica. A incorporação dos livros de lógica de Aristóteles ao currículo causou apenas pequenas controvérsias, mas conflitos surgiram com o aparecimento de seus "livros sobre a natureza". A Universidade de Paris mal completara dez anos quando um concílio episcopal, presidido pelo arcebispo de Sens, Pedro de Corbeil, decretou que "nem os livros de filosofia natural de Aristóteles nem os comentários [sobre eles] devem ser lidos em Paris, em público ou em particular, sob pena de excomunhão".[43]

Esse era um desdobramento ameaçador e alarmante. Embora a universidade fosse uma instituição dirigida pela Igreja, era inusitado que nela se proibisse o estudo de qualquer livro, ainda mais de livros escritos na Antiguidade pelo lendário Filósofo. Não obstante, cinco anos depois, a proibição foi prorrogada e ampliada pelo legado papal, cardeal Roberto de Courcon, ex-professor na Universidade de Paris e amigo de infância de Inocêncio III (o próprio Inocêncio havia estudado teologia em Paris, antes que a universidade fosse formalmente instituída). Courcon redigiu novos estatutos universitários, que permitiam expressamente a leitura dos livros de lógica de Aristóteles na faculdade de humanidades, mas proibiam seus "livros de metafísica e filosofia natural e os resumos destes".[44] Além disso, os alunos de artes liberais eram obrigados a prestar um juramento de que não leriam nem discutiriam a obra de três autores recentes: David de Dinant, Amaury, o Herege, e Maurício de Espanha.

A ligação do banimento da ciência aristotélica a esses três nomes não se deu por acaso. Faz muito tempo que os historiadores discutem em que realmente acreditavam e o que escreveram David de Dinant e Amaury de Bene (verdadeiro nome de Amaury, o Herege), uma vez que, como era de costume nesses casos, os livros heréticos eram queimados, mesmo que seus autores não o fossem, e a discussão pública de seu conteúdo era tabu. Temos algum conhecimento dos escritos de David, porque o grande erudito dominicano Alberto, o Grande, citou-os para refutá-los, e alguns fragmentos de sua obra escaparam do fogo.[45] As crenças de Amaury são mais obscuras, porém, no caso de seus seguidores, a questão teria envolvido mais do que a redação de textos. Ao que parece, os "amauricianos" agiam de maneira realmente escandalosa, com base em suas convicções hereges, em decorrência do que "um lote de pessoas infectadas por essa heresia — padres e escriturários escolares, bem como um ourives da cidade vizinha de Grand-Pont — foi entregue a autoridade laica, sendo algumas destinadas à fogueira, outras à prisão perpétua".[46] O cadáver de seu líder (que morrera, antes, de causas naturais) foi desenterrado do campo sagrado e lançado à fogueira.[47] A identidade de "Maurício de Espanha" é ainda mais misteriosa. Seja como for, parece que os três homens apontados pelo cardeal Courcon eram eruditos cujas crenças se identificavam com a metafísica e a ciência natural de Aristóteles, e cuja condenação pretendeu servir de advertência para que outros não seguissem seu exemplo.

David e Amaury lecionaram em Corbeil, logo ao sul de Paris, onde Abelardo também havia ensinado por algum tempo. Em certo sentido, os dois acadêmicos pareciam haver-se tornado albigenses às avessas, pois, enquanto os albigenses insistiam em que o universo material, sendo mau, devia ter-se originado num Deus maléfico, os mestres parisienses ensinavam que o universo material era bom e *era* Deus.[48] David de Dinant claramente estudara *Física* e *Metafísica* de Aristóteles, bem como seu tratado psicológico, *De anima*. O que mais o impressionou no universo descrito pelo Filósofo foram sua unidade e exclusividade. Tudo no universo natural compunha-se de matéria e forma — matéria rudimentar e primitiva, à qual eram dadas forma e finalidade inteligíveis. Até a alma era um composto, uma vez que constituía o princípio animador do corpo. Cada uma das partes desse grande todo se inter-relacionava com as demais. E Deus, descrito por Aristóteles como pura forma e como a Causa não Causada, responsável por todas as mudanças no universo, existia na relação mais estreita possível com sua criação. Na condição de lógico, David afirmou que as diferenças entre a matéria, a alma e Deus não poderiam ser descritas, a menos que essas três categorias compartilhassem alguma característica subjacente comum, tampouco a alma poderia compreender Deus e a matéria, a menos que houvesse algo fundamental em comum entre eles. A conclusão a que David chegou — sua fusão pessoal das doutrinas aristotélica e cristã — foi que a própria existência era o traço comum. Deus, que era puro Ser, havia criado o universo a partir de Si mesmo. A forma ou espírito do universo era Seu Espírito, e até a matéria fazia parte de Seu Ser. Em última análise, concluiu David, Deus, a matéria e a alma eram Um só.

Outros teólogos reconheceram imediatamente essa doutrina como panteísmo. Fossem eles judeus, muçulmanos ou cristãos, quase todos os monoteístas ortodoxos insistiam em manter uma distinção clara entre o Criador e Suas criaturas. O mundo fora criado por Deus e o homem fora feito à Sua imagem, mas essa criação não era o próprio Deus nem feita de "matéria divina". Essa distinção era especialmente importante para os cristãos, que acreditavam que o mundo natural era um mundo decaído, separado do Reino dos Céus pelo pecado e pela mortalidade. Se o mundo fosse Deus, que aconteceria com a imortalidade do homem e a esperança do paraíso? Se os seres humanos fossem Deus, por que precisariam de salvação ou do perdão dos pecados? E, se fossem isentos de pecado, o que os impediria de se conduzirem da maneira que lhes aprouvesse? O erudito David de Dinant não estava interessado nessas questões, ou, se estava, não deixou nenhuma prova disso. Mas Amaury de Bene parece havê-las abordado com ânimo. Segundo nos dizem, ele afirmou que, embora o universo material fosse imortal, exatamente como dissera Aristóteles, seus habitantes humanos não o eram. Do ponto de vista da ciência aristotélica, a ressurreição corporal destes estava fora de cogitação, e a sobrevivência da alma após a morte do corpo era duvidosa. Segundo Amaury, entretanto, os homens e mulheres da Terra não precisariam de salvação na vida após a morte. Uma vez que suas almas (pelo menos as de seus discípulos) teriam participado do Espírito divino enquanto vivas, elas seriam incapazes de pecar, independentemente dos pensamentos ou atos que praticassem.[49]

Ainda não se sabe ao certo até que ponto Amaury e seus seguidores puseram em prática sua doutrina, mas a idéia de que a alma de alguns cristãos de então pudesse incorporar o Espírito Santo estava no ar nessa época. Alguns anos antes, o padre utopista Joaquim de Flora havia anunciado que a era do Pai (o Velho Testamento) chegara ao fim, a era do Filho (o Novo Testamento) estava prestes a terminar, e a era do Espírito Santo (na qual as pessoas seriam salvas unicamente pela graça divina) começaria dentro de aproximadamente um século.[50] Ao que parece, os amauricianos acreditavam que era iminente o começo da Terceira Era, ou que ela já havia começado — o que não era muito boa notícia para a Igreja católica romana, uma vez que essa eventualidade tornaria desnecessária a religião organizada.[51] Talvez Amaury tenha-se atrevido a especular com essa liberdade em vista de sua posição social. Afirma-se que ele foi tutor de Filipe Augusto, herdeiro do trono francês, o qual alguns amauricianos identificavam como uma figura messiânica que acabaria com a Igreja e o Estado no Fim dos Tempos. (Frederico II da Alemanha foi objeto de especulações semelhantes por parte de utopistas de seu império.) É possível que essas relações tenham ajudado a protegê-lo durante sua vida, mas, em 1210, ano da primeira proibição dos livros de Aristóteles na Universidade de Paris, seu cadáver, desenterrado por ordem do bispo de Paris, sofreu o castigo que ele evitara em vida.

Esse castigo nos dá uma idéia do horror com que as autoridades encaravam as idéias panteístas e as declarações de alguns cristãos de serem isentos de pecado. Nos cem anos seguintes, um número substancial de hereges viria a arder na fogueira, por sustentar que, na condição de receptáculos do Espírito Santo, eles não poderiam proceder mal.[52] Naturalmente, as alegações de que os amauricianos tinham má conduta sexual e doutrinária podem ser tão falsas, no caso deles, quanto o foram no dos albigenses. Mas, com os albigenses usando os textos de Aristóteles para corroborar seu dualismo herético e com os professores de filosofia de Paris usando os mesmos textos para respaldar seu panteísmo herético, o bispo de Paris e seus confrades na universidade concluíram que os livros do Filósofo eram perigosos demais para serem lidos e interpretados pelos professores e seus alunos de graduação. Foi essa associação com a heresia flagrante que gerou as proibições de 1210 e 1215, bem como as condenações simultâneas de David e Amaury. As opiniões diferem quanto à identidade do misterioso Maurício de Espanha, cujos textos também foram proscritos, porém a teoria mais intrigante é que a expressão latina *Maurici Hispanici* significaria, na verdade, "O Mouro da Espanha", e se referiria ao famoso aristotélico muçulmano Ibn Rushd, conhecido na Europa como Averróis.

Em 1215, portanto, ano em que Inocêncio III convocou o IV Concílio Laterano, parecia existir uma clara possibilidade de que os textos de Aristóteles fossem identificados com a heresia e legalmente banidos da Europa, tal como tinham sido censurados, mais informalmente, no mundo muçulmano. No entanto, conseguiriam as autoridades impedir que alunos e professores lessem os livros mais populares de filosofia já publicados na Europa? Além disso, Domingos de Gusmão, o flagelo dos albigenses, vinha clamando pelo reconhecimento de sua proposta Ordem dos Irmãos Pregadores e insistindo, ao mesmo tempo, em que Aristóteles podia — e devia — ser estudado e usado pelos intelectuais cristãos na luta contínua contra a heresia. Domingos chegou até a pedir que seus frades mendicantes fossem aceitos como professores na faculdade de teologia da Universidade de Paris, onde eles se propunham lecionar a filosofia aristotélica tal como esta devia ser ensinada. A resistência a essa incursão dominicana, por parte dos teólogos existentes em Paris, assim como da maioria dos clérigos parisienses, foi imediata e acentuada. Estava preparado o cenário para uma batalha decisiva, que determinaria o futuro desse novo saber na universidade.

Capítulo Cinco

"Ouçam, ouçam os cães a ladrar!"

Aristóteles e os frades educadores

Os grandes acontecimentos, diz um provérbio latino, nascem de pequenas causas. Quem poderia prever que o destino do ensino científico no Ocidente dependeria do resultado de um tumulto estudantil?

Em março de 1229, na terça-feira gorda, começou ao pôr-do-sol o carnaval parisiense que antecedia a quaresma. Apesar dos esforços das autoridades eclesiásticas para eliminar ou, pelo menos, moderar a comemoração indecente, a cidade estava em seu alvoroço habitual de *Mardi Gras*, especialmente na Margem Esquerda, onde alguns milhares de estudantes viviam em grupos perto da *rue du Fouarre* (a famosa "Rua da Palha", assim chamada porque as entradas das escolas eram cobertas de palha). Embora alguns estudantes ostentassem títulos de nobreza e se relacionassem com pessoas de alta reputação, muitos viviam à beira da penúria, tentando compensar a falta de uma fortuna herdada com suas habilidades adquiridas. Ricos ou pobres, quase todos os jovens irritavam-se com as restrições impostas a seu comportamento pela universidade administrada pela Igreja. Não admira que ansiassem pelo carnaval, quando, durante algumas breves horas, podiam escapar do olhar onipresente das autoridades. Por trás de uma máscara de terça-feira gorda, podia-se beber um pouco além da conta e fazer papel de bobo, condescender em flertes ilícitos ou acertar velhas pendengas.

Durante o carnaval, alguns alunos estavam tomando vinho numa taberna, num bairro de subúrbio conhecido como Saint Marcel, quando surgiu uma discussão com o taberneiro por causa da conta. "Os altercadores passaram rapidamente das palavras à pancadaria — a puxões nas orelhas e cabelos arrancados."[1] O taberneiro chamou seus vizinhos, que surraram os estudantes e os jogaram na rua, mas, no dia seguinte, os jovens voltaram com seus próprios reforços: "universitários armados de espadas e porretes, que irromperam taberna adentro, vingaram seus colegas no taberneiro e em seus vizinhos, abriram as torneiras dos barris e, em seguida, 'cheios de insolência e de vinho', foram para as ruas divertir-se à custa de cidadãos pacíficos, tanto homens quanto mulheres."[2] Algumas pessoas ficaram feridas na briga subseqüente e várias lojas foram danificadas. Apresentaram-se reclamações enraivecidas ao legado papal e ao bispo de Paris, autoridades primordialmente responsáveis pela administração da universidade. Como todos sabiam, os estudantes universitários não podiam ser processados pelos tribunais do rei, mas o bom relacionamento entre a Igreja e as autoridades laicas exigia que se fizesse alguma coisa.

Guilherme de Auvergne, o bispo de Paris, ouviu as queixas com circunspecção. Em seguida, reuniu-se às pressas com o legado papal, o reitor e o conselho de regentes da universidade. Embora estivessem legalmente habilitados a governar a insubordinada comunidade universitária, essas autoridades sabiam estar lidando com um grupo dotado de sólida identidade e vontade própria. Sabiam também que, nas situações de conflito, os professores e alunos parisienses tendiam a se unir contra todas as outras fontes de autoridade, desde o conselho municipal até o papa. Umas duas décadas antes, provocados por uma decisão administrativa "injusta", eles tinham entrado em greve juntos, e os regentes tinham sido obrigados a fazer concessões, para evitar uma paralisação prolongada e nociva das atividades. Noutras universidades, batalhas semelhantes haviam causado cismas e secessões, como quando estudantes e professores indignados romperam com Oxford para criar uma nova universidade em Cambridge, e um grande grupo de descontentes saiu de Bolonha para criar a Universidade de Pádua. Normalmente, as pessoas de fora da comunidade acadêmica que eram encarregadas da universidade submetiam-se sabiamente à paixão de seus integrantes pela independência. Dessa vez, no entanto, havia uma outra fonte de pressão. Branca de Castela, regente da França durante a menoridade de seu filho, o rei Luís IX, interveio para exigir que os estudantes fossem punidos. Assim, a universidade autorizou o preboste da cidade e sua guarda de mercenários — "a polícia selvagem de uma cidade selvagem"[3] — a encontrar e punir os estudantes envolvidos no tumulto.

Foi um erro. Os guardas investiram contra os estudantes — de acordo com um cronista, um grupo de rapazes inocentes que não tivera nada a ver com o tumulto — e mataram vários deles. A reação da comunidade universitária foi instantânea. Os professores de artes liberais suspenderam as aulas e exigiram que o bispo e outras autoridades universitárias punissem os guardas assassinos, indenizassem as vítimas e tomassem providências para proteger os alunos da intimidação de parisienses hostis e da polícia. Representantes das quatro "nações" estudantis reuniram-se num conclave solene e declararam que seus membros não voltariam às aulas enquanto a universidade não atendesse suas justas reivindicações. E, se as aulas continuassem suspensas, eles simplesmente abandonariam os estudos e iriam embora. Apesar dessas ameaças, as autoridades universitárias abstiveram-se de agir. O bispo Guilherme não fez nenhum esforço para resolver a disputa (falha esta que enfureceu seu superior, o papa Gregório IX) e os regentes se recusaram a ceder. Na verdade, expediram um decreto suspendendo todas as atividades de ensino por um período de seis anos e proibindo qualquer pessoa de residir em Paris para freqüentar a universidade. Assim, a maioria dos alunos de artes liberais empacotou seus pertences, deixou as contas de hospedagem por pagar e se retirou da cidade, sendo acompanhada em seu êxodo por um número substancial de professores e alunos de outras faculdades.

Alguns dos grevistas de Paris encontraram emprego ou se matricularam noutras universidades, entre elas Oxford, Cambridge, Rheims, Montpellier e as novas universidades de Toulouse e Pádua. Outros voltaram para casa, a fim de esperar que a universidade recobrasse o bom senso, ou abandonaram seus projetos de uma formação superior para se dedicar a outros interesses. A faculdade de artes liberais da Universidade de Paris praticamente deixou de funcionar, embora alguns professores e alunos continuassem a se reunir durante o período de suspensão geral das atividades e de dispersão. As escolas de estudos avançados, inclusive as de direito e teologia, continuaram em funcionamento, mas com níveis enormemente reduzidos, uma vez que a oferta de novos alunos fora diminuída e alguns professores haviam aderido à greve. Enquanto isso, outras universidades regozijavam-se com o afluxo repentino de estudantes e professores formados em Paris e com os prejuízos causados a sua altiva concorrente. Algumas tentaram até tirar proveito da proibição dos trabalhos científicos de Aristóteles, que continuava em vigor em Paris, mas que ainda não tinha se estendido a outras universidades. A nova Universidade de Toulouse chegou mesmo a anunciar que "Os que quiserem investigar em profundidade as partes mais íntimas da natureza poderão ouvir aqui os livros sobre a natureza que foram proibidos em Paris".[4] E a Universidade de Pádua fez dos estudos aristotélicos o cerne de seu currículo.

Após dois anos de manobras diplomáticas, o papa Gregório IX, ele mesmo ex-aluno da faculdade de teologia de Paris, decidiu que já era o bastante. Em 13 de abril de 1231, promulgou um decreto solene, intitulado *Parens Scientarum* ("A Mãe das Ciências"), que foi chamado de Magna Carta da Universidade de Paris, uma vez que garantiu à escola um amplo grau de independência e limitou estritamente os poderes do reitor e do bispo de Paris em sua diretoria. A faculdade de artes liberais reabriu com fanfarra, e a maioria dos professores e estudantes pôs fim a seu exílio auto-imposto. Não há dúvida de que eles voltaram para a Margem Esquerda com espírito triunfal, mas não tardaram a descobrir que mudanças importantes, algumas delas bastante perturbadoras, haviam ocorrido durante sua ausência. A boa notícia foi que a proibição dos livros de Aristóteles "sobre a natureza" parecia estar claramente perdendo força. A má notícia (para a maioria dos professores) foi que frades dominicanos — um grupo que era alvo de ressentimento e temor por parte de muitos integrantes da comunidade universitária — haviam conseguido importantes funções de ensino na faculdade de teologia, e que seus concorrentes franciscanos também estavam em busca de cargos acadêmicos. O que não ficou evidente de imediato foi que esses dois acontecimentos — a "invasão" da universidade pelos frades e a reabilitação dos estudos aristotélicos — estavam intimamente relacionados.

Oficialmente, é claro, a proibição continuava em vigor. Quando o papa reabriu a universidade, em 1231, não apenas renovou as proibições de 1210 e 1215, como também transformou em delito passível de punição a discussão de assuntos científicos nas línguas da plebe. Deus os livrasse de a horda comum interessar-se por questões tão avançadas e controvertidas! No entanto, fechar a porta da frente das escolas ao novo saber não conseguiu impedir que ele entrasse por numerosas frestas e janelas. Desde o começo, as autoridades haviam demonstrado relutância em banir por completo os livros de Aristóteles. Assim, não era ilegal possuir um exemplar de *Física* ou de *Metafísica*, tampouco ler esses livros a sós, na privacidade do próprio quarto, era proibido dar aulas sobre eles ou discuti-los coletivamente. O alvo primário da restrição, além disso, estava na faculdade que havia gerado as heresias de Amaury de Bene e David de Dinant: os professores e alunos de artes liberais. No fim da década de 1220, os teólogos de Paris deviam estar discutindo abertamente as idéias de Aristóteles, já que o papa sentiu-se obrigado a lhes recordar, por escrito, que a teologia era a "Rainha das Ciências", e a adverti-los a não deixar que as "servas" da Rainha — a filosofia e a ciência natural — invertessem a ordem de precedência adequada.[5]

A proibição continuava em vigor, mas havia mudanças no ar. Alunos e professores que retornavam de Oxford para Paris registraram que o primeiro reitor da universidade, o famoso (e conservadoríssimo) erudito e teólogo Robert Grosseteste, havia transformado os livros de filosofia natural do Filósofo em leitura obrigatória. Usando métodos aristotélicos, dizia-se que o próprio Grosseteste tinha descoberto a origem das cores do arco-íris, e havia trabalhos avançados de ótica e matemática sendo conduzidos em diversas faculdades de Oxford. Poderia Paris, a "Mãe das Ciências", ficar atrás da novata Oxford? Ao reabrir a faculdade de artes liberais, o papa Gregório concedeu aos clérigos de alta posição o poder de absolver os professores e alunos que tivessem sido excomungados, anteriormente, por discutir os livros proibidos. E, o que é mais importante, ao reiterar a proibição, ele acrescentou estas palavras cruciais: "até que [os livros] tenham sido examinados e purgados de qualquer suspeita de erro".[6] O pressuposto era que seria possível tornar seguros os livros de Aristóteles, para uso dos bons estudantes cristãos, se eles fossem adequadamente analisados e "corrigidos".

As aulas recomeçaram e o papa nomeou uma comissão de três estudiosos respeitados para dar início a essa análise, mas seu presidente morreu em Roma, no mesmo ano, e a idéia da comissão veio abaixo. Para que os livros de Aristóteles fossem livremente discutidos em Paris, e para que as proibições recém-impostas em Toulouse e várias outras universidades fossem suspensas, seria necessária uma nova iniciativa. O que acabou causando o grande avanço não foram, como se poderia esperar, as exigências estudantis de uma educação científica, nem os protestos dos professores de artes liberais, mas o dramático aparecimento, no *campus*, de dois grupos sumamente controvertidos de monges: a Ordem Dominicana dos Irmãos Pregadores e a Ordem Franciscana dos Frades Menores.

Em 1216, a Ordem dos Irmãos Pregadores, de Domingos de Gusmão, fora reconhecida por Roma como a tropa de choque intelectual da Igreja na guerra contra a heresia. No ano seguinte, a pedido de Domingos e de acordo com os desejos de seus próprios seguidores, os frades haviam começado a se matricular como estudantes em Paris e noutros lugares (embora Paris fosse sua universidade favorita), para dar início ao processo que os transformaria em teólogos e professores plenamente qualificados. Eles também fundaram suas próprias casas residenciais, onde podiam rezar e conversar, freqüentar aulas especiais, administrar seus assuntos coletivos e manter seu espírito corporativo militante (a casa dos dominicanos em Paris era o convento de Saint-Jacques, o que fez com que eles fossem designados, tempos depois, como "jacobinos"). Logo em seguida a eles (em 1219) chegou a Ordem dos Frades Menores de Francisco de Assis, que também fundou um convento em Paris, matriculou seus integrantes como alunos e fez sentir sua presença na comunidade universitária. Quando, dois anos depois, os dominicanos chegaram a Oxford, novamente foram seguidos, após um breve intervalo, pelos franciscanos, que acharam a nova universidade mais compatível com seus interesses eruditos e espirituais do que a parisiense. Desse ponto em diante, as duas ordens ampliaram seu alcance acadêmico, até se estabelecerem como uma presença importante em todas as grandes universidades européias.

Quando os mestres de artes liberais voltaram às aulas, depois de resolvida a greve, ficaram desanimados ao descobrir que o bispo de Paris aproveitara sua ausência para entregar uma cátedra universitária a Rolando de Cremona, um padre dominicano que se formara pouco antes na faculdade de teologia. Um ano depois, o professor de Rolando, João de Saint Giles, ingressou na mesma ordem, vestindo os hábitos negros. Isso deu aos dominicanos duas cátedras de teologia. Os mestres de artes liberais opunham-se ferrenhamente à nomeação de frades mendicantes para cargos de ensino na universidade. Nessa matéria, a eles se aliaram seus rivais de praxe, os professores de teologia, que também objetavam a que esses novos colegas lhes fossem impostos. A princípio, suas objeções foram descartadas com facilidade. Os frades tinham patronos poderosos, inclusive o ocupante do trono de São Pedro na época, que os via como seus próprios representantes e aprovava vigorosamente sua ambição de se tornarem vozes influentes nas universidades. Mesmo sem esse apoio, entretanto, teria sido difícil impedir que as novas ordens, ambas intensamente evangélicas, recrutassem os estudantes e professores existentes. Em 1236, um mestre experiente e conhecido de teologia, Alexandre de Hales, ingressou na Ordem dos Frades Menores, assim se tornando o primeiro professor franciscano de teologia em Paris. Um de seus alunos, Giovanni di Fidanza, que adotou o nome de Boaventura, viria a se alçar a um cargo de grande eminência na faculdade de teologia, além de se tornar superior geral da Ordem Franciscana.

Não é difícil compreender por que os professores existentes se opunham à invasão de sua universidade por esses "forasteiros". Por serem mantidos por doações de caridade, os frades eram financeiramente independentes, não necessitando dos salários e gratificações que sustentavam o resto do corpo docente, e não sofriam nada da insegurança econômica que atormentava a maioria dos alunos. Em termos intelectuais, seus interesses eram consideravelmente mais concentrados e orientados por sua missão que os dos outros professores, e eles se dedicavam a tais interesses com uma paixão febril, que muitos julgavam incompatível com o espírito da investigação aberta e ponderada. A dedicação feroz dos dominicanos a denunciar e combater os hereges, ao lado de seu papel freqüente de inquisidores, suscitava medo e admiração, enquanto a postura extramundana e fechada dos franciscanos, bem como seus interesses peculiares em matéria de estudos (por exemplo, o interesse intenso e quase obsessivo na metafísica e na física da luz), também eram ofensivos. Além disso, as duas ordens avidamente recrutavam adeptos entre os estudantes talentosos de artes liberais, que, uma vez "apanhados" em suas redes, passavam a dever fidelidade a sua ordem, e não à universidade. Os recém-chegados eram vistos, em suma, como agentes de forças externas — criações do papa, que lhes conferira poder, do rei que os protegia, e dos líderes poderosos que supervisionavam e controlavam sua conduta. Como poderiam deixar de parecer ameaçadores aos membros de uma comunidade acadêmica que lutava para defender sua autonomia profissional recém-conquistada e seus direitos de autogestão? A despeito dos patronos poderosos com que eles contavam, a luta contra os frades educadores continuaria nas décadas seguintes.

O que esse duelo político obscureceu, entretanto, foi o papel vital desempenhado pelas ordens mendicantes na derrubada da proibição da filosofia natural de Aristóteles. Durante anos, os professores de artes liberais haviam insistido em que compreender a ciência aristotélica era a marca do homem instruído, e que estudá-la era a marca das universidades de alta categoria. Heresias como as de Amaury de Bene e David de Dinant eram aberrações inevitáveis, argumentavam eles. Em última instância, as verdades da filosofia se revelariam inofensivas para a religião. Podemos imaginar com que ceticismo os líderes de uma Igreja ainda empenhada na guerra violenta contra os hereges e muçulmanos deviam acolher esses apelos. Mas os dominicanos não suplicavam. Apoiados por figuras poderosas, desde o papa até o bispo de Paris, insistiam em que era justamente essa guerra que tornava indispensável o pensamento aristotélico. Eles não eram acadêmicos diletantes, interessados no conhecimento pelo conhecimento. Os cavaleiros intelectuais da Igreja precisavam dos livros metafísicos e científicos de Aristóteles — adequadamente interpretados e "corrigidos", é claro — como armas em sua luta contínua contra os inimigos do cristianismo.

É estranho pensar em caçadores profissionais de hereges como defensores de uma revolução no pensamento e, ainda por cima, uma revolução científica. Do ponto de vista moderno, era de se esperar que os professores de artes liberais, com sua mentalidade mais laica, tivessem sido os defensores mais vigorosos do movimento aristotélico, e os fanáticos teológicos, seus adversários mais inflexíveis. Mas os teólogos dominicanos e franciscanos não eram "fundamentalistas" no sentido moderno. Eram conservadores apaixonados, que acreditavam que o despertar europeu era irreversível e que as ferramentas da razão, inclusive as desenvolvidas por filósofos pagãos, poderiam ser usadas para promover os interesses da religião ortodoxa a longo prazo. Como resultado, os defensores mais militantes e confiantes da fé, nessa conjuntura crucial da história intelectual do Ocidente, foram também os defensores mais engajados do novo saber. Essa combinação poderosa de fervor religioso e poder intelectual praticamente garantiu a aceitação da filosofia natural e da "teologia científica" na Universidade de Paris. A partir dessa base influente, as idéias e métodos aristotélicos viriam a se espalhar de maneira irrefreável por todas as outras universidades da Europa, gerando novas controvérsias e estimulando novos debates.

Guilherme de Auvergne, "o primeiro grande filósofo do século XIII",[7] personificou a nova mescla de fervor religioso e inovação filosófica. Como bispo de Paris, ele foi o principal elemento de ligação entre a universidade onde lecionara pouco antes e a cúria romana. Talvez tenha sido o mais vigoroso defensor da Ordem dos Irmãos Pregadores, à exceção dos próprios integrantes da Ordem. Tão intenso era seu horror aos albigenses, que ele se ofereceu voluntariamente para trabalhar como inquisidor quando faltou pessoal aos dominicanos, e sua animosidade para com os judeus convenceu Gregório IX a ordenar que o Talmude fosse queimado em praça pública.[8] Mas esse clérigo intolerante era também um teólogo ousado. Durante a década de 1230, escreveu vários livros inovadores, inclusive *Sobre o universo*, uma ousada tentativa de usar a *Metafísica* de Aristóteles para estabelecer os princípios essenciais necessários para derrotar a heresia albigense.

O ponto fundamental da filosofia de Guilherme foi identificar o mundo natural, tal como analisado por Aristóteles, com a boa criação descrita pelas Escrituras Sagradas (como em Gênesis 1:31: "Deus viu tudo o que havia feito. Eis que era muito bom"). O que inspirou seu trabalho foi o reconhecimento de que a descrição aristotélica do universo natural poderia fornecer respostas convincentes à doutrina herética albigense de que o bem e o mal eram forças igualmente poderosas, sendo a matéria a raiz de todo o mal, e o espírito, a fonte de todo o bem.[9] De acordo com os albigenses, a matéria e o espírito eram os dois princípios rivais básicos do universo, cada qual vindo de uma Causa Primordial ou divindade separada. Mas Aristóteles havia afirmado (opondo-se aos dualistas de sua própria época) que as tentativas de cindir o universo nesses moldes não faziam sentido, uma vez que a realidade não "rivalizava" consigo mesma em nenhum sentido fundamental. O universo natural era um uni-verso — uma realidade única, e não duas, três ou mais. Portanto, como poderia ter mais de um princípio ou causa fundamental?

É claro que, como admitia Aristóteles, havia conflitos no universo. O leão não se deitava com o cordeiro, nem o fogo e a água ocupavam pacificamente o mesmo lugar ao mesmo tempo. Mas esses eram aspectos de um sistema que, visto como um todo, era magnificamente integrado. Todas as partes da natureza interdependiam de todas as demais. Todos os opostos na natureza implicavam alguma realidade subjacente compartilhada, como o preto e o branco existentes numa superfície comum. Essa realidade, dizia Aristóteles, era o Ser, cujo oposto não era o espírito, a matéria nem qualquer outra coisa que tivesse existência real, mas sim o não-Ser. Claramente, a matéria e o espírito não estavam em guerra em nenhum sentido fundamental, uma vez que a maioria das substâncias naturais compunha-se de matéria e forma inteligível (espírito, se quisermos), combinadas de maneira indissociável e harmoniosa. Deus, a pura forma, era o Ser mais perfeitamente realizado de todos, mas isso não significava que as substâncias menos perfeitas fossem defeituosas ou más. Ao contrário, tudo no universo estava em processo de realizar sua forma ou essência verdadeira — de se tornar o mais perfeito possível, dadas as limitações de sua estrutura. Nesse sentido, o universo natural — o mundo do Ser — não apenas não era mau, como era positivamente bom.[10]

Aristóteles não tinha muito a dizer sobre o problema do mal tal como entendido pelos cristãos, uma vez que a idéia de pecado — uma falha profunda e congênita da vontade humana — não desempenhava papel algum em sua visão da natureza humana. Para ele, era mais provável que os seres humanos cometessem erros por falharem em controlar e regular algum impulso natural, como o de comer demais ou o de amar de menos. Mas Guilherme conseguiu tirar conclusões a partir da obra de Aristóteles que pareciam compatíveis com as visões católicas tradicionais, como as expressas por Santo Agostinho. Uma dessas conclusões, meio abstrata, mas comodamente agostiniana, consistia em que o mal não era uma forma de Ser, em absoluto, porém uma ausência ou "privação" do Ser. Em outras palavras, o mal não era produto do desenvolvimento natural, tal como a flor é produto do desenvolvimento de uma semente, mas resultado de uma impossibilidade de ter esse desenvolvimento natural (uma analogia moderna aproximada é a idéia psicanalítica da "fixação" que impede que a personalidade humana amadureça normalmente). Uma segunda conclusão foi que o pecado descrevia algo que os seres humanos faziam no exercício de seu livre-arbítrio, e não algo inerente à ordem natural. O universo natural continha toda sorte de coisas — como o desejo sexual, por exemplo —, que eram boas, quando usadas como Deus ou a natureza as haviam pretendido, mas podiam tornar-se más, quando mal utilizadas por pessoas indisciplinadas ou maliciosas. O mal era obra do homem, não de Deus.

Muitas pessoas modernas poderiam considerar sensata essa distinção, mas, como se apressaram a assinalar alguns críticos medievais, ela se afastava significativamente da idéia tradicional cristã de que o pecado era produto de uma natureza humana tão corrompida, que requeria um Redentor sobrenatural. Para Santo Agostinho, o pecado arquetípico era a luxúria ou "concupiscência", um desejo de prazeres proibidos que parecia impossível de controlar sem a ajuda divina. Ampliando e distorcendo a lógica dessa postura, os albigenses afirmavam que o universo material concupiscente, que se reproduzia de maneira incontrolável, era mau em si mesmo e, portanto, produto de um anjo decaído ou de um Deus maléfico. Invocar Aristóteles contra os hereges teve o efeito não pretendido de solapar também a visão agostiniana, uma vez que a defesa da bondade e autonomia essenciais da natureza, por parte do Filósofo, sugeria que a natureza humana não era tão vulnerável quanto pensara Agostinho. Guilherme não soube lidar diretamente com a tensão entre as visões agostiniana e aristotélica do mal. Essa tarefa, portanto, foi transferida para seus sucessores, em particular o gigante dominicano, Tomás de Aquino. Mas o bispo abordou outro problema causado por sua confiança na *Metafísica* de Aristóteles: o problema conhecido na Idade Média como "a eternidade do mundo".[11]

Aristóteles descrevera o universo como unitário, integrado, inteligível e belo, mas não achava que essa bondade natural refletisse a bondade transcendental de um Criador sobrenatural. Nem ele nem qualquer outro filósofo grego imaginaram um universo criado por um deus que houvesse feito tudo a partir do nada, inclusive a matéria, a forma, o espaço e o tempo — um Criador que mantivesse tudo existindo de um segundo para outro, e que interviesse ativamente na natureza e na história. Ao contrário, Aristóteles afirmara, com muita confiança, que o universo material não tinha começo nem fim.[12] Nada se criava a partir do nada — porventura essa máxima do senso comum não era corroborada pela observação e pela experiência? Até Platão, que imaginara Deus como um artesão, presumia que a matéria básica moldada pelo Artífice divino era tão eterna quanto ele. E o Deus de Aristóteles, a Causa não Causada, era uma figura ainda mais passiva, consciente de si, mas indiferente ao homem, e não realmente uma pessoa (muito menos três Pessoas), porém uma força inspiradora dos processos regulares de mudança natural.

Que diferença fazia considerar o universo uma realidade criada por Deus a partir do nada, ou um sistema independente, coeterno com Deus? Uma enorme diferença, de acordo com a maioria dos teólogos mais ilustres da época. Nas palavras de um comentarista moderno, "A questão da eternidade do mundo foi, para as relações entre a ciência e a religião na Idade Média, o mesmo que o sistema heliocêntrico de Copérnico nos séculos XVI e XVII, e o mesmo que tem sido a teoria darwiniana da evolução, desde que foi concebida no século XIX".[13] O problema estava em que essa doutrina poderia levar os pensadores a uma das duas direções: por um lado ao panteísmo — a confusão entre o Criador e sua criação; por outro ao secularismo — a retirada de Deus de um envolvimento ativo com o universo. Qualquer um desses destinos possíveis fazia com que o sangue dos cristãos ortodoxos gelasse.

O panteísmo, é claro, era o que havia criado tantos problemas para David de Dinant e causado a primeira proibição dos livros de Aristóteles na Universidade de Paris. Se o universo, tal como Deus, era uno, bom e eterno (ou "incriado"), podia-se ficar tentado a concluir que Deus fazia parte do universo, que o universo fazia parte de Deus, ou que os dois eram idênticos. A primeira conclusão foi, essencialmente, a traçada por Aristóteles, cuja Causa não Causada é, de fato, parte do sistema natural que ela move. A segunda idéia — a de que o universo faz parte de Deus — foi a heresia de David de Dinant e Amaury de Bene. E a terceira — a identidade de Deus com o universo — era o puro culto da natureza, a heresia contra a qual os cristãos vinham lutando desde que os primeiros missionários tinham sido enviados para converter as tribos pagãs. Nenhuma dessas conclusões era remotamente aceitável para Guilherme de Auvergne ou qualquer outro teólogo ortodoxo. Mesmo que o Criador houvesse infundido Sua bondade no universo e criado o homem à Sua imagem, Ele nunca — nunca! — deveria ser confundido com Sua criação imperfeita. Fora exatamente esse tipo de confusão que havia levado os seguidores de Amaury a acreditar que não poderiam pecar, independentemente de como se portassem, uma vez que eram encarnações do Espírito Santo.

Mas havia uma outra conseqüência, igualmente perturbadora, da doutrina de Aristóteles. Tratava-se da idéia de que as coisas que compunham o universo mudavam e se moviam de acordo com princípios ou leis inerentes a sua natureza, e não porque o Criador as fez assim e optava continuamente por mantê-las dessa maneira. Em vez de aproximar demasiadamente o universo de Deus, essa linha de raciocínio os afastava demais um do outro. Não só a idéia da causalidade exclusivamente natural eliminava a possibilidade dos milagres, como na verdade eliminava a Providência Divina completamente. A não-criação significava a inexistência do "Segundo Adão" (como Cristo era chamado), da redenção e do Fim dos Tempos. Em última análise, poderia significar a inexistência de qualquer Deus senão a Causa não Causada de Aristóteles, ou o "Deus relojoeiro" dos deístas do século XVIII, que dera corda na máquina do universo no início dos tempos e, em seguida, retirara-se para sempre, enquanto o relógio tiquetaqueava lentamente até parar. Além disso, como se preocupavam os teólogos medievais, se o universo de Aristóteles era regido por suas próprias leis inexoráveis, seriam predeterminados os acontecimentos futuros? Se assim fosse, o que aconteceria com a liberdade de Deus de fazer absolutamente o que quisesse? E o que seria da liberdade dos seres humanos de escolher entre o bem e o mal?

Essas duas idéias perigosas — Deus misturado com o universo e Deus efetivamente afastado do universo — tinham sido expressas na obra de um filósofo anterior, que se tornou o alvo primordial de Guilherme de Auvergne. Tratava-se do grande neoplatônico persa Avicena, que sustentava que Deus criara o universo por necessidade e através de um processo de "emanação", ou de transbordamento de Sua natureza divina em esferas sucessivas do Ser, começando pela esfera da inteligência pura e terminando nas esferas do Céu e da Terra. Já era bastante ruim, disse Guilherme, que a idéia de emanação misturasse Deus com a criação, mas Avicena também havia distanciado o Criador do universo natural, ao propor que Ele só criara diretamente a esfera primeira e mais elevada do Ser, e que cada esfera posterior havia gerado a esfera inferior subseqüente. Esse esquema, que parece bizarro aos olhos modernos, era compatível com a antiga crença em que o cosmos compunha-se de um conjunto de esferas contidas umas nas outras, cada qual movimentando a esfera que lhe era interior, de modo que as atividades na Terra eram controladas, até certo ponto, pelos movimentos da esfera celeste (donde o imenso interesse pela astrologia, que foi considerada uma ciência desde a Antiguidade até época bem recente). Mas ele era também compatível com a idéia mais moderna de que Deus, depois de originalmente ter posto todo o universo em movimento, contentava-se agora em funcionar como a Causa não Causada, deixando a natureza funcionar segundo suas próprias leis.

A tudo isso, Guilherme de Auvergne disse "Não". A criação não fora necessária, mas resultante da livre escolha de Deus. O mundo não era produto de uma emanação, pois "o que brota de uma nascente ou uma fonte é, simplesmente, o que havia nela antes de sair; não, Deus *faz* as coisas".[14] Deus tampouco fizera as coisas apenas uma vez, deixando-as depois entregues ao funcionamento de processos naturais. Ao contrário, a criação era um processo contínuo, obra de um Deus onipotente, capaz de fazer tudo o que Lhe aprouvesse, exceto criar uma contradição verdadeira (por exemplo, sendo Deus absolutamente bom, Ele não podia pecar). Tudo isso ficava claro, disse Guilherme, quando se lia corretamente o "livro da natureza", compreendendo que o universo era produto de uma Inteligência e uma Vontade que lhe eram preexistentes e continuavam fora dele — em suma, que ele era "uma arte ou obra, um discurso ou sentido, um sinal ou designação d'Ele, um livro ou escritura, colocado à vista do intelecto humano, a fim de que, ao lê-lo, este ganhe sabedoria nele e aprenda tanto quanto for possível sobre seu criador".[15] Estabelecendo o que viria a se transformar no credo dominicano, Guilherme declarou que a ciência e a teologia não estavam em conflito, mas que a primeira era radicalmente incompleta sem a segunda. Não poderíamos compreender o universo unicamente com base em seu funcionamento interno. O significado mais profundo do livro só poderia ser apreendido ao se descobrirem as intenções de seu autor e, para isso, precisávamos de mais do que a filosofia natural de Aristóteles. Precisávamos da filosofia divina, a começar pela Palavra de Deus, tal como revelada em Suas Escrituras Sagradas e interpretada pelos Padres da Igreja.

Enquanto Guilherme de Auvergne despejava suas idéias sobre a filosofia natural e a teologia, os "livros da natureza" de Aristóteles continuavam proibidos na Universidade de Paris, assim como em várias outras universidades. Mesmo entre os dominicanos, ainda havia um considerável temor da filosofia e da ciência pagãs. Os estatutos da Ordem, em 1228, proibiram os irmãos de "estudar nos livros dos gentios e dos filósofos, embora possam inspecioná-los rapidamente".[16] Mas, com o próprio bispo de Paris citando a *Metafísica* para respaldar a causa católica, quanto tempo poderia durar a proibição? Era claro que, a longo prazo, não se poderia impedir os dominicanos de estudar o material de que necessitavam para se armar contra os hereges. E foi o que eles começaram a fazer na privacidade de sua escola conventual; entretanto, como seria inevitável, as discussões iniciadas em Saint-Jacques prosseguiram na faculdade de teologia — uma tendência que se tornou irreversível em 1242, quando um novo professor, um estudioso dominicano da Suábia, foi nomeado para uma cátedra universitária.

Então na casa dos quarenta, Albertus Teotonicus, como era chamado na época, foi o primeiro alemão a se tornar professor de teologia em Paris. Hoje ele é lembrado como Alberto Magno. Quase tão famoso por seu estilo ríspido e não cativante de falar quanto por seu discernimento teológico, Alberto era um adversário veemente da heresia, mas seu interesse pelo pensamento aristotélico ultrapassava em muito as doutrinas específicas que eram necessárias para conduzir discussões com os albigenses ou os joaquimitas. Homem de imenso vigor, ele "concebeu o projeto quase fantasioso de tornar a obra completa de Aristóteles, com sua teoria inteiramente nova da realidade, acessível ao Ocidente latino", e o executou escrevendo comentários sobre todos os livros existentes do Filósofo.[17] Os escritos teológicos do próprio Alberto foram igualmente volumosos, versando sobre uma vasta gama de questões doutrinárias. Mas a parte mais memorável de seus textos foi aristotélica num sentido bem diferente, pois esse suábio ríspido era um observador e colecionador extraordinário — o botânico e zoólogo mais talentoso de sua época, além de pioneiro nos métodos da investigação empírica.

Alberto "descreve uma maçã da casca ao caroço", observou um autor que estudou rigorosamente sua obra:

> Ele descreve com máxima precisão as "folhas sempre verdes do visco, de textura semelhante ao couro" (...). Diz quais são as aranhas que tecem teias, e onde (...), e quais capturam suas presas saltando sobre elas. Distingue espinhos de acúleos. Sabe, por havê-lo descoberto ao prová-la, que a seiva das árvores é mais amarga nas raízes, e que o abdome das abelhas contém uma bolsinha transparente que tem um sabor sutil de mel. Assinala que a enguia não vive na lama, como afirmava Aristóteles (...) muitas vezes corrige Aristóteles dessa maneira, ou seja, referindo-se à experiência.[18]

Essa curiosidade apaixonada pelos detalhes da natureza era algo novo, especialmente para um dominicano. Historicamente, poderíamos dizer que ela nasceu das doutrinas anti-heréticas expostas por Guilherme de Auvergne e outros defensores do credo ortodoxo. Os dominicanos que pregavam contra os albigenses julgavam útil ter à mão dados específicos, a fim de demonstrar a unicidade, a racionalidade e a beleza do mundo material. Por essa razão, um dos colegas de Alberto, Vicente de Beauvais (que também foi tutor dos filhos do rei Luís IX), compilou uma espécie de enciclopédia de ciência natural, metafísica e medicina, à qual deu o nome de *Espelho da natureza* — um livro de referência muito usado pelos debatedores dominicanos itinerantes.[19] Mas o evidente prazer de Alberto com a observação dos fenômenos naturais, assim como sua insistência em obter dados exatos, transcendia as motivações mais utilitaristas da Ordem.

Tal como Aristóteles, o polímata alemão era fascinado pelos detalhes concretos da natureza — os componentes das estruturas e processos que, a seu ver, era preciso observar com exatidão e sensibilidade, antes de derivar princípios gerais a partir deles. Com sua aspereza característica, Alberto condenou os pseudocientistas que julgavam poder raciocinar dos princípios abstratos para os fatos particulares, ou que repetiam mitos corriqueiros como se fossem conhecimento. "A fênix é uma ave da Arábia Oriental", comentou ele em tom mordaz, "ou assim aprendemos nos escritos dos que mais fazem suas pesquisas na teologia mística do que na natureza".[20] O universo em seu conjunto, é claro, podia ser derivado do princípio mais geral de todos — o Criador —, mas, quando se tratava de compreender os detalhes, Alberto afirmava que "só a experiência proporciona a certeza".[21]

Assim, ele insistia em que a investigação dos processos naturais devia prosseguir, sem ser desvirtuada por considerações teológicas irrelevantes. O mundo material que estudamos é, em todos os detalhes, criado por Deus. Mas a criação significa que Deus confere a cada criatura sua própria realidade ou ser. Portanto, nosso dever religioso é compreender as coisas como realmente são — tarefa que não poderia ser executada mediante o uso da lógica escolástica. "No que me concerne", anunciou Alberto, em termos muito parecidos com os de um empirista moderno, "abomino os argumentos lógicos nas ciências que têm a ver com as coisas."[22]

Curiosamente, essa determinação de analisar a natureza como cientista e os assuntos divinos como teólogo levou o teórico dominicano a dar a cada campo de investigação seu espaço e método próprios e, portanto, até certo ponto, a separá-los. Na visão de Alberto, não podia haver conflito entre as verdades passíveis de ser descobertas pela investigação empírica, pelo raciocínio lógico e pela interpretação das Escrituras. Para ele, a idéia de uma multiplicidade de verdades incoerentes (tal como uma multiplicidade de deuses) era inconcebível. Mas sua tentativa de desvincular os métodos da ciência dos da religião produziu, em algumas ocasiões, resultados surpreendentes. Ao comentar o livro *Sobre o céu*, de Aristóteles, Alberto registrou a crença aristotélica em que a esfera celeste, assim como o universo como um todo, era eterna. Não obstante, assinalou em tom prosaico, que havia também outras "opiniões":

> Outra opinião era a de Platão, que diz que o céu derivou da causa primordial mediante a criação a partir do nada, e essa é também a opinião das três leis, quais sejam, as dos judeus, cristãos e sarracenos. E assim afirmam eles que o céu é gerado, mas não a partir de alguma coisa. Com respeito a essa opinião, contudo, não é relevante que a abordemos aqui.[23]

Alberto enunciou equivocadamente a postura de Platão nesse texto, mas isso tem pouca importância. Sua afirmação é notável, tanto por ele haver se referido às idéias de Aristóteles e à doutrina judaico-cristã-islâmica como "opiniões" quanto por ter se recusado a resolver essa questão "aqui". Ora, não há nenhuma dúvida acerca da "opinião" que ele favorecia. Obviamente, ele era um dos cristãos a quem se referiu com tão visível desprendimento em seu comentário. Mas sentia claramente que um ensaio que explicava as concepções cosmológicas de Aristóteles não era o lugar para uma discussão teológica (como diria Tomás de Aquino, muito tempo depois, exagerando um pouco a questão, "Não vejo o que a interpretação do texto de Aristóteles tenha a ver com o ensino da fé"[24]). Similarmente, ao discutir a debatidíssima questão de ser ou não possível a existência de mais de um universo, Alberto concluiu, como fizera Aristóteles, "que é impossível que existam diversos mundos". Mas acrescentou prontamente que estava falando apenas do que era impossível na natureza, pois "há uma grande diferença entre o que Deus pode fazer, por meio de Seu poder absoluto, e o que pode ser feito na natureza [ou pela natureza]". O interesse apropriado da ciência natural não era o que Deus poderia fazer, se quisesse, mas o que tinha feito, ou seja, o que acontecia no mundo "de acordo com as causas intrínsecas da natureza".[25]

Essa idéia de uma "causalidade dual" — a idéia de que um Deus criador fazia com que as coisas do mundo funcionassem como causas em si — viria a se transformar numa das principais doutrinas usadas por teólogos dominicanos, como Tomás de Aquino, para conciliar a ciência e a religião. Essa idéia tem tido vida longa. Deparamos com ela hoje em dia, por exemplo, quando as pessoas que crêem em Deus e também acreditam na teoria darwiniana da seleção natural afirmam que a capacidade de desenvolver a vida foi incorporada no universo por seu Criador.[26] Segundo outros, porém, essa abordagem cria mais problemas do que resolve, uma vez que atribui as idéias de pesquisadores humanos a Deus, distancia inaceitavelmente o Criador do universo natural e não explica como conhecemos as verdades da religião, em contraste com as da ciência. Todas essas críticas (e outras mais) foram enunciadas pelo crítico mais temível de Alberto, que fora lecionar em Paris mais ou menos na mesma época que ele. Recém-chegado de Oxford, onde se sentara aos pés do grande teólogo e cientista Roger Grosseteste, o jovem Robert Bacon logo fez com que a universidade inteira falasse de seus ensinamentos brilhantes e excêntricos.

É provável que Bacon tenha sido o primeiro professor, em mais de trinta anos, a lecionar sobre Aristóteles na faculdade de artes liberais — outra indicação do enfraquecimento gradativo da proibição.[27] Apesar de sua juventude, o erudito inglês era ainda mais seguro de si do que Alberto Magno, e igualmente franco. Na pretensão de dar aulas sobre a ciência aristotélica, observou Bacon em tom cáustico, Alberto estava tentando ensinar o que ainda não aprendera.[28] Bacon pode não ter sido o maior gênio de sua época — essa honra costuma ser conferida a Tomás de Aquino —, mas é provável que fosse o homem mais culto da Europa, assim como um dos pensadores mais imaginativos da história. Ele acreditava ser impossível compreender Aristóteles e a Bíblia sem conhecer grego, árabe, espanhol, hebraico, aramaico e várias outras línguas, todas as quais havia dominado ainda na adolescência. Tinha certeza de que, um dia, o conhecimento científico daria à humanidade o controle da natureza, e imaginou "o mundo técnico do futuro: navios sem remadores, submarinos, 'automóveis', aeroplanos, pequenos dispositivos mágicos para o indivíduo soltar-se da prisão, grilhões mágicos (para usar em outras pessoas) e aparelhos para andar sobre a água".[29] Bacon mapeou uma rota marítima da Espanha para as Índias, fez experimentos com a luz, produziu trabalhos teóricos de geometria e talvez tenha se dedicado como amador ao que alguns chamavam de magia. Até que Boaventura, ainda mais jovem, atingisse a maioridade, na década de 1250, Bacon foi a principal voz intelectual do movimento franciscano.

Roger Bacon estivera sob a influência da Ordem dos Frades Menores durante sua temporada em Oxford, ou talvez até antes (pouco se sabe sobre sua juventude, mas é possível que ele tenha sido criado num convento franciscano). Só se ligou formalmente à Ordem depois de chegar a Paris, e suas relações com seus superiores, a partir desse momento, nunca foram fáceis. Mais tarde, depois de publicar vários ensaios sem obter a autorização necessária, recebeu ordens de parar com as publicações — proibição esta que violou, ao enviar particularmente sua *Opus Maius* ao papa Clemente IV, a pedido do pontífice. Alguns acham que ele foi punido, ou talvez até encarcerado, por suas simpatias pela ala joaquimita do movimento franciscano, posteriormente conhecida como os "Espirituais" — um grupo radical que criticava o caráter mundano e a corrupção da Igreja (inclusive da liderança franciscana) e previa a chegada da Terceira Era do Espírito Santo.[30] É provável que as idéias de Bacon sobre a história e a sociedade fossem mais extremadas que as da maioria de seus confrades, porém muitos compartilhavam sua convicção de que os dominicanos eram cerebrais e "acadêmicos" demais em sua teologia, próximos demais das fontes de poder da Igreja e acomodados demais com o *status quo* na universidade e no mundo. A resposta de Bacon à mundanidade amena dos dominicanos foi uma combinação tipicamente franciscana de valores espirituais extramundanos e "ciência exata".

Bacon não se opôs em todos os aspectos à filosofia natural de Alberto. Concordava com o mestre alemão em que, na descrição do funcionamento da natureza, não havia substituto para a experiência direta. Também concordava com a insistência bem anti-aristotélica de Alberto na utilidade da matemática para a compreensão dos processos naturais. O que mais lhe desagradava era a incapacidade (a seu ver) de Alberto de consumar uma autêntica conciliação entre a ciência natural e o cristianismo. Por um lado, dizia ele, isso se dava porque os dominicanos não eram suficientemente científicos. O que se fazia necessário era a análise, e não apenas descrições; teorias verificáveis, e não apenas generalizações amplas; experimentação, e não apenas observação. Por outro lado, a abordagem dominicana parecia excessivamente intelectual e essencialmente sem alma. A tese de que Deus operava através de causas secundárias, de tal modo que as abelhas e as flores de Alberto estavam naturalmente equipadas para desempenhar seus papéis na ordem ecológica, talvez fosse útil nas disputas contra os albigenses, mas de que modo aproximaria mais os fiéis cristãos de Deus? Alberto e seus colegas eram intelectuais extraordinários. Ótimo. Mas Francisco de Assis fora o primeiro homem da história a receber a dádiva dos estigmas. Dois anos antes de sua morte, em 1226, ele vivenciara Cristo pessoalmente, sob a forma de uma visão beatífica que lhe deixara marcas de pregos nas mãos e nos pés e uma ferida ensangüentada do lado direito do tronco.[31] De que servia a investigação intelectual, se não levasse, no fim, à união com Deus?

Para Bacon e outros franciscanos, o elo entre o sobrenatural e o natural, entre o campo da experiência religiosa e o mundo da experimentação científica, era a Luz. O "portão e a chave" de todas as ciências, dizia Bacon, era "a matemática, que os santos descobriram no início do mundo (...) e que sempre foi usada por todos os santos e sábios, mais do que todas as outras ciências".[32] Mas a arca do tesouro a ser aberta com essa chave — "a flor de toda a filosofia" — era a ciência da luz, que mais tarde seria chamada de óptica, mas era conhecida como "perspectiva" na época de Bacon. Baseando-se na teoria de Grosseteste de que os objetos do universo emitiam imagens (ou "formas") poderosas deles mesmos como raios luminosos, o jovem franciscano desenvolveu uma compreensão precisa do olho como receptor e não emissor dessas imagens.[33] Ele formulou a hipótese de que os raios luminosos penetravam na pupila em linhas retas, que incidiam perpendicularmente no olho, e raciocinou que a velocidade da luz devia ser finita, embora quase inimaginavelmente rápida. Também dissecou olhos de animais e concebeu experimentos ópticos na tentativa de confirmar suas teorias, embora não se conheçam os resultados desses esforços.

Tudo isso soa tão atual que granjeou para Bacon, em alguns círculos, a reputação de ter sido o primeiro cientista moderno. Essa afirmação está longe de ser uma tolice, uma vez que, a partir do século XVI, muitos dos maiores cientistas abraçaram o conceito dele e de Grosseteste de que a matemática era a linguagem oculta da natureza, bem como seu empenho em tornar a ciência mais analítica e experimental e sua convicção de que o estudo da luz poderia revelar outros segredos do universo. Ao mesmo tempo, entretanto, está claro que Bacon via a ciência como um empreendimento quintessencialmente religioso.[34] Ele acreditava que a matemática (com o que pretendia referir-se à geometria) dava acesso à mente do Criador, e que a luz era a mais pura expressão do Espírito Santo. Para Bacon e outros franciscanos, isso não era uma simples metáfora. A luz não era meramente um fenômeno natural entre muitos; era "Deus em ação" — a manifestação visível do poder espiritual de Deus. A luz era a força que causava as atividades das outras substâncias naturais, a "forma" ou fonte primária da inteligibilidade, e a "iluminação" divina que possibilitava o conhecimento humano.[35] Era também a fonte da bondade, pois não tinha Deus feito a luz antes de qualquer outra coisa no universo e declarado que ela era boa? Conhecer cientificamente a luz, portanto, era um passo em direção ao conhecimento pessoal de Deus. A "perspectiva" de Bacon era a preparação intelectual para a ascensão mística a Deus, sintetizada na experiência de São Francisco na montanha.

Seriam as idéias do inglês mais "avançadas" que as de seus adversários? Ou seriam elas (como acusavam os dominicanos) retrocessos perigosos ao passado pré-aristotélico? A resposta parece ser: as duas coisas. Ao buscar fórmulas matemáticas que explicassem os fenômenos naturais e clamar por um método experimental, Bacon parece ter vislumbrado o futuro. Em sua época, no entanto, "experimento" tinha conotações que não tem na nossa:

> É importante nos lembrarmos de que o experimento científico, nessa época, ainda estava profundamente enredado com a magia e a feitiçaria; os experimentos ainda eram inteiramente faustianos — ensaios, talvez, mas ensaios que levavam à tentação de espíritos benéficos e maléficos; formulações, quem sabe, mas com igual probabilidade de terminar em fórmulas mágicas. Assim era na época de Bacon, e as coisas continuavam praticamente as mesmas na época de Leonardo da Vinci. Vejamos, por exemplo, Bacon formular um problema "científico": "Se os veados, as águias e as cobras podem prolongar sua vida usando sapos e pedras, por que seria negada à humanidade a descoberta de um elixir da vida?"[36]

O mais importante, do ponto de vista dominicano, era que a espiritualização franciscana da luz era um regresso profundo. Exigia que se desse um passo atrás de Aristóteles, que via a luz simplesmente como uma propriedade de certas substâncias, e não como pura forma ou espírito, e certamente não como uma força que faria objetos menos espirituais do universo se portarem como se portam. Tal como a viam Alberto e seu jovem amigo Tomás de Aquino, a teoria da luz como causa universal — uma crença mística que não podia ser verificada pela experimentação ou pela observação — fazia a ciência deixar de ser o estudo de causas particulares e se transformar num estudo de relações ocultas. Eles também não concordavam em que o conhecimento humano fosse resultante da "iluminação" divina. O conhecimento era, antes, produto da razão que o Criador tornara parte integrante das características naturais do homem. Mestres franciscanos como Roger Bacon ensinavam Aristóteles e enunciavam suas teorias na linguagem aristotélica, mas a essência de sua obra era o misticismo neoplatônico, que revivificava a distinção obsoleta entre a matéria e o espírito. Bacon havia acusado seus adversários de separarem a ciência da religião e afastarem Deus de uma atuação efetiva no universo. Com igual justificativa, eles poderiam acusá-lo de mistificar a ciência e restringir a ilimitada criatividade de Deus. Divinizar uma parte da natureza degradava o restante, inevitavelmente. O mais precioso ensinamento de Aristóteles para o cristianismo (e a resposta mais eficaz a toda sorte de dualistas) era que *toda* a natureza trazia a marca de Deus e era digna de ser estudada pelo homem — até mesmo, como dissera Aristóteles, as entranhas dos animais.

Embora as questões em disputa viessem a se modificar com o tempo, o debate entre teólogos dominicanos e franciscanos prosseguiu por décadas, tendo uma escalada acentuada na década de 1270 e mais ainda nos primeiros anos do século XIV. Um dos traços mais notáveis desse conflito, entretanto, é que ele não representou uma guerra entre a "ciência" e a "religião". Nenhum dos dois lados questionava os fundamentos do credo cristão. Só com o aparecimento de um grupo de aristotélicos radicais na Universidade de Paris, na década de 1260, é que importantes debatedores envolvidos na questão puderam chegar a ser acusados de anti-religiosos. E nenhum dos dois lados assumiu a postura, associada a alguns "fundamentalismos" modernos, de que a investigação científica era intrinsecamente hostil à fé religiosa. O que cada facção da controvérsia dizia — e aquilo em que sinceramente acreditava — era que a fé devia ser preservada a todo custo. O que cada uma propunha era um método de conciliar os cristãos engajados com o mundo material e com o progresso inevitável da ciência. Especialmente depois que Tomás de Aquino se tornou o principal teólogo dominicano, a Ordem dos Irmãos Pregadores acolheu a filosofia natural de Aristóteles de braços abertos, mas insistiu em situá-la no contexto mais amplo de uma teologia cristã revista. Ter a liberdade de ser aristotélico fez com que Tomás de Aquino fosse "ainda mais teólogo, um teólogo ainda mais ortodoxo e ainda mais dogmático, por haver recuperado, através de Aristóteles, o mais desafiador de todos os dogmas: o enlace de Deus com o Homem e, portanto, com a Matéria".[37] Os franciscanos assumiram uma postura menos receptiva a Aristóteles (e à matéria), mas também eles insistiram em que a ciência poderia ser aceita, se fossem revisados seus pressupostos sobre a natureza.

A crença de que, em caso de conflito, a fé suplantava a razão, crença esta compartilhada por praticamente todos os estudiosos medievais, claramente tinha efeitos limitantes na investigação científica. Por exemplo, um escolástico do século XIV desenvolveu uma boa defesa da rotação da Terra em torno de seu eixo, mas se recusou a afirmar uma idéia que parecia entrar em conflito com as interpretações aceitas da Bíblia (Salmos 92:1:

"Sim, o mundo permanece firme, inabalável"). Em sua maior parte, contudo, a atitude dos intelectuais católicos para com a pesquisa científica era admiravelmente confiante. Embora concordassem em que a fé precisava ser preservada a qualquer preço, os dominicanos e os franciscanos, os frades educadores e os mestres laicos presumiam que o que os pesquisadores vinham descobrindo pelo uso dos sentidos e da razão era real, e que a religião teria que se haver com isso. A grande questão, em outras palavras, não estava em se era bom ou mau investigar o funcionamento da natureza. Essa era uma coisa boa, já que a razão e a natureza provinham de Deus. A questão era como definir o território e os limites adequados das formas de investigação religiosa e científica ("filosófica") e como estabelecer uma relação sadia entre elas. Como diria Tomás de Aquino, tempos depois, tratava-se de como abarcar plenamente os dois campos de conhecimento numa única visão harmoniosa. Em conseqüência disso, por mais intensas que se tornassem as controvérsias nas universidades — e elas estavam prestes a se intensificar muito —, nunca se cogitou abandonar a investigação da natureza. A "filosofia natural" viera para ficar.

Em 1248, Alberto Magno partiu de Paris para Colônia, onde sua Ordem o mandara fundar uma nova escola. Juntou-se a ele nessa viagem seu discípulo Tomás de Aquino, ainda em formação como dominicano, mas já demonstrando um notável domínio do pensamento aristotélico e um talento precoce para a especulação teológica. Os dotes de Tomás não eram evidentes para todos. Segundo um relato, o rapaz alto e corpulento era tão calado nas aulas que os outros alunos passaram a chamá-lo de "Boi Mudo". Ao ouvir alguns de seus estudantes usarem esse epíteto, dizem que Alberto investiu contra eles, aos gritos: "Vocês o chamam de Boi Mudo; pois eu lhes digo que esse Boi Mudo berrará tão alto que seus berros encherão o mundo."[38]

Como sugere essa história, as relações do velho mestre com seu jovem e grandalhão prodígio eram calorosas, até paternais. Em parte, talvez isso se devesse ao fato de que a história familiar de Tomás fora muito tumultuada. Seu pai, o conde Landulfo, um nobre italiano com propriedades na região montanhosa entre Nápoles e Roma, mandara seu filho brilhante ser educado pelos monges da cidade vizinha de Monte Cassino e, mais tarde, na universidade que fora fundada em Nápoles, uns dez anos antes, pelo imperador alemão (então governante da Sicília) Frederico II. As idéias corriam soltas na universidade, que estava exposta às correntes culturais provenientes do mundo árabe e também de Bolonha, Paris e Oxford, e na qual os livros de Aristóteles podiam ser livremente estudados. O pai de

Tomás, sempre enredado na política imperial e papal, esperava que o filho galgasse rapidamente os degraus eclesiásticos, tornando-se abade ou bispo e uma figura poderosa na sociedade. Podemos imaginar sua ira ao descobrir que o adolescente precoce fora "seduzido" pelos frades dominicanos em seu convento de Nápoles, e que planejava ingressar na mendicante Ordem dos Irmãos Pregadores.

Seu filho, um fanático sem vintém, perambulando num hábito negro? Nunca! Exercendo seus supostos direitos de senhor feudal e páter-famílias romano, Landulfo exigiu que Tomás voltasse para casa. Quando o garoto objetou, seu aliado dominicano, João de São Juliano, disse-lhe que selasse seu cavalo e partisse para o convento da Ordem em Roma, de onde seria levado a Paris pelo diretor-geral da organização. De algum modo, entretanto, a notícia dessa aventura vazou e os pais de Tomás foram alertados. Segundo os relatos, foi sua mãe, a condessa Teodora, quem mandou seus dois irmãos (ambos oficiais do império) capturá-lo, antes que ele chegasse a Roma, e fazê-lo recobrar o juízo. Os irmãos o perseguiram, aprisionaram-no num dos castelos da família e lá o mantiveram por quase dois anos, enquanto os pais esperavam que ele cedesse. Tempos depois, Tomás recordou que, para dobrar sua vontade, eles lhe mandaram uma "tentadora", a cujas investidas ele resistiu, com a ajuda de Deus, rechaçando-a com uma vara em brasa tirada do fogo. Muito mais encantado ficou ele com os livros que sua irmã introduzia às escondidas na fortaleza, entre eles a Bíblia, as *Sentenças* de Pedro Lombardo... e a *Metafísica* de Aristóteles. Quando a família finalmente cedeu a sua vontade taurina (e à pressão de altas autoridades da Igreja) e o libertou, Tomás seguiu diretamente para os dominicanos em Paris, onde os irmãos do convento de Saint-Jacques juravam que ele aprendera mais na prisão do que eles em sua escola.

Alberto chegou logo depois. Reconhecendo o talento do rapaz taciturno e, quem sabe, sua necessidade de um protetor de confiança, o mestre alemão tomou-o sob seus cuidados. Tomás estudou com Alberto durante oito anos, primeiro em Paris e, depois, em Colônia. Foi por insistência do mestre que voltou a Paris em 1252, para concluir seus estudos e iniciar sua própria carreira de professor e escritor. Ele sabia, é claro, que se envolveria em controvérsias intelectuais na universidade, especialmente com os franciscanos, então liderados por um conterrâneo italiano que era uns quatro anos mais velho que ele — o temível e multitalentoso Boaventura. Mas não fazia idéia de que estivesse caminhando para um confronto violento, que viria a unir franciscanos e dominicanos na batalha contra uma multidão de inimigos comuns.

É provável que Tomás de Aquino tenha conhecido Boaventura durante seus primeiros anos em Paris. Ele entendia que o frade franciscano, teólogo muito mais refinado e sofisticado do que Roger Bacon, queria eliminar a distância entre o misticismo franciscano e o discurso filosófico das escolas. Boaventura e seus colegas inquietavam-se particularmente com a insistência de Aristóteles em que, embora Deus fosse a Causa Primordial de tudo o que existia, os seres naturais tinham causas e efeitos próprios, que operavam sem a participação ou a intervenção divinas. Para se contrapor a essa doutrina, que parecia conduzir a um universo sem Deus, Boaventura substituiu alguns conceitos básicos de Aristóteles por idéias derivadas dos neoplatônicos, de Santo Agostinho e de Avicena. Obviamente, negou a eternidade do mundo, doutrina que declarou logicamente absurda (Tomás também a negou, embora não a considerasse absurda). Mas ele também propôs uma série de "emendas" às definições de forma, substância, matéria e causalidade, cujo resultado foi transformar Deus num participante imediato de todos os eventos naturais — uma causa divina que funcionava ativamente por trás de cada causa natural. Por exemplo, enquanto a maioria dos aristotélicos atribuía o desenvolvimento de um organismo — digamos, o amarelecimento das folhas de uma árvore — à forma natural dele, Boaventura afirmava que isso era resultante de tendências "seminais" introduzidas por Deus na matéria dessa árvore específica. Ele asseverava também que Deus havia criado uma matéria puramente espiritual, da qual eram feitas substâncias como os anjos e as almas, e que a luz era uma substância especial — não apenas um meio da visão, mas do conhecimento.[39]

Boaventura e seu discípulo inglês John Peckham acreditavam que, ao dar um sentido filosófico às crenças franciscanas, eles poderiam construir um consenso conservador que abordasse Aristóteles com mais cautela e evitasse uma cisão perigosa entre a religião e a ciência. Para Tomás de Aquino, por outro lado, as medidas propostas pelos franciscanos resultariam em má religião e má ciência. A visão aristotélica da natureza era perfeitamente adequada, até onde alcançava, e não deveria ser corrompida por questões espirituais, acrescentando-se causas sobrenaturais às naturais, ou qualquer coisa desse gênero. O ponto em que o Filósofo falhava — e falhava gravemente — era em não reconhecer que todas as criaturas, com suas inerentes tendências a se portar ou se desenvolver de acordo com sua natureza, deviam a Deus a totalidade de seu ser. Deus não criara as coisas num dado momento e depois recuara, enquanto a natureza assumia o controle. A criação era constante. Como reconheciam Boécio, Agostinho e o próprio Boaventura, ela não se dava no tempo, de modo algum. Simplesmente não havia incoerência entre a eterna soberania de Deus sobre todo o universo e a potência das causas naturais no tempo. Assim, podia-se estudar a natureza como um cientista "puro", mas permanecendo, ao mesmo tempo, inteiramente inserido na tradição da fé cristã.

O grande tema que perpassa toda a memorável obra de Tomás de Aquino é que "a graça não abole a natureza, mas a completa".[40] Não pode haver conflito entre a religião e a ciência natural, entre amar o Criador e compreender Sua criação, desde que os dois campos de pensamento sejam corretamente definidos e demarcados. Tomás estarreceu seus contemporâneos e, a princípio, ganhou fama de ser um radical perigoso, ao fazer o reino da razão penetrar a fundo no território da teologia e ao criar aquilo a que chamou "teologia natural". Segundo ele, havia apenas três doutrinas que não podiam ser provadas mediante o uso da razão natural: a criação do universo a partir do nada, a natureza de Deus como Trindade e o papel de Jesus Cristo na salvação do homem. Essas verdades, que não podiam ser deduzidas da experiência, dependiam unicamente da fé. Mas outras doutrinas teológicas, até mesmo a existência de Deus, bem como a imaterialidade, a perfeição, a bondade, a sabedoria e outros atributos do Criador, podiam ser alcançadas mediante o uso da razão, analisando e fazendo generalizações a partir dos dados observados.[41] Através da razão, e não só da revelação, poderíamos descobrir os padrões morais que Deus exigia de nós nesta vida e nossa necessidade de ter conhecimento d'Ele na vida após a morte.[42] Boaventura era bem-intencionado, mas não compreendia que ao solapar a autonomia da natureza também solapava a autonomia da razão natural. Segundo Tomás de Aquino, era por isso que concessões como as propostas pelos conservadores equivaliam a má religião e má ciência.

Tomás havia superado sua timidez para falar e, quando começou a enfrentar Boaventura em debates públicos, a situação na Universidade de Paris passou por uma transformação que a deixou quase irreconhecível. A mudança começou de maneira bastante auspiciosa, com o fim da proibição de estudar a filosofia natural aristotélica. Antes mesmo de Tomás deixar Paris rumo a Colônia, a proibição havia se tornado letra morta na faculdade de teologia, e vinha claramente perdendo força também na faculdade de artes liberais. No mesmo ano em que ele voltou para o convento de Saint-Jacques, os professores e alunos da "nação" inglesa reorganizaram o currículo de artes liberais, a fim de exigir que todos os candidatos ao mestrado demonstrassem seu conhecimento de diversos livros antes proibidos, inclusive o controvertido tratado *De anima* de Aristóteles. Três anos depois, todo o corpo docente da faculdade de artes liberais aprovou a transformação de todas as obras conhecidas do Filósofo em leitura obrigatória para os alunos de graduação e pós-graduação. Comentários recém-traduzidos, especialmente os do erudito muçulmano Averróis, foram também atribuídos como tarefa de leitura aos ávidos estudantes. "E agora", observou um historiador eminente, "Aristóteles é o senhor da casa."

> Fazia muito tempo que a velha escola de artes liberais era um centro muito ativo de estudos dialéticos e gramaticais; desse momento em diante, viria a ser um centro de pesquisa filosófica, no sentido mais amplo do termo. Longamente privados do estudo da filosofia natural e da metafísica, os membros da Faculdade de Artes Liberais entregaram-se ao trabalho com fervor ainda maior, a fim de compensar o tempo perdido.[43]

Em menos de uma década, a entrada desse novo grupo de professores, no campo antes dominado por teólogos dominicanos e franciscanos, viria a ter resultados inesperados e perturbadores. Todavia, antes mesmo que os efeitos dessa mudança se fizessem sentir, uma nova controvérsia — ou melhor, uma antiga controvérsia renascida — abalou os alicerces da universidade. Já assinalamos a tendência, por parte dos mestres e doutores "laicos" (ou seja, os que não eram integrantes de ordens religiosas), a considerar que os frades educadores eram intrusos — representantes do papa, do rei e de outras autoridades externas inclinadas a interferir na independência da universidade. Para alunos e professores, fazer parte de uma ordem que tinha o poder de regular todos os detalhes de sua vida significava que eles faziam parte de uma comunidade corporativa diferente, que tinha seus próprios patronos, seus próprios projetos e suas próprias fontes de financiamento. Havia nisso um antagonismo de classe, uma vez que inúmeros estudantes e professores eram pobres e enfrentavam dificuldades reais para permanecer na universidade, particularmente nos meses frios do inverno. Ver os frades bem financiados e bem alimentados galgarem os degraus do sucesso acadêmico devia irritá-los infinitamente. Mas os mestres e estudantes laicos não eram o único grupo a enfrentar dificuldades econômicas e culpar os frades por isso. Na verdade, as aflições econômicas, em alguns grupos fundamentais fora da universidade, haviam contribuído para gerar uma situação que as autoridades temiam e que, normalmente, faziam o máximo esforço para evitar: um conflito dentro da universidade, ligado a um conflito na sociedade como um todo.

Durante algum tempo, os frades mendicantes tinham sido heróis, apoiados não apenas por papas e príncipes, mas também por pessoas de todas as classes sociais, que buscavam sua orientação e lhes ofereciam esmolas. Afinal, eles haviam abandonado seus bens e sua expectativa de vantagens materiais e abraçado o estilo de vida apostólico, a fim de combater os hereges (no caso dos dominicanos) ou de ajudar os pobres e os espiritualmente empobrecidos (a missão dos franciscanos). Nos anos decorridos desde a morte de Domingos e Francisco, entretanto, sua popularidade havia diminuído. Embora, individualmente, os frades continuassem pobres, muitos estavam longe de ser desprovidos de poder, e suas Ordens vinham se tornando riquíssimas. Esse aumento da riqueza da Ordem e de sua influência política não inquietou muitos dominicanos, pois podia ser visto como a realização da missão dominicana, que era a de se tornar uma força poderosa na educação católica e na extirpação da heresia. Muitas pessoas de fora, no entanto, ligavam o poder da Ordem dos Irmãos Pregadores à Inquisição, que se tornara extremamente impopular em várias partes da Europa, ou ao papado, cujas maquinações políticas suscitavam uma oposição ferrenha nas regiões submetidas a disputas prolongadas entre papas e monarcas laicos (os franceses, em particular, estavam em freqüente desacordo com Roma). Em virtude de seu trabalho com os pobres, os franciscanos eram mais benquistos pelo público, mas sua riqueza coletiva e sua organização burocrática desencadearam um acerbo conflito interno entre as alas "Espiritual" e "Conventual" da Ordem — uma disputa que Boaventura tentou resolver ao se tornar superior geral dos franciscanos.

Até a Ordem dos Frades Menores, entretanto, tornou-se alvo de ódio em alguns círculos, em decorrência de uma segunda alteração na sorte dos mendicantes — a concessão de privilégios lucrativos, antes reservados ao clero secular. Os papas não só permitiram que os frades fizessem pregações, como também os eximiram da jurisdição dos bispos locais e os autorizaram a ouvir confissões e enterrar os mortos — esta última, em particular, uma atividade que produzia gratificações abundantes para o clero. Para muitos, desde os sacerdotes pobres dos vilarejos até bispos poderosos, isso significou que fontes de renda valiosas eram drenadas para os cofres das Ordens, numa época em que o padrão de vida na Europa, embora se encontrasse em lenta ascensão, era constantemente ameaçado pela explosão populacional, pelas colheitas ruins e por aumentos acentuados dos preços, dos impostos e das dívidas.[44] Era como despir um santo para vestir outro, e, em vez de se mostrarem humildemente agradecidos por esses privilégios, os frades eram retratados (por seus inimigos, com certeza) como arrogantes e gananciosos. Versos populares retratam com perfeição o desdém inspirado por esses "Mendigos" agressivos:

> Ouçam, ouçam os cães a ladrar,
> Eis que à cidade chegam os Mendigos;
> Uns maltrapilhos, outros em andrajos,
> E alguns com becas de veludo.[45]

Como normalmente acontecia naquela época, o que desencadeou diretamente a hostilidade franca entre os frades e os professores laicos foi uma disputa entre a população e a universidade. Já havia desavenças entre a associação de mestres, que excluía os frades educadores de sua corporação, e a ordem dominicana. Em 1252, liderados por um polemista enraivecido e temível (bem como mestre em teologia), Guilherme de Saint-Amour, os professores insistiram em que uma das duas cátedras de teologia ocupadas pelos dominicanos fosse eliminada. Os franciscanos, que tinham apenas uma cátedra, mesmo assim encararam essa exigência como uma ameaça a sua posição e formaram um bloco com os dominicanos, com isso incorrendo também na ira de Saint-Amour. No período letivo seguinte, o conflito tornou-se consideravelmente mais acalorado. Depois de um tumulto na cidade, no qual um estudante foi morto e vários outros foram feridos por guardas municipais, os mestres de artes liberais aprovaram um documento exigindo satisfações da cidade e ameaçando fechar a universidade de Paris, como tinham feito em 1229. Instituíram um juramento de fidelidade e solidariedade, que exigia que todos os professores respeitassem as decisões tomadas, mesmo que fosse preciso entrar em greve. Talvez os mestres laicos soubessem que os frades, que se sentiam obrigados a continuar a lecionar em suas próprias escolas, se recusariam a assinar o documento... e foi o que fizeram. Eclodiram protestos e manifestações contra eles, nos quais seus adversários fora da universidade uniram-se à multidão dentro dela. A universidade entrou em greve e multidões furiosas obrigaram os frades a também suspenderem suas aulas.

Informado de que a situação estava fugindo do controle, o papa Inocêncio IV expediu uma bula destinada a apaziguar os adversários externos dos frades, privando os mendicantes de seus privilégios de ministrar pregações, confissões e de sepultamentos. Mas o papa morreu pouco depois, e o primeiro ato de seu sucessor, o papa Alexandre IV, foi suspender esse decreto, ordenar que a universidade não tomasse medidas contra os frades e prometer uma investigação completa das queixas de todas as partes. Não se sabe ao certo se os dominicanos e os franciscanos puderam retomar o ensino nessa ocasião, mas seus líderes devem ter dado um suspiro coletivo de alívio. Ainda podiam contar com o apoio crucial do papa contra seus inimigos acadêmicos e eclesiásticos. Mas não podiam necessariamente controlar seus próprios irmãos, especialmente os da "esquerda" franciscana — os joaquimitas, que acreditavam que o clero secular era corrupto e seria substituído, na Terceira Era do Espírito Santo que estava por vir, por sacerdotes mais puros, isto é, eles mesmos.

Em 1254, o mestre franciscano Gerard publicou um livro em que expressava essas idéias, e Guilherme de Saint-Amour respondeu com um sermão, diante de uma grande multidão de pessoas que o apoiavam, denunciando violentamente o livro e as ordens religiosas arrogantes que, a seu ver, haviam gerado essas opiniões pernósticas e irreligiosas. Guilherme acompanhou seu sermão de uma diatribe intitulada *Sobre os perigos dos novos tempos*, na qual denunciou que homens maléficos haviam surgido nas universidades e na sociedade, como fora previsto por São Paulo em sua segunda epístola a Timóteo:

> Os homens, com efeito, serão egoístas, ávidos de lucro, fanfarrões, orgulhosos, blasfemadores, rebeldes para com seus pais, ingratos, sacrílegos, desapiedados, implacáveis, maldizentes, indisciplinados, cruéis, inimigos do bem, traidores, coléricos, obcecados pelo orgulho, mais amigos dos prazeres que de Deus; guardarão as aparências da piedade, negando-lhe contudo o poder. Desvia-te também dessa gente!

Na verdade, embora não houvesse mencionado nominalmente os dominicanos e os franciscanos, Guilherme acusou os frades de serem precursores do Anticristo. Ridicularizou as pretensões intelectuais deles, denunciou asperamente seu espírito de clã, atacou sua moral e declarou que a posição deles, como "mendigos opulentos", era hipócrita e anticristã. É possível que esse documento bombástico tenha insuflado as multidões a fecharem novamente as escolas dos frades, mas não resultou em nenhuma contribuição duradoura para a causa de Guilherme. Tomás de Aquino (então trabalhando junto com Boaventura e os franciscanos) respondeu com um texto de sua própria lavra, defendendo serenamente a ortodoxia das Ordens. Em 1255, o papa Alexandre anulou o regulamento antimendicante e ordenou que a universidade suspendesse sua campanha contra os frades, sob pena de excomunhão. A resposta da universidade foi dissolver-se formalmente, ato este que veio a se revelar um gesto vazio. No ano seguinte, o papa condenou o livro de Guilherme e convenceu o rei a exilar da França o teólogo irado.

Nem mesmo essa intervenção pôs fim imediato ao conflito. Tempos depois, Saint-Amour escreveria um tratado ainda mais enfurecido, ao qual Tomás e Boaventura responderam com seus próprios ensaios. Mas a universidade acabou sendo forçada a se curvar à vontade papal. Em 1257, os dois teólogos foram aceitos pelo consórcio de mestres e (no mesmo dia, segundo reza a tradição) assumiram a posição de doutores em teologia. Nos anos seguintes, através dos bons ofícios do papado, elaboraram-se acordos, primeiro com os franciscanos, depois com os dominicanos, mediante os quais a universidade aceitou os frades educadores como parte da associação de mestres, mas os excluiu do ensino na faculdade de artes liberais e restringiu sua participação no processo decisório da universidade. Os privilégios contra os quais os padres seculares e os bispos haviam objetado foram reduzidos pelo papa Bonifácio VIII, em 1300, e o juramento de obediência à universidade foi finalmente aceito pelos frades educadores em 1318.

Após a crise da década de 1250, houve um período de relativa calma na Universidade de Paris. Tomás de Aquino não fazia idéia, é claro, de que não viveria até a velhice, mas escreveu e lecionou como se seu tempo fosse curto, e produziu a grande obra que um dia lhe granjearia o título de "Doutor Angélico" e a fama, mesmo fora da Igreja, de ser o mais poderoso pensador ocidental entre Santo Agostinho e *Sir* Isaac Newton. Boaventura deixou Paris no ano de sua promoção, para se tornar superior geral da ordem franciscana, mas ele e Tomás continuaram a se empenhar em debates afiados, modulados por uma profunda amizade e pelo respeito mútuo. Conta uma história que, anos depois, Tomás e vários companheiros foram visitar Boaventura, quando o futuro "Doutor Seráfico" estava escrevendo sua biografia de São Francisco. Ao encontrar o amigo em seu gabinete de estudos, em estado de contemplação extasiada, Tomás voltou-se para seus colegas e indicou que eles deveriam adiar a visita: "Deixemos um santo a escrever sobre outro", disse-lhes.

No início da década de 1260, a situação em Paris parecia ter voltado ao normal. Tomás de Aquino fizera diversas viagens à Itália, a pedido do papa, e ele e seus companheiros vinham mantendo o debate sobre Aristóteles com o sucessor de Boaventura, o futuro arcebispo de Cantuária, John Peckham. Mas as aparências enganam. Os mestres de artes liberais, a maioria dos quais nunca dera muita importância a Boaventura nem a Tomás de Aquino, vinham lendo Aristóteles com seus próprios olhos e prestando atenção especial aos comentários do pensador muçulmano Averróis. Mais ou menos na época em que Tomás se firmava como professor de teologia, um novo aluno ingressou na "nação" picarda, composta de rapazes provenientes da Bélgica e Países Baixos, e começou a se afirmar como líder nas disputas por espaço entre picardos e franceses. Esse estudante era Siger de Brabante, que não tardou a desviar sua atenção das brigas estudantis e voltá-la para algo de importância muito maior: a controvérsia crescente em torno de uma interpretação nova e radical de Aristóteles. De repente, todos na universidade viram-se tomando partido numa luta ainda mais acerba do que as batalhas que tinham envolvido os frades. Em pouco tempo, o envolvimento de Siger nessa controvérsia levaria Tomás de Aquino a mergulhar no combate mais difícil de sua vida.

Capítulo Seis

"*Este* ser humano compreende"

O grande debate na Universidade de Paris

Todos já ouviram falar de São Tomás de Aquino. Muitos reconhecem o nome de seu grande adversário e amigo, São Boaventura. Mas quase ninguém se lembra de Siger de Brabante, embora seu papel tenha sido tão importante quanto o dos dois santos nas lutas que moldaram as atitudes do Ocidente para com a fé e a razão.

De acordo com um historiador ilustre, Siger "tinha o dom de uma inegável capacidade intelectual; era um pensador profundo, um lógico experiente e um leitor assíduo dos filósofos; amava a clareza e a precisão. (...) Um manuscrito da antiga faculdade de Sorbonne o chama de *Sigerus Magnus* [Siger, o Grande], e Dante o situa no paraíso, na companhia de 12 sábios, ao lado de São Tomás."[1] Como Siger certamente não era santo — na verdade, muitos o consideravam o mais perigoso herege da Europa —, o elogio que Dante lhe fez tem intrigado há muito tempo os leitores da *Divina comédia*. Em seu circuito poético pelo Paraíso, São Tomás apresenta Dante a 11 grandes almas, entre as quais se incluíam Alberto Magno, o sapientíssimo rei Salomão, Boécio, Sto. Isidoro e... Siger de Brabante. Disse ele de Siger:

> Esse de onde me retorna teu olhar
> É a luz de um espírito a que, por profundo meditar,
> A morte pareceu tardar em demasia.
> É a luz eterna de Siger, que,

Ao lecionar na Rua da Palha,
Silogizou ofensivas verdades.[2]

Alguns comentaristas especularam que esse trecho reflete o traço radical de Dante — seu amor ao raciocínio desagrilhoado e sua impaciência com a censura papal. Outros vincularam o elogio às reiteradas profissões de fé cristã de Siger (não há hereges no Paraíso de Dante) e a sua suposta reconciliação com São Tomás, ou até a sua morte trágica e precoce. As motivações do poeta continuam opacas, mas o que fica muito claro é o grande peso que ele atribuía às idéias e à personalidade de Siger, num mundo que lutava para definir a relação entre a ciência aristotélica e a ortodoxia cristã.

Encontramos Siger pela primeira vez, entretanto, não como um filósofo no paraíso, mas como um líder estudantil na Universidade de Paris, e um líder meio desordeiro. Nascido em 1240, o futuro polemista vinha de uma região de língua francesa onde é a Bélgica atual, perto da cidade de Liège. Ali aprendera as primeiras letras e, a certa altura, tornara-se cônego da catedral da cidade. Quando começou seus estudos em Paris, mais ou menos em 1260, ligou-se à nação picarda, que se compunha de alunos e professores oriundos dos Países Baixos e de algumas outras regiões não incluídas nas nações francesa, normanda ou anglo-germânica. Combinando características de faculdade, confraria e gangue de rua, cada uma dessas agremiações oferecia a seus integrantes aulas, camaradagem, ajuda mútua e proteção contra os perigos nada insignificantes da vida na cidade grande. As relações entre as quatro nações sempre foram tensas e, muitas vezes, conflituosas, mas se deterioraram nitidamente na década de 1260, talvez porque a mitigação do conflito com os frades tenha privado os alunos de artes liberais de um inimigo comum.

A nação francesa, o maior e mais organizado dos grupos, era o alvo favorito dos "estrangeiros". Em 1266, os franceses admitiram um estudante que também era reivindicado pela nação de Siger, o que instigou uma gangue de desordeiros picardos a atacar os alojamentos residenciais dos franceses, seqüestrar o rapaz e dar uma surra violenta em seus pretensos anfitriões. Último de uma série de incidentes assim, este foi a gota d'água para os franceses, que romperam relações com as outras nações, "cindiram-se" da universidade e tentaram eleger seu próprio reitor. Assustado, o papa despachou seu legado para ouvir as queixas de todas as partes e servir de mediador na resolução do conflito. Siger é mencionado nessas queixas como um líder picardo que participara de um seqüestro anterior e de outros atos de perturbação da ordem (por exemplo, interromper uma cerimônia religiosa comemorativa realizada pelos franceses), mas, afora uma advertência, nenhuma medida foi tomada contra ele, e a paz voltou ao *campus*. Essa história não demonstra que Siger era um mau-caráter, como sugeriram alguns de seus detratores. A vida estudantil era dura em Paris e poucos rapazes escapavam do envolvimento nas "guerras" intermináveis das nações. No entanto, essa história revela uma certa combatividade passional que mais tarde coloriria o discurso de Siger nos debates, uma tendência a não se impressionar com a autoridade e um magnetismo pessoal que atrairia um número substancial de companheiros e seguidores para seu lado.

Os primeiros livros de Siger começaram a surgir no fim da década de 1260, depois que ele se tornou mestre em artes liberais, ao lado de escritos de outros jovens professores que pareciam compartilhar suas opiniões. Os nomes mais comumente mencionados dos "sigeristas" são os de Boécio de Dácia, Goswin de la Chapelle e Bernier de Nivelles. Curiosamente, muitos desses racionalistas severos e mais intransigentes provinham da Holanda, do norte da Alemanha e da Escandinávia. É como se a interpretação de Aristóteles estivesse se afastando das amenas regiões mediterrâneas, que tinham sido as primeiras a alimentar uma mescla de idéias gregas, árabes e cristãs, rumo às regiões mais rigorosas do norte, cujo lema, numa expressão cunhada seis séculos depois pelo ascético Dane Søren Kierkegaard, bem poderia ser "Ou isto, ou aquilo". Siger teve um bom número de co-pensadores, mas foi claramente seu líder. A marca de seu ensino consistia em expor as idéias de Aristóteles sobre a natureza e a natureza humana sem tentar conciliá-las com as crenças cristãs tradicionais. Na verdade, Siger parecia comprazer-se com as descontinuidades entre a *scientia* aristotélica e a fé cristã. Entre outras coisas, ele e seus colegas ensinavam aos alunos que, de acordo com o Filósofo e com seu intérprete árabe Averróis, o mundo e a raça humana eram eternos, o comportamento dos objetos naturais era regido pelas leis de sua natureza, o livre-arbítrio do homem era limitado pela necessidade, e todos os seres humanos partilhavam de um único princípio intelectual ativo, que era uma substância distinta de seus corpos individuais.

As exposições dos radicais, em sua maior parte, eram sutis e bem elaboradas. Eles amiúde afirmavam, com aparente sinceridade, que, se as conclusões da filosofia entrassem em conflito com as da religião, as doutrinas da Igreja deveriam prevalecer.[3] Escreveu Siger:

> Não se deve tentar investigar por meio da razão as coisas que estão além da razão, nem refutar argumentos em prol da posição contrária. Contudo, visto que um filósofo, por maior que seja, pode errar em muitos pontos, não se deve negar a fé católica em função de algum argumento filosófico, ainda que não se saiba refutá-lo.[4]

Boécio de Dácia concordou em que "incorremos numa tolice ao buscar provas onde nenhuma é possível, ou incorremos em heresia ao nos recusarmos a crer naquilo que deve ser sustentado com base na fé".[5] O filósofo, é claro, deveria ser livre para filosofar sobre qualquer questão disputável, uma vez que sua função era ensinar "a natureza das coisas". Mas não havia muitas ocasiões em que a ciência entrasse em choque com a religião, visto que cada forma de investigação tinha suas próprias fontes e métodos. "Pois que o ensinamento dos filósofos depende da demonstração e das razões seguras que são possíveis nos assuntos de que eles falam, mas a fé confia em milagres, e não em argumentos."[6]

Para os ouvidos modernos, talvez isso pareça razoável, mas era a materialização do pesadelo dos conservadores. Siger e seus companheiros ensinavam várias doutrinas que pareciam contradizer os ensinamentos fundamentais do cristianismo... e, depois, paravam. A pergunta levantada por críticos irritados, como os teólogos franciscanos Guilherme de Baglione e John Peckham, era o que pretendiam os sigeristas com isso. Que significava ensinar uma filosofia pagã e parar? Se o universo, incluindo todas as espécies nele existentes, era eterno, nunca teria havido Criação nem Adão e Eva, nem poderia haver Juízo Final. Se todas as atividades naturais eram regidas exclusivamente por leis ou tendências naturais, isso não dava margem à Providência Divina nem a milagres corriqueiros como a Eucaristia, e muito menos aos milagres da encarnação, expiação e ressurreição de Cristo, únicos em toda a eternidade. A doutrina de que todas as pessoas partilhavam de um só intelecto (uma idéia associada a Averróis e conhecida como "monopsiquismo") parecia negar claramente a imortalidade da alma individual. E, se o livre-arbítrio era uma ilusão, que acontecia com o pecado, a graça e as recompensas ou punições da vida após a morte? Os conservadores ficaram horrorizados com a idéia de que essas proposições, respaldadas pela imensa autoridade do Filósofo, fossem ensinadas por membros da faculdade de artes liberais como verdades científicas, ficando as verdades da fé relegadas ao âmbito das crenças irracionais. Podemos imaginá-los olhando de esguelha para Tomás de Aquino, balançando a cabeça e resmungando: "*Sabíamos* que isso ia acontecer, quando Tomás de Aquino afirmou que as doutrinas de Aristóteles eram perfeitamente boas, até onde podiam chegar. E se elas forem o mais longe a que se pode chegar? Que acontecerá com o cristianismo?"

É quase certo que os aristotélicos radicais reunidos em torno de Siger e Boécio de Dácia eram minoria entre os professores de artes liberais, embora um historiador tenha escrito que eles contavam com o apoio das "personalidades mais marcantes e dos pensadores mais notáveis" do corpo docente.[7] Mas a resposta deles aos ataques dos teólogos não conseguiu aplacar os medos dos conservadores. Os radicais respondiam (com certa justificativa) que não eram catedráticos de teologia, mas professores de artes e ciências, matérias que já então incluíam todo o *corpus* aristotélico. Não estavam habilitados nem autorizados a decidir sobre questões teológicas. Portanto, simplesmente ensinavam Aristóteles, junto com as interpretações mais significativas dadas a sua filosofia natural e sua ética por comentadores ilustres, a maioria dos quais, casualmente, vinha a ser árabe e judia. Os teólogos poderiam fazer o que quisessem com essas doutrinas; o trabalho dos professores de artes liberais era simplesmente apresentá-las.

Como se poderia esperar, essa resposta evasiva enfureceu ainda mais os críticos. Por que haveriam os mestres de ensinar essas doutrinas, se não podiam afiançar sua veracidade? Com efeito, não tinham eles afirmado repetidamente que as doutrinas *eram* verdadeiras? Num de seus ensaios, Siger respondeu à pergunta escolástica "Seria verdadeira a afirmação de que 'o homem é um animal', se não existissem homens?" declarando que ela era absurda, uma vez que a raça humana, tal como o restante do universo, era eterna. "Esta conclusão deve ser sustentada com firmeza", escreveu ele, "porquanto, depois de ter sido ponderada, o intelecto aquiesce e cede. Fora com a vaidade verbal nessa matéria, para que ela não impeça o conhecimento!"[8] Similarmente, os radicais assinalavam que a ciência natural não fornecia nenhuma prova de que, uma vez mortos, os corpos pudessem ressuscitar, tampouco de que as almas, mesmo sendo imortais, pudessem sentir dor e prazer na vida após a morte. Ante a acusação de que tais afirmações negavam os fundamentos da fé cristã, eles repetiam que, embora a visão de mundo de Aristóteles descrevesse com exatidão o funcionamento da natureza, aqueles que a ensinavam não tinham a intenção de contradizer as verdades superiores da fé. Boécio de Dácia assim formulou essa idéia:

> Há na fé muitas coisas que não podem ser demonstradas pela razão: por exemplo, que um cadáver retorne à vida como o mesmo indivíduo e que uma coisa que foi gerada retorne sem geração [referências à doutrina cristã da ressurreição do corpo no fim dos tempos]. Por um lado, quem não crê nisso é herege; por outro, quem busca conhecê-lo através da razão é um tolo. (...) E, dado que há nessas questões muitos pontos postulados pela fé e que não podem ser investigados pela razão humana, quando a razão é insuficiente, a fé supre essa deficiência.[9]

À luz de tais afirmações (que fazem lembrar o apaixonado dito de Pedro Abelardo, "Não quero (...) ser Aristóteles, se isso me isolar de Cristo"), a maioria dos estudiosos modernos absolve Siger e Boécio da acusação de terem ensinado a escandalosa doutrina da Dupla Verdade. Mas seus adversários não tinham tanta certeza. A Dupla Verdade significava que uma proposição podia ser cientificamente verdadeira, mas teologicamente falsa, ou vice-versa, e que não havia como usar um tipo de verdade para refutar o outro. Esse segundo ponto era crucial, uma vez que até Tomás de Aquino, o apóstolo da razão, admitia que algumas doutrinas inabaláveis da fé, como a encarnação de Deus como homem, eram impossíveis de demonstrar cientificamente, e que algumas doutrinas aparentemente sensatas deste mundo, como a eternidade do universo, eram refutadas pela fé. No entanto, se os dois tipos de verdade fossem igualmente corretas — se nenhum deles superasse o outro, em caso de conflito —, o pensamento cristão estaria em crise. Não só a Dupla Verdade produziria contradições lógicas (uma mesma afirmação poderia ser simultaneamente verdadeira e falsa), como, na prática, obrigaria as pessoas a escolher entre a fé e a razão. Despojadas de sua racionalidade, as doutrinas religiosas tradicionais poderiam obter a fidelidade das massas incultas, do clero e de alguns intelectuais conservadores. Mas inúmeros cristãos instruídos, treinados para usar sua razão e confiar nos resultados dela, abandonariam ou modificariam enormemente sua fé.

Por um lado, a Dupla Verdade ameaçava produzir um completo secularismo, ou reduzir a religião a um deísmo vago. Por outro, gerava uma religião ortodoxa que faria eco ao antigo credo de Tertuliano — "Creio porque é absurdo." Esse tipo de cisão efetivamente ocorreu na sociedade européia, uns cinco séculos depois da luta aqui descrita.[10] Temerosos de que essa cisão estivesse prestes a acontecer em sua época, alguns contemporâneos de Siger acusaram-no de defender a doutrina da Dupla Verdade. Satisfeitos com o fato de a cisão ter realmente ocorrido, alguns autores modernos fizeram-lhe a mesma atribuição, como uma forma de enaltecê-lo. Para um desses historiadores, Siger foi "o defensor inequívoco da autonomia da razão", que ensinou que "a religião era necessária para as massas, mas não para pessoas instruídas. Os dogmas eram benéficos para a fé, mas a razão freqüentemente ensinava o contrário".[11] Segundo o ilustre medievalista francês Étienne Gilson, entretanto, os radicais não ensinaram nada disso. "Nem um único desses homens [Siger e seus companheiros] jamais admitiria que dois conjuntos de conclusões, um na filosofia, outro na teologia, pudessem ser, ao mesmo tempo, absolutamente contraditórios e absolutamente verdadeiros."[12]

Pensando bem, as duas autoridades parecem estar certas. Os mestres radicais não ensinaram a doutrina da Dupla Verdade, mas havia em seu pensamento tendências que levavam nessa direção e que, pelo menos num caso, induziram Siger ou um de seus seguidores a ultrapassar os limites proibidos. Em 1270, Tomás de Aquino entrou na briga, com um ataque à teoria de Siger sobre a alma, intitulado *Sobre a existência de um só intelecto*. Bem no fim desse ensaio, Tomás citou um radical não identificado que teria escrito estas palavras: "Por meio da razão, concluo necessariamente que o intelecto é numericamente uno, mas sustento com firmeza o inverso através da fé." Essa afirmação deixou enfurecido o dominicano, normalmente imperturbável. "Portanto", desdenhou Tomás de Aquino, "ele pensa que a fé concerne a coisas cujo inverso pode ser necessariamente concluído [isto é, provado]. Dado que a única coisa que se pode necessariamente concluir é uma verdade necessária cujo oposto é falso e impossível, decorre dessa afirmação que a fé concerne ao falso e ao impossível, o que nem Deus poderia admitir, e os ouvidos dos fiéis não podem suportar."[13] Tomás talvez ficasse igualmente irritado com a afirmação de Boécio de Dácia de que a filosofia dependia da razão, mas a fé dependia de milagres. Afinal, acaso toda a iniciativa teológica não se baseava em mostrar que a fé não era "cega", mas podia ser corroborada — na maioria das vezes, pelo menos — pela ciência e pela razão?

Sem dúvida, Gilson acertou ao dizer que os radicais percebiam o perigo da Dupla Verdade e costumavam manter-se longe dela. Mas a própria ambigüidade de sua postura, combinada com a desconfiança feroz nas suas intenções, evocada por seu estilo atrevido e jovial e por um crescente nervosismo dos conservadores no tocante à revolução aristotélica no pensamento, impeliu clérigos menos criteriosos do que Tomás de Aquino a acusar Siger de advogar, efetivamente, as tendências mais perniciosas de sua doutrina. Ocorre-nos uma analogia moderna. Depois da Segunda Guerra Mundial e antes do início da Guerra Fria, alguns liberais do Ocidente defenderam diversas políticas "progressistas", as quais julgavam que conduziriam à paz mundial e à justiça global. Eles propunham entregar as armas e materiais nucleares à Organização das Nações Unidas, prestar ajuda econômica à União Soviética, adotar uma postura neutra em relação aos combatentes da Revolução Chinesa, e assim por diante. Desde o começo, alguns conservadores acharam que tais propostas eram "de inspiração comunista", ou revelavam "tendências comunistas", mas, quando efetivamente começou a Guerra Fria, tornou-se praxe acusar os antigos progressistas de terem advogado políticas objetivamente pró-comunistas, se não deliberadamente traiçoeiras. Quando os progressistas responderam que não tinham pretendido fortalecer o stalinismo, mas apenas eliminar as causas da guerra, foram acusados de se haverem cegado voluntariamente para as implicações destrutivas de sua doutrina. Eles tinham sido "moles com o comunismo", o que passou a ser considerado idêntico a serem pró-comunistas.[14]

Por uma lógica similar, Siger e seus companheiros — até mesmo seus adversários liberais — foram considerados "moles com o secularismo". No século XIII, é claro, o secularismo ainda não era uma doutrina coerente, muito menos uma ameaça imediata ao cristianismo. A Igreja católica não tinha concorrentes na Europa (pelo menos, não depois de destruídos os albigenses) nem havia grande risco de que um punhado de aristotélicos radicais pudesse provocar uma grande rebelião contra as doutrinas estabelecidas, mesmo que quisesse fazê-lo. Ainda assim, as altas autoridades eclesiásticas eram extremamente sensíveis às conseqüências potencialmente subversivas do novo saber, em especial quando a classe da qual sua influência dependia cada vez mais — a intelectualidade clerical — parecia vulnerável a ensinamentos heterodoxos ou inclinada a divergir sobre as questões doutrinais. A guerra contra os albigenses ainda era uma lembrança vívida; o movimento franciscano estava profundamente dividido entre seus próprios radicais e conservadores; os mestres laicos continuavam hostis às ordens mendicantes; e, nessa ocasião, os mestres de artes liberais (uma minoria substancial, pelo menos) vinham desenvolvendo idéias avessas às dos teólogos. Não surpreende muito, portanto, encontrarmos autoridades como Estevão Tempier, o bispo de Paris, reagindo com grande intensidade — quase em pânico — ao desenvolvimento de correntes radicais na faculdade de artes liberais.

Àquela altura, a proibição dos textos científicos de Aristóteles era letra morta. Ressuscitá-la só faria provocar desobediência e instigar ainda mais dissensão na universidade. Mas talvez não fosse tarde demais para proibir doutrinas específicas, baseadas em obras de Siger e seus amigos "averroístas". Talvez fosse possível passar uma reprimenda saudável no próprio Tomás de Aquino, que fora tão longe em direção ao aristotelismo puro, a ponto de muitos o considerarem o pai dessa doutrina bastarda. Com essas idéias em mente (tanto quanto nos é possível determiná-las), o bispo Tempier convocou uma comissão de teólogos conservadores para discutir a maneira de responder à ameaça dos radicais. Em dezembro de 1270, ele fez um gesto que tinha esperança de ser decisivo. Pela primeira vez em mais de meio século, o bispo de Paris proibiu o ensino de algumas doutrinas aristotélicas e averroístas na maior universidade da Europa.

As Condenações de 1270 foram um desafio para Siger de Brabante e seus colegas radicais da faculdade de artes liberais. Tempier listou 13 proposições que condenou como falsas e heréticas, declarando que quem as ensinasse "com conhecimento de causa" ou as "asseverasse" como verdades seria, *ipso facto*, excomungado.[15] Era desnecessário dizer que quem insistisse em defender as proposições proibidas estaria sujeito aos processos e punições da Inquisição. As proposições proibidas revelam as grandes doutrinas julgadas mais ofensivas pelos teólogos conservadores.[16] Algumas associavam-se à teoria da alma e à doutrina do monopsiquismo advogadas por Averróis: por exemplo, "Que existe, numericamente, um único e o mesmo intelecto para todos os seres humanos", e que "Isto [esta afirmação] é falso: que os seres humanos compreendem". Tornou-se proibido afirmar "Que a alma, separada [do corpo] pela morte, não pode sofrer o fogo corporal", ou "Que Deus não pode conceder imortalidade e incorruptibilidade a uma coisa mortal e corruptível".[17] Outras condenações voltaram-se contra a teoria aristotélica de Deus como uma Causa não Causada passiva: "Que Deus não conhece singulares", "Que Deus não conhece outra coisa senão Ele mesmo", e "Que os atos humanos não são governados pela Providência Divina". Várias delas se relacionaram com a doutrina de que o livre-arbítrio humano era limitado pela necessidade, fosse esta astrológica ou psicológica.[18] E duas delas, "Que o mundo é eterno" e "Que nunca houve um primeiro ser humano", foram associadas à doutrina da eternidade do mundo.

Quais dessas afirmações eram "ensinadas com conhecimento de causa" ou "asseveradas" pelos professores da Universidade de Paris? É impossível dizer. Claramente, os mestres radicais ensinavam que Aristóteles fizera várias proposições controvertidas — por exemplo, a eternidade do mundo —, e talvez também argumentassem que algumas dessas proposições eram verdadeiras, ao menos pelos padrões da filosofia natural. Podemos imaginar discussões na universidade nas quais eram debatidos temas como o significado da imortalidade da alma e do livre-arbítrio. Contudo, é inconcebível que Siger ou qualquer outro professor negasse a Providência Divina ou afirmasse que "Deus não conhece outra coisa senão Ele mesmo". Qualquer professor da Universidade de Paris que apresentasse a Causa não Causada de Aristóteles como o verdadeiro Deus se descobriria não apenas desempregado, mas também, muito provavelmente, servindo de combustível para uma das fogueiras da Inquisição.

Ainda mais problemático foi o efeito jurídico das condenações. Uma vez que os livros de Aristóteles continuavam a constituir o cerne do currículo de artes liberais, os professores seriam levados a ensinar suas idéias "com conhecimento de causa", pelo menos sob a forma de um "De acordo com o Filósofo, X ou Y é verdade". A verdadeira proibição, portanto, provavelmente era que eles as afirmassem como verdades, exceto com as ressalvas apropriadas. Com respeito à ressurreição dos mortos no Juízo Final, por exemplo, o professor poderia ensinar que a proposição "Os cadáveres não podem ser regenerados" era verdadeira como matéria da filosofia natural, mas que os ensinamentos da Igreja revelavam uma verdade superior: o advento de um Dia do Juízo Final em que essa lei da natureza (entre outras) seria anulada. O problema de os professores fazerem esse tipo de afirmação, entretanto, era não apenas que isso os fazia entrar no terreno da teologia, mas também que essas frases feitas pareceriam manifestar pouco mais do que uma falsa devoção a dogmas estabelecidos. Era possível ensinar Aristóteles e os comentaristas tal como antes, simplesmente lhes acrescentando fórmulas sem vida, entendidas por professores e alunos como necessárias para evitar a ira das autoridades, mas não para serem levadas a sério.

Para usar outra analogia moderna, é possível que alguns mestres tenham lidado com as condenações de Tempier tal como muitos acadêmicos dos países comunistas lidaram com as proibições da discussão da democracia ou dos direitos humanos durante as décadas de 1970 e 1980, a saber, fazendo as reverências verbais necessárias ao marxismo-leninismo e, ao mesmo tempo, transmitindo mensagens cujo conteúdo subversivo era bastante claro para seus colegas de magistério e seus alunos. Pouco sabemos sobre como Siger e seus seguidores adaptaram-se às Condenações de 1270. A melhor prova de que não abandonaram por completo suas convicções anteriores é que a controvérsia continuou. Na verdade, a década de 1270 revelou-se a mais tempestuosa do conflito, introduzindo novas questões no debate e novos grupos na luta. Outro capítulo do conflito teve início com o dramático retorno de Tomás de Aquino à universidade.

Quando as idéias de Siger de Brabante tornaram-se uma *cause célèbre*, em meados da década de 1260, Tomás de Aquino já não estava na Universidade de Paris. Havia deixado seu cargo de professor alguns anos antes, para servir a sua ordem na Itália, e estivera atarefado com a criação de um novo centro de estudos teológicos em Roma, com a conclusão de sua *Suma contra os gentios*, em quatro volumes, e com o início de sua *Suma teológica*. No fim de 1268, entretanto, recebeu uma convocação do diretor geral dos dominicanos, ordenando-lhe que voltasse imediatamente a Paris e reassumisse sua cátedra na faculdade de teologia. Foram várias as razões para essa mudança inesperada (e, muito provavelmente, indesejada). Para começar, a aliança entre franciscanos e dominicanos, gerada por sua defesa conjunta contra os professores laicos, vinha-se desfazendo. Além disso, figuras poderosas na universidade, não apenas os franciscanos, mas também mestres laicos e até alguns dominicanos, diziam que Siger de Brabante estava meramente explicitando as conseqüências heterodoxas da teologia do próprio Tomás de Aquino. Para esses conservadores, o surgimento do radicalismo entre os mestres de artes liberais provava que a filosofia natural de Aristóteles, abraçada com demasiado entusiasmo, representava uma grave ameaça à ortodoxia cristã. Embora concentrassem suas baterias em Siger, eles voltavam mais e mais sua atenção para o personagem que julgavam responsável, em última instância, pelos excessos dos radicais: o líder dos aristotélicos liberais, Tomás de Aquino.

Tomás retornou a Paris para defender não apenas sua reputação, mas também a da ordem dominicana, que o considerava seu expoente teológico. Infelizmente, ele se revelou muito melhor como teólogo do que como político acadêmico. Como mestre das disputas teóricas, não havia quem fosse comparável a ele, mas, no emaranhado bizantino da política universitária, com as disputas entre professores de artes liberais e teólogos, entre ordens mendicantes e clero secular, entre várias "nações" estudantis e dentro das próprias ordens mendicantes, suas habilidades táticas deixaram um pouco a desejar. Não se esperaria que um homem com o seu caráter e suas convicções contemporizasse ou agisse com malícia, mas ele parece ter feito investidas impetuosas, sem considerar muito as conseqüências de sua conduta. Eis um exemplo: pouco depois de seu retorno, o mestre de artes liberais Gerardo de Abbeville desferiu um duro ataque contra os franciscanos, sob a alegação de que a recusa destes a possuir bens comuns contrariava as Escrituras Sagradas, era "santarrona" e tola. Boaventura e John Peckham, o novo professor franciscano de teologia, defenderam vigorosamente a posição de sua ordem religiosa, porém Tomás nutria pouca simpatia pelas opiniões deles e declarou isso. Adotando a definição aristotélica da virtude prática como um equilíbrio entre extremos, ele criticou a aversão dos franciscanos à propriedade comum como excessivamente ascética. A pobreza não santifica o homem, insistiu. A riqueza é moralmente neutra; tudo depende de como é usada.[19]

Para homens como John Peckham, essa crítica era motivo para um duplo enfurecimento. Não apenas rompia os laços de lealdade para com os irmãos frades e dava apoio às forças antimendicantes da universidade, como também ilustrava o que muitos conservadores vinham dizendo sobre Tomás de Aquino, já fazia algum tempo: ele preferia a ética mundana de Aristóteles à de Santo Agostinho e, por isso, tendia a toldar a importantíssima linha divisória entre o sagrado e o profano. Não era de se admirar que radicais como Siger de Brabante se julgassem aptos a filosofar sobre a natureza, sem se preocupar com as conseqüências de seus ensinamentos para a religião!

A controvérsia girou em torno da suposta atitude "anticristã" de Tomás de Aquino perante a felicidade mundana. Tradicionalmente, a Igreja ensinava que o homem nascia para sofrer neste mundo, e que sua única esperança verdadeira de felicidade estava no paraíso. Mas Aristóteles havia afirmado que nossa vida terrena oferecia muitas oportunidades de alegria, a mais duradoura e confiável das quais era a alegria de usar a razão para aprender e compreender.[20] De acordo com Tomás, o problema dessa formulação não era que ela estivesse errada, mas que era incompleta. Uma vez que a perspectiva humana era muito limitada, nunca se poderia ter a esperança de aprender mais do que uma fração minúscula do que havia por saber, e apreendíamos até mesmo esse ínfimo conhecimento "obscuramente, através de um vidro". Tínhamos uma necessidade básica de compreender, e nossa incapacidade de satisfazê-la, conhecendo mais e conhecendo plenamente, deixava-nos infelizes. A felicidade mundana, portanto, era real, mas relativa. A verdadeira felicidade, que Aristóteles, como pagão, não pudera compreender, estava em conhecer Deus, a base de todo o Ser, e com isso ver as coisas como realmente eram. Era esse o conhecimento por que mais ansiávamos e que não podíamos obter nesta vida, mas que as pessoas dotadas de fé poderiam finalmente alcançar no paraíso.[21]

Como era desconcertante, para os tradicionalistas, que Tomás de Aquino chegasse a seu próprio destino teológico por uma via tão mundana! Em vez de oferecer à humanidade a esperança do paraíso como um consolo pelo sofrimento terreno, Tomás concebia uma vida após a morte da qual já teríamos um gosto antecipado, graças à relativa felicidade que estaria a nosso dispor bem aqui. Para os cristãos do tipo ascético, essa idéia se parecia inquietantemente com o Jardim de Alá dos muçulmanos. Para Tomás de Aquino, entretanto, era da essência do cristianismo presumir que a natureza humana, tal como a natureza em geral, movia-se em direção a Deus de acordo com seus próprios princípios intrínsecos de desenvolvimento. Nosso destino (Tomás diria nossa "causa final") era o paraíso, mas nosso lar terreno não era o reino das lágrimas, dos corpos vis e das ilusões intelectuais descrito pelos pessimistas agostinianos. O mundo natural não era maléfico em nenhum aspecto. Em última análise, nem sequer era incompleto, uma vez que era da natureza de todas as coisas mover-se de forma contínua e harmoniosa em direção a sua completude em Deus.

Tomás aplicou o mesmo raciocínio (Aristóteles corrigido pelo cristianismo, Agostinho corrigido por Aristóteles) às controvertidas questões da ética e do livre-arbítrio. Apesar da queda de Adão, afirmou ele, nossa razão natural e nosso livre-arbítrio nos equipavam, com a ajuda de Deus, para agir moralmente.[22] Até as instituições sociais humanas, nas quais Agostinho perdera a esperança em *A cidade de Deus*, eram capazes de se tornar moradas dignas para o espírito humano, uma vez que, no dizer de Aristóteles, "o homem é, por natureza, um animal político".[23] Além disso — e foi nesse ponto que Tomás de Aquino entrou em guerra com Siger e os franciscanos —, o ser humano não era uma simples alma que habitava temporariamente um corpo corrupto e insignificante. Éramos uma fusão de alma e corpo que sobrevivia até mesmo à morte.

Não é de admirar que a alma humana tenha-se tornado a questão mais acirradamente debatida da época, uma vez que esse tema situava-se bem na fronteira entre a ciência (ou filosofia natural) e a religião. Para Aristóteles e seus leitores medievais, a alma era um objeto perfeitamente adequado de investigação científica, visto que a *anima* do Filósofo não era meramente uma espécie de "espírito" etéreo, mas incluía todas as faculdades que hoje estudaríamos dentro dos campos da fisiologia humana, da psicologia e da ciência cognitiva: uma capacidade de nutrição, crescimento e reprodução; uma capacidade de registrar e processar impressões sensoriais; e uma capacidade peculiarmente humana de compreender as coisas e de controlá-las ou influenciá-las pela vontade.[24] O objetivo de Aristóteles, em seu difícil e elusivo tratado *De anima* (*Sobre a alma*), era explicar a alma humana com base nos mesmos princípios aplicáveis a outros temas da filosofia natural. Seus intérpretes, inclusive Siger de Brabante, Tomás de Aquino e Boaventura, compartilhavam essa ambição, mas discordavam entre si profundamente quanto ao sentido da obra aristotélica e à maneira de coordená-la com a doutrina cristã.[25] O comentário explosivo de Siger sobre o *De anima* surgiu em 1269 ou no início de 1270. Tomás respondeu criticando de maneira rigorosamente justificada e às vezes enraivecida a teoria dos radicais, num texto chamado *Da unidade do intelecto contra os averroístas*.[26] E, no mesmo ano, John Peckham desafiou Tomás de Aquino a defender sua teoria da alma diante da assembléia de alunos e professores da Universidade de Paris.

O objeto dessa disputa tripartite não foi a questão de os seres humanos possuírem ou não uma alma imortal. Todos concordavam em que, embora algumas funções da *anima* se ligassem estreitamente aos sentidos para sobreviver à morte do corpo, a "alma racional" ou intelecto da pessoa sobrevivia. Curiosamente, os debatedores não faziam essa afirmação como uma questão de dogma religioso, mas porque ela parecia ser confirmada pela razão. Até Aristóteles, que não era cristão, havia observado que "a mente (...) parece ser uma substância independente, implantada no interior da alma e impossível de destruir".[27] A convicção aristotélica de que existia algo de supra-sensível e indestrutível no intelecto era compartilhada por praticamente todos os teólogos medievais, que se encantavam tanto com a razão quanto se encantara o Filósofo. O problema estava em como explicar isso cientificamente, considerando-se que o pensamento que praticamos, e cujos efeitos observamos em outras pessoas, é sempre uma atividade da pessoa viva. Qual era a relação do intelecto com a pessoa que o exercia? E, se ele pertencia à pessoa, qual seria a natureza de sua imortalidade?

Aristóteles opunha-se ferrenhamente à idéia de que a alma fosse uma substância imortal, aprisionada num corpo estranho, e de que a matéria e o espírito, o corpo e a alma, estivessem em guerra um com o outro. Ele insistia, ao contrário, em que a alma era a "forma" ou princípio animador do ser humano, o que significava que corpo e alma, juntos, formavam uma substância integral. Não é a alma que pensa através do homem, declarou ele, mas o homem que pensa através da alma.[28] Todavia, o homem morre, e a alma não. Como explicar essa aparente anomalia? A resposta radical veio de Siger de Brabante, que retirou grande parte dela de Averróis. Em síntese, Siger salvou a unidade do corpo e da alma humanos, redefinindo a imortalidade como um estado final coletivo, não individual. O intelecto pode sobreviver quando o homem morre, afirmou ele, porque não é parte integrante da alma individual, mas uma capacidade externa a nós, embora atue em cada pessoa de um modo que faz com que ela pareça pertencer a essa pessoa. É bastante fácil compreendermos a existência de algo chamado "matéria", embora, comumente, a matéria apareça sob a forma de coisas individuais. Por que não admitir também a existência de uma "mente" não individualizada — uma faculdade comum, que exercemos individualmente enquanto vivemos, mas que vive eternamente como parte de um único intelecto da espécie, depois que morremos?[29]

Foi essa doutrina monopsíquica, acima de tudo, que enfureceu os teólogos conservadores, pois sua conseqüência óbvia era que não havia imortalidade individual e, por conseguinte, não havia possibilidade de recompensa ou punição para os indivíduos na vida após a morte.[30] Mas Tomás de Aquino também entrou na briga, uma vez que detestava a idéia de uma mente coletiva que pensasse através dos indivíduos, embora não lhes pertencesse individualmente. Isso é absurdo, declarou Tomás, pois contraria nossas intuições mais fundamentais, nossa experiência e nosso senso comum. A teoria de Siger deve estar errada — na verdade, qualquer teoria deve estar errada —, se rouba do indivíduo seu intelecto e nos impede de dizer que "*Este* ser humano compreende".[31]

Em *Da unidade do intelecto*, Tomás de Aquino defendeu o princípio aristotélico de que corpo e alma, juntos, compõem a pessoa individual. Opondo-se aos radicais, afirmou que a *anima* não era uma mente coletiva. Voltando-se então para os conservadores, afirmou que ela não era uma espécie de presença estranha que habitasse temporariamente um corpo humano. É claro que, se a única função do intelecto fosse animar determinado corpo, ele se extinguiria quando esse corpo deixasse de existir. Mas, disse Tomás, era possível harmonizar as idéias de individualidade e imortalidade sem separar inteiramente a alma do corpo. A chave era reconhecer que o intelecto não era apenas uma forma comum, fundida com a matéria, porém algo capaz de subsistir de modo independente, uma forma parecida com uma substância, que se assemelhava, nesse aspecto, às "inteligências" que os aristotélicos julgavam mover as esferas celestes. A alma era capaz de sobreviver sozinha, e não habitava os corpos como um "fantasma da máquina".[32] Pelo contrário, era somente ao se unir a um corpo humano que ela se individualizava, obtendo uma identidade que persistia mesmo depois da morte do corpo. Imaginemos um material, como metal derretido, derramado num molde para criar uma escultura. Quando o molde se quebra, o metal sobrevive, mas deve sua forma permanente à experiência de ter estado no molde. O que sobrevive, no caso dos seres humanos, não é uma alma abstrata e despersonalizada, mas a forma de uma pessoa individual real.[33]

Ao que parece, Siger de Brabante julgou persuasiva a análise de Tomás de Aquino. O líder radical logo abandonou seu monopsiquismo e adotou a postura esboçada em *Da unidade do intelecto*.[34] Mas os conservadores, como John Peckham, estavam mais convencidos do que nunca de que as idéias do dominicano eram perigosamente anticristãs. "Tomás afirmava e Peckham negava que o corpo fosse parte integrante da natureza do homem."[35] Para Tomás de Aquino, essa ênfase na santidade do corpo tinha um sentido peculiarmente cristão, considerando-se que Deus havia santificado o corpo humano de Cristo.[36] Os conservadores impregnados da tradição agostiniana, entretanto, viam essa idéia como mais grega do que cristã — outra prova de que Tomás, como os radicais, haviam bebido em demasia da fonte aristotélica. É claro que a alma e o corpo estavam em guerra! Perder de vista esse fato seria voltar as costas a mil anos de ascetismo cristão. A convicção deles de que o pensamento do dominicano era uma ameaça à ortodoxia religiosa aprofundou-se quando surgiu uma outra controvérsia na universidade, diante da qual Tomás de Aquino adotou uma posição que parecia imperdoavelmente radical.

Esse debate concerniu à eternidade do mundo material. Podemos resumi-lo dizendo que Tomás conseguiu assumir sobre essa questão uma postura que ofendeu praticamente a todos, exceto seus próprios seguidores. Siger e os radicais insistiam em que, do ponto de vista da razão, o universo não tinha começo nem fim. O pensamento racional, dizia Siger, demonstrava que o mundo sempre havia existido, já que a ciência nos mostrava que todos os efeitos tinham causas, as quais eram efeitos de causas anteriores.[37] Naturalmente, acrescentava ele, se a fé exigia que acreditássemos em Adão e Eva ou na criação do mundo *ex nihilo*, devíamos aceitar isso, não porque fosse racional ou provável, "pois a fé não pode ser ciência nem opinião", mas porque se apoiava na autoridade sagrada.[38] Os conservadores responderam a isso de diversas maneiras, algumas bastante sutis.[39] Não havia necessidade de alicerçar na fé cega a confiança numa nova criação, insistiam eles, uma vez que Siger poderia ser derrotado por argumentos científicos e lógicos. Tomás de Aquino adotou a postura de que era impossível provar qualquer das duas posições nesse debate, por razões científicas.[40] Claramente, Siger estava errado ao dizer que a eternidade do mundo tinha o melhor argumento, mas tinha toda razão em afirmar que a doutrina cristã da criação era uma questão de fé, e não algo que pudesse ser provado pela razão.

Esse argumento foi um alerta para o bispo Estevão Tempier e seus aliados da faculdade de teologia. Tomás de Aquino dizia opor-se a Siger e seus companheiros com o mesmo vigor que eles, mas, quando se examinava abaixo da superfície, não estariam ele e os radicais, na verdade, dizendo a mesma coisa? A natureza era regida por leis naturais que funcionavam sem a intervenção divina. Os homens e mulheres podiam ser felizes nesta vida, a despeito de sua condição de decaídos. A alma recebia sua individualidade do corpo. E agora, pelo menos como possibilidade teórica, o mundo material seria coeterno a Deus. Naquele período, tal como Siger, Tomás de Aquino fizera um grande número de seguidores entre os mestres de artes liberais, e havia até atraído para sua bandeira estudiosos mendicantes como o competente agostiniano Giles de Roma — outro episódio que convenceu os teólogos conservadores de que Tomás era um perigoso inimigo disfarçado.[41] Uma autoridade em filosofia medieval comparou a postura dele à dos liberais do Ocidente acusados de serem simpatizantes dos comunistas durante a Guerra Fria.[42] Mas a situação de Tomás era mais perigosa do que a destes, pois, enquanto a maioria dos liberais adaptou suas idéias políticas para acolher o consenso predominante, ele insistiu com ousadia em que a cura para os abusos ou os mal-entendidos concernentes às idéias de Aristóteles estava numa melhor compreensão e numa aplicação mais agressiva dessas mesmas idéias. Moderado por temperamento, Tomás de Aquino raciocinava como um revolucionário, inflamando a disputa, apesar de sua preferência pessoal pela paz.[43]

Armava-se uma tempestade em Paris. Mas Tomás não estaria presente quando ela desabasse. Em 1272, por razões que não estão claras, ele voltou ao priorado de Nápoles onde havia iniciado sua carreira religiosa, e onde então se esperava que criasse um novo colégio dominicano. Talvez estivesse cansado das controvérsias intermináveis da universidade. Talvez seus superiores dominicanos tenham achado que sua utilidade ali estava chegando ao fim. Ele pode simplesmente ter se sentido compelido a terminar sua *Suma teológica*, ou — quem sabe? — achado que Deus desejava mais dele do que sua exímia habilidade nos debates acadêmicos. Antes mesmo de deixar Paris, segundo nos informam, ele começara a ter experiências inusitadas. Fora encontrado na igreja, em diversas ocasiões, num aparente transe ou "êxtase". Depois de concluir um difícil ensaio sobre a Eucaristia, solicitado por seus colegas universitários, ele o depusera no altar, e então, segundo os frades presentes, a imagem do crucifixo descera, colocara-se sobre o pergaminho e dissera: "Tomás, escreveste bem sobre o sacramento de meu corpo." Em seguida, de acordo com as mesmas testemunhas, Tomás erguera-se no ar, a um metro do chão, e assim permanecera durante alguns minutos, em suspenso. Disseram ter ocorrido outro incidente depois de seu retorno a Nápoles. Uma noite, na Igreja de São Domingos, uma voz proveniente do crucifixo enalteceu seu trabalho e lhe ofereceu a recompensa que ele escolhesse. "Terei a Ti mesmo", teria ele respondido.

Essas experiências, no entanto, foram apenas prelúdios do que aconteceu com Tomás de Aquino em 1273, quando ele celebrava a missa na Igreja de São Domingos. Só nos resta imaginar qual terá sido a natureza dessa experiência, mas, encerrado o ofício, ele disse a um amigo, o frade Reginaldo: "Nunca mais escreverei." Posteriormente, quando Reginaldo o pressionou a continuar seu trabalho, ele disse: "Não posso fazer mais nada. Depois do que vi, tudo o que escrevi parece palha." Tomás parou de escrever e também teria parado de viajar, não fosse o fato de o papa ter-lhe pedido que comparecesse a um concílio geral da Igreja em Lyon, que deveria versar sobre as relações de Roma com a Igreja ortodoxa grega, assunto em que ele era especialista. Tomás fez uma parada ao norte de Nápoles para visitar sua irmã, porém desmaiou na rua, no vilarejo em que ela morava. Ao recobrar os sentidos, pediu para ser levado a um mosteiro próximo, pois, segundo disse, seria melhor que Deus o encontrasse entre monges do que entre leigos. Seu último ato foi fazer com que o Cântico dos Cânticos lhe fosse lido pelos irmãos e discuti-lo com eles, tanto quanto foi possível. Estava com 49 anos ao morrer, deixando inacabada a *Suma teológica*.

Por coincidência, Boaventura, velho amigo de Tomás, também estava adoentado. O líder franciscano conseguiu comparecer ao concílio de Lyon, mas morreu naquele verão, durante os trâmites. Como resultado, nenhum dos dois esteve presente quando a controvérsia em que se haviam empenhado tão profundamente em Paris chegou a um clímax inesperado.

O poder conservador estava em ascensão na Universidade de Paris. A emergência de Siger de Brabante e dos mestres radicais dera um susto enorme no corpo docente da faculdade de artes liberais e nos teólogos, e as intervenções de Tomás de Aquino não tinham servido para livrar seus seguidores da suspeita de serem radicais disfarçados. Em 1272, uma eleição para reitor da faculdade de artes liberais — um cargo poderoso na universidade — transformou-se numa grande competição entre as facções divergentes.

Alberico de Rheims, um professor francês, parece ter sido o representante das forças contrárias a Siger, e acredita-se que o próprio Siger, ainda líder da nação picarda, tenha sido seu adversário. Sabemos muito pouco sobre a condução da campanha eleitoral, exceto que foi inusitadamente acerba e muito disputada, e que Alberico terminou com uma clara maioria dos votos.[44] Os partidários de Siger, fazendo acusações de trapaça, recusaram-se a aceitar a vitória do francês e elegeram seu próprio reitor.

As razões desse gesto desesperado parecem claras. O reitor da faculdade de artes liberais tinha o poder de adotar normas obrigatórias para todos os mestres. Desde a década de 1260, todos os professores que não eram membros das ordens mendicantes prestavam um juramento de obediência a essas regras; caso contrário, seriam declarados "perjuros e rebeldes".[45] Desobedecer, portanto, significaria, no mínimo, o fim da carreira universitária. Imediatamente após a eleição, Alberico adotou novos estatutos, que proibiam os professores de artes liberais de tirar conclusões teológicas em suas aulas, ou de "lecionar contra a fé" nas questões filosóficas. A segunda proibição era ampla, exigindo uma interpretação caso a caso. Obviamente, seria interpretada contra os radicais, e sua violação resultaria na expulsão destes da universidade. Imprensados na parede, os dissidentes recusaram-se a reconhecer a legitimidade dos estatutos e, nos três anos seguintes, a faculdade de artes liberais transformou-se, de fato, em duas faculdades, cada qual com sua própria administração, seus corpos docente e discente e suas normas.

Essa situação não poderia perdurar. Em 1275, após várias tentativas de intermediar a disputa, o legado papal, Simão de Brioni, chegou à universidade, realizou audiências e impôs à faculdade de artes liberais um acordo favorável aos conservadores. Durante o período de cisão, é possível que os mestres radicais houvessem deslocado a discussão de temas polêmicos dos foros públicos para locais privados, pois, no ano seguinte, um novo decreto da universidade proibiu qualquer professor de dar aulas particulares de outras disciplinas que não a lógica e a gramática.[46] Para os líderes radicais, o jogo estava encerrado. Siger, Goswin de la Chapelle e Bernier de Nivelles voltaram para casa, na cidade de Liège, onde ocuparam cargos de cônegos da catedral de São Paulo e da Igreja de São Martinho. Ali, em 23 de novembro de 1276, foram intimados pelo inquisidor da França, o cardeal dominicano Simon du Val, a comparecer a sua presença em Saint-Quentin, a fim de responder a acusações não especificadas de heresia.

De acordo com os relatos mais antigos, Siger e seus amigos estavam em Paris quando a Inquisição agiu contra eles, e fugiram para a Itália a fim de evitar a intimação e pleitear justiça na corte papal.[47] As pesquisas mais recentes sugerem que eles obedeceram à intimação, estiveram em Saint-

Quentin e foram absolvidos da acusação de heresia, seja porque as provas contra eles eram fracas, seja porque o bispo de Liège pressionou o inquisidor a liberá-los. Bernier de Nivelles retornou a Paris na década de 1280 e ensinou teologia no Colégio da Sorbonne, o que não poderia ter feito, se tivesse sido condenado por heresia.[48] Siger e Goswin de la Chapelle provavelmente continuaram em Liège por algum tempo, mas realmente foram para a Itália, anos depois — numa viagem estranha, como veremos.

Os conservadores tinham vencido... ou será que não? O problema ainda não reconhecido era o que significava "vencer" nessas circunstâncias. Desde o papado de Inocêncio III, a Igreja abrira sua mente para as idéias aristotélicas que eram filtradas pelas universidades, tal como havia aberto os braços para movimentos evangélicos de massa, como o liderado por Francisco de Assis. Havia limites nessa abertura, é claro. Ela não incluía a tolerância para com movimentos cismáticos ou ensinamentos obviamente heréticos. Mas a política de flexibilidade gerava, deliberadamente, sérios riscos para a manutenção da união e da supremacia cultural da Igreja numa época de mudanças aceleradas. Permitir que os eruditos fascinados pela filosofia natural estudassem Aristóteles e especulassem sobre questões científicas representava, de fato, o perigo de que suas descobertas lançassem dúvidas sobre doutrinas cristãs tradicionais. Esse era exatamente o tipo de perigo que as autoridades islâmicas haviam decidido evitar, ao isolar os muçulmanos aristotélicos e impedi-los de lecionar nas universidades muçulmanas. E se os filósofos naturais da Europa fossem expulsos das universidades católicas? Outro tipo de risco surgiria se chegasse ao fim o diálogo entre a fé e a razão que havia ocorrido dentro das instituições cristãs, e se uma intelectualidade sem vínculos religiosos viesse a se desenvolver sob o patrocínio de governantes laicos.

O bispo Estevão Tempier e seus aliados não davam muita importância a esse problema. O que julgavam especialmente inquietante não era que os radicais pregassem abertamente doutrinas heréticas (o que, em sua maioria, não faziam), mas que seus ensinamentos e seus textos refletissem uma atitude ameaçadora para os valores cristãos tradicionais. Os radicais não eram hereges, mas mostravam-se fascinados "com as potencialidades verdadeiramente assombrosas da razão humana na aquisição de novos conhecimentos e percepções". Para eles, "diante dessa nova pletora de conhecimentos sobre o mundo natural, a teologia tornava-se simplesmente desinteressante".[49]

Essa mudança de atitude ajuda a explicar por que a oposição conservadora aos aristotélicos radicais intensificou-se, mesmo depois de os radicais haverem perdido a eleição de 1272 e de seus líderes terem fugido de Paris. Os sigeristas continuavam a deixar implícito, mesmo que não o dissessem diretamente, que as verdades da ciência aristotélica eram pelo menos tão convincentes quanto as antigas verdades doutrinais, se não mais do que estas. Como professores de artes liberais, não lhes cabia ensinar teologia. Assim, eles não o faziam. Mas, pelo simples fato de se concentrarem na filosofia natural, sem explorarem suas implicações para a religião, eles deixavam obscurecidas as verdades da teologia — o que devia enfurecer seus adversários, uma vez que tinham muito pouco o que atacar em termos de afirmações diretamente ofensivas ou heréticas. Mas, como obrigar estudiosos a considerar interessante um assunto, ou impedi-los de pensar nas coisas que os fascinam? Alguém como Inocêncio III teria reconhecido que essa era uma batalha perdida — que, se os teólogos cristãos não atraíssem os filósofos naturais, como tinham feito Tomás de Aquino e Boaventura, o estudo da natureza (inclusive a natureza humana) e o estudo das coisas divinas seguiriam caminhos separados. Estevão Tempier, no entanto, não era como Inocêncio III. Estando os radicais enfraquecidos pela perda de seus líderes, o bispo e seus seguidores não conseguiram resistir à tentação de destruir completamente o movimento deles e, de quebra, desacreditar os tomistas.

Em 18 de janeiro de 1277, o papa João XXI, ex-professor de teologia da Universidade de Paris, escreveu a Estevão Tempier, dizendo haver tomado conhecimento de que na universidade se ofereciam ensinamentos "prejudiciais à fé", e solicitando que ele investigasse as acusações. É provável que o bispo já tivesse iniciado sua própria investigação e que a carta do papa tenha sido redigida a seu pedido.[50] Seja como for, Tempier convocou imediatamente um grupo composto de 16 teólogos e "outros sábios" para ajudá-lo. Embora o único membro cujo nome se conhece tenha sido o professor laico Henrique de Gand, é provável que todos fossem conservadores escolhidos a dedo, inclusive o reitor da universidade.[51] O grupo fez seu trabalho com rapidez. O bispo tinha aprendido com sua experiência de sete anos antes, quando fracassara sua tentativa de proscrever alguns dos erros mais flagrantes dos radicais. Sua meta, dessa vez, era proscrever a atitude ímpia e laica, e isso significava banir qualquer proposição aristotélica duvidosa formulada pelos mestres radicais, bem como as idéias possivelmente implícitas em seus ensinamentos, e ainda impedir que algum estudioso futuro tivesse a pretensão de ensinar com base no trabalho de Averróis ou de outros comentaristas. O bispo lançou sua rede bem longe. Dessa vez, o que se proibiu não foram 13 ensinamentos, mas 219.

A carta de Tempier, introduzindo a lista de proposições condenadas, acusou alguns professores não nominalmente identificados de ensinarem e discutirem os "erros patentes e execráveis" listados em seguida. Acusou-os ainda de ensinarem "que essas coisas são verdadeiras de acordo com a filosofia, mas não de acordo com a religião católica, como se houvesse duas verdades contrárias, e como se a verdade das Escrituras Sagradas fosse contestada pela verdade dos ditos dos abomináveis pagãos".[52] Por último, ordenou-lhes que parassem de ensinar essas proposições falsas, e declarou que quem as ensinasse ou sequer as ouvisse seria excomungado, a menos que se entregasse, no prazo de sete dias, para receber a punição adequada do próprio Tempier ou do reitor da universidade.

Como em 1270, é provável que poucas das proposições condenadas tenham sido ensinadas ou defendidas da forma declarada por Tempier. Com certeza, os mestres radicais não defendiam abertamente a doutrina da Dupla Verdade, muito embora seus críticos considerassem isso uma conseqüência lógica de seu ensino. As Condenações de 1277 acrescentaram várias categorias novas de afirmações proscritas às indicadas sete anos antes. Uma grande fonte de preocupação era o ensinamento aristotélico de que a melhor vida era a vida de contemplação filosófica, o que podia ser interpretado como privilegiando a filosofia natural em detrimento da teologia. Assim, tornou-se proibido ensinar que "não há vida superior à vida filosófica", ou que "as discussões teológicas baseiam-se em fabulações", que "os únicos sábios do mundo são filósofos" ou que "a revelação cristã é um obstáculo ao saber".[53] Visto que ninguém na universidade se atreveria a sustentar abertamente tais princípios, essas proibições destinaram-se a impedir que as pessoas as expressassem em conversas particulares, ou (o que dá na mesma) para impedir que se pensasse nelas. Outras proposições proscritas eram deturpações grosseiras de ensinamentos radicais — deturpações tão flagrantes a ponto de sugerir que faziam parte de uma deliberada "campanha de difamação". Como observou um crítico moderno, referindo-se às proposições relativas à eternidade do mundo:

> O quadro que emerge (...) é o de filósofos e teólogos cristãos competentes e devotos, sendo atacados por razões predominantemente não doutrinais e condenados por um comitê desonesto e vingativo de teólogos (...) que exerciam influência sobre um bispo muito pouco inteligente, mas temente e conservador.[54]

Há muita justiça nessa acusação. Ao mesmo tempo, pelo menos alguns dos ensinamentos condenados por Tempier tinham sido propostos por mestres radicais, quer como verdades científicas, quer como hipóteses que precisavam ser discutidas. Curiosamente, as questões mais problemáticas envolviam a relação entre o poder de Deus e as regularidades da natureza. Ninguém questionava a capacidade divina de suspender os processos normais da natureza. Aliás, sem a aceitação desse princípio, é difícil imaginar que qualquer cristão pudesse acreditar que Cristo nascera de uma virgem, ou acreditar nos outros acontecimentos registrados nos evangelhos. O problema era que o princípio vinha-se tornando cada vez mais abstrato, à medida que os intelectuais passavam a acreditar que Deus não queria suspender as leis da natureza e não o faria, sobretudo uma vez que as leis em questão eram fundamentais para a estrutura e o funcionamento do cosmos. Poderia Deus impedir que o sol se levantasse pela manhã? Em tese, com certeza. Algum dia Ele o fizera? Não; Sua única interferência no curso do sol fora relatada no livro de Josué (10:12-15), quando Ele havia retardado o ocaso por "quase um dia inteiro", para permitir que Josué vencesse uma batalha. Será que viria a fazê-lo algum dia? No fim dos tempos, talvez; até lá, porém, era possível contar com o alvorecer matinal e estudá-lo como um fenômeno científico.

Essa tendência a presumir que o funcionamento da natureza podia ser descrito e até previsto, unicamente com base no que Tomás de Aquino havia chamado de "causas secundárias", produziu uma série de condenações que, na verdade, foram advertências contra a visão das leis naturais como absolutas e, com isso, contra a substituição de Deus pela Natureza. Entre as proposições condenadas em 1277 houve diversas afirmações baseadas na *Física* de Aristóteles: que Deus não poderia fazer diversos mundos ou universos; que Ele não poderia deslocar os céus ou a Terra esféricos com um movimento linear, pois isso produziria um vácuo; e que não poderia fazer existir um "acidente" sem uma "substância", nem fazer dois corpos existirem simultaneamente no mesmo lugar.[55] A grande ironia dessas condenações, como hoje sabemos, foi que a insistência no poder divino de violar as leis da natureza, tal como Aristóteles as entendia, ajudou filósofos naturais posteriores a descobrir diversas leis naturais não aristotélicas. (Constatou-se, por exemplo, que a natureza não "abomina o vácuo".) Mas estimular a especulação científica não era a intenção do bispo Tempier. Seu propósito era reafirmar a supremacia das doutrinas e atitudes cristãs tradicionais em relação à filosofia natural — tarefa que levou, inevitavelmente, a um ataque à "teologia natural" de Tomás de Aquino.

O primeiro gesto de Tempier contra a teologia de Tomás de Aquino foi um tanto ambíguo. Não muitas das 219 proposições condenadas por ele eram obviamente tomistas, embora os conservadores acreditassem (como fazem alguns estudiosos modernos) que várias delas tinham por alvo os ensinamentos do dominicano.[56] Seja como for, menos de duas semanas depois de Tempier divulgar sua lista, a doutrina tomista da alma foi especificamente condenada em Oxford por Robert Kilwardby, o novo arcebispo de Cantuária (um dominicano), junto com mais de vinte proposições radicais.[57] Essas condenações viriam a ser repetidas e aumentadas pelo teólogo franciscano John Peckman, ao se tornar arcebispo de Cantuária na década de 1280. Entrementes, Tempier deu início a outra veloz investigação, dessa vez sobre o principal discípulo de Tomás de Aquino na faculdade de teologia, Giles de Roma. No fim de março, Tempier censurou 51 proposições extraídas da obra de Giles, e o agostiniano foi obrigado a suspender suas aulas na universidade. Semanas depois, o bispo abriu uma nova investigação sobre ensinamentos falsos na faculdade de teologia, com o objetivo de censurar as idéias de Tomás de Aquino. Os tomistas pareciam fadados a seguir os radicais no caminho para o ostracismo eclesiástico. Misteriosamente, porém, a investigação foi encerrada. John Peckham alegou que o poderoso grupo dominicano em Roma usou sua influência para cancelar o processo planejado, e talvez tenha tido razão.

Com os radicais em plena fuga, a controvérsia em torno dos ensinamentos de Tomás de Aquino tornou-se uma batalha sectária entre franciscanos e dominicanos — uma batalha em que os primeiros já não levavam uma vantagem acentuada. Espicaçados pelo ataque de Kilwardby, os dominicanos mobilizaram-se imediatamente, adotando regras internas que previam a punição de qualquer membro da ordem que, à semelhança do arcebispo inglês, criticasse publicamente as concepções de Tomás de Aquino. Seguiu-se uma guerra de tratados, na qual ilustres teólogos dominicanos e franciscanos denunciavam livremente uns aos outros. Em 1279, Guilherme de la Mare, sucessor de Peckham na cátedra franciscana de teologia em Paris, publicou uma crítica inclemente de Tomás de Aquino, chamada *Correção do irmão Tomás*, uma coletânea de proposições tomistas supostamente divergentes, que os franciscanos transformaram prontamente em parte do currículo de suas escolas. O teólogo dominicano João de Paris respondeu com um ataque feroz contra de la Mare, intitulado *Correção da corrupção de Tomás*. É provável que o ponto culminante da influência franciscana tenha sido atingido em Oxford, em meados da década de 1280, quando o arcebispo Peckham condenou um professor de teologia por ensinar as concepções tomistas sobre a alma, e um papa ex-franciscano, Nicolau IV, ratificou a condenação. Depois dessa derrocada, os dominicanos, que faziam da teologia de Tomás de Aquino a base do currículo de suas escolas, passaram a ganhar terreno sistematicamente. Em 1323, menos de cinqüenta anos depois de ter suas idéias condenadas em Oxford, o controvertido italiano foi canonizado por Roma. Passados mais dois anos, num documento sumamente inusitado, o bispo de Paris revogou as condenações parisienses "concernentes ou tidas como concernentes à doutrina de São Tomás", com isso livrando os tomistas de qualquer suspeita de heresia.[58]

Em sua própria época, as Condenações de 1277 desencadearam um debate furioso em todo o continente. Embora seu efeito legal se limitasse à Universidade de Paris (e, no caso das condenações de Kilwardby, a

Oxford), as questões por elas levantadas foram discutidas nas universidades de toda a Europa. Segundo alguns historiadores, o clima repressivo que elas criaram em Paris cerceou por várias décadas a livre discussão da filosofia natural nessa universidade.[59] Mas o fato notável é que as condenações surtiram pouquíssimo efeito, mesmo a curto prazo, no desenvolvimento da teologia tomista, no pensamento racionalista ou no interesse acadêmico pela ciência natural. Mesmo durante a onda de repressão, não houve tentativas de ressuscitar a proibição dos livros de Aristóteles. A filosofia natural aristotélica, juntamente com as obras de Averróis, Avicena e outros comentaristas controvertidos, continuou a constituir o núcleo do currículo europeu de artes liberais. Os teólogos continuaram a debater as grandes questões levantadas pela visão aristotélica de mundo, desde a doutrina das causas secundárias até a eternidade do mundo e a natureza da alma. E o tomismo, que recebera um "golpe de raspão", recuperou seu status de mescla respeitável de filosofia e teologia.[60] Séculos depois, viria a se tornar a filosofia principal da Igreja Católica romana.

O mais surpreendente, talvez, é que a corrente radical de pensamento associada a Siger e seus companheiros, embora forçada a permanecer na clandestinidade por algum tempo, não tardou a reaparecer. Na década de 1320, o famoso radical João de Jandun fez inúmeros seguidores em Paris, ensinando a separação entre a razão e a fé, a Igreja e o Estado, e colaborando com Marsílio de Pádua no tratado *Defensor Pacis*, um ataque notório à doutrina da supremacia papal.[61] O radicalismo nunca prevaleceu em Paris, mas se tornou uma sólida influência em Bolonha e uma força dominante na Universidade de Pádua. Uma vez solta na sociedade européia, a idéia de que as verdades da filosofia natural mereciam tanta atenção e crédito quanto as da teologia não pôde ser reprimida. A conseqüência mais curiosa das condenações talvez tenha sido o impulso que, inadvertidamente, o solapamento de alguns pressupostos fundamentais de Aristóteles deu à ciência empírica. Um eminente historiador observou que a afirmação do ilimitado poder criador de Deus, por parte dos conservadores, "levou a uma avalanche de filosofia natural especulativa ou hipotética no século XIV, no decorrer do qual vários princípios da filosofia natural aristotélica foram esclarecidos, criticados ou rejeitados".[62] No fim, a entidade mais afetada pela cruzada do bispo Tempier foi a própria Igreja, que passou de sua acolhida inicial entusiástica da nova filosofia natural para uma posição muito mais crítica e desconfiada. Depois de 1277, a cisão entre a razão e a fé, que todos, à exceção dos radicais, haviam tentado evitar, pareceu desenvolver-se com força própria. Nas palavras de Étienne Gilson, "a lua-de-mel da teologia com a filosofia tinha (...) chegado ao fim".[63]

E o que houve com Siger de Brabante, o provocador cujas idéias e escritos incendiários acenderam o pavio dessa explosão intelectual? Sabemos que seu oponente liberal, Tomás de Aquino, foi declarado santo não muito depois de morrer, e que sua nêmesis conservadora, Boaventura, uniu-se posteriormente a Tomás nesse grupo de elite, tendo tido sua canonização retardada pelas divergências entre as facções franciscanas. A única forma de santidade de que goza Siger, no entanto, é a reputação, entre alguns esquerdistas com perspectiva histórica, de ter sido um mártir da sagrada causa da Razão. O fim de sua vida está envolto em mistério. Sabemos apenas (por um poema italiano) que ele esteve em Orvieto, na Itália, no começo da década de 1280, possivelmente tentando restabelecer sua reputação na corte papal vizinha, em Viterbo. Com ele estava seu "secretário", um companheiro clerical que alguns acreditam ter sido Goswin de la Chapelle. Estaria Siger tentando pressionar a cúria para limpar seu nome e recuperar seus privilégios docentes? Terá ficado em prisão domiciliar em Orvieto? Em meio à bruma de rumores, um único fato é bem corroborado. Em algum momento entre 1281 e 1284, Siger foi assassinado a facadas por seu secretário, que supostamente teria enlouquecido.[64]

Hoje, sem dúvida, um fim tão obscuro de uma vida controvertida seria alvo de uma criteriosa investigação criminal, se não uma comissão oficial de inquérito, e um sem-número de livros especulativos sobre "o assassinato de Siger". Os amigos do líder radical, entretanto, estavam procurando esconder-se, e seus inimigos parecem ter saudado sua morte com um suspiro coletivo de alívio. Ninguém demonstrou grande desejo de vasculhar o borralho de uma carreira destruída. A história do "secretário louco" pode ser verdadeira ou não, mas, até que se descubram novos indícios, deve ser suficiente.

Capítulo Sete

"A navalha de Occam"

O divórcio entre a fé e a razão

O papa Bonifácio VIII declarou 1300 um Ano do Jubileu e convidou toda a cristandade a celebrá-lo com ele em Roma. Um número estarrecedor de peregrinos e visitantes inundou a antiga capital — tamanha era a multidão fervilhante, que novos portões tiveram que ser abertos nos muros da cidade. Entre os visitantes estava a maioria dos chefes de Estado da Europa, além de clérigos cristãos e de leigos de todas as regiões e classes sociais. O número de pessoas foi estimado em 200 mil por dia, e isso numa cidade cuja população normal ficava bem abaixo dos 100 mil habitantes. As festividades e cerimônias continuaram praticamente sem interrupção, enchendo o ar com a fumaça de carnes assadas na brasa e incensos aromáticos. Nunca se vira nada semelhante em Roma, desde a época dos imperadores e dos "triunfos" que comemoravam as vitórias de suas legiões. Mas a comemoração foi ilusória. Tratou-se menos de um triunfo que de um modo de desviar a atenção de uma série de derrotas. Por trás da fachada de magnificência papal e união religiosa, havia uma sociedade cada vez mais dividida, conturbada e violenta.

Bonifácio presidiu o Jubileu como um imperador renascido: na condição de papa, ele era não apenas o chefe da Igreja católica, com suas vastas propriedades territoriais e suas legiões de clérigos, mas também a suprema autoridade moral e política da Europa. Disse um historiador que essa comemoração foi, "talvez, o primeiro exemplo de manipulação das massas para fins políticos — nesse caso, a demonstração do poder da teocracia papal e de sua plena autoridade sobre todos os povos cristãos".[1] Num gesto de ousadia, o papa declarou-se o árbitro supremo dos conflitos entre príncipes e uma fonte de justiça para a gente comum — um líder cuja vontade tinha que ser obedecida nos casos polêmicos, já que era o representante de Cristo na Terra. Essa não era uma idéia nova, é claro. Havia-se originado nos grandes predecessores de Bonifácio, Gregório VII e Inocêncio III. Mas os tempos tinham mudado muito mais do que o papa se dispunha a reconhecer. Sua tentativa mal orientada de encarnar os grandes arquitetos da supremacia papal traz-nos à lembrança a afirmação de Karl Marx de que, quando a história se repete, ela o faz "da primeira vez, como tragédia, e da segunda, como farsa".[2]

O pontificado de Bonifácio VIII tivera um começo pouco auspicioso, para dizer o mínimo. Em 1294, atormentado pelas disputas internas e na esperança de restabelecer a confiança popular na liderança de Roma, o Colégio Cardinalício elegera como papa um santo homem recluso, chamado Pedro de Morrone, que saíra diretamente de sua cela de eremita nas montanhas italianas para os aposentos deslumbrantes do Vaticano. Ali, o pobre homem adotara o nome de Celestino V, antes de começar a demonstrar o doce caráter extramundano de sua natureza e sua incompetência para ocupar o cargo administrativo mais desafiador da cristandade. A princípio, o cardeal Benedetto Caetani, como Bonifácio era então conhecido, aconselhara-o a não aceitar a eleição. Cinco meses depois, apoiou a decisão do ex-eremita de abdicar o trono de São Pedro, uma decisão que não tinha precedentes. Caetani foi então eleito papa por seu próprio mérito, mas seus conselheiros alertaram-no a não deixar em liberdade seu predecessor octogenário, pois os Espirituais franciscanos, que na época se agitavam contra a corrupção e a mundanidade da Igreja, poderiam usá-lo para fomentar a oposição à ordem estabelecida. Por duas vezes, o ancião foi detido e preso pelos agentes papais. Por duas vezes, escapou de seus captores, mas sua segunda fuga, pelo mar, foi frustrada por um naufrágio. Recapturado na costa italiana, Morrone foi aprisionado numa cela úmida e estreita na fortaleza de Fumone, em Ferrentino, onde teve uma morte miserável, após dez meses de sofrimento.

Bonifácio descartou com desdém as críticas a sua conduta. Afinal, ele era tudo o que o papa eremita não fora: um aristocrata abastado, um perito em direito e finanças e um tático exímio, que florescera no mundo enigmático e litigioso da política do Vaticano. Certamente estaria apto a solucionar os problemas que o ermitão simplório fora incapaz de compreender. O mais sério deles era o aumento alarmante das guerras violentas entre as famílias da nobreza européia. Por todo o continente, a solidariedade aristocrática que fora alimentada durante séculos, através de casamentos diplomáticos, códigos de comportamento cortês e cruzadas, cedia lugar a uma luta pelo poder que era mais intensa e desinibida do que jamais se acreditara possível. Da Sicília à Escócia, os complôs e contracomplôs, as guerras e as rebeliões estavam na ordem (ou desordem) do dia. A França, durante muito tempo pátria do saber e da *courtoisie*, havia despontado, com Filipe, o Belo, como a monarquia mais centralizada e poderosa da Europa. A Inglaterra de Eduardo I vinha passando por uma concentração análoga do poder nas mãos da alta nobreza. No mesmo período em que Bonifácio assumiu o trono, as duas nações deram início a sua Guerra dos Cem Anos — uma luta desesperada pela supremacia européia, predominantemente travada por mercenários, em razão da qual os dois monarcas foram obrigados a impor tributos à Igreja para custear suas despesas militares.

Nisso, como noutros pontos de conflito, as autoridades católicas ficaram entre Cila e Caribde, forçadas a servir a "seu" rei (como tendiam a fazer os bispos franceses) ou a salvaguardar os direitos da Igreja e enfrentar a ira dos governantes laicos. Essa situação difícil era exacerbada pelo fato de que o papa também era um senhor feudal, de modo que a lealdade a seus interesses podia perfeitamente afigurar-se uma traição ao soberano local. Sem se deixar perturbar por essas complexidades, Bonifácio empenhou todo o poder de seu cargo e seu prestígio pessoal numa série de tentativas de resolver os conflitos que vinham transformando a Europa num rancoroso conjunto de principados em guerra. Para restabelecer a paz e proteger os interesses da Igreja, ele interveio na Itália, na Espanha, na Escócia, na Hungria, na Polônia... e, é claro, na Inglaterra e na França. Em praticamente todos os casos, entretanto, suas ações revelaram-se infrutíferas ou contraproducentes. Bonifácio imaginou que poderia impor sua vontade aos soberanos desobedientes, expedindo decretos respaldados em seu poder de excomungá-los e depô-los. Mas a eficácia dessas medidas, no passado, sempre havia dependido da reverência dos governantes laicos perante o cargo papal e de seu temor de rebeliões locais contra sua própria autoridade. As ameaças do papa de nada serviam contra monarcas poderosos, populares e inescrupulosos como Eduardo I e Filipe, o Belo.

"A espada do meu senhor é de aço", disse um dos ministros de Filipe, "a do papa é feita de eloqüência."[3] As palavras eram os recursos de Bonifácio, mas foram também sua ruína. Esse papa foi descrito como "um homem de pouco tato e conduta descuidada, cujos atos insensíveis e comentários mordazes lhe granjearam muitos inimigos".[4] Doutores da Universidade de Paris recordavam-se da ocasião em que, quando ainda era conhecido como cardeal Caetani, ele os havia proibido de questionar os privilégios dos frades dominicanos e franciscanos. "Vós, professores de Paris, haveis transformado em motivo de galhofa todo o vosso saber e a vossa doutrina", escreveu ele, em tom imperioso. "Para nós, vossa fama não passa de mera tolice e fumaça. (...) Em vez de revogar esse privilégio [o direito dos mendicantes de ouvirem a confissão dos fiéis], a Cúria romana destruirá inteiramente a Universidade de Paris. Não somos convocados por Deus a adquirir sabedoria ou deslumbrar a humanidade, mas a salvar nossas almas."[5] Fica claro que esse papa não tinha a maturidade de julgamento e a habilidade diplomática de Inocêncio III. Dadas as mudanças que vinham ocorrendo na sociedade européia, entretanto, é improvável que até mesmo um papa com a habilidade de Inocêncio fosse capaz de levar paz à comunidade cristã.

A luta política que tanto preocupava Bonifácio era apenas um dos sintomas de uma profunda crise social. A comunidade ocidental da alta Idade Média, otimista, expansiva e cada vez mais integrada, estava dando lugar a uma sociedade suscetível a "desastres naturais e deslocamentos sociais".[6] Mais de dois séculos de crescimento econômico haviam terminado em depressão e estagnação, deflagrando conflitos entre senhores e camponeses, integrantes da alta aristocracia e da pequena nobreza, soldados mercenários e civis, cidadãos urbanos e gente do campo. A explosão populacional também havia chegado ao fim, com o crescimento reduzindo-se a quase zero.[7] Até o clima estava ruim, uma vez que a Europa entrou numa "pequena era glacial" de invernos gelados e estações de plantio curtas. Bonifácio não viveria para ver a peste bubônica — a Peste Negra — devastar o continente, mas estava consciente de que a sociedade relativamente pacífica e unida que conhecera quando jovem estava em via de desaparecer. As pessoas comuns, mais expostas às vicissitudes da mudança, sentiam essas transformações com especial agudeza, embora não as compreendessem minimamente. A virada do século assistiu a uma onda de profecias e expectativas apocalípticas, a um novo crescimento de movimentos espirituais "entusiásticos" (alguns deles flertando com a heresia) e a um renascimento do misticismo, envolvendo tanto leigos quanto o clero. As mesmas forças que tinham questionado a Igreja no pontificado de Inocêncio III haviam reaparecido com pleno vigor, mas, dessa vez, tendo como pano de fundo uma sociedade em decadência.

Contra esses inimigos, Bonifácio mostrou-se impotente, apesar de suas ousadas ambições políticas. Quando pregou uma nova cruzada, no intuito de reunificar a Europa e retomar a Terra Santa dos muçulmanos, suas proclamações foram simplesmente ignoradas. Quando pediu que Eduardo I da Inglaterra deixasse a Escócia em paz, a resposta do rei foi confiscar uma parcela substancial da receita do clero inglês. Os esforços do papa de se fazer ouvir por Filipe, o Belo, foram ainda mais desastrosos, uma vez que os burocratas franceses pouco o temiam, e não tinham o menor escrúpulo de usar todos os recursos para solapar sua autoridade. Em resposta a um decreto papal que exigia que Filipe parasse de cobrar impostos do clero francês para custear suas guerras, o rei simplesmente cortou o fornecimento de verbas francesas a Roma. Quando Bonifácio divulgou uma nova bula, pleiteando a reforma do regime francês, os ministros de Filipe a queimaram e emitiram em nome do papa uma falsificação obscena. O legado que ele enviou para protestar contra esses atos foi capturado pelo ministro francês do Interior e mandado para a prisão. Por último, em 1302, sem ter mais para onde ir, o papa expediu sua famosa bula *Unam Sanctam*, alegando seu poder de depor os reis desobedientes e afirmando: "Declaramos, proclamamos e definimos que a submissão ao pontífice romano é absolutamente necessária para a salvação de toda criatura humana."[8] A resposta de Filipe foi convocar um concílio em Paris, ao qual compareceram clérigos franceses que lhe eram leais e que prontamente tacharam Bonifácio de herege, ladrão, simoníaco e praticante de magia negra, além de acusá-lo do assassinato de Celestino V.

Bonifácio revidou com a única arma de que dispunha: uma injunção afirmando seu pleno poder sobre o clero francês e excomungando o rei da França. Era tarde demais. Antes que o decreto pudesse ser publicado, Nogaret, um ministro de Filipe, chegou à Itália e, com a ajuda de antigos inimigos do papa — a família Colonna —, reuniu um exército de dois mil mercenários para atacar o palácio papal em Anagni, sua cidade natal. A resistência foi inútil. O séqüito de cardeais do papa o abandonou e ele foi capturado sozinho, adornado com as insígnias papais e sentado no trono em seu palácio. Dizem que Nogaret, que tinha ordens de levá-lo à França para um julgamento pomposo, impediu por pouco que o chefe do clã dos Colonna o matasse. Enquanto mercenários embriagados saqueavam o palácio, Nogaret aprisionou o papa na masmorra, sem comida nem água — uma provação que terminou três dias depois, quando cidadãos locais amigos libertaram o prisioneiro, dispersaram os remanescentes do bando mercenário e despacharam o ministro de volta para a França. Em seguida, mandaram Bonifácio para Roma, sob a custódia dos Orsini, outro clã aristocrático hostil. Meses depois, com a saúde e o moral alquebrados, Bonifácio morreu na Cidade Eterna. Mal haviam decorrido três anos desde o falso alvorecer do Jubileu.

A brutalização sem precedentes de um papa em exercício foi um sinal de que o equilíbrio de poder entre as forças laicas e eclesiásticas da Europa estava passando por uma mudança de proporções tectônicas. Isso ficou patente quando o sucessor de Bonifácio, Clemente V, transferiu a sede do papado para Avignon e permitiu que a monarquia francesa assumisse o controle efetivo das finanças e da política da Igreja. Enquanto Filipe, o

Belo, destroçava a ordem dos Cavaleiros Templários, principal financiadora de Roma, e expropriava sua riqueza considerável, o papa nomeou dezenas de cardeais franceses, e a Inglaterra iniciou o processo de lento afastamento que acabaria fazendo essa nação retirar-se por completo da órbita romana. Em meados da década de 1300, o catolicismo suportou o escândalo do "Grande Cisma", no qual tanto Avignon quanto Roma abrigaram pretensos papas, aos olhos dos quais o pontífice rival era um impostor ou "antipapa". Especialmente para um cargo cuja legitimidade sempre havia dependido muito mais do temor religioso e da reverência do que da força, tais acontecimentos podiam ser fatais. Decorrido pouco mais de um século, um monge alemão chamado Martinho Lutero, profundamente desiludido com o papado, daria início a um cisma muito maior — um cisma que pôs fim à unidade da Igreja e mergulhou o continente em um século de guerras religiosas.

Com a organização eclesiástica em desalinho e distúrbios sem precedentes avultando pouco adiante no horizonte, não é de admirar que muitos historiadores falem do "fim da Idade Média" em tons elegíacos. Para os católicos, em especial (mas não apenas para eles[9]), o século XIII, época dos papas reformistas e dos santos escolásticos, foi o "grande século", ao passo que o século XIV foi repleto de acontecimentos violentos e maus agouros. Mas essa está longe de ter sido toda a história. É fato que o consenso medieval começava a se desintegrar. Não era preciso ser profeta para prever que as conseqüências seriam dolorosas e sangrentas. Todavia, as mesmas forças subterrâneas que abalaram os alicerces da união cristã estavam abrindo caminho para perspectivas radicalmente novas de pensamento. A intelectualidade ocidental ainda era quase inteiramente cristã, é claro, e ainda era rigorosamente aristotélica. Agora, contudo, os herdeiros de Aristóteles haviam gerado sua própria prole, de mentalidade independente — inovadores ousados, que conduziriam o pensamento do mestre por direções novas e inesperadas.

Como tantas vezes acontece, o conflito gerou novas idéias. No alvorecer do novo século, os frades franciscanos viram-se enredados em duas frentes de conflito. Internamente, a discordância entre a ala "Espiritual" da Ordem e a ala "Conventual", mais conservadora, tinha-se intensificado, refletindo a nova onda de fervor religioso que varreu a Europa na época.[10] Os radicais julgavam que sua Ordem perdera o contato com os ideais de São Francisco. De acordo com porta-vozes como Pedro João Olivi, o carismático monge de Narbonne, os menoritas haviam relaxado a proibição da posse de bens comunais imposta pelo fundador e, junto com o restante da Igreja, estavam abraçando os valores do materialismo, do legalismo e praticando a política do poder. À guisa de antídoto, os Espirituais defendiam a pobreza comunitária e individual, a espontaneidade e a reclusão espiritual. Alguns flertavam com idéias joaquimitas sobre a chegada de uma Terceira Era do Espírito Santo, na qual a ordem religiosa estabelecida se tornaria irrelevante. Outros deploravam o envolvimento de Roma na política européia, questionavam a autoridade do papa em questões doutrinais e eram favoráveis à concessão de poder a reis e príncipes laicos. A liderança católica respondeu condenando os escritos de Olivi e montando uma campanha cada vez mais repressiva contra outros tumultuadores.[11] Mas havia entre os radicais uma tendência inquietante a ver a repressão como mais uma prova da corrupção e da ilegitimidade da hierarquia.

Ao mesmo tempo que sua unidade interna se rompia, os franciscanos envolveram-se numa nova rodada de disputas filosóficas com seus velhos adversários, os dominicanos. O clima em Roma havia mudado enormemente desde as Condenações de 1277. Graças à feroz defesa que os dominicanos fizeram de seu líder, Tomás de Aquino, Roma tinha reconhecido que o pensamento tomista não era nem de longe tão radical ou ameaçador quanto se temera. "Melhor é casar do que queimar", declarara São Paulo. Agora que estava claro que a sede de conhecimento era tão irreprimível quanto o desejo carnal, as autoridades puderam apreciar a maneira inteligente encontrada por Tomás de entrelaçar esse anseio às doutrinas e instituições sagradas da Igreja. O teólogo dominicano merecera a canonização não apenas por seus dotes espirituais, mas também porque seu "batismo" de Aristóteles havia produzido dois grandes benefícios evidentes. Fizera pela iniciativa científica o que tinha feito Inocêncio III pelo evangelismo popular — trouxera uma força potencialmente hostil para dentro das universidades dirigidas pela Igreja, onde ela podia ser vigiada, controlada e usada para maior glória de Deus; e, ao criar uma "teologia natural", conferira às doutrinas sagradas o prestígio e a força de verdades científicas.

A visão aristotélico-cristã de Tomás ainda não havia atingido, nos círculos católicos, a supremacia que viria a alcançar tempos depois, mas estava claro que se tornara muito respeitável. Isso não impressionou os franciscanos — especialmente os de inclinação radical —, que viam o tomismo como a expressão teológica de uma Igreja demasiadamente à vontade no mundo, distante demais do cerne da experiência religiosa e excessivamente confiante em sua capacidade de compreender e impor a vontade de Deus na Terra. Era bem próprio dos dominicanos, espinha dorsal da Inquisição, abraçar uma teologia que tinha a pretensão de reunir todo o conhecimento num único e belo pacote. Críticos anteriores, como Boaventura e John Peckham, tinham acusado Tomás de Aquino de glorificar a razão à custa da fé, e haviam receitado como corretivo uma dose maciça de Platão. Mas a nova crítica, veiculada por pensadores poderosos como João Duns Escoto e seu notável discípulo, Guilherme de Occam, adotou uma linha muito mais radical.

Os inovadores franciscanos estavam pouco interessados em glorificar ou desbancar a razão. O problema, a seu ver, era que a velha geração de teólogos, tanto dominicanos quanto franciscanos, fizera uma interpretação equivocada do que conhecemos e de como o conhecemos, e, por conseguinte, traçara uma fronteira imprópria entre a fé e a razão. O que se fazia urgentemente necessário, em sua opinião, não era uma simples correção do tomismo, mas a elaboração de um mapa inteiramente novo do conhecimento. E a maneira de criar esse mapa era voltar Aristóteles contra ele mesmo: usar os métodos aristotélicos de raciocínio para examinar e criticar as conclusões comumente tidas como aristotélicas.[12] Os estudiosos da Europa inteira logo estariam chamando essa abordagem de "moderna" (a *via moderna*), em contraste com a abordagem da "velha escola" (a *via antiqua*), representada por Tomás de Aquino e Boaventura. Esses velhos amigos e adversários ficariam estarrecidos, sem dúvida, com a tendência moderna a separar os campos da teologia e da ciência, mas a influência de suas idéias nas universidades vinha diminuindo. Da crise da sociedade medieval começava a nascer um novo modo de pensar.

João Duns Escoto não era rebelde por temperamento, mas sua curta vida foi significantemente revolucionária. Nascido por volta de 1265 num vilarejo logo ao norte da fronteira escocesa da Inglaterra, ele lecionava em Oxford no fim da década de 1280.[13] Pouco depois da virada do século, foi lecionar em Paris. Em conseqüência da luta de Filipe, o Belo, com o papa Bonifácio, Duns Escoto e outros frades leais ao papa foram obrigados a deixar a universidade em 1303, mas ele voltou no ano seguinte e foi nomeado professor regente franciscano da escola de teologia em 1305. Três anos depois, mudou-se para Colônia, para dirigir uma escola franciscana, e ali faleceu de causas desconhecidas. A descrição tocante na lápide de seu túmulo na Igreja Menorita de Colônia diz: "A Escócia me deu à luz, a Inglaterra me acolheu, a França me ensinou e Colônia me guarda com firmeza."[14] Ao contrário de Guilherme de Occam, que se associava à ala espiritual dos franciscanos, Duns Escoto parece ter se mantido longe da política interna da Ordem, e seus escritos teológicos, apesar de ousados e inovadores, não chegavam a assumir posições que pudessem ser vistas como heréticas (Guilherme raramente se detinha diante do que quer que fosse).

Tal como Tomás de Aquino, Duns Escoto era aristotélico, especialmente quando se tratava de descrever e analisar as operações do universo natural. Mas discordava vigorosamente da tentativa de Tomás, por mais heróica que fosse, de saltar de Aristóteles para Cristo. Tomás acreditava que, mediante a compreensão das leis que regem a natureza, percebemos, ainda que vagamente, as intenções criadoras de Deus. Segundo Duns Escoto, isso constituía um grave erro. Nossa mente tem certos poderes dos quais Tomás não tinha conhecimento — por exemplo, a capacidade de compreender intuitivamente a forma de coisas individuais, sem "abstrair" mecanicamente suas características gerais a partir das impressões dos sentidos.[15] Mas não podemos fitar o "espelho da natureza" e chegar a conclusões válidas sobre as intenções, desejos ou desígnios de Deus. Com base no que observamos no universo natural, tampouco podemos deduzir as verdades da religião. Tomás de Aquino achava que, raciocinando a partir de dados naturais, poderíamos provar doutrinas como a da onipotência divina, a da distinção entre o bem e o mal e a da imortalidade da alma. Era outro erro. Esse tipo de conhecimento, insistiu o franciscano, só podia ser adquirido pela fé.

O erro subjacente do tomismo, na visão de Duns Escoto, era sua doutrina da necessidade. Baseando-se na distinção aristotélica entre o ser "necessário" (aquilo que *tem* que existir, em termos absolutos) e o ser "contingente" (aquilo cuja existência depende de outros fatores), Tomás de Aquino havia afirmado que Deus era um ser necessário.[16] Estritamente falando, tudo o mais é contingente, uma vez que sua existência depende de Deus e, muito provavelmente, também de outros fatores. Mas, dizia Tomás, Deus é o criador do universo e, visto que opta quase sempre por operar através de causas secundárias, Ele transfere parte de Sua necessidade ao mundo natural. Uma vez que Ele cria as espécies, por exemplo, um embrião humano, ao se desenvolver, evolui necessariamente para um ser humano, e não para um cavalo, um peixe ou uma flor. O instigante nisso é que tal visão nos permite, ainda que de modo limitado, descobrir as intenções e a vontade de Deus. É que os padrões que apreendemos na natureza — em particular o que Tomás de Aquino chamava de "espécies inteligíveis" — representam os desígnios do Criador. E é também por Sua vontade que adquirimos um certo conhecimento deles, através do poder de nosso "intelecto ativo".

Até certo ponto, Duns Escoto podia aceitar esse raciocínio. Concordava em que Deus era um ser necessário (embora preferisse chamá-lo de ser infinito). Concordava também em que podemos conhecer algumas coisas com certeza, embora seus padrões de certeza, baseados no modelo da matemática, fossem mais difíceis de satisfazer que os de Tomás.[17] O que ele achava inteiramente inaceitável, porém, era a tese de que o poder de Deus limitava a si mesmo, por ser canalizado para as "causas secundárias" que vemos agindo na natureza. Como Deus é absolutamente livre para fazer o que quiser, insistia Duns Escoto, tudo o que Ele faz é contingente, não necessário, e Ele não é minimamente limitado pelas leis naturais descobertas pelos seres humanos. Essas regularidades naturais dependem a todo instante da vontade espontânea de Deus; aliás, o próprio tempo e espaço em que elas atuam dependem da Sua vontade. Se quisesse, Deus poderia desfazer retroativamente tudo o que fez, assim como levar um embrião humano a se transformar num peixe ou numa flor (isso não seria inteiramente teórico, é claro, já que Ele *de fato* fez milagres, além de criar o universo a partir do nada). Nada existe necessariamente, exceto o próprio Deus. Mas, se isso é verdade, tudo que a ciência descobre deve ser provisório. A liberdade absoluta de Deus faz com que as leis da natureza sejam meramente prováveis, e não certeiras.

Como é estranho ver um filósofo-teólogo franciscano chegar a uma conclusão essencial para o pensamento científico afirmando a liberdade de um Deus onipotente de fazer o que Lhe aprouver. Olhando para trás, podemos ver Tomás de Aquino fornecer a primeira parte de uma visão de mundo científica através da ênfase na existência de padrões causais cognoscíveis, num universo natural integrado e interdependente. Duns Escoto fornece um segundo elemento: o reconhecimento de que nossa compreensão de como funcionam essas causas tem que ser sempre provisória. Um terceiro componente — o que se poderia chamar de simplificação metafísica do universo — foi obra de Guilherme de Occam, embora Duns Escoto tenha iniciado o movimento nessa direção.

Tal como Duns Escoto, Occam lecionou primeiro em Oxford e depois em Paris.[18] Vinte anos mais moço que seu famoso predecessor e consideravelmente mais tempestuoso por natureza, ele se notabilizou por suas críticas contundentes e intransigentes aos erros teológicos da "velha escola". Um erro que o incomodava em especial era a tendência de Tomás de Aquino e outros representantes da *via antiqua* a presumir a existência de "entidades" metafísicas, originalmente extraídas de Aristóteles, como um "intelecto potencial" que permitiria aos seres humanos receber e armazenar informações, e um "intelecto ativo" que lhes permitiria analisá-las. Receber informações e raciocinar sobre elas são duas funções de uma única mente, argumentava ele. Por que supor que deva existir uma entidade mental separada para cada função?[19] Similarmente, Occam negava com veemência a realidade independente de entidades hipotéticas, como "homem" e "animal". Essas "espécies inteligíveis" eram meros conceitos mentais ou termos lingüísticos, abstraídos pelos seres humanos dos objetos primários do conhecimento: os indivíduos realmente existentes.[20] Deus era a causa final de tudo, declarava o franciscano, mas as complicações metafísicas desnecessárias (como atribuir "causas finais" a todas as substâncias do universo, por exemplo) não nos ajudavam a compreender o mundo natural. Na verdade, eram obstáculos a uma compreensão clara.

Essa tendência a simplificar atingiu o clímax na "navalha de Occam" — a famosa doutrina que afirma que as entidades conceituais não devem ser desnecessariamente multiplicadas.[21] A verdadeira diferença de opinião nesse ponto, contudo, dizia respeito ao sentido de "desnecessário". Para Tomás de Aquino, entidades como o intelecto ativo, as espécies inteligíveis e as causas finais eram necessárias para construir um sistema de pensamento que ligasse explicitamente as operações da natureza à criatividade divina. A navalha de Occam, por outro lado, implicava que a tarefa empreendida por Tomás — a tentativa de construir um sistema unitário, capaz de explicar as coisas naturais e as divinas — era impossível. Por trás de seu apelo à simplicidade, em outras palavras, havia uma convicção de que a ciência natural e a teologia deveriam seguir caminhos separados. Do lado da ciência, havia conceitos e métodos derivados da experiência e processados pela razão, que nos ajudavam a compreender o mundo natural e o mundo da sociedade humana. Do lado da teologia, havia doutrinas reveladas pelas Escrituras ou pela Igreja, que nos ajudavam a compreender Deus e o que Ele exige de nós. Do ponto de vista de Occam, Tomás de Aquino fizera uma misturada das coisas, ao fundir os dois campos de compreensão. Seu sistema havia mistificado a natureza. Pior do que isso, ao afirmar que poderíamos chegar pelo raciocínio a uma compreensão dos atributos e intenções divinos, ele havia desmistificado Deus. A tarefa da nova escola de filósofos-teólogos, tal como vista por Guilherme, consistia em desfazer esse erro — ou seja, em desmistificar a natureza e remistificar Deus.

Com a obra de Duns Escoto e Guilherme de Occam, a revolução aristotélica tomou um rumo radicalmente novo. Os inovadores franciscanos tinham grande admiração pela genialidade de Aristóteles, mas rejeitavam algumas de suas idéias, que Tomás de Aquino havia considerado indispensáveis, e concentravam a atenção em outras, que ele havia minimizado ou ignorado. Antes havia um só Aristóteles, reconhecido pelos pensadores cristãos medievais; agora, existiam dois. O resultado foi uma cisão no movimento aristotélico que cavou um enorme abismo entre a fé e a razão, entre a experiência religiosa e a empreitada científica.

O Aristóteles que Tomás de Aquino achara tão convincente era o filósofo que havia descoberto a razão na natureza. Seu herói era o cosmólogo que observara os movimentos das esferas celestes e deles deduzira uma Primeira Causa, o biólogo que encontrara provas de um propósito intrínseco no desenvolvimento padronizado dos organismos vivos, e o psicólogo que detectara uma harmonia fundamental entre a razão humana e os objetos de sua compreensão. Para Tomás, o próprio universo, interpretado pelas lentes aristotélicas, fornecia provas da existência, da bondade e das intenções criadoras de Deus. Mas isso era exatamente o que os franciscanos negavam, pois como poderiam os seres humanos, usando conceitos humanos, ter a capacidade de compreender a vontade de Deus, exceto tal como Deus a revelou através de textos sagrados? O Aristóteles que inspirava Duns Escoto e Guilherme de Occam era o filósofo que ensinara que o que realmente conhecemos da natureza são coisas ou fatos individuais, e não idéias gerais.[22] As relações entre essas coisas ou fatos, que descrevemos usando conceitos gerais como "causa" ou "espécie", não podem ser provadas como existentes da mesma forma que as coisas individuais podem.[23] Deus criou o universo, dizia Guilherme de Occam, mas os padrões que descobrimos na criação pelo raciocínio abstrato são produto de nossos processos mentais, e não provas das intenções divinas. A razão não é inerente à natureza, que obedece à vontade imperscrutável de Deus, senão em nossa própria mente.

Com esse trovão, nasceu — ou foi concebida, pelo menos — a ciência empírica moderna. Isso porque as relações naturais que as pessoas são capazes de descrever, usando suas faculdades de observação e raciocínio, não são irreais no sentido de serem ilusórias ou desprovidas de significação. De modo algum. Elas são simplesmente mais prováveis do que certeiras, mais "contingentes" do que necessárias, limitadas a explicar processos naturais, e não capazes de explicar Deus. Guilherme de Occam havia cortado o vínculo postulado por Tomás de Aquino entre nossa mente e a de Deus. "Para Occam, a ligação humana com Deus só pode surgir através da fé, uma vez que a única ligação que temos é com o poder de Deus de criar *qualquer* universo, e não apenas este."[24] Ademais, o resultado do reconhecimento dessa limitação não é necessariamente deprimente, mas libertário. Livres do ônus de dar um sentido teológico às descobertas científicas, "podemos abordar a natureza com um novo otimismo, uma nova força e uma nova técnica".

> A criação apresenta-se a nós como uma dádiva. Contudo, a dádiva não tem nenhuma ligação com quem a deu — exceto no sentido tautológico de que uma dádiva tem que ser dada. Portanto, a natureza como criação pode ser desembrulhada. E, já que estamos separados de Deus, exceto no ato de fé, podemos muito bem desembrulhar esse presente e ficar à vontade com ele.[25]

Os pensadores cristãos interessados na ciência natural podiam consolar-se com essa conclusão. A escola "occamista" de Paris produziu um surto de atividade científica criativa por parte de seus filósofos naturais. Mas, que dizer dos que eram predominantemente motivados pelo desejo de conhecer Deus? Ao mesmo tempo que o pensamento crítico de Occam abria caminho para a ciência empírica, um grande anseio espiritual varria a Europa, gerando mais uma onda de movimentos populares dedicados à comunhão pessoal com Cristo. Para esses fiéis, o que significava dizer que Deus podia ser conhecido não pela razão, mas somente pela fé?

Tradicionalmente, havia três caminhos reconhecidos para o conhecimento de Deus: a revelação, a razão e o tipo de experiência comumente descrita como "mística". Ou seja, podia-se ler e acreditar no que era dito sobre Deus na Bíblia e em outros livros sagrados; podia-se deduzir Sua existência e Seus atributos a partir dos princípios da lógica (como Santo Anselmo tentou fazer[26]) ou a partir da "natureza da natureza" (a busca de Tomás de Aquino); ou ainda, mais raramente, podia-se ter o mesmo tipo de experiência que tiveram algumas figuras bíblicas e certos místicos: ouvir a voz de Deus ou vivenciá-Lo diretamente de algum outro modo. Havia uma concordância geral, no entanto, em que, qualquer que fosse o caminho ou os caminhos seguidos, a infinita superioridade e alteridade de Deus em relação aos seres humanos significava que nosso conhecimento d'Ele tinha que ser extremamente limitado. O teólogo judeu Moisés Maimônides, do século XII, havia enunciado a posição extrema, ao declarar que só podemos conhecer Deus negativamente, isto é, podemos saber o que Ele não é, mas não realmente o que é.[27] É claro que os textos sagrados O descrevem como bom, justo, sábio, onipotente, misericordioso e assim por diante, mas isso levanta uma outra questão: Que têm a bondade ou a justiça divinas a ver com as nossas? Maimônides achava que impor definições humanas de tais atributos a Deus era uma espécie de idolatria, e muitos pensadores cristãos medievais concordaram.[28]

Isso criou um problema óbvio. Se Deus era completamente "outro", talvez não tivéssemos nenhum modo de compreendê-Lo. Até Sua existência poderia ser questionada (como observou Maimônides), pois era possível afirmar que Deus não "existia" no mesmo sentido em que nós existimos.[29] Por outro lado, presumir que os termos usados para descrevê-Lo nos textos sagrados devem ser entendidos literalmente — de sorte que Deus seria misericordioso ou justo, irado ou vingativo, num sentido reconhecivelmente humano — é o mesmo que negar a transcendência do Ser Supremo. Com isso se produz um dilema. "Ou Deus parece ser uma espécie de deus grego ou super-homem, tal como nós, porém maior, ou é tão distinto de nós que não podemos dizer coisa alguma sobre Ele."[30] Um dos traços mais notáveis da teologia de Tomás de Aquino foi a utilização de uma analogia para escapar dessa cilada. Há uma certa "semelhança" entre o Criador e Suas criaturas, afirmava Tomás, de um modo análogo à relação entre o sol e os objetos que ele aquece. O sol é a fonte do calor; os objetos que ele aquece são apenas os receptores; mas ainda assim existe algo (o calor) que eles têm em comum. Similarmente, os "nomes" de Deus (como bondade e sabedoria) são verdadeiros a Seu respeito, não num sentido literal, mas "somente de acordo com o símile e a metáfora".[31]

A utilidade dessa abordagem ainda gera debates, mas Occam não estava disposto a aceitá-la. Ou um termo como "bondade" significava essencialmente a mesma coisa em contextos diferentes, disse ele, ou significava coisas diferentes. Ou Deus era bom num sentido humano, ou era bom num sentido que éramos incapazes de compreender. Nessa disjunção (ou isto/ou aquilo), "não há espaço para a analogia".[32] A navalha de Occam desferira um novo golpe, fazendo com que as fontes do conhecimento de Deus ficassem reduzidas a duas: os textos sagrados (tal como interpretados pelos teólogos) e a experiência mística. Para o franciscano, sem dúvida, essa conclusão afigurou-se eminentemente ortodoxa. Porventura não estivera implícita nas Condenações de 1277 e nos ataques conservadores a Aristóteles, que remontavam a Santo Agostinho? Mas a afirmação de que nada podíamos saber sobre Deus através da natureza ou da razão desassistida provocou um arrepio em toda a ordem estabelecida católica, pois seu efeito seria separar o pensamento da fé. Em última instância, ela ameaçava reduzir a atividade da Igreja à oração, à teologização e à administração dos sacramentos.

A navalha de Occam ameaçava soltar a ciência natural, o pensamento social e todos os outros ramos da filosofia de suas amarras cristãs, e até destruir a teologia, uma vez que o objetivo dessa disciplina, desde os tempos de Boécio, fora "conciliar a fé e a razão". Isso espiritualizaria a Igreja, sem dúvida, mas também faria com que ela se "desintelectualizasse" e se isolasse do mundo, enquanto os governos laicos, que já empregavam hordas de burocratas e advogados, se tornariam os grandes protetores da erudição na Europa. Como conseguiria a religião católica florescer e se espalhar, se seus defensores não pudessem apelar tanto para a razão natural quanto para a tradição e a autoridade? Se Occam houvesse abrandado a exposição de suas idéias e ficado fora da política eclesiástica, essas conseqüências talvez passassem despercebidas. Se houvesse apresentado suas idéias noutra época, talvez não tivesse provocado inimigos nas altas esferas. Mas ele era polemista e ativista por natureza, e os homens encarregados de julgar seu pensamento haviam passado a ser fortemente influenciados pelo pensamento tomista, que ele havia depreciado com enorme rudeza. Para o filósofo e sua Igreja, era provável que o caminho à frente fosse tempestuoso.

Em 1323, ano em que Tomás de Aquino foi reconhecido como santo, Guilherme de Occam foi intimado a comparecer perante uma comissão papal em Avignon, para responder a acusações de heresia. Seu acusador era John Lutterell, ex-reitor de Oxford, um tomista belicoso que ganhara fama por tratar os teólogos franciscanos com a mesma severidade com que estes haviam tratado os dominicanos. Lutterell enviou 56 excertos dos escritos de Occam ao papa João XXII, com a recomendação de que fossem censurados. O papa nomeou imediatamente uma comissão para investigar as acusações, ordenou que Guilherme fosse a Avignon e lhe disse para permanecer na cidade, até que a comissão estivesse pronta para ouvir seu depoimento.

Que estava por trás dessa intimação? Pelo menos parte da resposta pode ser dada numa palavra: política. Durante quase cinqüenta anos, os franciscanos haviam procurado desacreditar os seguidores de Tomás de Aquino, muitos dos quais eram dominicanos. Agora, os tomistas estavam em ascensão, e homens como Lutterell (que fora deposto do cargo de reitor pelo corpo docente de Oxford, em decorrência do tratamento intolerante que concedera aos acadêmicos franciscanos) viram nisso uma oportunidade de fazer um acerto de contas. Pior do que isso, o movimento franciscano dera origem a uma poderosa ala radical — os Espirituais —, que muitos líderes cristãos agora consideravam um perigo maior para a Igreja do que qualquer seita sigerista. Occam não fazia segredo de sua simpatia pelos radicais, que abominavam o envolvimento de Roma com as posses materiais e o poder político, e insistiam em que os hierarcas católicos parassem de se portar como reis e barões feudais. Em certos aspectos, suas idéias assemelhavam-se às de Arnaldo de Brescia, já que a conseqüência óbvia de se retirar o poder da Igreja (em termos mundanos) seria fortalecer o poder crescente de ambiciosos nobres seculares. Occam não era insurgente como Arnaldo e ainda não havia questionado a infalibilidade do papa nas questões de doutrina cristã, mas era considerado perigosamente independente. Essa impressão não foi mitigada por suas atividades em Avignon. Enquanto aguardava na cidade sua intimação para depor — uma espera que duraria quatro anos —, ele fez amizade com Miguel de Cesena, o secretário-geral dos franciscanos, que aguardava seu próprio julgamento sob a acusação de heresia espiritualista.

Essa amizade não passou despercebida aos agentes papais.

Mas havia também um outro fator em ação. Até hoje, ler Guilherme de Occam é como ver um equilibrista andando na corda bamba sem rede de segurança. Em termos filosóficos, o abismo que se escancarava embaixo dele era o divórcio permanente entre a fé e a razão. Em termos políticos, era o poço em que a Inquisição estava disposta a atirar os teóricos brilhantes que levassem suas idéias longe demais. Isso porque, embora Guilherme fosse um cristão tão devoto quanto Duns Escoto ou qualquer outro teólogo da época, a direção apontada por seu pensamento era estranhamente semelhante àquela pela qual Siger de Brabante e seus seguidores tinham sido condenados em 1277. Tal como Siger, Guilherme não era adepto da doutrina da Dupla Verdade. Não tinha dúvida de que as verdades reveladas por Deus eram impossíveis de contradizer. No entanto, também como Siger, suas idéias pareciam levar à conclusão de que havia dois tipos de verdade: uma para os investigadores da natureza, outra para os teólogos e os que cultuavam Deus. Além disso, no modo como Occam expressava suas idéias havia algo que era quase um convite à perseguição. Um analista moderno poderia dizer que ele queria gerar uma crise que o obrigasse a escolher entre seus compromissos com a Igreja organizada e com a Igreja como povo de Deus.

Em parte, o caráter provocador da obra do franciscano resultava de sua insistência ferrenha na clareza do pensamento, o que significava evitar as ambigüidades cômodas como as que, a seu ver, haviam maculado os escritos de Duns Escoto.[33] Mas ele também parece ter sido um desses inovadores (que nos lembram Marx e Freud) cuja intenção é chocar seu público, para levá-lo a considerar uma nova forma de pensamento, através da polarização de grupos de seguidores e oponentes. Vejamos um exemplo: Guilherme era um vigoroso defensor, como fora Duns Escoto, da idéia de que a liberdade absoluta de Deus não podia ser restringida pelas chamadas leis da natureza, ou sequer pelos atos anteriores de Deus na história. Todos os atos divinos eram livres e espontâneos. Nenhum deles era obrigatório ou necessário. Para ilustrar essa visão, Occam escolheu um exemplo que estava fadado a levar as pessoas de bem a ficarem de queixo caído. Embora Deus houvesse optado por nos redimir transformando-se num homem, declarou o franciscano, não Lhe seria necessário adotar esse ato específico. Se quisesse, Ele poderia ter-nos redimido de outra maneira — por exemplo, transformando-se numa pedra, numa árvore ou num asno.[34]

Os teólogos anteriores tinham feito um certo esforço para demonstrar que, conquanto os atos de Deus no mundo não fossem necessários, eles não eram absurdos em termos humanos. A bem da clareza e também, talvez, pelo valor que havia em chocar, Guilherme não estava interessado nesse tipo de demonstração. Gostava de afirmar que Deus poderia, se quisesse, condenar os inocentes e premiar os culpados, ou fazer dois objetos sólidos ocuparem o mesmo lugar ao mesmo tempo. Tratava-se de demonstrar que a absoluta liberdade divina não era limitada por nossas idéias de justiça ou bom senso. Deus não declarava que as coisas eram boas por elas serem boas; elas eram boas porque Ele assim as declarava. E tampouco observava as leis da natureza por estas serem leis; elas eram leis na medida em que Ele optava por observá-las. Em outras circunstâncias, tudo isso poderia dar margem a uma discussão interessante nas escolas, mas os membros da comissão papal de Avignon não estavam ali para conduzir uma discussão acadêmica. Tinham sido convocados para julgar um homem que escrevera que nosso Redentor tanto poderia ter sido um jumento quanto Jesus Cristo.

Talvez pelo fato de as formulações chocantes da doutrina não serem necessariamente heréticas, os membros da comissão gastaram quase quatro anos na tramitação do processo contra Guilherme, enquanto este redigia seu *Sumário de lógica* e discutia política com Miguel de Cesena. Finalmente, em 1327, eles divulgaram 51 artigos de censura que descreviam as idéias de Occam (dependendo do tratado em exame) como "heréticas", "falsas", "perigosas", "errôneas", "temerárias" ou "contraditórias".[35] Normalmente, o passo seguinte consistiria em Guilherme retratar-se das afirmações condenadas e prometer não voltar a pecar, o que era uma prática comum entre os acadêmicos que entravam em conflito com as autoridades eclesiásticas. Depois disso, uma multiplicidade de sentenças poderia ser imposta, variando desde o encerramento de sua carreira acadêmica até formas mais brandas de reprimenda ou punição.[36] Outra possibilidade, é claro, seria sua recusa a se retratar ou sua insistência em sustentar em público as idéias proscritas, curso de ação este que acabaria levando à fogueira. Guilherme declinou de buscar qualquer dessas alternativas. Seu novo amigo, Miguel, também fora condenado por uma comissão papal — em seu caso, por se recusar a aceitar o decreto do papa que declarava herética a recusa dos Espirituais a ter a posse coletiva de bens. (A posse de bens de qualquer tipo era uma virtude positiva, declarara João XXII.) Junto com Miguel, Guilherme resolveu tirar proveito de uma nova alternativa, criada pela guerra implacável entre o papa e alguns governantes seculares: a fuga para o território de um nobre hospitaleiro e antipapal.

O rei Luís IV da Baviera vinha a ser justamente um desses governantes — um integrante da nova safra de nobres que não se impressionavam nem um pouco com o poder papal de excomungar os inimigos. Durante quase dez anos, Luís e Frederico da Áustria haviam lutado ferozmente pelo título de rei da Alemanha — uma disputa resolvida a favor de Luís no campo de batalha, em 1322. Mas a vitória deixou o monarca bávaro com um inimigo ainda mais implacável: o mesmo papa João XXII. Tal como os governantes alemães que o haviam antecedido, Luís IV controlava uma área territorial considerável no norte da Itália. Sua ambição era ser coroado imperador do Sacro Império Romano e obter êxito onde Frederico II havia fracassado, estendendo sua hegemonia também aos Estados papais. No intuito de frustrá-lo, o papa reconheceu Frederico da Áustria como o rei legítimo da Alemanha e exigiu que Luís fosse a Avignon entregar sua coroa.

Como não era de admirar, Luís IV recusou-se a obedecer. Em vez disso, demonstrando o novo poder exercido pelos governantes seculares sobre os eclesiásticos de seus reinos, convocou um concílio geral de bispos alemães para apoiar suas reivindicações. O papa João XXII o excomungou e o governante alemão retaliou, fazendo com que "seus" bispos declarassem que o próprio papa era herege e deveria ser deposto. (De fato, o papa João fizera algumas afirmações doutrinárias muito estranhas, que o deixavam exposto a esse contra-ataque.) Luís IV fez uma aliança com seu velho inimigo, Frederico da Áustria, foi até Roma e se fez coroar imperador do Sacro Império Romano pelos mesmos aristocratas que um dia haviam seqüestrado o papa Bonifácio VIII.

Em abril de 1328, os cardeais fiéis a Luís elegeram seu próprio papa e o instalaram no Vaticano. Mais uma vez, escandalosamente, a Igreja tinha dois papas, um em Avignon e um em Roma. Luís IV seguiu para Pisa, que foi onde Guilherme de Occam o encontrou. Occam, Miguel de Cesena e outro franciscano acusado de heresia tinham fugido de Avignon, em vez de aguardarem suas sentenças. Luís, que muito provavelmente providenciara a fuga deles, ficou encantado por acolher em sua corte personagens antipapais tão famosos e eruditos. Abraçou-os, prometendo levá-los para sua capital, em Munique, e protegê-los da ira do papa. Occam ficou igualmente entusiasmado com a nova aliança. "Vós me defendereis com vossa espada", teria ele respondido, com ousadia, "e eu vos defenderei com minha pena."

Se foi realmente esse o seu juramento, Guilherme o cumpriu fielmente. Munique tinha-se tornado um local favorito de exílio para filósofos emigrados, que concordaram prontamente em auxiliar o rei alemão em sua luta contra o papa João XXII. Os fugitivos franciscanos, que logo seriam excomungados por terem fugido para o campo inimigo, descobriram em Munique uma comunidade de eruditos que discordavam intensamente entre si, mas uniam-se na oposição às afirmações papais de infalibilidade, nas questões de doutrina, e de obediência absoluta, nas questões de legislação e política eclesiásticas. Os averroístas radicais João de Jandun e Marsílio de Pádua estavam na cidade, escrevendo seu tratado contra a autoridade papal, *O defensor da paz*. Ali se podiam encontrar líderes da irmandade espiritual alemã, os beguinos, bem como seguidores do polêmico místico dominicano Mestre Eckhart. Atirando-se à redação de textos políticos e eclesiásticos, Guilherme abandonou a teologia especulativa e passou os dez anos seguintes em Munique, escrevendo em defesa da posição dos Espirituais a respeito da pobreza e da liberdade da Igreja. Ali faleceu em 1349, muito provavelmente vitimado pela doença cuja devastação marcou o fim de uma era: a Peste Negra.

À sua maneira, as idéias de Guilherme de Occam sobre a Igreja no mundo foram tão radicais quanto sua teologia. Ele sustentou o ideal franciscano de um clero pobre, negou o poder papal de comandar soberanos seculares e afirmou que a fonte suprema de autoridade religiosa era o povo da Igreja, e não a hierarquia. Os papas e cardeais eram apenas homens. Podiam pecar, errar e incorrer em heresias (e o faziam). Por essa razão, Guilherme considerou nula a sua excomunhão por um papa "herético". Houve quem o considerasse o primeiro dos protestantes, mas ele continuou intensamente católico. Ao contrário de Marsílio de Pádua, Guilherme não tinha interesse em subjugar a Igreja ao absolutismo secular nem em negar a legitimidade do papa como chefe eclesiástico, desde que o pontífice agisse de acordo com a lei divina. Diversamente de Martinho Lutero e dos protestantes do século seguinte, ele acreditava que a Igreja, assim como a Bíblia, era uma fonte da verdade revelada e nunca deveria ser dividida. Guilherme foi bem descrito como "um homem estranhamente moderno e, ao mesmo tempo, inteiramente medieval".[37] Na política e na ideologia, ele tanto pertenceu ao futuro quanto ao passado.

O mesmo se poderia dizer de um contemporâneo de Occam que, como ele, foi vítima da visão cada vez mais estreita da Igreja. No mesmo ano em que a comissão papal condenou 51 proposições de Occam, o grande místico alemão Mestre Eckhart apareceu em Avignon para se defender de 28 acusações de heresia.

À primeira vista, Eckhart seria considerado a antítese de Occam. Em primeiro lugar, era dominicano — o primeiro e mais alto dirigente de sua Ordem a enfrentar um processo inquisitorial. Sua lealdade ao papa era incontestável, ele não era um teórico polêmico e nunca fora acusado de defender opiniões heréticas. Antes de ser convocado a Avignon, fora o principal administrador da Ordem dos Irmãos Pregadores no norte da Alemanha, e seu vigário-geral na Boêmia. Ocupara por duas vezes uma cátedra de teologia na Universidade de Paris e exercera a função de professor titular na casa de estudos dominicana em Colônia. Então com sessenta e tantos anos, era também um dos pregadores mais respeitados da Alemanha, onde seus sermões em idioma vernáculo eram considerados obras-primas da língua alemã. Embora fosse um teólogo escolástico com numerosos tratados em seu currículo, Eckhart não tinha o brilhantismo lógico transcendental de Occam. (Na verdade, diziam que, depois de chegar a Avignon, o franciscano sem papas na língua chamara seus ensinamentos de ridículos.[38]) O interesse que o consumia era um tipo de transcendência completamente diferente. O tema favorito de Eckhart era a capacidade de os fiéis cristãos conhecerem Deus pessoalmente, e foi seu esforço de explorar esse tema místico em linguagem teológica que o colocou, quase no fim de uma carreira ilustre, no banco dos réus em Avignon.

As diferenças entre os dois homens eram flagrantes, mas eles estavam longe de ser opostos diametrais. Occam e Eckhart eram "netos de Aristóteles" — pensadores pós-tomistas que rejeitavam a idéia de que as pessoas pudessem chegar a Deus pelo raciocínio, encontrando provas de Suas intenções na natureza. Ambos faziam uma clara distinção entre os conceitos mentais a que se chegava pelo pensamento abstrato e as entidades ou relações "verdadeiramente reais" que eram cognoscíveis pela intuição ou pela fé. E ambos davam uma ênfase nova e dramática à importância da experiência para o processo da aprendizagem humana. Mas havia um mundo de diferenças entre o modo como cada um definia e empregava a "experiência". A experiência que interessava a Occam era a apreensão sensorial e intelectual imediata das coisas naturais — os dados que, submetidos à análise racional, podiam gerar verdades prováveis sobre o universo natural, mas não sobre Deus. Para Eckhart, por outro lado, o que a experiência significava, acima de tudo, era o conhecimento imediato e intuitivo de Deus — um "*datum*" passível de ser usado, como os dados da ciência natural, para testar e reinterpretar as doutrinas aceitas.[39] Eckhart aceitava a distinção entre coisas cognoscíveis pela razão e pela fé, mas, ao redefinir a fé para nela incluir a experiência religiosa, reduziu grandemente a importância da razão. Tão imprudente quanto Occam, a seu modo, ele até pareceu sugerir que a doutrina da Santíssima Trindade era meramente um conceito mental, que não expressava a união mais fundamental com o Ente Supremo experimentada pelos místicos. "Quem vê dois ou vê uma distinção não vê Deus",[40] declarou Eckhart — uma idéia que os adeptos místicos talvez compreendessem, mas que estava fadada a ofender os teólogos analíticos.

Os problemas desse grande pregador parecem haver começado em 1325, durante a reunião geral da Ordem em Veneza, na qual se fizeram acusações de que "os enunciados de alguns dominicanos alemães corriam o risco de desvirtuar seus ouvintes".[41] Uma investigação preliminar ordenada pelo papa João XXII livrou-o da suspeita de heresia, mas essa comutação durou pouco.[42] Eckhart não tardou a ver-se diante de Henrique de Vineburg, o arcebispo implacavelmente hostil de Colônia. Conhecido por seu pendor para mandar os hereges locais para a fogueira, Henrique era considerado pelos simpatizantes de Eckhart como um político eclesiástico frio e conivente, que invejava a reputação de saber e a espiritualidade do líder dominicano. Talvez essa seja uma descrição exata. Com certeza, Henrique parecia determinado a derrubar Eckhart por qualquer meio necessário.

Mas é possível que também tenha temido o impacto dos ensinamentos do pregador no inflamado clima alemão. As cidades do norte da Europa estavam assistindo a uma rápida proliferação de grupos pietistas conhecidos como beguinos (homens) e beguinas (mulheres) — associações comunitárias de leigos que praticavam a vida apostólica, pregavam um evangelho de perfeição espiritual e, vez por outra, resvalavam para várias formas de heresia mística. O grande temor da hierarquia — realizado, anos depois, por John Wycliffe, na Inglaterra, Jan Hus, na Boêmia, e, finalmente, por Martinho Lutero, na Alemanha — era o despontar de um carismático "membro reconhecido do grupo", como Eckhart, integrante da elite culta, à testa de um maciço movimento religioso independente.

Quaisquer que tenham sido os motivos de Henrique, ele se recusou a aceitar o laudo do investigador que inocentara o líder dominicano. Em vez disso, formou uma comissão em Colônia para investigar melhor a ortodoxia de Eckhart. Os inquisidores julgaram que bem mais de uma centena de suas afirmações era herética ou questionável. No outono de 1326, Eckhart compareceu diversas vezes perante a comissão, defendendo seus ensinamentos apaixonadamente e, às vezes, com aspereza. A maioria deles, afirmou o dominicano, era perfeitamente ortodoxa. Alguns poderiam ser considerados heterodoxos, se erroneamente interpretados, mas a linguagem em que eram expressos destinava-se aos clérigos instruídos para os quais ele pregava, e não para a população inculta que pudesse tender a ser desencaminhada. (As principais platéias de Eckhart compunham-se de freiras enclausuradas.) Como quer que fosse, acrescentou o místico, ele não tinha a intenção de cometer erros de doutrina e os corrigiria, se fossem levados a sua atenção. "Eles vêem como erro tudo o que não conseguem compreender", afirmou sobre seus acusadores, "e também encaram todos os erros como heresia, ao passo que somente a adesão obstinada ao erro constitui a heresia e o herege."[43]

Os membros da comissão não se impressionaram. Passaram-se meses sem que houvesse uma decisão e, por fim, Eckhart recorreu ao papa, pelo bem da ordem dominicana, para que ele mesmo resolvesse a questão. Pregou também um sermão na igreja dominicana de Colônia, declarando solenemente que abominava a heresia e desdiria qualquer afirmação que viesse posteriormente a ser considerada errônea. Mas as portas da tolerância estavam-se fechando. O processo de Eckhart foi transferido para Avignon e, apesar da saúde precária, ele viajou até lá para fazer sua defesa diante de uma comissão papal.

Que havia o pobre homem escrito ou dito para causar uma reação tão forte? Uma amostra de sua pregação ilustra a beleza e os riscos da linguagem de Eckhart. O sermão de que se trata é "Vede que amor", no qual o pregador comenta uma afirmação de São João: "Vede que amor nos deu o pai; somos chamados de Filhos de Deus, e o somos."

> Observai por que meio somos o Filho de Deus: por termos o mesmo ser que tem o Filho. Mas, como podemos ser o Filho de Deus, ou como saber que se é o Filho de Deus, se Deus não se parece com ninguém? Pois que isto certamente é verdade. Com efeito, diz Isaías: "A quem O haveis comparado, ou que imagem Lhe dareis?" (Isaías 40:18). Assim, posto que é da natureza de Deus a ninguém Se assemelhar, somos forçados a concluir que nada somos, a fim de podermos ser transportados para o ser idêntico que Ele mesmo é.
>
> Quando isto se realizar, quando eu deixar de me projetar numa imagem qualquer, quando já nenhuma imagem for representada em mim, e quando eu expulsar de mim mesmo e ejetar tudo o que houver em mim, então estarei pronto a ser transportado para o ser desnudo de Deus, o puro ser do Espírito. Toda semelhança terá que ser expelida dele. Então me traduzirei em Deus e me tornarei um só com Ele — uma só substância, um só ser e uma só natureza: o Filho de Deus. E, uma vez que isso se tenha realizado, nada mais se ocultará em Deus que não se tenha tornado manifesto ou meu. Então me tornarei sábio e poderoso. Tornar-me-ei todas as coisas, como Ele é, e serei um e o mesmo ser com Ele.[44]

O tema dessa passagem é uma experiência longamente acalentada pelos espiritualmente dotados e, na época de Eckhart, avidamente buscada por muitos fiéis comuns: a experiência da comunhão pessoal com Deus. O que torna comovente e perigosa a afirmação do pregador é que ela funciona em três níveis, ao mesmo tempo: é uma exegese bíblica que interpreta as palavras de São João; é uma descrição poética do "esvaziamento" ou "aniquilação" do eu que muitos adeptos do espiritualismo acreditavam preceder e permitir o "preenchimento" do eu pelo Espírito Santo; e é também — e nisso reside a principal fonte do problema — teologia escolástica, que era considerada uma ciência, não uma arte poética.

Eckhart analisou a experiência do renascimento e da união místicos usando os mesmos termos aristotélicos ("ser", "substância" etc.) empregados por São Tomás de Aquino, Duns Escoto e outros teólogos, para explicar a relação entre o universo criado e o Criador. Em resposta à indagação de Maimônides sobre a possibilidade de conhecer uma divindade que era transcendentalmente "outra", ele sustentou que podemos conhecer Deus pela experiência, ainda que não O conheçamos intelectualmente. Essa idéia não era necessariamente heterodoxa; expressa de maneira cuidadosa e "acadêmica", poderia ter sido respeitosamente acolhida até pelos que discordassem dela. Mas, quando Eckhart proclamou que "somos forçados a concluir que nada somos, a fim de podermos ser transportados para o ser idêntico que Ele mesmo é", seus críticos escolásticos farejaram imediatamente uma heresia. "Nada somos" sugere que Deus é a única realidade e que a criação é uma ilusão — um antigo erro. E a idéia de que os seres humanos podem efetivamente transformar-se em Deus nesta vida lembraria imediatamente aos membros da comissão papal algumas heresias populares que eram correntes, como as dos beguinos. Uma coisa era uma freira enclausurada dizer que, na experiência da união com Deus, "torno-me sábia e poderosa. Torno-me todas as coisas, como Ele é, e sou um e o mesmo ser com Ele"; outra, bem diferente, era um pregador leigo proclamar que aqueles que experimentavam a união mística transcendiam suas limitações humanas normais e se tornavam incapazes de pecar.

Em Avignon, Eckhart defendeu-se pessoalmente perante a comissão, alegando que afirmações como essa poderiam parecer questionáveis, se entendidas literalmente, mas que deviam ser interpretadas em termos poéticos, como ele havia pretendido. Poderia ter poupado seu fôlego. Visto que era um teólogo sofisticado, com um passado de ensino universitário, os integrantes da comissão papal sentiram-se no direito de tratá-lo como um filósofo escolástico e de tomar suas palavras ao pé da letra. Ao ler os sermões de Eckhart, é claro, constata-se que eles são tudo, menos acadêmicos. O grande pregador não parece haver pretendido que fossem puro escolasticismo nem poesia, mas algo entre os dois — o tipo de filosofia quase poética que encontramos, muito depois, em figuras como William Blake e Nietzsche. No século XIV, entretanto, era potencialmente fatal descrever a "centelha" da alma como algo "incriado", que conhecia Deus exatamente como Deus conhece a Si mesmo,[45] ou afirmar que o justo se transformava em Deus, do mesmo modo que o pão se transforma no corpo de Cristo na Eucaristia.[46] Em 1329, a comissão condenou ambas as doutrinas "tal como afirmadas", juntamente com outros 26 ensinamentos de Eckhart. Uma carreira ilustre a serviço de Deus aproximava-se de seu trágico fim.

Numa bula papal emitida um ano depois, o papa João XXII abrandou um pouco o veredicto. Dezessete das afirmações questionadas eram heréticas, disse ele, mas as outras 11, embora propensas a confundir os incautos, eram passíveis de interpretação ortodoxa. Talvez o papa tenha sentido que o líder dominicano fora tratado com excessivo rigor. Talvez tenha-se preocupado (embora isso provavelmente não tenha ocorrido) com a possibilidade de que a perda de grandes almas como Eckhart, ao lado de grandes intelectos como Guilherme de Occam, não fosse um bom augúrio para o futuro da Igreja. Seja como for, o réu não viveu para ler o decreto papal.

Eckhart morreu pouco depois de prestar seu depoimento, quer durante a viagem de volta de Avignon, quer depois de chegar à Alemanha. A desonra empanou os detalhes fúnebres. Não se conhecem a hora, a data nem o local de sua morte.

Mais ou menos na mesma época em que Mestre Eckhart partiu de Avignon para morrer em local desconhecido, Guilherme de Occam fugiu da cidade papal para se juntar a outros refugiados na corte do rei Luís IV, em Munique. Os dois réus não eram amigos nem inimigos. Ao que saibamos, nunca se encontraram. Se isso houvesse ocorrido, é difícil imaginar o que teriam dito um ao outro, considerando-se que habitavam mundos muito diferentes no que diz respeito a sensibilidade, talento e interesse. Nesses dois escolásticos, o pregador dominicano e o lógico franciscano, podemos ver a cisão emergente que, dali em diante, dividiria a cultura ocidental em duas correntes divergentes: uma cultura do coração e uma cultura do cérebro — uma fé pessoal, validada pela experiência religiosa, e uma ciência impessoal, validada pelo poder explicativo. Os discípulos de Eckhart na Alemanha contribuíram para um grande florescimento do evangelismo místico na Renânia.[47] As atividades de alemães devotos, vagamente conhecidos como "amigos de Deus", dão-nos uma vívida idéia antecipada do movimento protestante que viria, com sua introspecção e seu fervor evangélico, suas comunidades de "santos", sua intensa concentração nas Escrituras Sagradas e seu relativo desinteresse pelo raciocínio científico. Quase na mesma época, os sucessores de Occam em Paris arquitetaram um ressurgimento da filosofia natural que serviu de abertura para as descobertas feitas, tempos depois, por cientistas como Copérnico, Galileu e Newton.[48]

E assim se iniciou o divórcio entre a fé e a razão — a rigor, o surgimento da Dupla Verdade que tanto havia perturbado os sonhos de estudiosos e eclesiásticos medievais. Oito séculos antes, Boécio implorara a seu amigo, o papa João I, que conciliasse a fé e a razão, "se possível". A questão sempre consistiu em saber até que ponto era possível uma conciliação verdadeira entre as visões de um universo autônomo e auto-suficiente e de um universo dependente de um Deus pessoal. O cristianismo aristotélico não resolvera o conflito entre essas perspectivas, mas as mantivera numa tensão criativa. Com a morte da tradição aristotélica, a cultura ocidental — e os indivíduos que a criaram — viriam a se descobrir cada vez mais dilacerados entre os ideais da cabeça pensante e do coração ávido em sua busca.

Capítulo Oito

"Deus já não tem que mover esses círculos"

Aristóteles e o mundo moderno

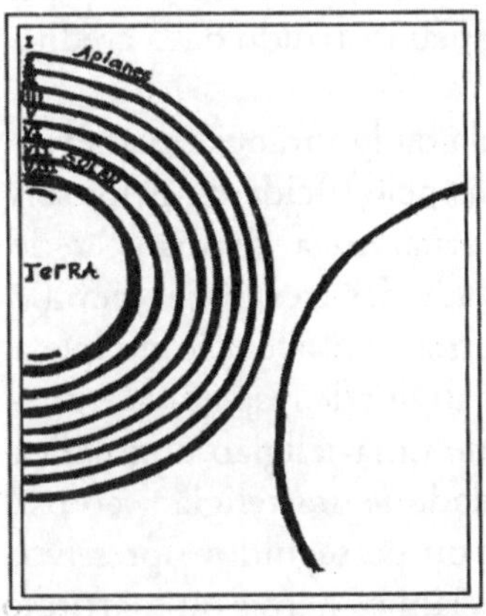

Uma das primeiras lições de história de que me lembro é o relato da descoberta do Novo Mundo por Cristóvão Colombo.

Em tempos imemoriais, disse o professor, as pessoas acreditavam que a Terra era plana. Os navegadores europeus evitavam arriscar-se a longas distâncias pelo oceano Atlântico, por medo de cair da borda do mundo. Mas o inquisitivo Colombo, homem de ciência e de ação, achava que a Terra era redonda e pediu à rainha da Espanha que financiasse um experimento ousado. Navegando para oeste, ele chegaria às ricas terras do leste e pagaria a dívida à monarca em tesouros da Índia. Em termos financeiros, a aventura foi uma decepção. Isabel recebeu seu pagamento em fruta-pão das Índias Ocidentais, e não em ouro das Índias Orientais. Em termos científicos, porém, foi uma vitória. Ao confirmar a hipótese da esfericidade da Terra, Colombo pôs fim a séculos de ignorância medieval.

Eis outro homem de ciência escrevendo sobre a forma da Terra e a possibilidade de circunavegar o globo:

> A comprovação dos sentidos corrobora ainda mais [a esfericidade da Terra]. De que outro modo os eclipses lunares exibiriam segmentos com as formas com que os vemos? Tais como as vemos, as formas exibidas pela própria lua a cada mês são de vários tipos (...), mas, nos eclipses, o contorno é sempre curvo; e, uma vez que é a interposição da Terra que

> produz o eclipse, a forma dessa linha há de ser causada pela forma da superfície terrestre, que é esférica, portanto. (...) Logo, não se deve ter demasiada certeza de que não merece crédito a visão dos que concebem a existência de uma continuidade entre as partes que circundam as pilastras de Hércules [o estreito de Gibraltar] e as partes que circundam a Índia, e concebem, desse modo, que o oceano é um só.[1]

O autor, é claro, é Aristóteles. Essas palavras aparecem em seu tratado *Sobre o céu*, escrito mais de 1.800 anos antes de Colombo partir de Cádiz a bordo do *Santa Maria*. Inicialmente traduzidas do árabe para o latim no século XII, por Gerardo de Cremona, elas foram citadas com aprovação e comentadas por numerosos filósofos escolásticos, entre eles Pierre d'Ailly, um teólogo e cientista do século XV. Um exemplar anotado de *A imagem do mundo*, de d'Ailly, foi encontrado na biblioteca de Colombo.[2] Durante a Idade Média, é bem possível que as pessoas comuns acreditassem que a Terra era plana, mas praticamente nenhum europeu instruído dava crédito a essa hipótese.

Como foi que passamos a acreditar na fábula da ignorância medieval? Como foi que as idéias de Aristóteles, esquecidas pelo Ocidente pelos seis séculos que se seguiram à queda de Roma, tornaram a desaparecer de nossa consciência histórica? A idéia de uma "idade das trevas" medieval é o corolário do mito de origem da ciência moderna: a concepção de que a pesquisa científica não poderia despontar como atividade respeitada e produtiva enquanto não se libertasse das muletas de uma religião dogmática e autoritária. A imagem dramática é racionalidade *versus* religião, com a religião desempenhando o papel de um censor ou perseguidor opressivo, enquanto seletos cientistas e livres-pensadores seriam os heróis ou mártires. Isso nos traz à lembrança a inclusão dos textos de Copérnico no *Index* de Livros Proibidos da Igreja católica romana; a condenação de Giordano Bruno à fogueira e a perseguição de Galileu pela Inquisição; a ridicularização da teoria darwiniana da seleção natural pelos bispos anglicanos; e a denúncia das "desprezíveis" teorias psicanalíticas de Freud por sacerdotes de todos os credos.[3] Essas foram disputas reais, é claro, e estão longe de ser obsoletas.[4] Mas o que há nelas de mítico é a idéia de que a fé e a razão sempre foram inimigas implacáveis — uma idéia que implica que qualquer outra relação entre elas é impossível.

Bastam dois nomes para acabarmos com o mito da ignorância medieval: Jean Buridan e Nicole d'Oresme. Ambos foram professores na Universidade de Paris em meados de 1300, época em que a escola occamista dominava a filosofia natural na Europa.[5] Buridan lecionou na faculdade de artes liberais de Paris, exerceu a função de líder da nação picarda e foi eleito reitor da universidade por três vezes.[6] Oresme, teólogo, fora aluno dele originalmente, e terminou sua vida como bispo e conselheiro do rei Carlos V. Dado o mito de origem da ciência moderna, estudiosos escolásticos como estes não deveriam ter realizado nenhum grande avanço científico. Na verdade, porém, como todos os pensadores científicos ousados desde então, eles tomaram como ponto de partida um paradigma existente (a teoria aristotélica do movimento) e acabaram por revolucioná-lo.[7]

Buridan escreveu sobre uma variedade estonteante de temas, desde filosofia e lógica até ética e política, porém é lembrado sobretudo por ter descoberto um novo modo de pensar sobre o movimento. Como os outros filósofos de sua época, aceitava a antiga idéia de que os corpos celestes estavam presos a esferas encaixadas umas nas outras, que se deslocavam do leste para o oeste em órbitas circulares em torno da Terra fixa. A questão era como se moviam, ou melhor, o que as movia, uma vez que, segundo Aristóteles, nada se move nem se modifica sem que algum tipo de força seja continuamente exercido. No caso das esferas celestes, Aristóteles achava que cada uma era movida por uma "Causa não Causada", ou pelo que alguns filósofos chamavam de uma "inteligência", sendo Deus, a Primeira Causa, responsável por manter todo o sistema em movimento.[8] O lampejo notável de Buridan consistiu em reconhecer que se poderia prescindir dessas "inteligências", presumindo apenas que, uma vez postas em movimento, as coisas permaneceriam em movimento, a menos que deparassem com uma resistência. A essa tendência dos objetos móveis a permanecerem em movimento ele deu o nome de impulso.

A idéia de impulso foi muito mais surpreendente do que pode parecer, pois transformou aquilo que, durante séculos, todos haviam pensado ser um efeito (algo feito aos objetos) numa causa (algo que os objetos faziam sozinhos, naturalmente). É quase como se descobríssemos, depois de séculos ensinando as crianças a ler e escrever, que a leitura e a escrita eram atividades que as crianças podiam aprender sozinhas, desde que se colocasse um livro diante delas. Buridan ficou claramente preocupado com as implicações potencialmente heterodoxas de sua descoberta. A teoria de Aristóteles parecia quase cristã, visto que fazia o movimento depender de uma espécie de intervenção divina (as "inteligências"), ao passo que a abordagem pós-aristotélica de Buridan parecia... bem... desprovida de Deus. Assim, o acadêmico parisiense apressou-se a assinalar que a Bíblia nada tinha a dizer sobre as Causas não Causadas ou inteligências, e que não havia nenhuma necessidade religiosa de tais entidades. Ao contrário, escreveu ele:

> Poderíamos, antes, dizer que Deus, ao criar o mundo, imprimiu a cada círculo celeste um movimento, conforme Lhe aprouve. Imprimiu em

> cada um deles o impulso que os move desde então, de tal modo que Deus já não tem que mover esses círculos, exceto no sentido geral de conferir a toda atividade Sua ajuda constante.[9]

Outro fator que tornou explosiva a teoria do impulso foi sua universalidade. Buridan não limitou sua discussão às esferas celestes, que sempre tinham sido consideradas radicalmente diferentes, em sua estrutura e funcionamento, do campo terreno (sublunar). Ao contrário, ele aplicou esse conceito também ao movimento terrestre. Aristóteles afirmara que, quando um projétil é lançado na Terra, o que o mantém em movimento, depois de ele perder o contato com aquele que o lança, é uma substituição do ar situado atrás dele, que empurra o objeto para a frente com uma força decrescente, até que ele cai no chão. Mas Buridan referiu-se a experimentos simples que pareciam refutar a teoria aristotélica. Um pião giratório se move sem sair do lugar e sem nenhum indício de substituição do ar. Um ímã puxa para si um objeto de ferro por sua própria força de atração.

> Um barco rapidamente puxado por um rio, mesmo contra a correnteza, uma vez cessada a tração, não pára rapidamente, mas continua a se mover por muito tempo. No entanto, um marinheiro posicionado no convés não sente ar algum a empurrá-lo por trás. Sente apenas a resistência do ar que vem pela frente.[10]

Em suma, o céu e a Terra não necessariamente obedeceriam a leis diametralmente opostas. O impulso era uma característica dos objetos em movimento em ambos os campos. E esse conceito poderia até ser quantificado, multiplicando-se a velocidade do objeto em movimento pela quantidade de sua matéria — uma fórmula praticamente idêntica à moderna fórmula do momento.[11]

Teorias ousadas como esta tornaram o nome de Jean Buridan conhecido em toda a Europa, mas Nicole d'Oresme superou até mesmo seu mestre. O trabalho de Oresme no campo da matemática desenvolveu métodos de representação geométrica que anteciparam as técnicas modernas de criação de gráficos e o desenvolvimento da geometria analítica.[12] Aplicando essas técnicas à ciência do movimento, ele chegou a uma prova do "teorema da velocidade média", que é essencialmente idêntico ao usado por Galileu no século XVII.[13] Sua realização mais pitoresca e reveladora, no entanto, talvez tenha sido a que se encontra em seu último livro, *O livro do Céu e da Terra*, escrito a pedido do rei Carlos em 1377.

O assunto era a rotação da Terra. Tanto Oresme quanto Buridan já tinham escrito sobre essa questão e concluído, depois de muito raciocinar engenhosamente, que a visão tradicional estava certa: a Terra mantinha-se imóvel no centro do universo. Já no fim da vida, entretanto, Oresme mudou de idéia. Não anunciou que a Terra girava enquanto o céu permanecia imóvel, mas declarou, com espantosa segurança, que a tese da Terra em rotação era tão boa ou melhor do que a tese da imobilidade. A base inicial para isso era um experimento teórico que corroborava sua conclusão de que todo movimento era relativo à posição do observador. Escreveu ele:

> Não se pode demonstrar por nenhum [experimento] que o céu se move com um movimento diário. Seja qual for a realidade, presumindo que o céu se mova e a Terra não, ou que a Terra se mova e o céu não, para um olho situado no céu, que pudesse ver a Terra com clareza, ela pareceria mover-se; se o olho estivesse na Terra, o céu pareceria mover-se.[14]

Jean Buridan também fizera o mesmo experimento "olhando o céu", e havia concordado em que a relatividade do movimento tornava impossível resolver a questão mediante a observação do céu a partir da Terra. Mas o velho professor de Oresme afirmara que outros indícios provavam que a Terra se mantinha imóvel. Por exemplo, dissera ele, uma flecha atirada para o alto na vertical, num dia sem vento, tornava a cair em seu ponto de partida, o que não faria se a Terra estivesse em rotação. De modo algum, respondeu Oresme. Se a Terra inteira girasse, uma flecha disparada para o alto combinaria seu movimento vertical com o movimento horizontal da atmosfera e, desse modo, retornaria a seu ponto de partida. A situação, disse ele, era exatamente igual à do movimento a bordo de um navio se deslocando, no qual "pode haver toda sorte de movimentos — horizontais, cruzados, para cima, para baixo, em todas as direções — e eles parecem exatamente iguais aos que ocorrem quando o navio está atracado".[15] Além disso, argumentou Oresme, o conceito da Terra em rotação era muito mais conciso e econômico do que o paradigma aristotélico, que envolvia múltiplas esferas giratórias. Aplicando a navalha de Occam a esse problema, seria preciso favorecer a explicação mais simples e menos confusa.

Isso era muito perturbador, particularmente à luz do fato de que Oresme era bispo e havia trechos bíblicos que sugeriam que a Terra permanecia imóvel. Não obstante, como teólogo católico, ele compreendia que muitas passagens das Escrituras não deviam ser entendidas literalmente, mas representavam uma acomodação ao "uso costumeiro da linguagem popular".[16] Se os argumentos favoráveis à Terra em rotação fossem claramente superiores à tese da Terra parada, Oresme provavelmente interpretaria certos textos sacros, como o Salmo 92:1 ("Sim, o mundo permanece firme, inabalável."), em termos figurados, ou como um modo de falar compreensível para as pessoas comuns. Mas não era esse o caso. Com base nos dados disponíveis, nenhuma das duas hipóteses era claramente preferível à outra. A única razão para preferir o paradigma da Terra em rotação era sua simplicidade. Sendo assim, decidiu ele, devia-se interpretar a Bíblia literalmente. Nessas circunstâncias, o melhor a fazer era aceitar a visão tradicional da Terra imóvel.

Os historiadores têm dado muita importância ao que um estudioso ilustre chamou de "aparente retratação de Oresme",[17] mas acabam perdendo de vista o que interessa. Para um filósofo mundialmente famoso, elevar a hipótese da Terra em rotação ao nível da aceitabilidade científica era um ato revolucionário. Depois de Oresme romper com Aristóteles, asseverando que a imobilidade da Terra não podia ser provada pela razão, o segredo estava involuntariamente revelado. Num átimo, a Terra estacionária também se tornou uma mera hipótese, que poderia ser confirmada ou refutada por provas posteriores. Além disso, como depois reconheceu Copérnico (que estava familiarizado com a obra de Oresme), os mesmos princípios usados para corroborar a idéia da Terra em rotação também poderiam ser usados para respaldar a translação da Terra e de outros planetas em torno de um Sol imóvel. E outras provas poderiam mostrar que o próprio Sol era um corpo em movimento, uma estrela entre outras, num vasto universo móvel.

O avanço inovador de Oresme, em outras palavras, foi tão psicológico e cultural quanto científico. A idéia da Terra fixa parecia ser comprovada pelo tipo de observação do senso comum em que se assentava toda a ciência aristotélica. Mas Oresme e Buridan haviam mostrado que o que era bom senso para um observador situado num dado local de um sistema em movimento podia ser absurdo para um observador situado em outro lugar. Muito embora eles deixassem a Terra no centro do universo, o efeito foi "descentralizador", especialmente quando a rotação terrestre foi admitida como uma clara possibilidade. Como fazem os filhos ao pensar na casa dos pais, as pessoas estavam habituadas a pensar em sua casa terrena como o cerne de todo o significado — não apenas um lugar entre outros, mas uma localização singular, da qual se podia observar objetivamente o resto do universo; não um objeto a girar estonteantemente no espaço, como um pião gigantesco, mas um lugar em tranqüilo repouso. Admitir a possibilidade da rotação da Terra foi mais do que um simples questionamento desses pressupostos carregados de emoção, deu início ao processo pelo qual a Terra e, mais tarde, os corpos celestes como um todo, vieram a ser considerados "coisas" inanimadas, e não os seres vivos da cosmologia aristotélica. Depois de Oresme admitir a rotação da Terra, era só uma questão de tempo (e de outras mudanças culturais) para que alguém mais admitisse sua translação.

Com o trabalho notável dos occamistas parisienses, a revolução aristotélica atingiu seu limite e começou a se autodestruir — ou, para falar com mais exatidão, a se autotransformar. O impulso de dar sentido ao universo material, que levara os estudiosos da Espanha e da Sicília do século XII a resgatar o conhecimento antigo, continuou vivo, mais vivo do que nunca. Mas as novas descobertas feitas segundo o espírito de investigação aristotélico, voltado para este mundo, embora usassem alguns conceitos fundamentais de Aristóteles, começaram a minar muitas das conclusões do filósofo: a centralidade da Terra fixa e o caráter absoluto do movimento; as distinções entre forma e matéria; as "quatro causas"; e, mais importante que tudo, a estrutura intencional e animada do universo natural. Da interação entre a ciência aristotélica, a doutrina cristã e os novos desdobramentos da vida social européia começou a nascer algo novo: uma ciência cada vez mais separada da religião, e uma religião que buscava firmar-se num "mundo mecânico de matéria inerte, movimento local e colisões aleatórias".[18]

A relação do pensamento aristotélico com o cristianismo na Idade Média sempre foi tensa.[19] As grandes mudanças na sociedade européia, que vinham intensificando o interesse das pessoas por coisas mundanas e levando-as a valorizar os prazeres da vida terrena, aproximaram mais essas duas visões de mundo. Entretanto, em vez de se fundirem, ou de uma das perspectivas eliminar a outra, elas coexistiram, do século XII em diante, num estado de tensão criativa. Por um lado elas estavam suficientemente próximas para permitir que cada visão de mundo "lesse" a outra com compreensão e aceitasse algumas de suas idéias, por outro elas eram suficientemente separadas para gerar um diálogo e auto-reflexão contínuos. A tendência aristotélica sempre foi enfatizar a autonomia da natureza e da história humana, enquanto a tendência cristã era insistir em Deus e na Sua atividade providencial no mundo. Contudo, ambas as tendências estavam presentes na mente dos mesmos indivíduos — homens como Boaventura e Tomás de Aquino, Duns Escoto e Guilherme de Occam, Jean Buridan e Nicole d'Oresme. Os grandes escolásticos não viam o conflito como uma alternativa do tipo "ou isto ou aquilo". Sua preferência apaixonada era por "uma coisa e a outra".

Os pensadores cristãos do Renascimento medieval não conseguiam contentar-se com a idéia de que o mundo era um espetáculo de marionetes em que Deus puxava as cordinhas, nem com a visão de que o mundo era uma máquina sem Deus. Tampouco conseguiam aceitar a escolha entre uma natureza humana totalmente vazia e inteiramente dependente da vontade arbitrária de Deus, ou uma natureza humana totalmente livre e autodeterminada. Suas tentativas de resolver essas contradições eram instáveis, como seria inevitável, e produziam novos diálogos, críticas e revisões. E essa própria instabilidade foi a chave de novos progressos. Embora divergissem intensamente uns dos outros, os escolásticos mantinham a idéia de um universo integrado, explicável e interessante, que haviam extraído de Aristóteles. Também afirmavam a idéia judaico-cristã de um Deus criador, solícito e onipotente, livre para refazer o universo como Lhe aprouvesse. Essa combinação — um Deus soberano que concede significado e autonomia a Sua criação — proporcionou um solo fértil para o desenvolvimento de novas idéias científicas e religiosas. Produziu muitas teologias, não apenas uma. As "razões seminais" de Boaventura, as "causas secundárias" de Tomás de Aquino, a teoria do conhecimento de Occam e a teoria do impulso de Buridan, todas elas foram tentativas de conciliar uma divindade pessoal onipotente com um universo que funcionava (em sua maior parte) de acordo com sua própria lógica interna.

Vistas por esse prisma, as célebres Condenações de 1277 parecem menos uma tentativa de reverter a Revolução Aristotélica do que um esforço de impedir que a fé e a razão rodopiassem em órbitas separadas. Ao menos em retrospectiva, esse projeto parece ter sido condenado ao fracasso.[20] As pesquisas nas universidades refletiam os interesses e aspirações de uma intelectualidade formada e mantida pela Igreja, a fim de manter sua liderança intelectual e moral numa época de drásticas mudanças sociais na Europa. Nesse momento, porém, despontou no horizonte uma transformação muito mais profunda e diruptiva do que as da Renascença medieval. Os dois séculos seguintes assistiriam a um vasto aumento da população urbana e da iniciativa capitalista, à invenção da imprensa e à disseminação de livros impressos, a uma explosão sem precedentes da atividade artística, ao desenvolvimento de novas formas de guerra, baseadas em armas de fogo, à ascensão de Estados nacionais soberanos, às primeiras grandes viagens de exploração, a uma revolução na ciência, desencadeada pelo trabalho de Copérnico, e ao desenvolvimento de um movimento de dissidência religiosa liderado pelo ex-monge agostiniano Martinho Lutero.[21] Sob a pressão dessas mudanças transformadoras, a união da intelectualidade cristã rompeu-se. O escolasticismo das universidades, cada vez mais frágil e dogmático, tornou-se alvo de ridicularização e críticas acerbas por parte de uma nova geração de filósofos e cientistas.

O cristianismo aristotélico mantivera um diálogo tempestuoso e produtivo entre a fé e a razão. Mas, e se esse encontro chegasse ao fim? E se os métodos, os interesses e os conceitos fundamentais que impregnavam o pensamento dos pensadores racionalistas e das pessoas de fé ficassem tão separados — e, em ambos os lados, tão autônomos — que cada lado considerasse irrelevante a visão de mundo do outro? Nesse caso, os racionalistas e os fiéis poderiam sentir-se livres para desconhecer as idéias e interesses uns dos outros, exceto quando reivindicações rivais sobre um mesmo território intelectual tornassem inevitável o conflito. No período moderno, a fé e a razão entrariam numa nova relação — não mais um casamento turbulento, porém um divórcio litigioso, no qual ambas as partes, bastante mudadas por seu afastamento, se encontravam periodicamente para discutir os termos da separação e, em raras ocasiões, para tirar inspiração uma da outra. Compreender por que ocorreu esse divórcio talvez lance uma luz sobre as possibilidades de uma reconciliação futura.

Há um velhíssimo debate — a esta altura, bastante tolo, a meu ver — sobre se o trabalho feito por estudiosos como Oresme e Buridan foi ou não ciência "de verdade".[22] Um historiador francês iniciou essa discussão no começo do século XX, ao afirmar, contrariando grande parte da opinião corrente, que havia uma continuidade marcante entre a ciência medieval e a moderna.[23] Outros discordaram, insistindo em que o trabalho dos escolásticos não fora realmente parecido com a ciência moderna, porque seus métodos e pressupostos metafísicos diferiam enormemente dos nossos. Chamo de tolo esse debate, não porque haja algo de errado na tentativa de determinar até que ponto a *scientia* escolástica e a ciência moderna se assemelham, mas porque a questão de elas serem essencialmente idênticas ou diferentes é muito "medieval" e mascara outros interesses.

É da natureza da ciência desenvolver-se e se modificar radicalmente de uma geração para outra. Provavelmente, o *continuum* curvo e relativizado do espaço-tempo de Albert Einstein difere de maneira mais drástica do universo concebido por Isaac Newton do que o universo de Newton difere do de Buridan e Oresme. Com efeito, os métodos de Einstein (enfatizando os "experimentos teóricos") e sua concepção global da ciência são mais próximos dos métodos escolásticos, em certos aspectos, que dos de seus predecessores imediatos. Seria possível ter um espírito mais aristotélico do que o revelado nas seguintes observações einsteinianas?

> O próprio fato de a totalidade de nossas experiências sensoriais ser tal que, por meio do pensamento (...), é possível ordená-las, é um fato que nos infunde grande respeito, mas que jamais compreenderemos. A pesquisa científica pode reduzir a superstição, estimulando as pessoas a pensarem e verem as coisas em termos de causa e efeito. Mas o certo é que, por trás de todo trabalho científico de ordem superior, há uma

convicção na racionalidade ou inteligibilidade do mundo que se aparenta ao sentimento religioso.[24]

Ninguém duvida de que houve revoluções científicas depois da Idade Média, então por que negar que o que fizeram os escolásticos também foi ciência? Imaginem Einstein declarando que, pelo fato de Isaac Newton ter sido um homem profundamente religioso, que acreditava no espaço e tempo absolutos, ele não foi cientista! O historiador Edward Grant acerta ao comentar que "o hábito de aplicar a razão para solucionar as inúmeras questões referentes a nosso mundo, e de sempre levantar novas questões" é "um presente da Idade Média latina para o mundo moderno". Ele também tem razão ao acrescentar que, nos quatro últimos séculos, esse presente tem sido "o segredo mais bem guardado da civilização ocidental".[25] Por que isso se dá — por que até os pensadores científicos obscureceram sua herança medieval — é um enigma cuja solução talvez nos ajude a compreender a separação moderna entre a razão e a fé.

Em certo sentido, não é surpreendente ver os estudiosos do início da era moderna rejeitarem a autoridade aristotélica. Nenhum pensador dominou tão completamente e por tanto tempo a vida intelectual do Ocidente quanto o Filósofo. Os discípulos medievais não tinham que concordar com ele em tudo — na verdade, quanto a alguns pontos, esperava-se que os cristãos discordassem —, mas, durante séculos, foi impossível iniciar uma discussão sobre metafísica, ciência natural, lógica, teologia, ética, estética ou política sem fazer referência às idéias de Aristóteles e lidar respeitosamente com elas. Podemos compreender por que essa importante autoridade, que refletia os interesses e valores da velha intelectualidade católica romana, seria sentida como um fardo pelos pensadores inovadores que enfrentavam os problemas de uma nova sociedade. Do ponto de vista científico, além disso, Aristóteles e seus seguidores haviam cometido alguns erros graves. Os próprios pensadores escolásticos questionaram vários de seus conceitos fundamentais, inclusive suas teorias sobre a luz, o movimento e o conhecimento. No século XVII, críticos como Francis Bacon haviam ampliado o ataque, passando a incluir a metafísica e os métodos de Aristóteles (especialmente sua ênfase na lógica formal como maneira de descobrir verdades científicas), e estavam prontos para declarar obsoleta a ciência aristotélica.[26]

Como eu dizia, o desejo dos novos filósofos de se libertar da autoridade aristotélica é compreensível. Eles estavam certos ao reconhecer que, com as vastas mudanças que vinham reformulando a sociedade européia em todos os níveis, nenhuma filosofia antiga poderia ter a pretensão de fornecer a chave do conhecimento universal. Mas isso ainda não explica a extraordinária veemência com que pensadores como Bacon rejeitaram o pensamento escolástico — uma veemência equivalente a uma negação de que as idéias de Aristóteles e de seus intérpretes medievais houvessem desempenhado qualquer papel progressista no curso do esclarecimento humano. Não se tratava apenas de criticar intensamente os aristotélicos, como os teóricos democráticos modernos, por exemplo, criticariam os defensores dos governos autoritários, porém de algo parecido com o "reescrever a história" que associamos ao stalinismo na União Soviética — a "pulverização" de personagens e acontecimentos embaraçosos para o regime instalado no poder. Filósofos ilustres do início do período moderno não se limitaram a atacar o cristianismo aristotélico, mas o descartaram. Ouçamos Francis Bacon, por exemplo, a propósito do progresso científico:

> Dos vinte e cinco séculos com que a memória e o saber dos homens estão familiarizados, mal chegam a seis os que podem ser destacados e selecionados como fecundos na ciência e favoráveis a seu progresso. É que há desertos e ermos no tempo, tal como nos países, e só podemos computar três revoluções, três períodos filosóficos: 1. O grego. 2. O romano. 3. O nosso. (...) Tampouco precisamos mencionar os árabes, ou a filosofia escolástica, que, nessas eras, trituraram as ciências com seus numerosos tratados, mais do que lhes aumentaram o valor.[27]

A Renascença medieval, segundo essa visão, transforma-se num "deserto e num ermo". Na época em que Bacon escreveu, é claro, os pensadores escolásticos estavam desacreditados por raciocinarem pseudocientificamente sobre questões de fé e por se oporem a qualquer nova descoberta natural que contrariasse as conclusões de Aristóteles. Se as observações telescópicas de Galileu sugeriam que o Sol encontrava-se no centro do sistema planetário, o telescópio devia estar com defeito, já que o Filósofo acreditava num cosmos centrado na Terra. Embora perseguido por autoridades da Igreja que proferiam pomposamente esse tipo de absurdo, o próprio Galileu distinguiu entre a ciência escolástica sadia e o dogmatismo decadente. Observou ele:

> Se Aristóteles visse as novas descobertas no céu, modificaria suas opiniões, corrigiria seus livros e abraçaria as doutrinas mais sensatas, afastando de si as pessoas que fossem obtusas a ponto de ser induzidas a continuar a preservar abjetamente tudo o que ele já dissera.[28]

Ao contrário do magnânimo Galileu, entretanto, Bacon e seus companheiros de reflexão condenaram todo o pensamento aristotélico, remontando ao próprio Aristóteles. Para eles, isso não era má ciência, simplesmente não era ciência.

A negação de que o pensamento aristotélico havia desempenhado um papel criativo na vida intelectual da Europa não se limitou aos filósofos naturais. Os dois principais execradores de Aristóteles no início do período moderno foram o maior líder religioso dessa era e um filósofo ateu igualmente brilhante. Martinho Lutero, que detestava a teologia escolástica em geral e Aristóteles em particular, expôs seus sentimentos em termos sucintos: "Numa palavra, Aristóteles está para a teologia como as trevas estão para a luz."[29] E mais: "É um erro dizer que nenhum homem pode tornar-se teólogo sem Aristóteles. Na verdade, ninguém pode tornar-se teólogo, a menos que o faça sem Aristóteles."[30] O filósofo político laico Thomas Hobbes foi mais desdenhoso, para dizer o mínimo:

> E creio que dificilmente se pode dizer algo mais absurdo na filosofia natural do que o que é hoje chamado de *Metafísica de Aristóteles*, nem mais repugnante ao governo do que muito do que ele disse em sua *Política*, nem mais ignorante do que grande parte de sua *Ética*.[31]

O que explica essa hostilidade feroz? No Prólogo deste livro, sugeri que toda sorte de chauvinistas culturais deseja acreditar que sua civilização foi inteiramente criada por si mesma, em vez de ser produto, ainda que em parte, de idéias "alheias". Obliterar a Revolução Aristotélica tem a vantagem de disfarçar a imensa dívida do Ocidente para com uma civilização islâmica mais avançada.[32] Mas houve outras maneiras pelas quais a obliteração do passado serviu aos interesses dos novos líderes da Europa. O cristianismo aristotélico era um obstáculo para todos os que desejavam reduzir o poder da Igreja católica e acabar com seu monopólio dos recursos educacionais: os governantes dos Estados nacionais laicos, os líderes das Igrejas reformistas, a classe empresarial em ascensão e a intelectualidade científica. Mas — e é nesse ponto que entra o embaraço — não era apenas a autoridade política e eclesiástica de Roma que essas elites estavam jogando fora, e sim as restrições morais que a Igreja tentara inculcar e impor através do uso de conceitos como os de direito natural e Guerra Justa. Os comerciantes e corretores da nova Europa não queriam ser cerceados por idéias medievais de "preço justo" nem por restrições aos investimentos que rendiam juros. Os líderes das novas Igrejas e seitas não estavam dispostos a modificar suas convicções apaixonadas em nome da manutenção de uma comunidade moral internacional. E os novos governantes laicos queriam livrar-se de toda e qualquer limitação a sua autoridade jurídica e seu poderio militar.

O mais brilhante porta-voz da nova classe dominante foi Thomas Hobbes, que afirmou em sua obra-prima, o *Leviatã*, que o direito fundamental do homem é o direito à autopreservação.[33] Em nome de sua segurança, as pessoas deviam ceder todos os seus outros direitos ao Estado, com isso lhe concedendo o monopólio da força e um poder jurídico ilimitado sobre os cidadãos. A lei do Estado era *a* lei, declarou Hobbes; todas as demais, como a lei natural, a lei moral e a lei internacional, afirmadas e definidas pela Igreja, eram leis apenas no nome, sem nenhum efeito obrigatório sobre os súditos dos Estados soberanos.[34] Nessas questões, os grandes inimigos filosóficos de Hobbes eram Tomás de Aquino, que afirmara que uma lei do Estado que contrariasse a lei natural ou a lei moral não tinha força de lei,[35] e Aristóteles, cujo tratado sobre a *Política* é uma defesa do princípio de que a política é um ramo da ética e de que o objetivo do Estado não é apenas a segurança, mas a justiça.[36]

As idéias de Hobbes sobre a política não eram totalmente indefensáveis. Na época em que ele escreveu *Leviatã*, fazia muito tempo que a Igreja havia passado do ponto em que podia garantir segurança ou justiça aos europeus, e muitas pessoas acreditavam que conferir poder ao Estado soberano era necessário para a preservação da sociedade civil. Mas é impossível deixarmos de notar o quanto sua obra insistiu em separar poder e princípios, lei e moral, o campo dos fatos e o campo dos valores. Hobbes foi o "arqui-realista" — o primeiro de uma longa série de pensadores que termina nos defensores modernos da *raison d'État* e da postura do "Certo ou errado, estou com meu país". Em oposição a Aristóteles e Tomás de Aquino, que acreditavam que o objetivo da lei era ajudar as pessoas naturalmente sociáveis a serem boas, ele presumiu que as pessoas eram movidas pela vontade egoísta e precisavam ser levadas a se submeterem pelo medo ("o homem é o lobo do homem", foi sua famosa declaração). Similarmente, enquanto Aristóteles sustentara que a validade de qualquer forma de governo dependia de sua conformidade à razão correta, Hobbes glorificava a vontade do soberano, que era suficiente, por si só, para criar leis válidas. Somente a vontade e o poder eram reais. A razão e a moral eram fantasias perigosas. Foi assim que falou o profeta do Estado moderno.

Um aspecto notável dessa filosofia é o quanto ela tem em comum com o pensamento do adversário religioso mais implacável dos aristotélicos, Martinho Lutero. É claro que não pretendo igualar esses dois homens. Lutero, que viveu um século antes de Hobbes, teria se horrorizado com a amoralidade política do inglês, e Hobbes considerava os puritanos rebeldes de sua época uma ameaça à ordem pública. Não obstante, assim como Hobbes lutou para libertar o Estado laico das reivindicações políticas e morais católicas, Lutero lutou por estabelecer a autonomia da congregação santificada. Para o reformador, tal como para Hobbes, o otimismo de Aristóteles com a razão humana era uma ilusão perigosa. Uma vez que as pessoas eram incuravelmente voluntariosas e desobedientes, a única solução estava em sujeitá-las aos ditames de uma vontade muito superior: a de um Deus soberano. Hobbes opôs-se à tentativa da Igreja de exercer o poder mundano sobre os príncipes soberanos. Lutero concordaria com isso. E, o que é mais importante, ele denunciou violentamente os esforços da Igreja (tal como os via) no sentido de limitar o poder absoluto de Deus, ao se oferecer como mediadora entre os pecadores e seu Juiz. Para Lutero, a "economia da salvação" da Igreja católica, com seu sistema de dízimos, penitências e outras boas obras, era pouco mais do que um conto-do-vigário, destinado a manter os fiéis incultos submissos a uma instituição mundana. Os homens e mulheres só poderiam ser salvos se Deus decidisse salvá-los, através da fé, e não de nenhum tipo de indulgência.[37] O Estado que cuidasse das questões terrenas; a preocupação da Igreja deveria ser com a salvação eterna de seus fiéis.

Com a revolução teológica de Lutero, materializou-se a separação entre a fé e a razão prevista pela filosofia de Guilherme de Occam e pela prática religiosa de Mestre Eckhart.[38] Não admira descobrirmos que Lutero e João Calvino opuseram-se à astronomia heliocêntrica de Copérnico com a mesma veemência do Santo Ofício católico. Os líderes protestantes haviam determinado que a relação do indivíduo com Deus não precisava ser mediada por papas e padres; que "somente as Escrituras", e não as interpretações e doutrinas autorizadas da Igreja romana, representavam a palavra inalterável de Deus; e que o papado não era a autoridade máxima nas questões de direito nem infalível nas questões de doutrina. Quando eles acabassem de despojar a Igreja dos costumes e doutrinas "não apostólicos", pouco restaria dela como instituição pública. Além disso, o ataque à teologia escolástica tenderia a colocar as questões de fé fora do âmbito da discussão racional. Lutero "sabia" que o homem se justificava unicamente pela fé porque, ao ler a Epístola do Apóstolo São Paulo aos Romanos, esbarrara na citação de Habacuc feita por Paulo, "Aquele que é justo pela fé viverá", e assim fora iluminado.[39] Súbito, havia compreendido a relação entre a fé e a salvação. Em virtude dessa experiência, seus sermões adquiriram um novo caráter. Como diz uma biografia clássica do reformador:

> Não era um retórico eloqüente ou um escolástico pedante quem falava, mas um cristão que sentira a força das verdades reveladas, que as extraía da Bíblia, derramava-as dos tesouros de seu coração e as apresentava todas, plenas de vida, a seus ouvintes atônitos. Não eram os ensinamentos de um homem, mas de Deus.[40]

Tudo isso estaria muito bem, caso se concordasse com a interpretação de Lutero sobre a passagem da Epístola aos Romanos, porém muitos outros cristãos (incluindo a maioria dos católicos) não concordavam. Como determinar, em casos como esse, qual era a interpretação correta? A eliminação da Igreja como a única intérprete autorizada das Escrituras abriu as portas para a abordagem fundamentalista, que afirma que isto ou aquilo é o significado literal do texto, e não uma interpretação, ou que uma dada interpretação é de inspiração divina e, portanto, inquestionável. Na época de Lutero e depois dela, os cristãos que se sentiam fartos de interpretações fantasiosas e alegóricas da Bíblia, as quais refletiam os preconceitos do intérprete, inclinaram-se a abraçar esse tipo de literalismo, especialmente quando ele era acompanhado pelo tipo de iluminação que o próprio Lutero havia experimentado. O literalismo fundamentalista, em outras palavras, não foi uma característica da visão de mundo medieval da qual os racionalistas modernos tivessem que ser "libertados". Ele veio ao mundo como resultado do mesmo ataque ao pensamento aristotélico-cristão que produziu a ciência laica. Podemos imaginar isso como uma espécie de fissão nuclear intelectual. Bombardeado por seus primeiros adversários modernos, o aristotelismo implodiu, gerando uma ciência friamente objetivista e uma religião apaixonadamente subjetivista.

É claro que o literalismo fundamentalista não era o único método de interpretação da Bíblia e de outros textos que tinham autoridade. Contudo, na falta de um intérprete autorizado das Escrituras e de um árbitro "infalível" das disputas doutrinárias, as discordâncias graves quanto à doutrina teriam que ser resolvidas permitindo que houvesse cismas (e cismas dentro de cismas) na Igreja, ou impondo algum conjunto "autorizado" de crenças dos fiéis aos infiéis pela violência. A violência — mais de um século de guerras religiosas atrozes — foi a resposta inicial da Europa ao novo subjetivismo, mas não teria sido tão disseminada e tão intensa, se os governantes laicos ambiciosos não tivessem visto na crise uma oportunidade de engrandecer a si mesmos e a suas nações. Um cisma após outro, apoiado numa ética de tolerância religiosa, seguiu-se a essa tentativa infrutífera de impor a conformidade religiosa à força. Mas o regime de tolerância em que hoje vive a maioria dos ocidentais pressupõe a concordância geral em que, embora os grupos religiosos estejam livres para praticar o proselitismo e procurar (dentro de certos limites) influenciar a política pública, a fé é, essencialmente, um assunto privado, que envolve a relação do indivíduo com Deus.

Aristóteles foi desacreditado, em parte, porque a Igreja católica havia usado suas idéias para manter a hegemonia cultural na Europa — uma supremacia que muitos ocidentais consideravam opressiva e que, àquela altura, tornou-se obsoleta.[41] Mas a Revolução Aristotélica também foi "esquecida" por outras razões. Embora a maioria de nós não desejasse reconstituir a ordem medieval, mesmo que isso fosse possível, os ideais e as realizações dessa era são como uma recriminação permanente às deficiências da cultura moderna. Durante algum tempo, o Ocidente abriu-se para novas idéias revolucionárias, provenientes de fontes não ocidentais e de fervorosos movimentos de massa nas ruas. Durante algum tempo, pensadores racionalistas e pessoas devotas engajaram-se num diálogo intenso e contínuo, produtor de novas percepções para ambos os lados. Durante algum tempo, o fundamentalismo religioso e a política do poder ficaram subordinados à busca de uma moral universal, capaz de inspirar as pessoas a agirem como membros de uma comunidade internacional. Não é preciso ser saudosista em relação à Idade Média para reconhecer que a obliteração dessa parte de nosso passado faz o presente parecer eterno e encobre as alternativas para o futuro.

O destino do Ocidente, como parece claro, é tornar-se parte de uma civilização global diversificada, mas integrada. Muitas das instituições e idéias um dia tidas como marcos do modernismo, como o Estado nacional soberano, a ciência "isenta de valores" e a religião "livre da razão", hoje parecem constituir obstáculos à conquista de uma comunhão global. À medida que somos atraídos para um contato cada vez mais estreito com outros povos e culturas, a busca de normas mais inclusivas de verdade, bondade e justiça assume uma urgência renovada. As idéias do Filósofo sempre pareceram mais relevantes para os que habitam as eras de expansão comercial, aumento dos laços interculturais e elevação das expectativas de desenvolvimento humano. O projeto aristotélico, que pareceu irrelevante numa era de fragmentação política e religiosa, poderá servir, na próxima fase da história humana, como inspirador de idéias criativas e integradoras.

Um tema da propaganda cultural que nos bombardeia ininterruptamente é a mensagem de que vivemos na era da ciência — uma época em que os métodos de investigação, as formas de argumentação e as normas de comprovação usados pelos cientistas "exatos" tornaram-se praticamente universais, e em que todo o conhecimento objetivo (em contraste com as crenças meramente subjetivas) baseia-se no apelo à razão. O mito de origem da ciência moderna diz-nos que esta era nasceu da luta dos cientistas contra a religião dogmática e obscurantista, e que o resultado dessa luta foi a substituição da fé pela razão, pelo menos na esfera do discurso público. Nas palavras de um comentarista, "A ciência substituiu a religião como autoridade intelectual suprema, como definidora, juíza e guardiã da visão de mundo cultural".[42]

Depois disso, a história que costuma ser narrada é uma história de engrandecimento sistemático da razão e de marginalização da fé. À medida que os métodos e conceitos racionalistas passaram a fornecer a base da ciência social, do direito, da política e até da ética, a fé religiosa, cada vez mais distante da compreensão científica da natureza e da sociedade, tornou-se um assunto privado — um meio de satisfazer necessidades emocionais pessoais, em vez de uma fonte de conhecimento.

> Aos poucos, os domínios da religião e da metafísica se compartimentaram, sendo vistos como pessoais, subjetivos, especulativos e fundamentalmente distintos do conhecimento público objetivo do mundo empírico. A fé e a razão foram definitivamente separadas.[43]

Mas a história não termina aí. Como a modernização é um processo em andamento, a Razão continua a expandir seu domínio, abrindo caminho para territórios antes desconhecidos (inclusive os campos da psicologia e da ética), enquanto o território da Fé continua a encolher. Deus vai-se transformando no que alguns chamam de "Deus das lacunas" — um princípio usado para explicar os mistérios que a ciência ainda não conseguiu desvendar.[44] Essa história da ciência triunfal termina, em algum lugar do futuro, com a vitória final do racionalismo laico e com a "morte de Deus".

Claramente, há algo errado nessa narrativa. Quando este livro estava sendo lançado nos Estados Unidos, o presidente do país, um cristão devoto, estreitamente aliado a outros fiéis de vários credos, engajou-se na guerra contra um regime iraquiano que ele tem definido repetidamente, em termos religiosos agostinianos, como o "mal".[45] Isso pode ser considerado simples retórica, destinada a mascarar outros interesses mais "racionais", porém, se é assim, trata-se de uma retórica de intensa repercussão para milhões de eleitores desse líder. A falácia subjacente, ao que me parece, é a idéia de que, pelo fato de o racionalismo científico haver conquistado a preeminência intelectual em certos campos, ele deve, por conseguinte, ser hegemônico na cultura. Isso talvez fosse verdade se a cabeça das pessoas pudesse ser separada de seu coração, se os sujeitos pensantes pudessem ser claramente distintos dos objetos pensados, e se houvesse ciências autênticas da ética, da política e das relações sociais. Todos esses "ses" foram tomados pelos primeiros pensadores modernos como realidades, ou, pelo menos, como tendências passíveis de realização.[46] Mas nenhuma delas se concretizou nem tende a se concretizar num futuro previsível. Como resultado, o campo das crenças pessoais "meramente" subjetivas conserva uma viabilidade, um poder e um potencial expansionista que são ignorados pela narrativa modernista padrão.

A maioria dos líderes políticos modernos não consideraria a hipótese de consultar autoridades religiosas em busca de conselhos para solucionar problemas científicos ou técnicos. Mas os presidentes norte-americanos, desde Abraham Lincoln até George W. Bush, têm conversado com seus assessores espirituais — e, às vezes, com seu Deus — antes de engajar a nação na guerra. A realidade obscurecida pela idéia do triunfo científico é a persistência da fé na sociedade moderna — a fé não como atividade marginal, mas como uma característica essencial da vida social do Ocidente, e não como dócil sócia minoritária da razão, mas como uma forma de pensamento que, em muitos aspectos, é hostil às afirmações racionalistas. A narrativa da ciência triunfal vê a "privatização" da religião como uma fraqueza, expondo o campo da Fé a uma invasão crescente pela Razão. Isso me parece constituir um grave erro. A privatização da fé mais fez conservá-la do que extingui-la. À medida que a sociedade se modernizou, a ciência invadiu com certa regularidade o "campo" tradicional da religião. A explicação darwiniana da origem das espécies, por exemplo, forçou muitos teístas a reverem sua interpretação da história da criação no Gênesis. Mas a fé entrincheirada na vida privada, e se apresentando como um meio de satisfazer necessidades psíquicas e espirituais básicas, tem estado em condições de invadir com a mesma força — ou talvez até mais — o território reivindicado pela razão.

Esse desdobramento enraíza-se no colapso do consenso aristotélico. Quando os reformadores, os políticos laicos e os cientistas naturais desmantelaram o escolasticismo, a religião desistiu de sua reivindicação de controlar os termos do discurso público e comercial. Na verdade, não teve muita alternativa senão fazê-lo, já que o poder militar estava gravitando para as mãos de príncipes laicos, e o poder econômico, para as mãos da classe empresarial. Mas, de um modo que não costuma ser reconhecido, a ciência moderna também foi obrigada a se redefinir. O racionalismo científico emergiu do naufrágio do escolasticismo fortalecido em sua técnica, mas imensamente empobrecido em seu alcance — incapaz de dominar os campos da metafísica, da ética e da política, como fizera Aristóteles; incapaz de responder aos "porquês" concernentes ao universo, que a doutrina aristotélica das "causas finais" havia respondido; e incapaz de abarcar questões filosóficas como a eternidade e a inteligibilidade do universo. Alguns desses campos — a metafísica e a teologia, em particular — ficaram entregues à abordagem privada por alguns indivíduos, em sua condição de pessoas físicas. Outros, porém, inclusive a ética, a política e as relações sociais, caíram numa terra de ninguém reivindicada por ambos os lados.

O resultado tem sido um conflito permanente, de um tipo não previsto pelos que celebram a "preeminência" científica.

Os grandes focos de conflito atuais não são os dramatizados pelo mito de origem da ciência. Na verdade, as disputas entre cientistas e autoridades religiosas sobre as descobertas e teorias da ciência física raras vezes se fizeram necessárias, do ponto de vista da teologia.[47] Nos casos em que um texto sagrado parece dizer uma coisa sobre o mundo físico, enquanto a ciência natural diz outra, a questão pode ser resolvida, habitualmente, pela revisão da interpretação do texto (como fizeram durante séculos as autoridades judaicas e católicas, entre outras), ou levando os cientistas a admitir que seu conhecimento é incerto. A Igreja católica foi tão pouco obrigada a se opor à cosmologia copernicana quanto o foram as Igrejas protestantes à evolução darwiniana. Dada a margem de liberdade da interpretação textual, as razões dessa oposição, muitas vezes, encontram-se mais nos compromissos sociais e políticos de uma dada organização religiosa do que nas próprias Escrituras Sagradas. Como assinala o historiador John Hedley Brooke, muitos pretensos conflitos entre a ciência e a religião são, na verdade, choques entre duas teorias científicas ou entre duas concepções religiosas opostas.[48] Ainda hoje, teólogos e cientistas conversam sem grande atrito sobre questões como as implicações teológicas da teoria da origem do universo no *big bang* e as implicações éticas do mapeamento genético.

Mas, que dizer da região situada na área fronteiriça entre o pensamento religioso e o científico — a área que poderíamos chamar de "estudos humanos"? Como podemos conciliar as verdades teológicas e científicas concernentes às questões da motivação humana, da ética, das relações sociais e da política? Como podemos derivar normas de investigação e conduta que perpassam profundas divisões culturais? É exatamente essa a área em que as distinções modernas entre uma religião emocional privada e uma ciência racionalista pública têm se revelado mais debilitantes, e na qual nossa herança aristotélica pode ser mais útil.

Freqüentemente, os conflitos sobre questões como a homossexualidade, o aborto, o divórcio e a igualdade entre os sexos assumem a forma de "guerras culturais" entre forças descritas como progressistas, laicas ou racionalistas, de um lado, e tradicionalistas, religiosas ou fundamentalistas, de outro.[49] Esses rótulos raramente são úteis e, em muitos casos, podem ser decididamente enganosos. Em ambos os lados de qualquer uma dessas questões encontram-se pessoas cujas opiniões baseiam-se em algum princípio de fé religiosa ou num compromisso ético fundamental. Pessoas de ambos os lados discutem racionalmente sobre a natureza dos seres humanos e o impacto provável de sua conduta na sociedade. Essas disputas não são entre a fé e a razão, mas entre visões alternativas sobre o que é o bem e o que é uma boa sociedade, que se enraízam nas duas maneiras de pensar. O que as torna potencialmente destrutivas (entre outras coisas) são as afirmações de que as idéias de um dos lados são puramente racionais e científicas, enquanto as do outro apóiam-se puramente na fé. Tais afirmações eliminam a possibilidade de diálogo, pois, de acordo com as concepções modernas, a racionalidade baseia-se na lógica indutiva e nas provas objetivas, ao passo que a fé é validada por meios inteiramente diversos.

"A homossexualidade é geneticamente determinada; a religião e a ética nada têm a ver com essa questão", dizem alguns defensores dos direitos dos *gays* e das lésbicas. Mas o argumento proveniente da genética (cuja validade científica ainda está em questão) mascara um compromisso ético que atribui um valor maior ao amor entre adultos anuentes do que às políticas e costumes que promovem o comportamento heterossexual. "O homossexualismo é condenado pela Bíblia, e isso basta", respondem alguns de seus adversários "fundamentalistas". Mas o argumento baseado no literalismo bíblico (que envolve a seleção de alguns mandamentos para serem cumpridos, enquanto outros são ignorados) mascara preocupações não bíblicas com a manutenção da família heterossexual tradicional e com a prevenção da promiscuidade e das doenças. Similarmente, no que concerne ao aborto, a ciência não nos diz quando, se é que existe esse momento, um feto tem o direito de receber a proteção concedida ao recém-nascido, e tampouco é possível resolver esse problema pela simples citação de São Tomás de Aquino a propósito da "animação" e da lei natural. A concordância quanto a essas questões talvez não seja possível entre pessoas que sustentem convicções sólidas em ambos os lados. Mas é possível haver um diálogo humano entre as que se comprometerem, como se comprometiam os aristotélicos, com a busca de normas que sejam éticas e sensatas.

Por serem tão explosivas as disputas na área das relações humanas, há séculos os ocidentais têm procurado resolvê-las no âmbito da jurisprudência. Alguns assuntos (especialmente os que envolvem a religião e a ética) ficam a cargo dos indivíduos em sua condição de pessoas físicas, enquanto outros — as "questões públicas" — devem ser decididos por autoridades científicas e políticas. Mas os conflitos que acabamos de discutir demonstram que a tentativa de manter uma nítida linha divisória entre os interesses religiosos privados e as políticas públicas não tem como obter êxito. Que o aborto ou o divórcio devem ser um assunto privado, a ser decidido pelos indivíduos, com base em seus próprios interesses e princípios morais, é uma bonita idéia — a menos que se acredite que o aborto é uma forma de assassinato, ou que o divórcio é uma forma de maus-tratos conjugais e infantis. Que as questões da paz e da guerra devem ficar a cargo das autoridades políticas também parece razoável — até que o indivíduo seja solicitado a apoiar o que acredita ser uma guerra injusta. Esse tipo de questão polêmica não pode ser resolvido em termos jurídicos, uma vez que sua atribuição às esferas privada ou pública é feita em função do alcance e da intensidade das convicções éticas e racionais de cada um. Isso fica mais claro ao reconhecermos que, muitas vezes, as "questões públicas" envolvem a mesma mescla de preocupações religiosas, éticas e racionais que as "questões privadas" polêmicas. Quando é que a guerra ou a revolução violenta são justificáveis? Quais são nossas obrigações morais e políticas diante de extremos de riqueza e pobreza? Como devemos reagir às privações dos direitos humanos? Que práticas culturais diversas devemos tolerar, mesmo que nos pareçam intolerantes ou "bárbaras"?

Nenhuma dessas perguntas pode ser respondida pela simples citação de um verso bíblico ou de um princípio ético. Tampouco pode ser decidida, a despeito de sua natureza pública, pela citação dos resultados de algum estudo científico, ou por sua atribuição jurídica ao campo da política do poder. As respostas que fazem sentido exigem o tipo de diálogo que ocorria havia alguns séculos nas universidades medievais, entre uma fé influenciada pela razão e uma razão interessada na ética. Especialmente num mundo em rápida globalização, onde pessoas de toda parte procuram satisfazer as necessidades humanas básicas de subsistência, identidade, segurança, dignidade, justiça e propósito, o projeto aristotélico parece mais pertinente do que em qualquer época desde a alta Idade Média.

O impulso fundamental do movimento escolástico, estimulado pelo conceito aristotélico de um universo dotado de propósito, era "conciliar a fé e a razão". As pessoas inteligentes que se comprometiam com certas crenças religiosas ou certos valores éticos queriam razões para fazê-lo, além das determinadas pela tradição ou pela ordem de um líder carismático. Elas queriam saber por que deviam assumir esses compromissos, e não outros, e de que modo os compromissos que assumiam refletiam-se ou se afirmavam em desdobramentos na natureza e na sociedade. Ao mesmo tempo, os estudiosos que investigavam a natureza e a sociedade queriam compreender a relação entre os fatos e padrões que descobriam e o campo das crenças e dos valores. Em outras palavras, eles precisavam estar aptos a avaliar o impacto de suas descobertas e a determinar de que modo elas poderiam ser usadas para o aprimoramento humano. O fim da era aristotélica deixou-nos com essas necessidades urgentes por satisfazer. A ciência, privada de sua ligação com a fé religiosa, tornou-se cada vez mais técnica e "isenta de valores", enquanto os compromissos religiosos, desprendidos de suas amarras naturalistas, parecem ser mais e mais uma questão de "instintos" ou gostos arbitrários. Pior do que isso, com o poderio econômico e militar global concentrando-se num grau sem precedentes nas mãos de um punhado de elites poderosas, a fé e a razão tendem ambas a se tornar instrumentos nas mãos do poder bruto e auto-engrandecedor.

Nessas circunstâncias, os parceiros desse casamento anterior, por mais turbulento que fosse, não podem deixar de sonhar com uma possível reconciliação. A razão poderia transformar a Terra, se a ciência e a tecnologia fossem inspiradas e guiadas por uma nova moral global. A fé se expandiria e amadureceria, se as religiões do mundo se voltassem para as tendências de longo prazo da sociedade e da natureza, e ajudassem a criar essa moral global. E — uma vez que a cisão entre a razão e a fé divide cada um de nós, em detrimento de nós mesmos — poderíamos tornar-nos mais amorosos e úteis uns aos outros, bem como ficar mais satisfeitos conosco, se pudéssemos integrar esses aspectos fundamentais de nosso ser.

Integrar, não "fundir". Pois é a tensão criativa entre a fé e a razão que sonhamos restabelecer, e não uma identidade falsa. Assim como o destroçar do consenso aristotélico modificou radicalmente a ciência e a religião, do mesmo modo, ao se forjar um novo consenso pós-moderno, elas com certeza voltarão a se modificar. Essas mudanças serão difíceis, como sempre foram. Mas um mundo sedento de integridade anseia por elas.

Notas

Prólogo
O portão estelar medieval

1. "A sabedoria é o conhecimento de certos princípios e causas." Aristóteles, *Metaphysics*, trad. W. D. Ross, in *Works*, vol. 1, Chicago: Encyclopedia Britannica, 1952, 1.1, 982a36-37.
2. Como disse o historiador católico Étienne Gilson, "As origens do racionalismo moderno são comumente atribuídas à revolução intelectual que não tardou a ocorrer, na Itália, quando homens como Galileu fizeram suas primeiras descobertas científicas. E estou muito longe de dizer que não haja nenhuma veracidade nessa afirmação. (...) Todavia, persiste o fato de que houve um outro racionalismo, muito mais antigo que o do Renascimento e totalmente sem relação com qualquer descoberta científica"; *Reason and Revelation in the Middle Ages*, Nova York e Londres: Charles Scribner's Sons, 1950, p. 37.
3. Ver, por exemplo, Fernand van Steenberghen, *Aristotle in the West: The Origins of Latin Aristotelianism*, trad. Leonard Johnston, Nova York: Humanities Press, 1970, p. 58-59: "O século XIII viria a oferecer ao cristianismo medieval a crise decisiva de seu desenvolvimento no campo da vida intelectual. Pela primeira vez, os pensadores cristãos se confrontariam com Aristóteles; a visão naturalista que este tinha do universo ficaria cara a cara com a visão cristã, conhecida de longa data pela mente dos homens." R. W. Southern, o grande historiador do "humanismo medieval", diz praticamente a mesma coisa em *Medieval Humanism and Other Essays*, Nova York e Evanston: Harper & Row, 1970, p. 47: "Dito em seus termos mais simples, o pensamento medieval tornou-se um diálogo entre Aristóteles e a Bíblia." Em *The Passion of the Western Mind*, Nova York: Ballantine Books, 1991, p. 47, Richard Tarnas afirma que "as novas atitudes [aristotélicas] viriam a transformar drasticamente a natureza e a direção do pensamento europeu". Ele explica ainda (p. 48) que os aristotélicos "prepararam o terreno, nas universidades do fim da era medieval, para a maciça convulsão causada na visão de mundo ocidental pela Revolução Científica". Anthony Gottlieb, em *The Dream of Reason*, Nova York e Londres: W. W. Norton, 2000, p. 399, diz: "o conflito entre a fé e a razão, no fim do século XIII, gerou idéias que acabaram ajudando a solapar toda a abordagem medieval do conhecimento."
4. David C. Lindberg, *The Beginnings of Western Science*, Chicago e Londres: University of Chicago Press, 1992, p. 161-182, também discute a afirmação

de Pierre Duhem, hoje desacreditada, de que a ciência árabe era uma mera cópia da grega, "desprovida de qualquer originalidade".

5. Sobre o respeito que Galileu nutria por Aristóteles e o desprezo que sentia por seus seguidores seiscentistas, ver Edward Grant, *God & Reason in the Middle Ages*, Cambridge: Cambridge University Press, 2001, p. 301-311. Sobre os predecessores escolásticos de Galileu, ver p. 170-178.
6. Idem, p. 355. Citado por Grant: "A filosofia moderna não teve que estabelecer os direitos da razão contra a Idade Média", observou o historiador Étienne Gilson. "Ao contrário, foi a Idade Média que os estabeleceu para ela, e a própria maneira como o século XVII imaginou que ela estava abolindo a obra dos séculos precedentes não fez nada além de lhe dar continuidade."
7. Erasmo, *Praise of Folly*, edição revista, trad. Betty Radice, Londres: Penguin Books, 1993, p. 87.
8. Galileu Galilei, *Dialogue Concerning the Two Chief World Systems — Ptolemaic & Copernican*, trad. Stillman Drake, Los Angeles: University of California Press, 1962, p. 110. Ver também a discussão posterior na p. 303.

Capítulo Um
"O mestre dos que sabem"
A redescoberta de Aristóteles

1. Robert Fossier (org.), *Cambridge Illustrated History of the Middle Ages*, vol. 2: *950-1250*, Cambridge: Cambridge University Press, 1997, p. 258.
2. Ver, por exemplo, o material compilado em Olivie Remie Constable (org.), *Medieval Iberia: Readings from Christian, Muslim, and Jewish Sources*, Filadélfia: University of Pennsylvania Press, 1997.
3. David C. Lindberg, *The Beginnings of Western Science*, Chicago e Londres: University of Chicago Press, 1992, p. 176. Para um resumo da ciência antiga e das adaptações e acréscimos islâmicos, ver p. 86-182.
4. Norman F. Cantor, *The Civilization of the Middle Ages*, edição revista, Nova York: HarperCollins, 1993, p. 358.
5. Friedrich Heer acredita que ele era judeu convertido; ver *The Medieval World: Europe 1100-1350*, trad. Janet Sondheimer, Cleveland e Nova York: The World Publishing Company, 1962, p. 194.
6. John Marenbon, "Medieval Christian and Jewish Europe", in Seyyed Hossein Nasr e Oliver Leaman (orgs.), *History of Islamic Philosophy, Part II*, Londres e Nova York: Routledge, 1996, p. 1001.
7. Amable Jourdain, *Recherches: Critiques sur l'Âge et l'Origine des Traductions Latines d'Aristote*, edição revista e ampliada por Charles Jourdain, Paris, 1843; Nova York: Burt Franklin, 1960, p. 111. Ver também Josef Pieper, *Scholasticism: Personalities and Problems of Medieval Philosophy*, trad. Richard e Clara Winston, Nova York e Toronto: McGraw-Hill, 1964, p. 106. Michael Haren assinala que esse não era o *modus operandi* habitual (*Medieval Thought:*

The Western Intellectual Tradition from Antiquity to the Thirteenth Century, 2ª ed., Toronto e Buffalo: University of Toronto Press, 1992, p. 135).

8. Cantor, op. cit., p. 358.
9. Lindberg, op. cit., p. 205.
10. Heer, op. cit., p. 194.
11. Colin McEvedy, *The New Penguin Atlas of Medieval History*, Londres: Penguin Books, 1992, p. 66.
12. Charles Homer Haskins, *The Renaissance of the Twelfth Century*, Nova York: The World Publishing Company, 1957, p. 292-293.
13. Lindberg, op. cit., p. 325-326 e seguintes.
14. Roger French e Andrew Cunningham, *Before Science: The Invention of the Friars' Natural Philosophy*, Aldershot, Reino Unido: Scolar Press, 1996, p. 61.
15. Jourdain, *Recherches*, p. 125-126.
16. A história do relacionamento de Platão com o aristocrata Dion, um antigo discípulo seu, e também com os tiranos Dionísio I e Dionísio II, é narrada por Plutarco em sua biografia de Dion; ver Arthur H. Clough (org.), *Plutarch's Lives*, Princeton: Princeton Review, 2001. Como grande parte do material de Plutarco, esse deve ser considerado com algumas restrições.
17. W. D. Ross, *Aristotle*, Londres: Methuen & Company, 1949, 5ª ed., p. 2. Em linguagem coloquial, diríamos "o cabeça", em vez de "o cérebro".
18. William Turner, "Aristotle", in *New Advent Catholic Encyclopedia* (2003), no endereço <http://www.newadvent.org/cathen/01713a.htm>. (A partir de 1907, *Catholic Encyclopedia*, vol. 1.)
19. Lindberg, op. cit., p. 113.
20. Idem, p. 115-116.
21. Costuma-se presumir que Aristóteles tenha ido com os pais para a corte macedônia, mas a comprovação disso (como da maioria dos outros acontecimentos de sua vida) baseia-se predominantemente em rumores. A principal autoridade sobre a biografia de Aristóteles é o autor Diógenes Laércio, do século III a.C. Ver Ross, *Aristotle*, p. 1-2.
22. Ninguém parece saber se Proxenos era tio consangüíneo de Aristóteles, ou simplesmente um bom amigo da família. Considerando os grandes esforços que ele fez pelo menino, optei pela teoria do tio.
23. Na falta de dados biográficos fidedignos, dispomos de teorias como a de Werner Jaeger, que especulou, em seu famoso *Aristotle: Fundamentals of His Development* (Nova York: AMS Books, 1999, reprodução da edição de 1923), que Aristóteles passou do platonismo plenamente desenvolvido para seu próprio empirismo. Outros estudiosos manifestaram-se céticos quanto a essa teoria, especialmente dada a dificuldade de datar os textos aristotélicos. Ver, por exemplo, Jonathan Barnes (org.), *The Cambridge Companion to Aristotle*, Cambridge: Cambridge University Press, 1995, p. 16-22.
24. George Gershwin e Ira Gershwin, "I Got Rhythm", do filme "Girl Crazy" [dirigido por William A. Seiter], de 1930.
25. I Coríntios, 13:12.

26. Citado em W. D. Ross, "Biographical Note", in *The Works of Aristotle*, Chicago: Encyclopedia Britannica, Inc., 1952, vol. 1, p. v.
27. Uma analogia inescapável é a relação de Karl Marx com seu mestre, Hegel, que Friedrich Engels resumiu ao comentar que Marx "pôs os pés de Hegel no chão".
28. Aristóteles, *Metaphysics*, trad. W. D. Ross, in *Works*, Chicago: Encyclopedia Britannica, 1952, vol. 1, 1.9, 991b9-14 e 992a32-34. Os filósofos ainda debatem se as descrições matemáticas do universo representam uma linguagem entre outras, ou se são privilegiadas de algum modo.
29. Ver a discussão em Barnes, op. cit., p. 10-15, e comparar com a abordagem mais antiga de Ross (*Aristotle*, p. 7-19), que tentara datar as obras de acordo com inferências históricas e lógicas que Barnes considerou suspeitas.
30. Um catálogo das obras de Aristóteles, contendo cerca de 150 verbetes, foi compilado por Diógenes Laércio e é citado em Barnes, op. cit., p. 7-9.
31. Salo Wittmayer Baron, *A Social and Religious History of the Jews*, vol. 8: *Philosophy and Science*, 2ª ed., Nova York: Columbia University Press, e Filadélfia: Jewish Publication Society of America, 1958, p. 64.
32. Dante Alighieri, *The Divine Comedy, Inferno*, Canto 4, linha 131, trad. H. W. Longfellow, Nova York: Modern Library, p. 22 [*A divina comédia*, tradução, prefácio e notas de Hernâni Donato, São Paulo: Cultrix, 11ª ed., 1996-1997, p. 38].
33. Barnes, op. cit., p. 6 (citando Eliano, *Varia Historia III*).
34. Idem.
35. Essa história foi inicialmente narrada por Estrabão e repetida por Plutarco. Ver William Turner, "Aristotle", in *New Advent Catholic Encyclopedia*, op. cit.
36. Barnes, op. cit., p. 12.
37. Aristóteles, *Politics*, trad. Benjamin Jowett, in *Works*, Chicago: Encyclopedia Britannica, 1952, vol. 2, 1.5, 1254b15-26.
38. Aristóteles, *Nicomachean Ethics*, trad. W. D. Ross, in *Works*, Chicago: Encyclopedia Britannica, 1952, vol. 2, 10.6, 1177a12-18; e Aristóteles, *On the Soul*, trad. J. A. Smith, in *Works*, Chicago: Encyclopedia Britannica, 1952, vol. 1, 3.4, 429a10-28.
39. Aristóteles, *On the Heavens*, trad. J. L. Stocks, in *Works*, Chicago: Encyclopedia Britannica, 1952, vol. 1, 2.14, 297b24-298a-20. Cristóvão Colombo tinha conhecimento dessa passagem e desses cálculos; ver a discussão mais adiante, em 311.
40. "O conhecimento real é idêntico a seu objeto." Aristóteles, *On the Soul*, 3.5, 430a20-26.
41. Aristóteles, *Metaphysics*, 1.1, 981b10-35 e 982a1-2.
42. Idem, 5.2, 1013a24-38 e 1013b1-3.
43. Aristóteles concebia os corpos celestes, que julgava compostos de um elemento não terreno, chamado éter, como sendo dotados de consciência.
44. Aristóteles, *Metaphysics*, 7.3, 1029a7-31 e seguintes.
45. Idem, 12.7, 1072a23-27.

Capítulo Dois
O assassinato da "Senhora Filosofia"
Como o saber da Antiguidade perdeu-se e foi novamente encontrado

1. Agostinho de Hipona, *The City of God*, trad. Marcus Dods, Nova York: Modern Library, 1950, p. 478.
2. Tertuliano, *De praescriptione haereticorum, vii*, in Henry Bettenson (org.), *Documents of the Christian Church*, Oxford e Londres: Oxford University Press, 1963, 2ª ed., p. 6.
3. Idem.
4. Clemente de Alexandria, *Stromateis*, in Bettenson, op. cit., p. 6.
5. Agostinho de Hipona, *The Confessions of Saint Augustine*, trad. Rex Warner, Nova York: Penguin Books, 1963, p. 149 [*Sto. Agostinho, Confissões*, trad. J. Oliveira Santos e A. Ambrósio de Pina, São Paulo: Nova Cultural, 1996].
6. Agostinho de Hipona, *Confessions*, op. cit., p. 135-159.
7. Idem, p. 87.
8. Cristo era retratado pelos maniqueístas como o principal arcanjo ou mensageiro de Deus. Ver Steven Runciman, *The Medieval Manichee: A Study of the Christian Dualist Heresy*, Cambridge: Cambridge University Press, 1947, reeditado em 1982, p. 14ss.
9. Peter Brown, *Augustine of Hippo: A Biography*, Nova York: Dorset Press, 1967, p. 93 [*Agostinho de Hipona: Biografia*, trad. Vera Ribeiro, baseada na nova edição com Epílogo da editora Faber & Faber (Londres), 2000, Rio de Janeiro: Record, no prelo].
10. O neoplatonismo foi, a princípio, uma invenção de um grupo de filósofos pagãos do século III, liderados pelo brilhante, mas misterioso, Plotino e por seu discípulo Porfírio. Ver W. T. Jones, *The Medieval Mind*, vol. 2: *A History of Western Philosophy*, Nova York: Harcourt, Brace & World, 1969, 2ª ed., p. 8-20.
11. Justino Mártir, um dos primeiros Padres da Igreja, declarou que Cristo fora "conhecido, em parte, até por Sócrates". Citado em Jaroslav Pelikan, *The Christian Tradition: A History of the Development of Doctrine*, vol. I: *The Emergence of the Catholic Tradition (100-600)*, Chicago e Londres: University of Chicago Press, 1971, p. 31.
12. Agostinho de Hipona, *The Confessions of Saint Augustine*, p. 147. Ver também Richard Tarnas, *The Passion of the Western Mind: Understanding the Ideas that Have Shaped Our World View*, Nova York: Ballantine Books, 1991, p. 101: "a filosofia platônica, com sua ressonância espiritual, não apenas se harmonizava com as concepções cristãs derivadas das revelações do Novo Testamento, como também as elaborava e as aprimorava intelectualmente." Pelikan, no entanto, enfatiza as limitações dessa aparente "harmonia" (op. cit., p. 35-36).

13. "Era possível", pensavam os neoplatônicos, "'tocar' com o pensamento o centro concentrado que fora intuído pela beleza revelada de todas as coisas visíveis". Peter Brown, *The World of Late Antiquity: AD 150-750*, Nova York e Londres: W. W. Norton, 1971, p. 74.
14. Esse Dionísio é conhecido pelos estudiosos como "pseudo-Dionísio", pois seus escritos foram erroneamente atribuídos a Dionísio, o Areopagita, um cristão do século I descrito por São Paulo. Pelikan, op. cit., p. 344-349.
15. Agostinho narrou a história da voz que ouviu em seu jardim em *The Confessions of Saint Augustine*, op. cit., p. 182-183.
16. Idem, p. 150-152.
17. Jones, op. cit., p. 131.
18. Agostinho de Hipona, *The City of God*, p. 45-46.
19. Peter Brown assinala que as chamadas "invasões bárbaras (...) não eram perpétuos ataques destrutivos, e menos ainda campanhas organizadas de conquista. Eram, antes, uma 'corrida do ouro' de imigrantes oriundos dos países subdesenvolvidos do norte, em direção às ricas terras do Mediterrâneo", *The World of Late Antiquity*, op. cit., p. 122.
20. Ver, por exemplo, Norman F. Cantor, *The Civilization of the Middle Ages*, edição revista, Nova York: HarperCollins, 1993, p. 110. Cantor sugere que o imperador do Oriente (Anastácio) incitou Teodorico a derrubar Odoacro, a fim de fazer os ostrogodos pararem de ameaçar seus próprios territórios (p. 106).
21. Brown, op. cit., p. 123. Josef Pieper cita uma versão dessa máxima que é mais favorável aos godos — "o mau godo queria ser romano, e o mau romano queria ser godo" — em *Scholasticism: Personalities and Problems of Medieval Philosophy*, trad. Richard e Clara Winston, Nova York e Toronto: McGraw-Hill, 1964, p. 27.
22. Cantor, op. cit., p. 107-108.
23. Pieper, op. cit., p. 30.
24. Boécio, *The Consolation of Philosophy*, trad. S. J. Tester, Cambridge, Mass., e Londres: Harvard University Press, Loeb Classical Library, 1973.
25. H. F. Stewart e E. K. Rand, "Life of Boethius", in Boécio, *The Theological Tractates*, trad. H. F. Stewart, E. K. Rand e S. J. Tester, Cambridge, Mass., e Londres: Harvard University Press, Loeb Classical Library, 1973, p. xii.
26. Idem, p. 55.
27. Ibid., p. 5.
28. Ibid., p. 37, grifo nosso.
29. Mark Twain, *Following the Equator: A Journey Around the World*, Mineola, N. Y.: Dover Publications, p. 232.
30. "Concorda-se em que uma prova corroborada pelo raciocínio sólido não deve ser extraída de sinais nem de argumentos buscados fora do assunto, mas das causas pertinentes e necessárias." Boécio, *The Consolation of Philosophy*, p. 407.

31. Boécio, *"De Trinitate"* e *"Utrum Pater et Filius"*, em *The Theological Tractates*, op. cit., p. 3-37.
32. Essa versão da história é narrada por Cantor, op. cit., p. 109-110.
33. Boécio refere-se a esses acontecimentos em *The Consolation of Philosophy*, p. 149-157. As referências dispersas são ainda mais convincentes, por não serem apresentadas como uma "defesa" sistemática, mas simplesmente presumirem que um bom homem fora vitimado por pessoas maléficas.
34. Pieper, op. cit., p. 41-42.
35. A controvérsia ariana foi longamente descrita em Richard E. Rubenstein, *When Jesus Became God: The Struggle Over Christ's Divinity in the Last Days of Rome*, Nova York: Harcourt, Brace, 1999.
36. Os godos e muitas outras tribos "bárbaras" fora do império converteram-se ao cristianismo ariano e preservaram seu credo durante vários séculos, até se converterem ao catolicismo. Ver Henry Chadwick, *The Early Church*, edição revista, Londres: Penguin Books, 1993, p. 247-252.
37. Brown, op. cit., p. 174. Ver também Heinrich Graetz, *History of the Jews*, Filadélfia: Jewish Publication Society, 1949, vol. 2, p. 617-618.
38. Chadwick, op. cit., p. 167.
39. Graetz, op. cit., p. 618.
40. A razão oficial fornecida para esse *pogrom* foi um suposto "massacre" não provocado de cristãos por judeus. Ver John Chapman, "Saint Cyril of Alexandria", in *The New Advent Catholic Encyclopedia* (2003), <http://www.newadvent.org/cathen/04592b.htm> (extraído do vol. 4 da *Catholic Encyclopedia* de 1908). A explicação é singularmente inconvincente. É possível que houvesse uma concorrência religiosa entre cristãos e judeus, já que muitos cristãos eram atraídos pelo pensamento e pelas práticas judaicos nesse período. No mesmo ano, esse tipo de competição parece haver instigado São João Crisóstomo, bispo de Antioquia, a pregar uma série de sermões antissemitas que resultaram na destruição da sinagoga da cidade. Ver James Carroll, *Constantine's Sword: The Church and the Jews*, Boston: Houghton Mifflin, 2001, p. 213.
41. Idem.
42. Existem várias versões da biografia e do assassinato de Hipátia. Três seletas de historiadores antigos encontram-se reproduzidas na publicação *Alexandria*, vol. 2, Phanes Press, 1993.
43. Chadwick, op. cit., p. 198.
44. Pelikan, op. cit., p. 227.
45. Chadwick, op. cit., p. 199.
46. Pelikan, op. cit., p. 263-264.
47. Ferdinand B. Artz, *The Mind of the Middle Ages: An Historical Survey, A.D. 200-1500*, 3ª ed. revista, Chicago e Londres: University of Chicago Press, 1980, p. 111. Houve algumas exceções; por exemplo, o neoplatônico alexandrino João Filopono, que foi o primeiro diretor cristão da Academia Platônica, escreveu uma crítica importante à teoria aristotélica do movi-

mento. Ver David C. Lindberg, *The Beginnings of Western Science*, Chicago e Londres: University of Chicago Press, 1992, p. 302-305.

48. Brown, op. cit., p. 174 e 180.
49. Sobre o movimento dos nestorianos em direção ao Oriente e sobre os efeitos dele, ver Samuel Hugh Moffett, *A History of Christianity in Asia*, vol. 1: *Beginnings to 1500*, San Francisco: HarperSanFrancisco, 1992, p. 185-215.
50. Sobre os tradutores nestorianos e monofisistas, ver Majid Fakhry, *A History of Islamic Philosophy*, 2ª ed., Nova York e Londres: Columbia University Press e Longmans, 1993, p. 4-19.
51. Ver Pieper, op. cit., p. 28, ao discutir as traduções feitas por Boécio: "Estritamente falando, (...) o tradutor (...) não cria palavras novas, mas estabelece coordenadas."
52. Fakhry, op. cit., p. 155-157.
53. Roger French e Andrew Cunningham, *Before Science: The Invention of the Friars' Natural Philosophy*, Aldershot, Reino Unido: Scolar Press, 1996, p. 86. Ver ainda, em termos mais gerais, p. 81-88.
54. Idem, p. 87.
55. Ver discussão em Fakhry, op. cit., p. 272-292, e, em linhas mais gerais, em Oliver Leaman, *Averroes and His Philosophy*, Oxford: Clarendon Press, 1988.
56. Com respeito à crítica de Maimônides sobre a aplicação da linguagem antropomórfica a Deus, ver Oliver Leaman, *Moses Maimonides*, Richmond, Surrey: Curzon Press, 1997, p. 24-36.
57. Averróis sugeriu que a alma imortal talvez não fosse a alma individual, mas um "intelecto ativo" coletivo. Para uma longa discussão, ver Leaman, *Averroes and His Philosophy*, op. cit., p. 82-103.
58. Essa era a visão da escola Ash'arita, com a qual Syyed Hossein Nasr encontrou uma analogia com David Hume. Syyed Hossein Nasr, *Islamic Life and Thought*, Albany, N.Y.: State University of New York Press, 1981, p. 62.
59. Idem, p. 72. Para uma análise mais detalhada da obra de Al-Razali, ver Fakhry, op. cit., p. 217-233. Ver também Pervez Amir Ali Hoodbhoy, "How Islam Lost Its Ways", *The Washington Post Outlook*, 30 de dezembro de 2001, B4.
60. Fakhry, op. cit., p. 315. Algumas autoridades consideram injusta essa caracterização e acham que a filosofia islâmica desenvolveu-se em novas direções criativas (como o sufismo), depois do declínio da *falsafah*. Ver, por exemplo, Nasr, op. cit., p. 63-64.
61. Ver Leaman, *Moses Maimonides*, p. 6-7; e Cantor, op. cit., p. 369-370.
62. Cantor, op. cit., p. 370. Cantor sugere que esse foi um gesto defensivo, feito para impedir que a comunidade judaica fosse identificada com a heresia, mas o efeito é o mesmo num caso ou noutro. A tentativa de retratar os judeus como mais liberais do que os muçulmanos, nesse aspecto (ver p. 363), é parcialmente frustrada pela descrição do próprio autor sobre sua guinada para o legalismo e o misticismo, que foram paralelos aos dos muçulmanos (ver p. 366-373).

Capítulo Três
"Os livros dele têm asas"
Pedro Abelardo e a revivescência da razão

1. "The Story of My Calamities", in *The Letters of Abelard and Heloise*, trad. Betty Radice, Londres e Nova York: Penguin, 1974, p. 62.
2. Idem, p. 58: "Eu preferia as armas da dialética a todos os outros ensinamentos da filosofia e, munido delas, escolhia os conflitos do debate, em vez dos troféus da guerra."
3. Essa questão foi discutida por Abelardo em *Scito Teipsum* (*Conhece-te a ti mesmo*) e na *Teologia cristã*. Ver J. G. Sikes, *Peter Abailard*, Nova York: Russell & Russell, reedição de 1965, p. 187; e Frederick C. Copleston, *Medieval Philosophy*, Nova York e Evanston: Harper & Row, 1961, p. 51-52. Tomei a liberdade de imaginar Abelardo dirigindo-se a seus alunos.
4. O primeiro *pogrom* do "libelo sangrento" ocorreu em Norwich, na Inglaterra. Ver James Carroll, *Constantine's Sword: The Church and the Jews*, Boston: Houghton Mifflin, 2001, p. 272-273.
5. Blanche Boyer e Richard McKeon (orgs.), *Peter Abailard Sic et Non, A Critical Edition*, Chicago: University of Chicago Press, 1976.
6. A palavra correspondente a duvidar, *dubitando*, é traduzida por diversos autores como "questionar" ou "levantar questões". Ver, por exemplo, as traduções citadas por Michael Haren, *Medieval Thought: The Western Intellectual Tradition from Antiquity to the Thirteenth Century*, 2ª ed., Toronto e Buffalo: University of Toronto Press, 1992, p. 108; e Edward Grant, *God & Reason in the Middle Ages*, Cambridge: Cambridge University Press, 2001, p. 60-61. Isso tem a virtude de mostrar que Abelardo não aconselhava seus estudantes a duvidar das doutrinas básicas da fé, mas minimiza o caráter provocador da linguagem abelardiana. A tradução literal de Sikes (em *Peter Abailard*, p. 82) parece preferível.
7. Agostinho também advertiu os cristãos a não assassinarem judeus, uma vez que eles ainda teriam um papel histórico a desempenhar no drama da salvação universal. Carroll, op. cit., p. 215.
8. Idem, p. 271, citando Bernardo de Claraval na "Carta ao povo da Inglaterra".
9. A doutrina de Abelardo sobre a intencionalidade ética tem sido fartamente discutida. Ver Sikes, op. cit., p. 179-190.
10. Idem, p. 179-190 e 200-208. Essas perguntas e respostas são discutidas em *Scito Teipsum* (*Conhece-te a ti mesmo*), de Abelardo, analisado em Sikes. Sobre a visão abelardiana da salvação fora da Igreja, ver Jaroslav Pelikan, *The Christian Tradition: A History of the Development of Doctrine*, vol. 3: *The Growth of Medieval Theology (600-1300)*, Chicago e Londres: University of Chicago Press, 1978, p. 255; e Carroll, op. cit., p. 290-300.
11. Copleston (op. cit., p. 52) assinalou que a opinião de Abelardo parece haver-se modificado. Em *Scito Teipsum*, Abelardo deixa implícito que os não-cristãos estão condenados por sua falta de fé, mas, na *Theologica Christiana*, assume a postura que lhe é atribuída no presente texto.

12. João de Salisbury chamava Abelardo de "Peripatético de Le Pallet" (a cidade natal de Abelardo). Ver *The "Metalogicon" of John of Salisbury. A Twelfth-Century Defense of the Verbal and Logical Arts of the Trivium*, trad. Daniel D. McGarry, Berkeley e Los Angeles: University of California Press, 1955, p. 95.
13. Idem, p. 66.
14. "Letter 4, Abelard to Heloise", in *The Letters of Abelard and Heloise*, op. cit., p. 147.
15. Idem, "History of My Calamities", p. 67-68.
16. Ibid., p. 75.
17. Ibid., "Letter 3, Heloise to Abelard", p. 133: "Os homens chamam-me casta; não sabem a hipócrita que sou."
18. Ibid., "Letter 4, Abelard to Heloise", p. 143.
19. Ibid., "History of My Calamities", p. 58.
20. Friedrich Heer, *The Medieval World: Europe, 1100-1350*, trad. Janet Sondheimer, Cleveland e Nova York: The World Publishing Company, 1961, p. 261-266.
21. Jaroslav Pelikan, *Jesus Through the Centuries: His Place in the History of Culture*, New Haven: Yale University Press, 1985, p. 122-132.
22. Norman F. Cantor, *The Civilization of the Middle Ages*, ed. revista, Nova York: HarperCollins, 1993, p. 332.
23. Robert Fossier (org.), *The Cambridge Illustrated History of the Middle Ages*, vol. 2: *950-1250*, trad. Stuart Airlie e Robyn Marsack, Cambridge: Cambridge University Press, 1997, p. 1-12 e 243-255.
24. Idem, p. 2.
25. Bernardo de Claraval, "Letter 239", citada em Carroll, op. cit., p. 296.
26. Anselmo de Cantuária, *Monologion and Proslogion, with the Replies of Gaunilo and Anselm*, trad. Thomas Williams, Indianápolis e Cambridge: Hackett Publishing Company, 1995, p. 93.
27. Idem, p. 10.
28. Ibid., p. 125.
29. Ibid., p. 131.
30. Ibid., p. 90.
31. Mateus 19:21.
32. David A. Luscombe, "Peter Abelard", in Peter Dronke (org.), *A History of Twelfth-Century Western Philosophy*, Cambridge: Cambridge University Press, 1992, p. 293.
33. Marcia L. Colish, *Medieval Foundations of the Western Intellectual Tradition, 400-1400*, New Haven e Londres: Yale University Press, 1997, p. 275.
34. Citado em Sikes, op. cit., p. 48.
35. Aristóteles, *Categories*, trad. E. M. Edghill, in *Works*, vol. 1, Chicago: Encyclopedia Britannica, 1952, 4, 2a11-2b7. Ver também Aristóteles, *Topics*, trad. W. A. Pickard-Cambridge, in *Works*, vol. 1, Chicago: Encyclopedia Britannica, 1952, 1.9, 103b20 e seguintes.

36. Alguns pensadores modernos fazem hoje o mesmo tipo de coisa, ao afirmarem, por exemplo, que a teoria do *big bang* formulada pelos astrônomos é compatível com a doutrina da criação. Ver o criterioso ensaio de Kenneth W. Kemp, "The Possibility of Conflict Between Science and Christian Theology", in Jitse M. van der Meer (org.), *Facets of Faith and Science*, Vol. 1: *Historiography and Modes of Interaction*, Lanham (Maryland), Nova York e Londres: University Press of America, 1996, p. 247-265.
37. Citado em Grant, op. cit., p. 52.
38. Aristóteles, *Metaphysics*, trad. W. D. Ross, in *Works*, vol. 1, Chicago: Encyclopedia Britannica, 1952. Ver especialmente 7.13, 1038b1-14.
39. Philippe Aries, *The Hour of Our Death*, trad. Helen Weaver, Nova York: Oxford University Press, 1991.
40. Ver a discussão em G. E. Evans, *Philosophy and Theology in the Middle Ages*, Londres e Nova York: Routledge, 1993, p. 55-60.
41. Dronke, op. cit., p. 293; Luscombe, "Peter Abelard", op. cit.
42. Ainda existem diferenças marcantes de opinião quanto à ortodoxia desse tratado. Sikes (op. cit., p. 145-169) absolveu Abelardo da maioria das acusações posteriormente movidas contra ele, embora admita que algumas de suas expressões poderiam ser interpretadas como sabelianas. Colish (op. cit., p. 278-279) condenou-o com muita severidade pelo erro inverso — por enfatizar em demasia a separação e as diferenças entre as três Pessoas.
43. "History of My Calamities", in *The Letters of Abelard and Heloise*, op. cit., p. 88-89.
44. Josef Pieper, *Scholasticism: Personalities and Problems of Medieval Philosophy*, trad. Richard e Clara Winston, Nova York e Toronto: McGraw-Hill, 1964, p. 80.
45. Citado em Grant, op. cit., p. 64.
46. Citado em Josef Pieper, op. cit., p. 82-83.
47. Citado em Carroll, op. cit., p. 296.
48. Sikes, op. cit., p. 226-227.
49. Idem, p. 229.
50. *The Letters of Abelard and Heloise*, op. cit., p. 40, n. 1.
51. Idem, p. 270.

Capítulo Quatro
"Aquele que vos desferir um golpe mortal merecerá uma bênção"
Aristóteles entre os hereges

1. "Abelardo solicitou um debate público com Bernardo; este expôs os erros de seu adversário com tamanha clareza e força lógica, que ele não foi capaz de dar qualquer resposta e, uma vez condenado, foi obrigado a se retirar." M. Gildas, "St. Bernard of Clairvaux", in *The New Advent Catholic Encyclo-*

pedia (2003), <http://www.newadvent.org/cathen/02498d.htm>, vol. 2 da *Catholic Encyclopedia* de 1907.

2. Norman F. Cantor, *The Civilization of the Middle Ages*, ed. revista, Nova York: HarperCollins, 1993, p. 359.
3. Ver, por exemplo, John H. Mundy, *Europe in the High Middle Ages, 1150-1300*, 3ª ed., Harlow, Inglaterra: Longman, 2000, p. 177.
4. Cantor, op. cit., p. 251.
5. Malcolm Lambert, *Medieval Heresy: Popular Movements from the Gregorian Reform to the Reformation*, 2ª ed., Oxford (Inglaterra) e Cambridge (Massachusetts): Blackwell, 1992, p. 44.
6. Idem, p. 45.
7. Abelardo confiava na necessidade da confissão a um padre, mas negava que este pudesse "aquilatar com algum grau de certeza a pecaminosidade de um ato e a satisfação necessária para sua expiação". J. G. Sikes, *Peter Abailard*, Nova York: Russell & Russell, 1965, reedição, p. 197 e, em linhas mais gerais, p. 193-204.
8. Idem, Bernardo de Claraval, "Letter 189", p. 227.
9. E. Vacandard, "Arnold of Brescia", in *The New Advent Catholic Encyclopedia* (2003), <http://www.newadvent.org/cathen/01747b.htm>, vol. 1 da *Catholic Encyclopedia* de 1907.
10. Idem.
11. Citado em R. I. Moore, *The Birth of Popular Heresy*, Toronto, Buffalo e Londres: University of Toronto Press, 1995, p. 69.
12. Idem, p. 67.
13. Ibid.
14. E. Vacandard, "Arnold of Brescia", op. cit.
15. Moore, op. cit., p. 68.
16. Lambert, op. cit., p. 53.
17. E. Vacandard, "Arnold of Brescia", op. cit.
18. A carta foi assinada por "Wezel", mas é muito provável que esse fosse um pseudônimo de Arnaldo. Ver Moore, op. cit., p. 68 e 69-71.
19. E. Vacandard, "Arnold of Brescia", op. cit.
20. Moore, op. cit., p. 75.
21. Idem, p. 76-77.
22. Lambert, op. cit., p. 120-124.
23. Idem, p. 139-140.
24. Zoe Oldenbourg, *Massacre at Montsegur: A History of the Albigensian Crusade*, trad. Peter Green, Nova York: Pantheon Books, 1961, p. 62-70.
25. Idem, p. 90-91.
26. Ibid., p. 377.
27. Ibid., p. 61-64. E ver a discussão *supra*, na p. 55.
28. Ver a proveitosa discussão de W. T. Jones, *The Medieval Mind*, vol. 2: *A History of Western Philosophy*, 2ª ed., Nova York: Harcourt, Brace & World, 1969, p. 94-101.

29. Ver a descrição enraivecida da "orientalidade" do albigensianismo feita por G. K. Chesterton em *St. Thomas Aquinas*, Nova York: Sheed & Ward, 1954, p. 110-141.
30. Jó 1:1.
31. Roger French e Andrew Cunningham, *Before Science: The Invention of the Friars' Natural Philosophy*, Aldershot, Reino Unido: Scolar Press, 1996, p. 134. Ver também a proveitosa discussão de *On the Two Principles*, nas p. 132-135.
32. Dizer que a causa "atrai" as coisas da potência para a efetividade sugere que o comentarista estaria pensando nas causas "formal" e "final" de Aristóteles, bem como em sua causa "eficiente".
33. Citado em Oldenbourg, op. cit., p. 2.
34. Idem, p. 5.
35. Ibid., p. 116-117.
36. Robert Fossier (org.), *Cambridge Illustrated History of the Middle Ages*, vol. 2: *950-1250*, Cambridge: Cambridge University Press, 1997, p. 196ss.
37. Inocêncio III não fez as pazes com todos os movimentos evangélicos. Os valdenses, em especial, continuaram fora da Igreja organizada e acabaram aceitando a Reforma protestante. Ver Lambert, op. cit., p. 73-74, 92-93 e 360-367.
38. Sobre a explosão literária e a perda do "monopólio cultural" por parte da Igreja, ver Fossier, op. cit., p. 401-411.
39. Existem muitas descrições do ensino oferecido pelas universidades medievais. Ver, por exemplo, Hastings Rashdall, *The Universities of Europe in the Middle Ages*, vol. 1: *Salerno-Bologna-Paris*, nova ed., org. F. M. Powicke e A. B. Emden, Oxford: Oxford University Press, 1936; Friedrich Heer, *The Medieval World: Europe, 1100-1350*, trad. Janet Sondheimer, Cleveland e Nova York: The World Publishing Company, 1961, p. 190-212; Michael Haren, *Medieval Thought: The Western Intellectual Tradition from Antiquity to the Thirteenth Century*, 2ª ed., Toronto e Buffalo: University of Toronto Press, 1992, p. 137-143; e Edward Grant, *God and Reason in the Middle Ages*, Cambridge: Cambridge University Press, 2001, p. 98-114, *passim.*
40. Márcia L. Colish, *Medieval Foundations of the Western Intellectual Tradition, 400-1400*, New Haven e Londres: Yale University Press, 1997, p. 267.
41. "Em 1362, havia 441 mestres na faculdade de artes liberais [em Paris], comparados a 25 de teologia, 25 de medicina e 11 de direito canônico." Heer, op. cit., p. 200.
42. Idem.
43. Fernand van Steenberghen, *Aristotle in the West: The Origins of Latin Aristotelianism*, trad. Leonard Johnston, Nova York: Humanities Press, 1970, p. 67.
44. Idem, p. 68.
45. Fernand van Steenberghen, *La Philosophie au XIIIe siècle*, Louvain: Publications Universitaires, 1966, e Paris VIe: Vander-Oyez S.A., 1977, p. 88-91.

46. Rashdall, op. cit., p. 356.
47. Idem, p. 354, onde Rashdall afirma que Amaury "morreu de tristeza", depois de ser obrigado a desdizer suas convicções heréticas. Heer, op. cit., p. 214, sugere que dez amauricianos foram queimados na fogueira. Outros historiadores dizem que eles foram condenados à prisão perpétua.
48. French e Cunningham, op. cit., p. 99-100.
49. De acordo com Heer, op. cit., p. 214, os amauricianos identificavam o Espírito Santo com o *intellectua agens*, ou intelecto atuante, descrito em *De anima*, de Aristóteles.
50. "Se a primeira era fora de temor e servidão, e a segunda, de fé e submissão filial, a terceira seria uma era de amor, alegria e liberdade, na qual o conhecimento de Deus seria diretamente revelado no coração de todos os homens." Norman Cohn, *The Pursuit of the Millennium: Revolutionary Millenarians and Mystical Anarchists of the Middle Ages*, 3ª ed., Nova York: Oxford University Press, 1970, p. 108.
51. Os "amauricianos" são identificados como protojoaquimistas por Heer, op. cit., p. 214, e por Mundy, op. cit., p. 307.
52. Ver, por exemplo, a discussão de Lambert sobre os Irmãos do Espírito Santo, op. cit., p. 182-186.

Capítulo Cinco

"Ouçam, ouçam os cães a ladrar!"

Aristóteles e os frades educadores

1. Hastings Rashdall, *The Universities of Europe in the Middle Ages*, vol. 1: *Salerno-Bologna-Paris*, nova edição, org. F. M. Powicke e A. B. Emden, Oxford: Oxford University Press, 1936, p. 334. Baseei este relato do tumulto e da greve de 1229-1231 em diversas fontes, inclusive em Rashdall, p. 334-343; Fernand van Steenberghen, *Aristotle in the West: The Origins of Latin Aristotelianism*, trad. Leonard Johnston, Nova York: Humanities Press, 1970, p. 78-82; e Friedrich Heer, *The Medieval World: Europe, 1100-1350*, trad. Janet Sondheimer, Cleveland e Nova York: The World Publishing Company, 1961, p. 202.
2. Rashdall, op. cit., p. 335.
3. Idem.
4. Van Steenberghen, op. cit., p. 82.
5. Idem, p. 78.
6. Ibid., p. 84.
7. O comentário é de M. De Wulf, citado em van Steenberghen, op. cit., p. 116.
8. Roger French e Andrew Cunningham, *Before Science: The Invention of the Friars' Natural Philosophy*, Aldershot, Reino Unido: Scolar Press, 1996, p. 161.

9. Minha leitura da obra de Guilherme de Auvergne segue a de French e Cunningham, op. cit., p. 160-168, mas é também influenciada pela distinção de W. T. Jones entre os eventos que ocorrem no interior de um sistema e o sistema como um todo, feita no contexto de sua discussão de Tomás de Aquino (*The Medieval Mind*, vol. 2: *A History of Western Philosophy*, 2ª ed., Nova York: Harcourt, Brace & World, 1969, p. 220-221 e 238-239).
10. "Claramente, portanto, o mal não existe separado das coisas más, pois o mal é, por natureza, posterior à potência. E, assim, podemos também dizer que, nas coisas que são desde o começo, isto é, nas coisas eternas, nada há de mau, defeituoso nem pervertido (pois que a perversão é algo ruim)." Aristóteles, *Metaphysics*, trad. W. D. Ross, in *Works*, vol. 1, Chicago: Encyclopedia Britannica, 1952, 9.9, 1051a17-21.
11. A discussão mais abrangente dessa doutrina é a de Richard C. Dales em *Medieval Discussions of the Eternity of the World*, Leiden e Nova York: E. J. Brill, 1990.
12. Aristóteles, *Physics*, trad. R. P. Hardie e R. K. Gaye, in *Works*, vol. 1, Chicago: Encyclopedia Britannica, 1952, 8.1, 250b10ss.
13. Edward Grant, *God and Reason in the Middle Ages*, Cambridge: Cambridge University Press, 2001, p. 237.
14. French e Cunningham, op. cit., p. 167, parafraseando as palavras de Guilherme.
15. Idem, p. 165.
16. Michael Haren, *Medieval Thought: The Western Intellectual Tradition from Antiquity to the Thirteenth Century*, 2ª ed., Toronto e Buffalo: University of Toronto Press, 1992, p. 172.
17. Josef Pieper, *Scholasticism: Personalities and Problems of Medieval Philosophy*, trad. Richard e Clara Winston, Nova York e Toronto: McGraw-Hill, 1964, p. 109.
18. Idem, p. 114. Pieper assinalou os ataques "grosseiros e clamorosos" de Alberto aos críticos ignorantes (p. 109).
19. A obra de Vicente, descrita em French e Cunningham (op. cit., p. 172-177), também incluiu *Espelho da doutrina* e *Espelho da história*.
20. Idem, p. 115.
21. Pieper, op. cit., p. 116. A citação foi extraída do livro de Alberto sobre as plantas, *De Vegetabilibus*.
22. Idem. Do comentário de Alberto sobre a *Física* de Aristóteles. A discussão de Pieper sobre o dever de compreender as coisas "tais como são em si" é sucinta e esclarecedora.
23. Grant, op. cit., p. 192.
24. Idem, p. 197.
25. Ibid., p. 193-194.
26. Ver a discussão esclarecedora de John Hedley Brooke, *Science and Religion: Some Historical Perspectives*, Cambridge: Cambridge University Press, 1991, p. 275-317.

27. Essa é, pelo menos, a conclusão de Marcia I. Colish em *Medieval Foundations of the Western Intellectual Tradition, 400-1400*, New Haven e Londres: Yale University Press, 1997, p. 321.
28. Pieper, op. cit., p. 109.
29. Heer, op. cit., p. 247.
30. S. C. Easton, *Roger Bacon and His Search for a Universal Science: A Reconsideration of the Life and Work of Roger Bacon in the Light of His Own Stated Purposes*, Oxford: Oxford University Press, 1952, p. 126ss. De acordo com Heer (op. cit., p. 244), "Bacon era totalmente dominado pela visão histórica dos Espirituais franciscanos, nos quais se baseava explicitamente".
31. Ver a descrição da visão e dos estigmas de Francisco em Michael Robson, *St. Francis of Assisi: The Legend and the Life*, Londres: Geoffrey Chapman, 1997, p. 262-264.
32. Citado em French e Cunningham, op. cit., p. 241.
33. Bacon fundamentou sua teoria da visão por "intromissão" na obra do cientista árabe Alhazen. Ver David C. Lindberg, *The Beginnings of Western Science*, Chicago e Londres: University of Chicago Press, 1992, p. 309-313.
34. Idem, p. 226-227; sobre a óptica de Bacon, ver p. 312-315. French e Cunningham, que oferecem explicações esclarecedoras sobre o trabalho de Bacon e a ciência franciscana em geral, adotam a postura de que "Bacon não poderia ser 'cientista', é claro, por ter vivido na época errada para isso" (op. cit., p. 238). O que pretendem dizer com isso é que é anacrônico considerar que um pensador como Bacon seria uma estranha combinação de místico religioso e cientista moderno (ou protomoderno), uma vez que "não havia tradição científica (no sentido moderno do termo 'científica') de examinar a natureza no século XIII, mas apenas um modo político-religioso de fazê-lo" (p. 273). Mesmo simpatizando com essa tentativa de evitar o anacronismo que é corrente em algumas histórias da ciência medieval, não se pode deixar de sentir que French e Cunningham resvalaram para o extremo oposto denegando os vínculos entre a ciência medieval e a moderna, com base em definições "essencialistas" das duas.
35. French e Cunningham, op. cit., p. 230. Ver também Lindberg, op. cit., p. 313: "Bacon aceitou a concepção neoplatônica do universo como uma vasta rede de forças, na qual cada objeto atuaria sobre os objetos de sua vizinhança através da irradiação de uma força ou uma imagem de si."
36. Heer, op. cit., p. 247.
37. G. K. Chesterton, *St. Thomas Aquinas*, Nova York: Sheed & Ward, 1954, p. 31.
38. Chesterton, op. cit., p. 74.
39. Tem havido consideráveis discussões recentes sobre a obra de Boaventura, enfatizando sua originalidade como teólogo sistemático. O resumo de Haren (op. cit., p. 161-171) é particularmente útil. Ver também a discussão elogiosa das idéias de Boaventura sobre a eternidade do mundo em Dales, op. cit., p. 86-97.

40. *Summa Theologica*, I.1.8, in Anton C. Pegis (org.), *Essential Writings of Saint Thomas Aquinas*, Nova York: Random House, 1945, p. 62. Para resumos proveitosos da obra de Tomás de Aquino, ver também Jones, op. cit., p. 208-286; e Haren, op. cit., p. 176-206. Baseei-me igualmente na discussão de Étienne Gilson sobre o tomismo (*The Spirit of Medieval Philosophy*, trad. A. H. C. Downes, Notre Dame e Londres: University of Notre Dame Press, 1991, edição original de 1936), e noutros trabalhos citados adiante.
41. Tomás negou que a existência de Deus fosse evidente, como havia sustentado Boaventura. Ver, em especial, Tomás de Aquino, *Summa contra Gentiles, Book One: God*, trad. C. Pegis, Notre Dame e Londres: University of Notre Dame Press, 1975, p. 79-123.
42. Tomás de Aquino, *Summa contra Gentiles, Book Three: Providence*, Parte I, trad. Vernon J. Bourke, Notre Dame e Londres: University of Notre Dame Press, 1975, p. 97.
43. Van Steenberghen, op. cit., p. 166.
44. Robert Fossier (org.), *Cambridge Illustrated History of the Middle Ages*, vol. 2: *950-1250*, Cambridge: Cambridge University Press, 1997, p. 326-329.
45. Há teorias conflitantes sobre a origem desses versos, mas Chesterton os atribui ao período discutido na biografia que escreveu (op. cit., p. 41). Os "andrajos" ou roupas esfarrapadas eram, muito provavelmente, os dos frades franciscanos; as "becas de veludo" (cuja versão alternativa seria "becas de seda") referiam-se, provavelmente, ao traje acadêmico dos dominicanos.
46. Timóteo, 2:3, 1-5.

Capítulo Seis
"*Este* ser humano compreende"
O grande debate na Universidade de Paris

1. Fernand van Steenberghen, *Aristotle in the West: The Origins of Latin Aristotelianism*, trad. Leonard Johnston, Nova York: Humanities Press, 1970, p. 220-221. Ver também van Steenberghen, *Maître Siger de Brabant*, Louvain: Publications Universitaires, 1966, e Paris VIe: Vander-Oyez S.A., 1977.
2. Dante Alighieri, *The Divine Comedy, Paradise*, Canto 10, linhas 133-138. Versão italiana em <<http://www.divinecomedy.org/divine_comedy.html>> (tradução do autor).
3. De acordo com Richard C. Dales, Siger era "um filósofo independente muito perspicaz, bem como um cristão devoto", assim como seu colega Boécio de Dácia (*Medieval Discussions of the Eternity of the World*, Leiden e Nova York: E. J. Brill, 1990, p. 140-153).
4. Citado em Dales, *Medieval Discussions*, op. cit., p. 144.
5. Idem.
6. Ibid., p. 145-146.

7. Van Steenberghen, op. cit., p. 231. O autor calculou que o "partido" de Siger "provavelmente somava menos de um quarto dos membros da faculdade, entre professores e alunos".
8. Citado em Ralph McInerny, *Aquinas Against the Averroists: On There Being Only One Intellect*, West Lafayette, Indiana: Purdue University Press, 1993, p. 11.
9. Citado em Michael Haren, *Medieval Thought: The Western Intellectual Tradition from Antiquity to the Thirteenth Century*, 2ª ed., Toronto e Buffalo: University of Toronto Press, 1992, p. 203.
10. Ver Capítulo 8, adiante.
11. Friedrich Heer, *The Medieval World: Europe, 1100-1350*, trad. Janet Sondheimer, Cleveland e Nova York: The World Publishing Company, 1961, p. 216. A visão de Siger como um dos primeiros racionalistas foi inicialmente desenvolvida por Pierre Mondonnet, *Siger de Brabant et l'averroïsme latin au XIIIe siècle*, vols. 1 e 2, 2ª ed., Louvain: Institut Supérieur de Philosophie de l'Université, 1911.
12. Étienne Gilson, *Reason and Revelation in the Middle Ages*, Nova York e Londres: Charles Scribner's Sons, 1950, p. 58.
13. Traduzido em McInerny, op. cit., p. 143; ver também a discussão nas p. 212-213.
14. Ver David Caute, *The Great Fear: The Anti-Communist Purge under Truman and Eisenhower*, Londres: Secker and Warburg, 1979.
15. A tradução é de Haren, op. cit., p. 198.
16. As traduções que se seguem foram extraídas de McInerny, op. cit., p. 9. Acrescentei algumas palavras entre colchetes a bem da clareza.
17. Idem. A proposição adicional concernente ao monopsiquismo era "Que a alma, que é a forma do ser humano, na medida em que o ser humano é humano, corrompe-se quando o corpo se corrompe".
18. Ibid. As três proposições relacionadas com a necessidade eram "Que a vontade do ser humano necessariamente deseja ou escolhe"; "Que todas as coisas aqui embaixo ficam sob o controle necessário dos corpos celestes"; e "Que o livre-arbítrio é uma força passiva, não ativa, e é necessariamente impulsionado pelo objeto desejado".
19. "As posses externas são necessárias a bem da virtude, pois que através delas sustentamos o corpo e ajudamos os semelhantes (...) a posse de bens é boa para os que os utilizam em prol da virtude, ao passo que constitui um mal para outros, pois que estes são atraídos por elas para longe da virtude", Tomás de Aquino, *Summa contra Gentiles, Book Three: Providence*, op. cit., p. cxxxiii e cxxxv.
20. Aristóteles, *Nicomachean Ethics*, trad. W. D. Ross, in *Works*, vol. 2, Chicago: Encyclopedia Britannica, 1952, 10.7, 1177a11 e seguintes.
21. Tomás de Aquino, op. cit., p. xxxvii-xxxviii e lxi-lxii.
22. Alguns comentaristas acham que a ética racionalista e voluntarista de Tomás de Aquino entra em conflito com sua própria afirmação dos dogmas

cristãos da predestinação e da graça. Ver, por exemplo, W. T. Jones, *The Medieval Mind*, vol. 2: *a History of Western Philosophy*, 2ª ed., Nova York: Harcourt, Brace & World, 1969, p. 278-285.

23. Aristóteles, *Politics*, trad. Benjamin Jowett, in *Works*, vol. 2, Chicago: Encyclopedia Britannica, 1952, 1.2, 1253a2-3.
24. McInerny, op. cit., p. 175, resumindo Aristóteles, *De anima*.
25. As diferenças entre Tomás de Aquino e Boaventura já haviam produzido uma "polarização das concepções" na década de 1250 (Richard C. Dales, *The Problem of the Rational Soul in the Thirteenth Century*, Leiden e Nova York: E. J. Brill, 1995, p. 99-112).
26. O texto desse tratado, com uma tradução e um comentário útil, encontrase em McInerny, op. cit.
27. Aristóteles, *On the Soul*, trad. J. A. Smith, in *Works*, vol. 1, Chicago: Encyclopedia Britannica, 1952, 1.4, 408b18-19.
28. Idem, 1.4, 408b13-14.
29. Outra conseqüência do monopsiquismo de Siger é que a ressurreição do corpo torna-se impossível, uma vez que não há alma individual para reanimá-lo. Para uma discussão proveitosa do monopsiquismo original de Averróis, ver Oliver Leaman, *Averroes and His Philosophy*, Oxford: Clarendon Press, 1988, p. 90-96.
30. Averróis batalhou de maneira inconclusiva com esse problema. Ver Leaman, op. cit., p. 93-94.
31. Tomás de Aquino, *On There Being Only One Intellect*, I, citado em McInerny, op. cit., p. 19. Ver também IV, p. 11; e a discussão de McInerny, p. 205ss. Tomás afirmava, de modo geral, que o conceito aristotélico do "intelecto ativo" não tinha o sentido que lhe fora atribuído por Averróis.
32. Ver Arthur Koestler, *The Ghost in the Machine*, Nova York: Random House, 1982.
33. Étienne Gilson, *The Spirit of Medieval Philosophy*, trad. A. H. C. Downes, Notre Dame e Londres: University of Notre Dame Press, 1991; ed. original, 1936; p. 180-188.
34. Ver van Steenberghen, op. cit., p. 377-383; Ralph McInerny, op. cit., p. 12; e Haren, op. cit., p. 201-202.
35. Josef Pieper, *Scholasticism: Personalities and Problems of Medieval Philosophy*, trad. Richard e Clara Winston, Nova York e Toronto: McGraw-Hill, 1964, p. 121.
36. G. K. Chesterton, em *St. Thomas Aquinas*, Nova York: Sheed & Ward, 1954, p. 140, vincula o "materialismo" de Tomás à doutrina da Encarnação: "Depois de a Encarnação transformar-se na idéia central de nossa civilização, era inevitável que houvesse um retorno ao materialismo, no sentido do valor sério da matéria e da feitura do corpo. Uma vez ressuscitado Cristo, era inevitável que Aristóteles voltasse à vida."
37. Siger de Brabante, *On the Eternity of the World*, citado em Dales, *Medieval Discussions*, p. 141.

38. Idem, p. 143.
39. Por exemplo, Boaventura afirmou que postular uma sucessão infindável de eventos era ilógico, pois envolvia o acréscimo de novos itens a uma série já infinita, o que, na época, era considerado uma impossibilidade matemática; ibid., p. 91-93. Ver também Edward Grant, *God & Reason in the Middle Ages*, Cambridge: Cambridge University Press, 2001, p. 237-252, que também discute a solução de Gregório de Rimini (fal. 1358) para o problema do "infinito absoluto". Boaventura distinguia "eterno", referindo-se a uma duração infinita de tempo, de "eterno" no sentido de algo que existe inteiramente fora do tempo e do espaço.
40. O ensaio de Tomás de Aquino "Sobre a eternidade do mundo" é discutido em Dales, *Medieval Discussions*, p. 134-140. O ponto principal de Tomás era que, como não existe "antes" nem "depois" na eternidade, Deus poderia ter feito o mundo coeterno a Si mesmo, se assim o desejasse.
41. Haren, op. cit., p. 180.
42. "Aos olhos dos que não eram capazes de compreender o significado mais profundo de suas inovações filosóficas, Tomás de Aquino estava fadado a parecer, se não averroísta, pelo menos simpatizante do averroísmo." Étienne Gilson escreveu essa frase em 1955. Ver sua *History of Christian Philosophy in the Middle Ages*, Nova York e Londres: Charles Scribner's Sons, 1955, p. 409.
43. Considerando seu temperamento geralmente moderado, Tomás de Aquino é freqüentemente comparado a um liberal ou *whig*, mas, em alguns aspectos, assemelha-se a personagens radicais como Leon Trotski, que dizia que o erro do stalinismo era ser insuficientemente marxista (Trotski não era, é claro, um moderado por temperamento).
44. Ver, por exemplo, van Steenberghen, op. cit., p. 80-88.
45. Rashdall, op. cit., p. 328-330.
46. Haren, op. cit., p. 204.
47. Ver, por exemplo, van Steenberghen, op. cit., p. 144ss.
48. Essa conclusão resulta de pesquisas recentes de René Gauthier, resumidas por J. M. M. H. Thijssen, *Censure and Heresy at the University of Paris, 1200-1400*, Filadélfia: University of Pennsylvania Press, 1998, p. 47-48.
49. Pieper, op. cit., p. 123-124.
50. Ver a discussão de Thijssen sobre as teorias antigas e novas no tocante às cartas do papa João XXI, em *Censure and Heresy*, op. cit., p. 43-47.
51. Idem, p. 49. Outras referências a essa carta encontram-se nas p. 49-52.
52. Citado em Haren, op. cit., p. 194.
53. Traduzidas e discutidas por Grant, op. cit., p. 215-217. Ver também John F. Wippel, "The Condemnations of 1270 and 1277 at Paris", in *Journal of Medieval and Renaissance Studies*, 7, 1977, p. 169-201.
54. Dales, *Medieval Discussions*, op. cit., p. 176.
55. Grant, op. cit., p. 214.
56. Isso tem sido tema de debate entre os estudiosos, com Wippel afirmando — de forma convincente, a meu ver — que Tomás foi um dos alvos das

condenações ("Thomas Aquinas and the Condemnations of 1277", *The Modern Schoolman*, 72, 1995.) Ver também Henry F. Nardone, *St. Thomas Aquinas and the Condemnations of 1277*, tese de doutorado, Washington: The Catholic University of America Philosophical Studies Nº 209, 1963. Thijssen e alguns outros discordam (Thijssen, *Censure and Heresy at the University of Paris, 1200-1400*, p. 52-56).

57. As proposições tomistas censuradas por Kilwardby incluíram a unidade da forma substancial, a união direta da alma com a matéria e a ausência de "razões seminais" na matéria primordial, todas elas doutrinas desenvolvidas por Tomás em seus debates com Boaventura e Peckham sobre a natureza da alma. Ver Haren, op. cit., p. 206.
58. Citado em Thijssen, op. cit., p. 55-56.
59. Ver, por exemplo, Fernand van Steenberghen, *La philosophie au XIII*[e] *siècle*, Paris: Louvain, 1966, p. 304.
60. A oportuna expressão "golpe de raspão" é de Haren, op. cit., p. 208.
61. Ver Heer, op. cit., p. 284.
62. Idem, p. 239.
63. Gilson, *History of Christian Philosophy*, op. cit., p. 405.
64. Van Steenberghen, *Maître Siger de Brabant*, p. 405.

Capítulo Sete

"A navalha de Occam"

O divórcio entre a fé e a razão

1. Friedrich Heer, *The Medieval World: Europe, 1100-1350*, trad. Janet Sondheimer, Cleveland e Nova York: The World Publishing Company, 1961, p. 274.
2. Karl Marx, *The Eighteenth Brumaire of Louis Bonaparte*, Nova York: International Publishers, 1963, p. 15.
3. Norman F. Cantor, *The Civilization of the Middle Ages*, ed. revista, Nova York: HarperCollins, 1993, p. 495.
4. Malcolm Lambert, *Medieval Heresy: Popular Movements from the Gregorian Reform to the Reformation*, 2ª ed., Oxford (Inglaterra) e Cambridge, Mass.: Blackwell, 1992, p. 180.
5. Citado em Heer, op. cit., p. 196.
6. Cantor, op. cit., p. 481.
7. Colin McEvedy, *The New Penguin Atlas of Medieval History*, Londres: Penguin Books, 1992, p. 86.
8. Cantor, op. cit., p. 495.
9. Ver, por exemplo, Barbara Tuchman, *A Distant Mirror: The Calamitous Fourteenth Century*, Nova York: Ballantine Books, 1987.
10. Ver, por exemplo, Lambert, op. cit., p. 189-214.

11. David Burr, "The Persecution of Peter Olivi", in *Transactions of the American Philosophical Society*, 66, 1976, p. 3-98.
12. Um paralelo moderno é a crítica de Marx a Hegel, que Engels chamou de "pôr Hegel de cabeça para cima". [No Posfácio à segunda edição alemã de *O capital*, em 1873, disse Marx: "Em Hegel, a dialética está de cabeça para baixo. É necessário pô-la de cabeça para cima, a fim de descobrir a substância racional dentro do invólucro místico." (N. da T.)]
13. Richard Cross, *Duns Escoto*, Nova York e Oxford: Oxford University Press, 1999, p. 3-6. Sobre a filosofia de Duns Escoto, ver também Allan B. Wolter, *The Philosophical Theology of John Duns Escoto*, Ithaca, N.Y., e Londres: Cornell University Press, 1990. W. T. Jones oferece um resumo breve e proveitoso das idéias de Duns Escoto em *The Medieval Mind*, vol. 2: *A History of Western Philosophy*, 2ª ed., Nova York: Harcourt, Brace & World, 1969, p. 299-316.
14. Josef Pieper, *Scholasticism: Personalities and Problems of Medieval Philosophy*, trad. Richard e Clara Winston, Nova York e Toronto: McGraw-Hill, 1964, p. 139. Ver também o comentário respeitosamente crítico (pró-tomista) de Pieper nas p. 139-146.
15. As controvérsias sobre como sabemos o que sabemos são minuciosamente discutidas em Robert Pasnau, *Theories of Cognition in the Later Middle Ages*, Cambridge: Cambridge University Press, 1997.
16. Para uma ampla discussão das idéias de Tomás de Aquino sobre o ser, ver Philipp W. Rosemann, *Understanding Scholastic Thought with Foucault*, Nova York: St. Martin's Press, 1999, p. 133-181.
17. Sobre a discussão de Duns Escoto a propósito de nossa capacidade de chegar a conclusões acertadas, ver Jones, op. cit., p. 305-309. Ver também Pieper (op. cit., p. 145), onde o autor acusa Duns Escoto de exigir "um argumento tão absolutamente evidente a ponto de estar quase além da capacidade humana", ao mesmo tempo que pregava, por outro lado, "uma resignação quase equivalente à renúncia, quando se tratava de tornar inteligíveis as 'razões'".
18. Sabe-se muito pouco sobre a vida de Occam. É muito provável que ele fosse jovem demais para estudar diretamente com Duns Escoto em Oxford ou em Paris. Ver, por exemplo, Gordon Leff, *William of Ockham: The Metamorphosis of Scholastic Discourse*, Manchester: Manchester University Press, e Totawa, N.J.: Rowman and Littlefield, 1975, p. xvi-xvii; e William Courtenay, *Schools and Scholars in Fourteenth-Century England*, Princeton, N. J.: Princeton University Press, 1987, p. 193-196.
19. Gordon Leff, op. cit., p. 42-44.
20. Para uma boa e sucinta discussão do "terminismo" de Occam, ver Marcia L. Colish, *Medieval Foundations of the Western Intellectual Tradition, 400-1400*, New Haven e Londres: Yale University Press, 1997, p. 311-315. Vale a pena assinalar que a posição do próprio Aristóteles sobre o tema da realidade dos universais era um tanto ambígua; segundo ele, os universais existiam, mas sua existência era puramente derivativa. Ver a discussão em Jonathan Barnes

(org.), *The Cambridge Companion to Aristotle*, Cambridge: Cambridge University Press, 1995, p. 96-98.

21. Leff (op. cit., p. 35, n. 141) assinala que esse princípio era muito mais antigo do que Occam, remontando até Aristóteles, e que Duns Escoto também o havia empregado, embora não de forma tão extensa quanto Occam.
22. Sobre a teoria da individuação de Duns Escoto, ver Wolter, op. cit., p. 68-97. Quanto às idéias de Occam, ver Leff, op. cit., p. 62-77. Uma discussão recente e interessante sobre o debate medieval, do ponto de vista da filosofia moderna, encontra-se em Richard A. Lee, Jr., *Science, the Singular, and the Question of Theology*, Nova York: Palgrave, 2002.
23. Sobre as concepções de Occam, ver Leff, op. cit., p. 62-77.
24. Lee, op. cit., p. 104.
25. Idem.
26. Ver a discussão *supra*, nas p. 116-118.
27. Ver Oliver Leaman, *Moses Maimonides*, Richmond, Surrey: Curzon Press, 1997, p. 18-38.
28. Tomás de Aquino tomou isto como ponto de partida: "Pois, por sua imensidão, a substância divina ultrapassa todas as formas alcançadas por nosso intelecto. Por isso somos incapazes de apreendê-la sabendo *o que ela é*. No entanto, podemos ter certo conhecimento dela ao saber *o que ela não é*." *Summa contra Gentiles; Book One: God*, trad. Anton C. Pegis, Notre Dame e Londres: University of Notre Dame Press, 1975, p. 96.
29. Oliver Leaman, *Moses Maimonides*, op. cit., p. 26. Guilherme de Occam chegou a uma conclusão similar (ver Leff, op. cit., p. 370ss).
30. Idem, p. 19.
31. Ibid., p. 29 (2) e 30 (2).
32. Leff, op. cit., p. 159; e ver a discussão nas p. 159-163.
33. Exemplo disso é o conceito de "distinção formal" de Duns Escoto, que ele usou para evitar assumir uma postura claramente nominalista na questão dos individuais e dos universais. Ver Leff, op. cit., p. 111-120.
34. Citado e discutido em Pieper, op. cit., p. 148-149.
35. Leff, op. cit., p. xvi.
36. Ver os casos discutidos em J. M. M. H. Thijssen, *Censure and Heresy at the University of Paris, 1200-1400*, Filadélfia: University of Pennsylvania Press, 1998.
37. Richard Tarnas, *The Passion of the Western Mind: Understanding the Ideas that Have Shaped Our World View*, Nova York: Ballantine Books, 1991, p. 201.
38. Frank Tobin, *Meister Eckhart: Thought and Language*, Filadélfia: University of Pennsylvania Press, 1986, p. 11.
39. A experiência mística, é claro, vai além do conhecimento sensorial e chega à "base do ser". Entretanto, tal como o conhecimento sensorial, não requer o raciocínio. Colish descreve Eckhart como um "cristão aristotélico e (...) um místico essencialmente cognitivo e analítico" (op. cit., p. 240).

40. Tobin, op. cit., p. 70.
41. Jeanne Ancelet-Hustache, *Master Eckhart and the Rhineland Mystics*, trad. Hilda Graef, Nova York e Londres: Harper Torchbooks and Longmans, 1957, p. 121. Ver também a descrição do julgamento feita por Ancelet-Hustache nas p. 120-138.
42. Sugeriu-se que essa investigação teria sido feita a pedido de Eckhart, para preservar sua reputação antes que surgissem inquisidores mais hostis. Ver Tobin, op. cit., p. 9. Mais tarde, Eckhart alegou (infrutiferamente) que, por ter sido julgado inocente de heresia por um investigador papal, não poderia ser julgado pela segunda vez com base na mesma acusação.
43. Ancelet-Hustache, op. cit., p. 125.
44. Mestre Eckhart, "See What Love", citado em Reiner Schurmann, *Meister Eckhart: Mystic and Philosopher*, Bloomington, Ind., e Londres: University of Indiana Press, 1978, p. 133-134. Ver também o comentário de Schurmann sobre o sermão nas p. 137-171.
45. Tobin, op. cit., p. 129-130.
46. Idem, p. 92. Ver também Ancelet-Hustache, op. cit., p. 128.
47. Ancelet-Hustache, op. cit., p. 139-171. A autora assinala que essa revivescência da religiosidade também pode ter sido uma resposta ao aparecimento da Peste Negra no início da década de 1340.
48. Ver a discussão no próximo capítulo. O termo "occamista" era usado, de modo geral, para designar os estudiosos cujo trabalho se inspirava, até certo ponto, na abordagem da filosofia natural de Guilherme de Occam. Os ensinamentos teológicos deste, na faculdade de artes liberais de Paris, foram cerceados por uma série de normas aprovadas pelos mestres na década de 1340, e alguns "occamistas" posteriores tiveram sua obra condenada, mas não houve um "esvaziamento indiscriminado de opiniões occamistas entrincheiradas" na Universidade de Paris. Ver David A. Luscombe, *Medieval Thought*, Oxford: Oxford University Press, 1997, p. 161.

Capítulo Oito
"Deus já não tem que mover esses círculos"
Aristóteles e o mundo moderno

1. Aristóteles, *On the Heavens* (*De Caelo*), trad. J. L. Stocks, in *Works*, vol. 1, Chicago: Encyclopedia Britannica, 1952, 2.14, 297b.24-298a.20.
2. Edward Grant, *God & Reason in the Middle Ages*, Cambridge: Cambridge University Press, 2001, p. 339-340. Ver também Jeffrey Burton Russell, *Inventing the Flat Earth: Columbus and Modern Historians*, Nova York: Praeger, 1991.
3. De acordo com o rabino Stephen S. Wise, um líder do judaísmo reformista norte-americano, a teoria psicanalítica freudiana era "um escavar nos esgotos de nossas disposições e apetites, sonhos e paixões". Ver Peter Gay, *Freud:*

A Life for Our Time, Nova York e Londres: W. W. Norton, 1988, p. 451 [*Freud: Uma vida para o nosso tempo*, São Paulo: Companhia das Letras, 1995, p. 411].

4. A batalha atual entre os ativistas do "Direito à Vida" e os cientistas que desejam fazer pesquisas com células-tronco embrionárias é um exemplo contemporâneo.
5. Apesar de conhecidos como "occamistas", muitos membros da escola parisiense divergiam de Guilherme de Occam nas questões teológicas. Os textos teológicos de alguns "occamistas" posteriores foram censurados pelas autoridades universitárias.
6. A obra filosófica de Buridan é famosa, entre outras coisas, pelo "asno de Buridan", uma imagem derivada de sua idéia de que o livre-arbítrio das pessoas era limitado pela força de sua motivação. Quando o intelecto apresenta uma alternativa como melhor do que outra, afirmava ele, esse juízo dita a escolha que as pessoas farão, ao passo que, quando todas as alternativas são consideradas igualmente dignas, as pessoas não fazem escolha alguma. O "asno de Buridan" (idéia inventada por um de seus adversários filosóficos) é um jumento faminto, tentado por dois fardos de feno igualmente desejáveis e eqüidistantes. Incapaz de escolher entre eles, a pobre criatura morre de fome.
7. Ver a discussão de Thomas S. Kuhn sobre a ciência como uma série de "revoluções" paradigmáticas, em *The Structure of Scientific Revolutions*, Chicago: University of Chicago Press, 1962 [*A estrutura das revoluções científicas*, São Paulo: Perspectiva, 1975].
8. Aristóteles e os antigos consideravam os corpos celestes como seres inteligentes que eram "movidos", não no sentido de serem empurrados, mas no sentido de serem impelidos à mudança, tal como um apaixonado é impelido a se unir a sua amada. Ver discussão em Jonathan Barnes (org.), *The Cambridge Companion to Aristotle*, Cambridge: Cambridge University Press, 1995, p. 104-105.
9. Citado em Harold P. Nebelsick, *The Renaissance, the Reformation, and the Rise of Science*, Edimburgo: T & T Clark, 1992, p. 63.
10. Grant, op. cit., p. 167.
11. David C. Lindberg, *The Beginnings of Western Science*, Chicago e Londres: University of Chicago Press, 1992, p. 305.
12. Lindberg, op. cit., p. 296-301; Grant, op. cit., p. 172-174.
13. Pierre Duhem, "Nicole Oresme", in *The New Advent Catholic Encyclopedia*, <http://www.newadvent.org/cathen/11296a.htm> (do vol. 11 da *Catholic Encyclopedia* de 1911).
14. Citado em Grant, op. cit., p. 200. Grant fala em "*experience*"[experiência], não "*experiment*"[experimento], mas é possível que essa seja uma tradução equivocada [para o inglês] do termo francês "*expérience*" (o livro de Oresme foi escrito em francês).
15. Citado em Lindberg, op. cit., p. 260.

16. Idem.
17. Ibid., p. 261.
18. Ibid., p. 361-362.
19. "Estritamente falando, era impossível realizar uma fusão de Aristóteles com o cristianismo — como bem sabia Tomás de Aquino". John Hedley Brooke, *Science and Religion: Some Historical Perspectives*, Cambridge: Cambridge University Press, 1991, p. 60-61. Brooke assinala que, por conseguinte, Tomás de Aquino deslocou a ênfase central na metafísica das doutrinas aristotélicas do movimento e do devir para "o problema da existência".
20. Ao exigir "que se preste atenção à vontade criativa de Deus, e não ao saber e ao intelecto criativo de Deus", é provável que as condenações tenham acelerado a cisão entre os métodos para compreender o universo material e os métodos para manter uma relação com Deus. Ver Richard A. Lee, Jr., *Science, the Singular, and the Question of Theology*, Nova York: Palgrave, 2002, p. 59-60.
21. Para um resumo breve e proveitoso desse período, ver Eugene F. Rice, Jr., *The Foundations of Early Modern Europe, 1460-1559*, Nova York: W. W. Norton, 1970.
22. Um excelente resumo do "debate sobre a continuidade" encontra-se em Lindberg, op. cit., p. 355-368.
23. Ver Pierre Duhem, *To Save the Phenomena: An Essay on the Idea of Physical Theory from Plato to Galileo*, trad. Edmund Doland e Chaninah Maschler, Chicago: University of Chicago Press, 1969.
24. Albert Einstein, "Physics and Reality", in *Ideas and Opinions*, trad. Sonja Bargmann, Nova York: Dell, 1954, p. 286.
25. Grant, op. cit., p. 364.
26. Francis Bacon, *The Physical and Metaphysical Works of Lord Bacon, Including "The Advancement of Learning" and "Novum Organum"*, org. Joseph Devey, Londres: George Bell and Sons, 1904, p. 384-414.
27. Francis Bacon, *The Advancement of Learning*, org. B. W. Kitchin, Londres: Dent, 1965, 1.4.2, 24.
28. Galileu Galilei, *Dialogue Concerning the Two Chief World Systems — Ptolemaic & Copernican*, trad. Stillman Drake, Los Angeles, University of California Press, 1962, p. 110.
29. Martinho Lutero, *Against Pelagianism*, citado em J. H. Merle d'Aubigné, *The Life and Times of Martin Luther*, trad. H. White, Chicago: Moody Press, 1953, p. 85.
30. Martinho Lutero, "Against Scholastic Theology", in *Luther's Works*, vol. 31: *Career of the Reformer: I*, org. Harold J. Grimm, Filadélfia: Muhlenberg Press, 1957, p. 12.
31. Thomas Hobbes, *Leviathan*, org. J. C. A. Gaskin, Nova York: Oxford University Press, 1998, p. 445.
32. Ver a discussão *supra*, nas p. 6-7.
33. Hobbes, op. cit., p. 86 ss.

34. Idem, p. 183, 189-190, 192-193, 235.
35. Ver Tomás de Aquino, "On Law", in *Selected Writings of Saint Thomas Aquinas*, org. Anton C. Pegis, Nova York: Random House, 1945, p. 362.
36. Aristóteles, *Politics*, trad. Benjamin Jowett, in *Works*, vol. 2, Chicago: Encyclopedia Britannica, 1952; ver também a importante discussão do conflito de Hobbes com Aristóteles em Pierre Manent, *The City of Man*, trad. Marc A. LePain, Princeton: Princeton University Press, 1998, p. 169-177.
37. Em *Contra o pelagianismo* (citado em Aubigné, op. cit., p. 85), Lutero declarou: "Toda obra da indulgência parece boa por fora, mas, por dentro, equivale ao pecado. Quando a vontade se volta para a indulgência sem a graça de Deus, ela o faz unicamente em interesse próprio. Malditos sejam todos os que realizam as obras da indulgência. Benditos sejam todos os que realizam as obras pela graça divina."
38. Na verdade, Lutero se formou na Universidade de Erfurt, que era occamista.
39. Epístola de Paulo aos Romanos, 1:17. A citação do livro de Habacuc (2:4) também é traduzida por "Os íntegros viverão pela fé".
40. Aubigné, op. cit., p. 46.
41. O descrédito do marxismo depois da Guerra Fria oferece um paralelo interessante. As idéias de Karl Marx haviam se identificado tanto com as práticas do comunismo soviético e chinês que a maioria das pessoas não se deu ao trabalho de desemaranhá-las.
42. Richard Tarnas, *The Passion of the Western World: Understanding the Ideas that Have Shaped Our World View*, Nova York: Ballantine Books, 1991, p. 286.
43. Idem.
44. Ver John Hedley Brooke, op. cit., p. 29.
45. "Com a guerra no Iraque avultando no ar e com grande parte do mundo opondo-se a essa posição, o presidente adotou, nas últimas semanas, um tom intensamente devocionista. Numa série de discursos, (...) Bush abraçou muito mais abertamente a teologia cristã." *The Washington Post*, 11 de fevereiro de 2003, A2.
46. Ver, por exemplo, René Descartes, *Discourse on Method and Meditation*, Nova York: Liberal Arts Press, 1976.
47. Isso não quer dizer, é claro, que tais conflitos sejam impossíveis. Ver Kenneth W. Kemp, "The Possibility of Conflict between Science and Christian Theology", in Jitse M. van der Meer (org.), *Facets of Faith and Science*, vol. 1: *Historiography and Modes of Interaction*, Lanham, Maryland; Nova York e Londres: University Press of America, 1996, p. 247-265.
48. Idem, p. 275-309.
49. Para uma discussão geral, ver James Davison Hunter, *Culture Wars: The Struggle to Define America*, Nova York: Basic Books, 1992.

Bibliografia

Abelard, Peter [Pedro Abelardo], *A Dialogue of a Philosopher with a Jew and a Christian*, trad. Pierre J. Payer, Toronto: The Pontifical Institute of Mediaeval Studies, 1979.

———, *The Story of Abelard's Adversities: A Translation with Notes of the "Historia Calamitatum"*, trad. J. T. Muckle, Toronto: The Pontifical Institute of Mediaeval Studies, 1964.

Abrahams, Israel, *Jewish Life in the Middle Ages*, Nova York: Atheneum, 1975.

Abulafia, David, *Frederick II: A Medieval Emperor*, Londres: Allen Lane, The Penguin Press, 1988.

———, M. Franklin e M. Rubin (orgs.), *Church and City, 1000-1500: Essays in Honour of Christopher Brooke*, Cambridge: Cambridge University Press, 1992.

Afnan, Soheil M., *Avicenna: His Life and Works*, Londres: George Allen & Unwin, 1958.

Agius, Dionisius A., e Richard Hitchcock (orgs.), *The Arab Influence in Medieval Europe*, Reading (Reino Unido): Ithaca Press, 1994.

Ancelet-Hustache, Jeanne, *Master Eckhart and the Rhineland Mystics*, trad. Hilda Graef, Nova York e Londres: Harper Torchbooks and Longmans, 1957.

Anselm of Canterbury [Anselmo de Cantuária], *Monologion and Proslogion, with the Replies of Gaunilo and Anselm*, trad. Thomas Williams, Indianápolis e Cambridge: Hackett Publishing Company, 1995.

Aquinas, Thomas [Tomás de Aquino], *Summa contra Gentiles, Book One: God*, trad. Anton C. Pegis, Notre Dame (Indiana) e Londres: University of Notre Dame Press, 1975.

———, *Summa contra Gentiles, Book Three: Providence, Part I*, trad. Vernon J. Bourke, Notre Dame (Indiana) e Londres: University of Notre Dame Press, 1975.

Archer-Hind, R. D., *The Timaeus of Plato*, Londres e Nova York: Macmillan and Co., 1888.

Aristotle [Aristóteles], *Works, Vols. 1 and 2*, Chicago: Encyclopedia Britannica, 1952.

Armstrong, Karen, *A History of God: The 4000-Year Quest of Judaism, Christianity, and Islam*, Nova York: Ballantine Books, 1993.

———, *Islam: A Short History*, Nova York: Modern Library, 2000.

Artz, Ferdinand B., *The Mind of the Middle Ages: An Historical Survey, A.D. 200-1500*, 3ª ed. revista, Chicago e Londres: University of Chicago Press, 1980.

d'Aubigné, J. H. Merle, *The Life and Times of Martin Luther*, trad. H. White, Chicago: Moody Press, 1953.

Augustine of Hippo [Agostinho de Hipona], *The City of God*, trad. Marcus Dods, Nova York: Modern Library, 1950 [*A cidade de Deus*, trad. Oscar Paes Leme, Petrópolis: Vozes, 1999].

———, *The Confessions of Saint Augustine*, trad. Rex Warner, Nova York: Penguin Books, 1963 [*Confissões*, trad. J. Oliveira Santos, S.J., e A. Ambrósio de Pina, S.J., col. "Os Pensadores", São Paulo: Nova Cultural, 1996].

Bacon, Francis, *The Advancement of Learning*, org. B. W. Kitchin, Londres: Dent, 1965.

———, *The Physical and Metaphysical Works of Lord Bacon, Including "The Advancement of Learning" and "Novum Organum"*, org. Joseph Devey, Londres: George Bell and Sons, 1904.

Barber, Malcolm, *The Two Cities: Medieval Europe, 1050-1320*, Londres e Nova York: Routledge, 1992.

Barnes, J., M. Schofield e R. Sorabji (orgs.), *Articles on Aristotle*, vol. 2: *Ethics and Politics*, Nova York: St. Martin's Press, 1977.

———, *Articles on Aristotle*, vol. 3: *Metaphysics*, Nova York: St. Martin's Press, 1979.

Barnes, Jonathan, *Aristotle: A Very Short Introduction*, Oxford e Nova York: Oxford University Press, 2000.

Barnes, Jonathan (org.), *The Cambridge Companion to Aristotle*, Cambridge: Cambridge University Press, 1995.

Barnes, Michael Horace, *Stages of Thought: The Co-Evolution of Religious Thought and Science*, Oxford e Nova York: Oxford University Press, 2000.

Baron, Salo Wittmayer, *A Social and Religious History of the Jews, High Middle Ages, 500-1200*, vol. 8: *Philosophy and Science*, 2ª ed., Nova York: Columbia University Press; Filadélfia: Jewish Publication Society of America, 1958.

Berman, Harold J., *Law and Revolution*, Cambridge (Massachusetts): Harvard University Press, 1985.

Bettenson, Henry (org.), *Documents of the Christian Church*, 2ª ed., Oxford e Londres: Oxford University Press, 1963.

Biller, Peter, e Anne Hudson (orgs.), *Heresy and Literacy, 1000-1530*, Cambridge: Cambridge University Press, 1994.

Boethius [Boécio], *The Consolation of Philosophy*, trad. S. J. Tester, Cambridge (Massachusetts) e Londres: Harvard University Press (Loeb Classical Library), 1973.

———, *The Theological Tractates*, trad. H. F. Stewart, E. K. Rand e S. J. Tester, Cambridge (Massachusetts) e Londres: Harvard University Press (Loeb Classical Library), 1973.

Boyer, Blanche, e Richard McKeon (orgs.), *Peter Abailard Sic et Non, A Critical Edition*, Chicago: University of Chicago Press, 1976.

Braudel, Fernand, *A History of Civilizations*, trad. Richard Mayne, Nova York e Londres: Allen Lane, The Penguin Press, 1994.

Bredero, Adriaan H., *Bernard of Clairvaux: Between Cult and History*, Grand Rapids (Michigan): William B. Eerdmans, 1993.

Brentano, Franz, *Aristotle and His World View*, org. e trad. Rolf George e Roderick M. Chisholm, Berkeley e Los Angeles: University of California Press, 1978.

Brooke, John, e Geoffrey Cantor, *Reconstructing Nature: The Engagement of Science and Religion*, Edimburgo: T & T Clark, 1998.

Brooke, John Hedley, *Science and Religion: Some Historical Perspectives*, Cambridge: Cambridge University Press, 1991.

Brown, Peter, *Augustine of Hippo: A Biography*, Nova York: Dorset Press, 1967 [*Agostinho de Hipona*, trad. Vera Ribeiro (com base na edição revista de 2000), Rio de Janeiro: Record, no prelo].

———, *Power and Persuasion in Late Antiquity: Towards a Christian Empire*, Madison (Wisconsin): University of Wisconsin Press, 1992.

———, *The World of Late Antiquity: AD 150-750*, Nova York e Londres: W. W. Norton, 1971.

Burr, David, "The Persecution of Peter Olivi", in *Transactions of the American Philosophical Society*, 66, 1976, p. 3-98.

Butterworth, Charles E., e Black Andree Kessel (orgs.), *The Introduction of Arabic Philosophy into Europe*, Leiden, Nova York e Colônia: E. J. Brill, 1994.

Campbell, Joseph, *The Masks of God: Creative Mythology*, Nova York: Viking Press, 1968.

Cantor, Norman F., *The Civilization of the Middle Ages*, ed. revista, Nova York: HarperCollins, 1993.

———, *Inventing the Middle Ages: The Lives, Works, and Ideas of the Great Medievalists of the Twentieth Century*, Nova York: William Morrow, 1991.

Cantor, Norman F. (org.), *The Medieval World, 300-1300*, 2ª ed., Nova York e Londres: Macmillan e Collier Macmillan, 1968.

Caputo, John D., *Heidegger and Aquinas: An Essay on Overcoming Metaphysics*, Nova York: Fordham University Press, 1982.

Carroll, James, *Constantine's Sword: The Church and the Jews*, Boston: Houghton Mifflin, 2001.

Chadwick, Henry, *The Early Church*, ed. revista, Londres: Penguin Books, 1993.

Chenu, M. D., *Nature, Man, and Society in the Twelfth Century: Essays on New Theological Perspectives in the Latin West*, trad. Jerome Taylor e Lester K. Little, Chicago e Londres: University of Chicago Press, 1968.

Chesterton, G. K., *St. Thomas Aquinas*, Nova York: Sheed & Ward, 1954.

Clark, Mary T. (org.), *An Aquinas Reader*, Garden City (Nova York): Image Books, 1972.

Cohen, Mark R., *Under Crescent and Cross: The Jews in the Middle Ages*, Princeton: Princeton University Press, 1994.

Cohn, Norman, *The Pursuit of the Millennium: Revolutionary Millenarians and Mystical Anarchists of the Middle Ages*, 3ª ed., Nova York: Oxford University Press, 1970.

Colish, Marcia L., *Medieval Foundations of the Western Intellectual Tradition, 400-1400*, New Haven e Londres: Yale University Press, 1997.

Copleston, Frederick C., *Medieval Philosophy*, Nova York e Evanston: Harper & Row, 1961.

Courtenay, William, *Schools and Scholars in Fourteenth-Century England*, Princeton: Princeton University Press, 1987.

Cross, Richard, *Duns Scotus*, Nova York e Oxford: Oxford University Press, 1999.

Dales, Richard C., *Medieval Discussions of the Eternity of the World*, Leiden e Nova York: E. J. Brill, 1990.

———, *The Problem of the Rational Soul in the Thirteenth Century*, Leiden e Nova York: E. J. Brill, 1995.

Davidson, Herbert A., *Alfarabi, Avicenna, and Averroës on Intellect*, Nova York e Oxford: Oxford University Press, 1992.

Devey, Joseph (org.), *The Physical and Metaphysical Works of Lord Bacon, Including "The Advancement of Learning" and "Novum Organum"*, Londres: George Bell and Sons, 1904.

Dodd, Tony, *The Life and Thought of Siger of Brabant, Thirteenth-Century Parisian Philosopher: An Examination of His Views on the Relationship of Philosophy and Theology*, Lewiston (Nova York): Edwin Mellen Press, 1998.

Douie, Decima L., *The Conflict Between the Seculars and the Mendicants at the University of Paris in the Thirteenth Century*, Nova York: AMS Press, 1954.

Dronke, Peter (org.), *A History of Twelfth-Century Philosophy*, Cambridge: Cambridge University Press, 1992.

Duhem, Pierre, *To Save the Phenomena: An Essay on the Idea of Physical Theory from Plato to Galileo*, trad. Edmund Doland e Chaninah Maschler, Chicago: University of Chicago Press, 1969.

Easton, S. C., *Roger Bacon and His Search for a Universal Science: A Reconsideration of the Life and Work of Roger Bacon in the Light of His Own Stated Purposes*, Oxford: Oxford University Press, 1952.

Eco, Umberto, *Art and Beauty in the Middle Ages*, trad. Hugh Bredin, New Haven (Connecticut): Yale University Press, 1986.

———, *The Name of the Rose*, trad. William Weaver, Nova York: Warner Books, 1983 [*O nome da rosa*, trad. Aurora F. Bernardini e Homero Freitas de Andrade, Rio de Janeiro: Record, 1986].

Einstein, Albert, *Ideas and Opinions*, trad. Sonja Bargmann, Nova York: Dell, 1954.

Emhardt, W. C., e G. M. Lamsa, *The Oldest Christian People: A Brief Account of the History and Traditions of the Assyrian People and the Fateful History of the Nestorian Church*, Nova York: AMS Press, 1926.

Erasmus [Erasmo], *Praise of Folly*, trad. Betty Radice, ed. revista, Londres: Penguin Books, 1993.

Evans, G. R., *Philosophy and Theology in the Middle Ages*, Nova York e Londres: Routledge, 1993.

Fakhry, Majid, *A History of Islamic Philosophy*, 2ª ed., Nova York e Londres: Columbia University Press e Longmans, 1993.

Fichtenau, Heinrich, *Heretics and Scholars in the High Middle Ages, 1000-1200*, trad. Kenise A. Kaiser, University Park (Pensilvânia): Pennsylvania State University Press, 1998.

Fossier, Robert (org.), *The Cambridge Illustrated History of the Middle Ages*, vol. 2: *950-1250*, trad. Stuart Airlie e Robyn Marsack, Cambridge: Cambridge University Press, 1997.

French, Roger, e Andrew Cunningham, *Before Science: The Invention of the Friars' Natural Philosophy*, Aldershot (Reino Unido): Scolar Press, 1996.

Frend, W. H. C., *The Rise of Christianity*, Filadélfia: Fortress Press, 1984.

Galilei, Galileo [Galileu Galilei], *Dialogue Concerning the Two Chief World Systems — Ptolemaic & Copernican*, trad. Stillman Drake, Los Angeles: University of California Press, 1962.

Geremek, Bronislaw, *The Margins of Society in Late Medieval Paris*, trad. Jean Birrell, Cambridge: Cambridge University Press, 1987.

Gilson, Étienne, *History of Christian Philosophy in the Middle Ages*, Nova York e Londres: Charles Scribner's Sons, 1955.

———, *Reason and Revelation in the Middle Ages*, Nova York e Londres: Charles Scribner's Sons, 1950.

———, *The Spirit of Medieval Philosophy*, trad. A. H. C. Downes (1936), Notre Dame e Londres: University of Notre Dame Press, 1991.

Given, James, *State and Society in Medieval Europe: Gwynedd and Languedoc under Outside Rule*, Ithaca e Londres: Cornell University Press, 1990.

Gottlieb, Anthony, *The Dream of Reason: A History of Philosophy from the Greeks to the Renaissance*, Nova York e Londres: W. W. Norton, 2000.

Grant, Edward, *God & Reason in the Middle Ages*, Cambridge: Cambridge University Press, 2001.

Grant, Michael, *Dawn of the Middle Ages*, Nova York: Bonanza Books, 1981.

———, *From Rome to Byzantium: The Fifth Century A.D.*, Londres e Nova York: Routledge, 1998.

Hanson, R. P. C., *The Search for the Christian Doctrine of God: The Arian Controversy, 318-381*, Edimburgo: T & T Clark, 1988.

Haren, Michael, *Medieval Thought: The Western Intellectual Tradition from Antiquity to the Thirteenth Century*, 2ª ed., Toronto e Buffalo: University of Toronto Press, 1992.

Haskins, Charles Homer, *The Renaissance of the Twelfth Century*, Nova York: The World Publishing Company, 1957.

Havinghurst, Alfred F. (org.), *The Pirenne Thesis*, Boston: Little, Brown, 1958.

Heer, Friedrich, *The Medieval World: Europe, 1100-1350*, trad. Janet Sondheimer, Cleveland e Nova York: The World Publishing Company, 1961.

Hobbes, Thomas, *Leviathan*, org. J. C. A. Gaskin, Nova York: Oxford University Press, 1998.

Hunter, James Davison, *Culture Wars: The Struggle to Define America*, Nova York: Basic Books, 1992.

Illich, Ivan, *In the Vineyard of the Text: A Commentary to Hugh's Didascalion*, Chicago e Londres: University of Chicago Press, 1993.

James, Bruno Scott, *Saint Bernard of Clairvaux: An Essay in Biography*, Nova York: Harper & Brothers, 1957.

John of Salisbury [João de Salisbury], *The "Metalogicon" of John of Salisbury: A Twelfth-Century Defense of the Verbal and Logical Arts of the Trivium*, trad. Daniel D. McGarry, Berkeley e Los Angeles: University of California Press, 1955.

Johnson, Paul, *A History of Christianity*, Nova York: Atheneum, 1976.

Jones, W. T., *The Medieval Mind*, vol. 2: *A History of Western Philosophy*, 2ª ed., Nova York: Harcourt, Brace & World, 1969.

Jourdain, Amable, *Recherches: critiques sur l'âge et l'origine des traductions latines d'Aristote*, edição revista e ampliada por Charles Jourdain, Nova York: Burt Franklin, 1960.

Kaiser, Christopher B., *Creation and the History of Science*, Grand Rapids (Michigan): Wiliam B. Eerdmans, 1991.

Keen, Maurice, *The Penguin History of Medieval Europe*, Londres: Penguin Books, 1968.

Koestler, Arthur, *The Ghost in the Machine*, Nova York: Random House, 1982.

Kretzman, Norman, e Eleonore Stump (orgs.), *The Cambridge Companion to Aquinas*, Cambridge: Cambridge University Press, 1993.

Kuhn, Thomas S., *The Structure of Scientific Revolutions*, Chicago: University of Chicago Press, 1962 [*A estrutura das revoluções científicas*, São Paulo: Perspectiva, 1975].

Ladurie, Emmanuel Le Roy, *Montaillou: The Promised Land of Error*, trad. Barbara Bray, Nova York: Vintage Books, 1979.

Lambert, Malcolm, *The Cathars*, Oxford e Malden (Massachusetts): Blackwell Publishers, 1998.

———, *Medieval Heresy: Popular Movements from the Gregorian Reform to the Reformation*, 2ª ed., Oxford e Cambridge (Massachusetts): Blackwell, 1992.

Landes, Richard, *Relics, Apocalypse, and the Deceits of History: Ademar of Chabannes, 989-1034*, Cambridge (Massachusetts) e Londres: Harvard University Press, 1995.

Leaman, Oliver, *Averroes and His Philosophy*, Oxford: Clarendon Press, 1988.

———, *Moses Maimonides*, Richmond (Surrey): Curzon Press, 1997.

Lee, Richard A., Jr., *Science, the Singular, and the Question of Theology*, Nova York: Palgrave, 2002.

Leff, Gordon, *William of Ockham: The Metamorphosis of Scholastic Discourse*, Manchester: Manchester University Press, e Totawa (Nova Jersey): Rowman and Littlefield, 1975.

Letters of Abelard and Heloise, The, trad. Betty Radice, Londres: Penguin Books, 1974.

Lewis, Archibald R., *Nomads and Crusaders, A.D. 1000-1368*, Bloomington e Indianápolis: University of Indiana Press, 1988.

Lewis, Archibald R. (org.), *The Islamic World and the West, A.D. 622-1492*, Nova York e Londres: John Wiley & Sons, 1970.

Lindberg, David C., *The Beginnings of Western Science: The European Scientific Tradition in Philosophical, Religious, and Institutional Context, 600 B.C. to A.D. 1450*, Chicago e Londres: University of Chicago Press, 1992.

Luscombe, David A., *Medieval Thought*, Oxford: Oxford University Press, 1997.

———, "Peter Abelard", *in* Peter Dronke (org.), *A History of Twelfth-Century Western Philosophy*, Cambridge: Cambridge University Press, 1988.

Luther, Martin [Martinho Lutero], *Luther's Works*, vol. 31: *Career of the Reformer: I*, org. Harold J. Grimm, Filadélfia: Muhlenberg Press, 1957.

Malloy, Michael P., *Civil Authority in Medieval Philosophy: Lombard, Aquinas and Bonaventure*, Lanham (N.Y.) e Londres: University Press of America, 1985.

Manent, Pierre, *The City of Man*, trad. Marc A. LePain, Princeton: Princeton University Press, 1998.

Marcolongo, Francis Jeremiah, *Aristotle-Aquinas-Ockham: A Comparative Study of Three Approaches in Metaphysics and Their Philosophical Significance for Understanding the Medieval Contribution to the Scientific Revolution*, tese de doutorado em filosofia, University of California in San Diego, Ann Arbor (Michigan): University Microfilms, 1971.

Marcus, Jacob R., *The Jew in the Medieval World: A Source Book: 315-1791*, Nova York: Atheneum, 1969.

Marenbon, John, *Early Medieval Philosophy (480-1150): An Introduction*, Londres: Routledge & Kegan Paul, 1983.

McEvedy, Colin, *The New Penguin Atlas of Medieval History*, Londres: Penguin Books, 1992.

McInerny, Ralph, *Aquinas Against the Averroists: On There Being Only One Intellect*, West Lafayette (Indiana): Purdue University Press, 1993.

McNeill, William H., e Schuyler Houser (orgs.), *Medieval Europe*, Nova York: Oxford University Press, 1971.

Moffett, Samuel Hugh, *A History of Christianity in Asia*, vol. 1: *Beginnings to 1500*, San Francisco: HarperSan Francisco, 1992.

Moore, R. I., *The Birth of Popular Heresy*, Toronto, Buffalo e Londres: University of Toronto Press, 1995.

Mundy, John H., *Europe in the High Middle Ages, 1150-1300*, 3ª ed., Harlow (Reino Unido): Longman, 2000.

Nardone, Henry F., *St. Thomas Aquinas and the Condemnations of 1277*, tese de doutorado, Washington (D.C.): The Catholic University of America Philosophical Studies nº 209, 1963.

Nasr, Syyed Hossein, *Islamic Life and Thought*, Albany (N.Y.): State University of New York Press, 1981.

Nebelsick, Harold P., *The Renaissance, the Reformation, and the Rise of Science*, Edimburgo: T & T Clark, 1992.

New Advent Catholic Encyclopedia, <http://www.newadvent.org/cathen> (2003).

O'Brien, John A., *The Inquisition*, Nova York e Londres: Macmillan e Collier Macmillan, 1973.

Oldenbourg, Zoe, *Massacre at Montsegur: A History of the Albigensian Crusade*, trad. Peter Green, Nova York: Pantheon Books, 1961.

Ormsby, Eric L. (org.), *Moses Maimonides and His Time*, Washington (D.C.): Catholic University of America Press, 1989.

Pasnau, Robert, *Theories of Cognition in the Later Middle Ages*, Cambridge: Cambridge University Press, 1997.

Pegis, Anton (org.), *Essential Writings of Saint Thomas Aquinas*, Nova York: Random House, 1945.

Pelikan, Jaroslav, *The Christian Tradition: A History of the Development of Doctrine*, vol. 1: *The Emergence of the Catholic Tradition (100-600)*, Chicago e Londres: University of Chicago Press, 1971.

———, *The Christian Tradition: A History of the Development of Doctrine*, vol. 3: *The Growth of Medieval Theology (600-1300)*, Chicago e Londres: University of Chicago Press, 1978.

———, *Jesus Through the Centuries: His Place in the History of Culture*, New Haven: Yale University Press, 1985.

Peters, F. E., *Aristotle and the Arabs: The Aristotelian Tradition in Islam*, Nova York: New York University Press; e Londres: University of London Press, 1968.

Pieper, Josef, *Scholasticism: Personalities and Problems of Medieval Philosophy*, trad. Richard e Clara Winston, Nova York e Toronto: McGraw-Hill, 1964.

Pirenne, Henri, *Mohamed and Charlemagne*, trad. B. Miall, Garden City (N. Y.): Dover Publications, 2001.

Quinn, John Francis, *The Historical Constitution of St. Bonaventure's Philosophy*, Toronto: Pontifical Institute of Medieval Studies, 1973.

Rashdall, Hastings, *The Universities of Europe in the Middle Ages*, vol. 1: *Salerno-Bologna-Paris* (1895), nova edição organizada por F. M. Powicke e A. B. Emden, Oxford: Oxford University Press, 1936.

Robson, Michael, *St. Francis of Assisi: The Legend and the Life*, Londres: Geoffrey Chapman, 1997.

Rosemann, Philipp W., *Understanding Scholastic Thought with Foucault*, Nova York: St. Martin's Press, 1999.

Ross, W. D., *Aristotle*, 5ª ed., Londres: Methuen & Company, 1949.

———, *The Works of Aristotle*, vols. 1 e 2, Chicago: Encyclopedia Britannica, Inc., 1952.

Roth, Norman, *Jews, Visigoths, and Muslims in Medieval Spain: Cooperation and Conflict*, Leiden, Nova York e Colônia: E. J. Brill, 1994.

———, *Maimonides: Essays and Texts*, Madison: Hispanic Seminary of Medieval Studies, 1985.

Rougement, Denis de, *Love in the Western World*, ed. revista, trad. Montgomery Belgion, Nova York: Pantheon, 1956.

Rubenstein, Richard E., *When Jesus Became God: The Epic Struggle over Christ's Divinity in the Last Days of Rome*, Nova York: Harcourt Brace, 1999.

Runciman, Steven, *The Medieval Manichee: A Study of the Christian Dualist Heresy*, Cambridge: Cambridge University Press, 1947 (reedição de 1982).

Russell, Jeffrey Burton, *Dissent and Order in the Middle Ages: The Search for Legitimate Authority*, Nova York: Twayne Publishers, 1992.

———, *Inventing the Flat Earth: Columbus and Modern Historians*, Nova York: Praeger, 1991.

———, *Lucifer: The Devil in the Middle Ages*, Ithaca (N.Y.) e Londres: Cornell University Press, 1984.

Schurmann, Reiner, *Meister Eckhart: Mystic and Philosopher*, Bloomington (Indiana) e Londres: University of Indiana Press, 1978.

Secondo, Louis J., *The Relation of Human Reason to God's Nature and Existence in the Philosophy of St. Bonaventure*, tese de doutorado, Roma: Pontificium Athenaeum Internationale "Angelicum", 1961.

Sikes, J. G., *Peter Abailard*, Nova York: Russell & Russell, 1965 (edição original, 1932).

Smith, Charles Edward, *Innocent III: Church Defender*, Baton Rouge: Louisiana State University Press, 1951.

Southern, R. W., *The Making of the Middle Ages*, New Haven e Londres: Yale University Press, 1953.

———, *Medieval Humanism and Other Essays*, Nova York e Evanston: Harper & Row, 1970.

Stiefel, Tina, *The Intellectual Revolution in Twelfth-Century Europe*, Nova York: St. Martin's Press, 1985.

Tarnas, Richard, *The Passion of the Western Mind: Understanding the Ideas That Have Shaped Our World View*, Nova York: Ballantine Books, 1991.

Thijssen, J. M. M. H., *Censure and Heresy at the University of Paris, 1200-1400*, Filadélfia: University of Pennsylvania Press, 1998.

Tobin, Frank, *Meister Eckhart: Thought and Language*, Filadélfia: University of Pennsylvania Press, 1986.

Trevor-Roper, Hugh, *The Rise of Christian Europe*, San Diego (Califórnia): Harcourt Brace Jovanovich, 1965.

Tuchman, Barbara, *A Distant Mirror: The Calamitous Fourteenth Century*, Nova York: Ballantine Books, 1987.

Tugwell, Simon (org.), *Albert & Thomas: Selected Writings*, Nova York: Paulist Press, 1988.

van der Meer, Jitse M. (org.), *Facets of Faith and Science*, vol. 1: *Historiography and Modes of Interaction*, Lanham, Nova York e Londres: University Press of America, 1996.

van Steenberghen, Fernand, *Aristotle in the West: The Origins of Latin Aristotelianism*, trad. Leonard Johnston, Nova York: Humanities Press, 1970.

———, *Maître Siger de Brabant*, Louvain: Publications Universitaires, 1966; e Paris VIe: Vander-Oyez, S.A., 1977.

———, *La Philosophie ao XIIIe siècle*, Paris e Louvain: Publications Universitaires, 1966.

———, *Thomas Aquinas and Radical Aristotelianism*, Washington (D.C.): Catholic University of America Press, 1980.

Wahba, Mourad, e Mona Abousenna (orgs.), *Averroës and the Enlightenment*, Amherst (N. Y.): Prometheus Books, 1996.

Watt, W. Montgomery, *Islamic Philosophy and Theology: An Extended Survey*, Edimburgo: Edinburgh University Press, 1987.

Wippel, John F., "The Condemnations of 1270 and 1277 at Paris", in *Journal of Medieval and Renaissance Studies*, 7, 1977.

———, *Medieval Reactions to the Encounter Between Faith and Reason*, Milwaukee: Pontifical Institute for Theological Studies, 1995.

———, "Thomas Aquinas and the Condemnations of 1277", *The Modern Schoolman*, 72, 1995.

Wolter, Allan B., *The Philosophical Theology of John Duns Scotus*, Ithaca e Londres: Cornell University Press, 1990.

Wood, Charles T., *The Quest for Eternity: Manners and Morals in the Age of Chivalry*, Hanover (N.H.) e Londres: University Press of New England, 1983.

Agradecimentos

Um grande número de amigos e colegas ajudou-me a fazer esta viagem a um território previamente desconhecido. Terry Beitzel leu uma versão inicial do manuscrito e fez muitas sugestões úteis. Martin J. de Nys introduziu o discernimento e a precisão de um filósofo em seus extensos e valiosos comentários sobre uma versão posterior. Dean Pruitt conversou comigo sobre a psicologia social dos intelectuais da Idade Média e suas teorias do conhecimento. Jonathan Macy e o rabino Bruce Aft me forneceram materiais de leitura e temas em que pensar no tocante à religião e ao conflito. Elham Atashi, Victoria J. Barnett, John Hammang, Talha Kose, Manal Radwan, Alex Scheinman e Zheng Wang forneceram uma valiosa assistência na pesquisa. Maureen Connors, da Biblioteca Fenwick da George Mason University, foi, como sempre, uma fonte de ajuda técnica e apoio moral. Sou sumamente grato aos alunos, ao corpo docente e à diretoria do Instituto de Análise e Resolução de Conflitos, bem como ao grupo de trabalho do Instituto sobre religião e conflito, por me haverem permitido expor as idéias discutidas em *Herdeiros de Aristóteles* e por havê-las debatido extensamente comigo. A dra. Sara Cobb, diretora do Instituto, proporcionou-me o apoio institucional, o incentivo pessoal e a proteção de que todo autor necessita contra as vicissitudes burocráticas, mas que poucos obtêm.

Tenho uma dívida especial de gratidão para com aqueles que, de maneiras importantes, fizeram seu este livro. Jane Isay, editora-chefe da Harcourt, incentivou-me a realizar o trabalho, reanimou-me nos momentos difíceis, fez sugestões editoriais instigantes e foi de uma paciência, discernimento, entusiasmo e assistência infalíveis. Será preciso inventarmos uma nova palavra para descrever o tipo de parceria que uma editora como Jane estabelece com os autores que têm a sorte de figurar entre seus colegas e amigos. Agradeço também a David Hough, diretor-gerente da Harcourt, e a Gail Ross, minha habilidosa e dedicada agente literária, por darem a este projeto uma atenção tão criativa e animada.

Shana e Hannah Rubenstein merecem um agradecimento especial, por deixarem seu pai prestar tanta atenção, durante tanto tempo, a tantos filósofos mortos. Obrigado, minhas queridas, por sua ajuda e paciência. Agradeço também a meus filhos, Matthew e Alec Rubenstein, por me ouvirem tagarelar em ligações interurbanas sobre a relevância do pensamento aristotélico para questões contemporâneas prementes. Dediquei este livro a Susan Ryerson, uma companheira amorosa, cujo apoio torna possíveis as mais desafiadoras empreitadas.

Este livro foi impresso na Editora JPA Ltda.
Av. Brasil, 10.600 - Rio de Janeiro - RJ
para a Editora Rocco Ltda.